教育部人文社会科学重点研究基地重大项目（16JJD790025）

要素分工
与国际贸易理论新发展

戴 翔 张二震／著

人民出版社

目　　录

前　言

　　20 世纪 80 年代以来,国际分工发生了深刻变化。一方面,产品的价值链被分解了,不同生产环节和流程按照不同的要素密集度特征,被配置到具有不同要素禀赋优势的国家和地区,形成了全球价值链;另一方面,生产要素的跨国流动性日益增强,跨国公司以资本为纽带在全球范围内整合和利用资源,实现了生产的国际化。与以往以"产品"为界限的传统国际分工模式相比,这种新的国际分工模式是以"要素"为界限,即一件最终产品的全部价值已不再完全由一个国家的本土要素所独自创造,而是由多国以"优势要素"共同参与的结果。也就是说,各国是以要素优势而不是产品优势参与国际分工、国际竞争和国际合作。从本质意义上看,我们把这种现象称为"要素分工"。"要素分工"的兴起,对假定要素不存在跨国流动的传统国际分工贸易理论,形成了很大挑战,对国际贸易的基础、国际贸易条件、国际贸易格局以及国际贸易的利益分配等诸多问题都产生了深远的影响,传统的国际贸易理论亟待创新。本书结合我国特别是长江三角洲地区开放型经济发展的实践,对要素分工条件下国际贸易理论的基本理论问题进行探索性研究。本书主要探讨了以下五个问题。

　　第一,关于要素分工条件下国际贸易的基础。从微观角度看,要素分工的实质是跨国公司以对外直接投资为纽带,整合和利用全球资源而进行的全球化生产。当生产活动变为全球化以后,更多产品的跨国贸易只不过是生产全球化所表现出来的"外在流转",要素分工条件下的国际贸易实际上就是要素跨国流动的结果。从生产全球化角度看,生产要素的跨国流动,实际上就是一种或某几种生产要素"追逐"东道国某种或某几种生产要素,通过要素跨国组合进行产品或者产品生产环节的生产,其目的就是要实现生产效率的最大化或者生产成本的最小化。因此,驱动要素流动的动力机制,就是要素重新组合可能带来的生产效率的最大化和生产成本的最小化,而对于国外生产要素而言,之所以能够"吸引"其流入东道国以形成新的生产要素组合,说明在某一或某些特定要素上,一定具有自身的优势,可以将此类生产要素称之为优势要素。可以认为,优势要素是要素分工条件下比较优势的根本所在。要素分工条件下,新型比较优势的形成大致源自两种:一是比较优势激发效应;二是比较优势创造效应。所谓比较优势激发效应,主要是指在要素分工条件下,由于生产要素的跨国流动会使得不同国家和地区之间的优势要素相结合而产生"强强联合"作用,从而表现为一国或地区的优势要素甚至是"闲置"要素,在与流入要素进行协同生产时所激发出的本国比较优势。所谓比较优势创造效应,主要是指原本在以产品为国际分工界限条件下不具备比较优势的国家或地区,在要素分工环境中则获取了或者说具备了参与国际分工的比较优势,或者是原先只是在少数产品生产部门具有比较优势的国家或地区,在要素分工条件下则表现为在更多的产品生产部门上具备了比较优势。在要素分工条件下,比较优势的创造效应有种:一是比较优势发生了逆转,在原本不具备比较优势的产品生产上,具备了比较优势;二是伴随价值链生产环节的分解和空间分离,原本不具备比较优势参与国际分工的国家,由于现在可以从事某一特定环节的生产,从而找到了新的比较优势切入点。

第二,关于要素分工条件下国际贸易利益来源。与传统国际分工条件下分析贸易利益来源不同的是,在要素分工条件下,静态贸易利益除了传统国际贸易理论所揭示的利益来源外,贸易利益同时还可能来自资源总量的增加,而不是资源总量不变这一基本假定。即便贸易静态利益考虑的是即时的直接经济利益,但全球生产要素的总量通常会伴随着生产要素的跨国流动而扩大。这是因为从更宽泛的角度看待生产要素,很多生产要素具有非竞争性特征,比如技术。正是由于技术生产要素具有非竞争性特征,因此当技术这种生产要素实现跨国流动后,流出国的生产要素总量并不会因为技术流出而减少,其在总量意义上仍然会保持不变,但是对于流入国而言,由于技术生产要素的流入而实现了总量意义上的增长。这会导致全球生产要素总量增加,如此便构成了要素分工条件下贸易利益的重要来源。要素分工条件下,除了要素流动可能导致要素禀赋存量扩张从而提升贸易利益外,另一重要的利益来源渠道与传统国际分工相一致,即来源于资源配置的优化组合,但与传统贸易理论分析情况不同的是,由于要素分工是国际分工的进一步细化,因而相对于传统国际分工模式而言,资源优化配置更进了一步,从而进一步挖掘了分工和贸易的利益。此外,值得一提的是,传统国际分工对资源优化配置问题的分析,存在一个假定前提,就是生产要素和资源在国内具有自由流动性、不存在专用性约束等。这种假定在某种程度上可以看作是一种"强"假定,难以与实践吻合。但是在要素分工条件下,由于要素流动具有了跨国界性,因此贸易品的生产不再是"封闭式"状态,而是一种"开放式"状态,是通过要素跨境流动而实现的多国要素合作生产。显然,这种"开放式"的资源配置相比"封闭式"的资源配置,其优化程度会更高,这对于开展国际分工和贸易的任何国家而言,都是一种更大的潜在贸易利益,突出表现为生产要素的跨国优化配置,可以在很大程度上克服"封闭式"状态下分工和生产专业化所面临的资产专用性约束问题,以及可以使得在不具备要素跨国流动条件下的一些"闲置要素"得以充分利用。这是相比传统国际分工理论中资源优化配置的另一种不同利益来源。

第三,关于要素分工条件下贸易条件问题。要素分工条件下的贸易与传统国际分工条件下的贸易相比,在利益分配环节方面发生了深刻变化,传统贸易条件理论面临较大局限性。首先,要素分工条件下贸易条件表达的利益分配不确定。不论是以相对价格表示的贸易条件,还是单要素贸易条件,抑或是双要素贸易条件等,其研究的基础都脱离不了一国进出口商品的价格。而一国进出口产品价格是对于一国产品而言的,是一个属地概念,而贸易条件所要反映的利益分配和归属问题,则主要是针对一国国民而言的,是属民概念。在生产要素不具备跨国流动条件下,属地概念和属民意义上的利益基本上是一致的,因而贸易条件所揭示的利益分配关系是正确的。但是在要素具备跨国流动性条件下,以属地概念意义上的利益分配来反映属民概念意义上的利益分配，显然有失客观和公允，是不能正确反映利益分割关系的。其次，跨国公司内部定价使得进出口价格失真，贸易条件因此失真。跨国公司会基于全球战略和利益最大化原则，通常采用内部转移定价的方式来逃避税收、转移利益，如此，有关产品的进出口价格就不是驱动贸易流动的内生力量，也不能真实反映国与国之间的真实需求状况，更无法反映真实的利益分配状况。要使得贸易条件理论在当代要素分工条件下仍然能够说明分工和贸易的利益分配状况，就应当对贸易条件的计算作出适当改进，在计算过程中体现要素分工的原则，将出口产品中内涵的非东道国应分享的要素收益加以剔除。

第四，关于要素分工条件下国际贸易格局。全球要素分工使得国际贸易发展呈现新格局，这不仅表现在全球贸易规模的快速扩张方面，同样还表现在贸易结构也因此发生了巨大而深刻的变化，包括贸易主体结构和产品结构。与此同时，由于要素分工给广大发展中国家带来了参与国际分工和贸易的新机遇，从而在贸易格局中的地理分布上，表现出发展中国家和转型经济体迅速崛起的新态势，这种新态势也由此带来了当前全球贸易失衡的新问题。针对全球贸易规模的快速扩张，要素分工条件下存在两种重要的作用机制：一是要素分工条件下统计层面上的贸易创造效应；二是要素分工条件下真实意义上的贸易创造效应。要素分工不仅在统计层面的意义上放大贸易增长，而且在实质上也在创造着贸易，从而导致贸易规模不断扩大。有关这一点，无论从前述分析的比较优势创造效应角度看，还是从比较优势激发效应角度看，抑或是从闲置资源的利用角度看，都是如此。至于全球贸易失衡问题，我们认为，在要素分工条件下，南北发展的严重不平衡以及由此导致的全球要素非对称性流动，使得全球生产或者说供给能力从发达经济体向发展中经济体和转型经济体转移，但后者消费能力并未因此而得到一致性提高，全球消费依然倚重于发达经济体。这是当前全球贸易失衡的本质。

第五，关于要素分工条件下中国开放发展战略调整问题。作为一个发展中大国，中国的对外开放实际上是在一个更有利于发展中国家的全球化环境中开始的。由于政治稳定、要素集聚能力强，中国抓住了全球要素分工带来的机遇,有效地规避了全球化的风险,实现了长期经济的高速增长。但总体来看,受制于中国要素禀赋及经济实力等现实因素的影响,长期以来以外资的大量使用和劳动密集型产品的大量出口为主要驱动力的发展方式具有典型的"粗放型"特征,开放型经济发展的层次还不够高。当前,面临国际国内环境的深刻变化,原有粗放型发展模式遭遇巨大挑战,亟待实现转型升级,开放型经济发展需要向高层次迈进。中国开放型经济发展的经验表明,在参与经济全球化的过程中,坚持以优势要素参与国际分工,顺应全球分工演进大势,实施正确的开放战略至关重要。因此,推动开放型经济发展迈向更高层次,需要明晰全球要素分工演进新趋势对推动开放转型发展的可能机制和战略机遇,并据此作出适时的战略调整。目前,全球要素分工呈现出五个方面的趋势特征:一是全球要素分工正由制造业价值链向创新链发展变化;二是全球要素分工出现了跨国公司"逆向创新"战略调整的发展变化;三是全球要素分工出现了从制造业向服务业的拓展延伸;四是全球要素分工进入"高端回流低端转移"等重塑阶段;五是全球要素分工深度演进正内生地推动全球经济新规则诞生。全球要素分工的新发展和新变化为中国在更高层次上融入全球分工体系,发展高水平开放型经济带来了新机遇,而抓住新机遇,开放战略也必须作出相应调整:一是打造综合性竞争环境优势,提升"扎根"全球要素分工的能力;二是加快构建开放型经济新体制,迎合高标准的全球经济新规则;三是"虹吸"国际先进生产要素,提升创新驱动的发展能力;四是加快"走出去"步伐,提升整合全球优势资源能力。

要素分工的兴起对传统国际分工和贸易理论形成了很大挑战,所涉及的问题十分广泛,也十分复杂。在本书有限的篇幅中,我们无法对每一个问题进行深入讨论,而只是选取了国际贸易理论研究中的几个基本理论问题,对它们进行了初步探讨,以期推动国际贸易理论的创新。

第一章　国际分工演进与国际贸易理论的发展

经济学理论总是伴随着实践的发展而不断演进的,国际贸易分工理论也不例外。国际分工和贸易大体经历了从传统的产业间分工和贸易为主导,向产业内分工和贸易为主导,再逐步发展为产品内分工和贸易为主导的形态。如果从亚当·斯密提出绝对优势理论算起,国际贸易分工理论发展至今已有200多年,其间经过广义比较优势理论、新贸易理论,以及产品内分工理论等发展阶段,反映了国际贸易发展不同阶段的特点。20世纪80年代以来,伴随国际生产分割的快速发展以及生产要素跨国流动日益增强,产品内分工和贸易成为国际贸易的主流。国际分工已经深入到产品生产环节,各国参与国际分工不再以"产品"为界限,而是以"要素"为界限了。一件最终产品的全部价值已不再完全由一个国家的本土要素所独自创造,而是由多国以"优势要素"共同参与生产的结果。从本质上看,这种新的国际分工形式可称之为"要素分工"。"要素分工"的兴起,对国际贸易的基础、国际贸易格局以及国际贸易的利益分配等诸多问题都产生了深远的影响,传统的国际贸易理论亟待创新。当然,理论创新并非是对传统理论的否定,而是继承与发展。因此,对国际分工和贸易理论的演变与发展进行系统回顾,对于明确当代国际贸易分工理论发展方向,并以正确的理论指导中国开放型经济发展实践,无疑具有重要意义。

第一节　产业间分工与广义比较优势理论

在16世纪地理大发现之前,国际贸易就已经存在。但是现代意义上的国际贸易,则要从资本主义生产方式产生算起。16世纪的地理大发现,欧洲的殖民主义者先后征服了非洲、美洲和亚洲的大部分地区,从而使得非洲、美洲和亚洲市场被紧紧联系在一起,形成了以西欧为中心的早期世界市场,国际贸易的范围和规模随之扩大。由于欧洲手工业的发展,手工业品成为欧洲重要的出口商品,而棉花、可可等农产品成为殖民地出口的主要商品,产业间分工贸易开始形成。

从18世纪最后30年到19世纪初,欧洲国家和美国先后发生了工业革命,逐步建立起大机器工业生产,从而为国际分工和贸易的快速发展奠定了必要的生产力基础。正如马克思所指出:"一旦工厂制度达到一定的广度和一定的成熟程度,特别是一旦它自己的技术基础即机器本身也用机器来生产,一旦煤和铁的采掘,金属加工以及交通运输业都发生革命,总之,一旦与大工业相适应的一般生产条件形成起来,这种生产方式就获得一种弹性,一种突然地跳跃式地扩展的能力,只有原料和销售市场才是它的限制。"①这段话深刻指出了由于手工业革命的推进作用,生产力的发展达到一定阶段后,推动了国际贸易的大发展和世界市场的形成。先进的工业国生产并出口工业制成品,落后的农业国成为先进工业国的原材料来源地和制成品市场,逐步形成了产业间国际分工格局。解释产业间贸易的贸易理论包括绝对优势理论、比较优势理论和20世纪的要素禀赋理论。绝对优势理论和比较优势理论被称为古典贸易理论,要素禀赋理论被称为新古典贸易理论。由于都是解释产业间贸易的理论,学术界一般把它们归入广义比较优势理论。

一、绝对优势论对产业间贸易的理论解释

真正意义上对国际贸易问题的科学理论探讨,始于古典经济学派创始人亚当·斯密。他在1776年出版的《国民财富的性质和原因的研究》一书中,首次提出了绝对优势理论,用于解释产业间贸易的基础和贸易利益的来源。亚当·斯密的绝对优势论认为,贸易之所以能够发生,其基础

---

① 《马克思恩格斯文集》第5卷,人民出版社2009年版,第518页。

在于各国在不同产品的生产成本上存在着绝对差异。关于这一点,亚当·斯密是这样阐述的:"如果一件东西在购买时所费的代价比在家里生产时花费的小,人们就永远不会在家里生产,这是每一个精明的家长都知道的格言。裁缝不想制作他自己的鞋子,而是向鞋匠购买,鞋匠不想制作他自己的衣服,而雇裁缝裁制……他们都感到,为了他们自身的利益,应当把他们的全部精力集中使用到比邻人处于某种有利地位的方面,而以劳动生产物的一部分或同样的东西,即其一部分的价格购买他们所需的任何其他物品。在每一个私人家庭行为中最精明的事情,在一个大国的行为中就很少是荒唐的。如果外国能以比我们自己制造还便宜的商品供应我们,最好就用我们有利地使用自己的产业生产出的物品的一部分向他们购买。"①斯密的论述表明,一国只要专业化生产本国成本绝对低于他国的产品,用以交换本国生产成本绝对高于他国的产品,就会使得各国资源得到最有效的利用,获得总产量增加、消费水平提高和节约劳动时间的利益。

斯密不仅在国际贸易学说史上第一次论证了贸易的互利性原理和基础,而且还进一步指出了存在绝对成本差异的原因。斯密认为,每一个国家都有其适宜生产某些特定产品的绝对有利的生产条件,因而生产这些产品的成本会绝对地低于他国。一般来说,一国的绝对成本优势来源于两个方面:一是自然禀赋的优势,即一国在地理、环境、土壤、气候、矿产等自然条件方面的优势,这是天赋的优势;二是国民拥有的特殊的技巧和工艺上的优势,这是通过训练、教育而后天获得的优势。斯密的绝对优势论是建立在劳动价值论基础之上的,即认为劳动是唯一的生产要素,生产成本决定于劳动生产率,劳动生产率的差异性构成了国际贸易的基础。这一学说从劳动分工原理出发,克服了重商主义认为贸易只对单方面有利的片面看法,从而给基于产业间分工的自由贸易以理论上的支持。即只有在自由贸易体系下,适宜的产业间分工体系才能建立,各国才能实现资

---

① [英]亚当·斯密:《国民财富的性质和原因的研究》,郭大力、王亚南译,商务印书馆2010年版,第86页。

本和劳动力在不同产业间的合理分配,做到资源优化配置,实现互利双赢。

二、比较优势论对产业间贸易的解释

虽然绝对优势论对国际贸易理论有开创性意义,但对现实贸易格局的解释却存在明显缺陷,即这一理论难以解释为什么一些国家和地区在所有产业上均不具备绝对优势的条件下,仍然可以参与国际分工。这也意味着贸易的互利性可能不仅仅限于绝对成本优势的范围之内。在绝对成本理论基础之上,英国古典经济学家大卫·李嘉图提出了著名的比较成本理论,第一次以无可比拟的逻辑力量,论证了国际贸易分工的基础绝不限于成本绝对差异,只要各国之间在不同产业上存在着相对成本差异(即"比较成本"差异),就可以参与国际贸易并从中获利。

大卫·李嘉图认为,即便一国在两种商品生产上的劳动生产率与另一国相比,均处于绝对劣势地位,但只要处于绝对劣势的国家在两种商品生产上的劣势程度不同,与此同时,处于优势的国家在两种商品生产上的优势程度不同,则处于绝对劣势的国家在劣势较轻的商品生产方面具有比较优势,处于优势的国家则在优势较大的商品生产方面具有比较优势。如果两个国家按照比较优势进行专业化生产分工和出口,即两个国家分别各自生产和出口其具有比较优势的商品,进口其处于比较劣势的商品,那么两国都能从贸易中获利。这就是比较优势原理。也就是说,两国按比较优势参与国际贸易,通过"两利取重,两害取轻",两国都可以提升福利水平[①]。如果说,绝对优势论是贸易学说史上第一次论证了分工和贸易的互利性原理,那么,比较优势理论则将分工和贸易的互利性原理进一步普遍化和一般化了,也就是说,大卫·李嘉图的比较优势理论比绝对优势论更具有一般性,绝对优势只不过是比较优势论的一个特例。与绝对优势论一致的是,比较优势理论也是建立在劳动价值论基础之上的,劳

---

① [英]大卫·李嘉图:《政治经济学及赋税原理》,郭大力、王亚南译,译林出版社2014年版,第76页。

动被视为唯一的生产要素。由于比较优势理论的实质和核心是"比较之比较",即通过"比较之比较"来发现不同产品(产业)在劳动生产率或者生产技术条件上的相对差距,就可以判定各国具有比较优势的产业和产品,从而构成了互利性贸易的基础。

三、要素禀赋论对产业间贸易的解释

大卫·李嘉图的比较优势理论虽然论证了分工和贸易互利性原理的一般性和普遍性,即劳动生产率(技术)的相对差异性如何引起产业间分工和贸易,但却并没有进一步探讨引起各国劳动生产率(技术)相对差异的原因何在。针对这一不足,瑞典的两位经济学家赫克歇尔和俄林提出了要素禀赋理论①,进一步从要素禀赋角度探讨了比较优势的来源问题。

与绝对优势论和比较优势论相比,要素禀赋理论至少在两个方面对国际贸易分工理论进行了拓展,一是将生产要素的分析从以往的单一劳动拓展至包括劳动和资本在内的两种生产要素;二是探讨了比较优势的来源而不是假定比较优势的存在。要素禀赋理论又称要素比例学说,该理论认为,同种商品在不同国家的相对价格差异是国际贸易的基础,而价格差异则是由各国生产要素禀赋不同,从而要素相对价格不同决定的,所以要素禀赋不同是国际贸易产生的根本原因。俄林认为,在要素的供求决定要素价格的关系中,要素供给是主要的。在各国要素需求一定的情况下,各国不同的要素禀赋对要素相对价格产生不同的影响:相对供给较充裕的要素的相对价格较低,而相对供给较稀缺的要素的相对价格较高。因此,国家间要素相对价格差异是由要素相对供给或供给比例不同决定的。通过严密的分析,俄林得出了结论:一个国家生产和出口那些大量使用本国供给丰富的生产要素的产品,价格就低,因而有比较优势;相反,生产那些需大量使用本国稀缺的生产要素的产品,价格便贵,出口就不利。因此,基于要素禀赋的比较优势所决定的贸易模式是:一国出口密集使用

---

① ［瑞典］伯尔蒂尔·俄林:《地区间贸易和国际贸易》,王继祖等译,商务印书馆1986年版,第23页。

其丰富要素的产品,进口密集使用其稀缺要素的产品。

要素禀赋论是在比较利益论的基础上的一大进步,因为它不是从生产率的绝对和相对差异的角度(也即技术差异角度)去解释国际贸易成因,而是从生产要素禀赋的相对差异去探寻比较优势产生的根源,进而解释国际贸易产生的原因和国际贸易商品结构,研究更深入、更全面了,认识到了生产要素及其组合在各国进出口贸易中居于重要地位。从要素禀赋差异看国际贸易的基础,显然差异越大贸易基础越雄厚,即具有不同要素密集度特征的产品生产成本差异会越明显。由于同一产业内的产品生产要素密集度特征更为接近,相较而言,不同产业间产品生产的要素密集度特征差异会更大,因此,由要素禀赋结构差异所奠定的贸易基础,也就更容易解释产业间贸易。至于后来"里昂惕夫之谜"出现以及围绕该"谜"出现的诸多理论探讨,不是推翻而是在进一步扩大要素概念范畴的基础上深化和拓展了要素禀赋理论,其理论阐释仍然可用于解释产业间分工和贸易。

实际上,无论是亚当·斯密绝对优势论,还是大卫·李嘉图的比较优势论,以及俄林的要素禀赋理论,实质都属于广义比较优势理论,而绝对优势是比较优势的一个特例,要素禀赋理论则是比较优势理论在要素禀赋层面的一个拓展。这些理论构成了对产业间分工和贸易现象解释的广义比较优势理论。

第二节　产业内分工与新贸易理论

建立在相对价格差基础之上的分工和贸易理论,大都强调国家间技术、资源禀赋等差异在国际分工和贸易中的决定性作用。依据这些理论,国际贸易应主要发生在供给条件不同的国家,而且这种差异越大,它们之间的贸易基础也就越雄厚,由此所决定的贸易形态主要属于产业间贸易。但后来的贸易实践发展表明,现实中很多贸易现象所表现出的特征难以从传统比较优势理论所预计的情形中得到解释。因为根据关贸总协定(GATT)和世界贸易组织(WTO)的统计资料,自 20 世纪 60 年代以来,大约三分之二甚至更多的贸易发生在技术和资源禀赋更为相似的发达国家,而发达国家和发展中国家之间的贸易,以及发展中国家相互之间的贸易,在全球贸易中所占比重不足三分之一。此外,发达国家之间的贸易主要以制成品为主,其中大部分贸易发生在机械、运输设备等行业内部[①]。也就是说,发达国家之间的贸易主要以产业内贸易为主,而这种类型的贸易主要集中在一些制造业部门。这种新的现象充分说明,以广义比较优势原理为核心的分工和贸易理论,已经不能很好地解释第二次世界大战后国际贸易发展中出现的一些新现象,国际贸易理论面临着一些新挑战。80年代以来,以美国著名经济学家保罗·克鲁格曼为代表的一批经济学家吸收了以往国际贸易理论中的合理因素,创建了一个新的分析框架。这些经济学家利用产业组织理论和市场结构理论来解释产业内贸易这种新的国际贸易现象,用不完全竞争、规模报酬递增、产品差异化等概念和思想来构造新的贸易理论模型,提出了所谓的"新贸易理论"。

一、外部规模经济与产业内贸易

外部规模经济理论首先由著名的经济学家马歇尔在1890年提出,后经克鲁格曼等学者的完善而得到发展。所谓外部规模经济主要是指产业规模经济,即某一产业具有大量企业集中在一个小的国家,或者在一个国家的一个地区,出现较大的产业规模,能提高效率,降低成本,增加收入。据此,外部规模经济理论认为,在其他条件相同的情况下,行业规模较大的地区比行业规模较小的地区生产更有效率,行业规模的扩大,可以引起该地区厂商的规模收益递增,这会导致某种行业以及行业辅助部门在同一或几个大地点,规模高度集中形成外部规模经济。外部规模经济是一种经济外部性表现,其产生的源泉有很多,具体来说包括:第一,行业地理位置的集中带来的外部规模经济效应;第二,行业内每个企业从整个行业的规模扩大中获得更多的知识积累,即阿罗所说的干中学效应(Learning by doing)。

---

① GATT:"International Trade:Trends and Statistics",*International Trade*,table A2,1995.

直观地看,无论国家之间是否存在着产品价格的相对差异性,规模经济的存在都会引导厂商专门生产部分产品,这样便可获得来自规模经济的好处,因此,规模经济可以说是有别于比较优势的另一种独立的国际贸易起因。外部规模经济理论认为,作为国际贸易分工的重要基础,外部规模经济对产业内分工和贸易具有下列四方面的影响。第一,对那些具有显著外部经济的产业来说,需求和出口市场的扩大可以引起供给和产业规模的扩大,产业规模的扩大会强化外部经济的作用,促使产业的平均成本和价格降低,产品竞争力进一步提高。第二,在那些具有相似要素禀赋、成本和需求曲线的国家中,首先进行生产和开辟出口某种产品生产的国家而言,将获得该产业的比较利益,并能通过外部经济的作用来巩固和扩大该产业的比较利益。第三,为获取具有显著外部经济产业的战略利益和有利的国际专业化分工,一个国家不能消极地等待偶然的机遇,而应该通过积极的政策干预达到这一目的。第四,外部经济产业的贸易扩展必然会对本国和外国消费者以及出口商品生产者带来利益,甚至能使外国的生产者得利,但是如果它夺走了外国生产者的生产份额,则会使其竞争对手受到损害。外部规模经济对产业内分工和贸易的影响,可以用一句话加以概括,在产业内分工和贸易中,率先进入具有外部规模经济特征产业的厂商,将获得"领先一步"的发展优势。

二、内部规模经济与产业内贸易

内部规模经济之所以会出现,是由于生产要素的不可分性和厂商内部分工造成的。内部规模经济主要来源于企业本身生产规模的扩大,由于生产规模扩大和产量增加,分摊到每个产品上的固定成本,比如管理成本、信息成本、设计成本、科研与发展成本等,会越来越少,从而使得产品的平均成本下降。尤其是许多技术复杂的产品生产,往往需要规模巨大而复杂的生产设备、高度的劳动和管理分工、大量复杂的科研活动、巨额原材料买卖,因而只对那些具有相当规模的厂商才是可能和经济的。由于规模经济的制约,这些行业不可能允许有很多厂商在该产业内进行竞争,因此,具有内部规模经济的行业,往往也是不完全竞争行业。

实际上,传统贸易理论的代表人物之一俄林也认识到规模经济(内部规模报酬递增)是国际贸易的重要基础,但由于传统贸易理论的基石是假定完全竞争市场的一般均衡分析,无法将规模经济引入分析框架,否则传统贸易理论完美而简洁的结论便不复存在。而新贸易理论将规模经济作为产业内分工和贸易的重要基础,犹如前述分析指出,由于内部规模经济行业往往是不完全竞争行业,因此新贸易理论从内部规模经济角度解释国际贸易起因时,着重探讨了不完全竞争的市场结构对产业内分工和贸易的影响。

三、不完全竞争与产业内分工和贸易

传统国际贸易分工理论的一个重要假设是完全竞争的市场结构。但实际上完全竞争在国际贸易分工中从来没有存在过。新贸易理论运用产业组织理论分析了不完全竞争对国际贸易分工的影响。

一般而言,国际贸易分工中的不完全竞争可以分为四类情况:(1)完全垄断,即市场上只有一个卖者;(2)寡头垄断,包括双寡头垄断,即市场上只有少数的卖者,他们出售相同或者类似的产品;(3)每一卖者出售的商品都不同于别的卖者,产品可相互替代;(4)卡特尔和国际商品协议,即由一种组织对不同国家的生产者或政府作出限制性的安排,以限产保价。新贸易理论在分析不完全竞争与国际贸易关系时,大多采用数量假设的古诺模型,即假设寡头厂商在选择其利润最大化产出时,其他寡头厂商的产出不受自己的影响。用古诺模型考察寡头产业结构对贸易格局的影响有两条途径:一条途径是卖方集中对贸易的影响以及贸易对卖者集中的影响;另一条途径是市场分割与贸易两者的相互影响。在卖方集中的情况下,若一个国家为生产一种产品而进行竞争的公司数目少于另一个国家,即卖者集中在后一个国家,其他条件相同,那么,在没有贸易的情况下,由于垄断的因素,第一个国家该产品的价格相对较高;如果进行贸易,该国就会进口该商品。同时,贸易对卖方集中也有影响,因为贸易的存在,甚至双方进行贸易的可能性,都会加剧卖者之间的竞争。这种竞争的加剧,正是贸易利益的来源。在市场分割条件下,如果运输成本或者其他贸易障碍能使公司对不同的顾客索取不同的价格,寡头厂商就有进行价格歧视的动机。这表明,仅仅由于寡头厂商之间相互入侵对方市场的战略行为(如为了夺取更大市场份额而在对市场低价倾销),或者寡头厂商之间的模仿性出口战略,也能引起国际贸易分工。因此,不完全竞争的市场结构本身可以导致国际贸易分工,比如产业内分工和贸易。克鲁格曼同时证明,在垄断竞争条件下,运用产品差异化,即便两个国家在所有方面完全相同,两个国家也会存在贸易。而且两个国家要素禀赋结构越是相似,贸易量越大。

需要特别强调的是,以绝对优势论、比较优势论和要素禀赋论为代表的广义比较优势,是以国家为基本分析单位的,研究的主要是产业间贸易,因而在传统广义比较优势的理论框架内,没有关于公司的分析,这是可以理解的。因为产业间贸易的基础主要是基于广义比较优势尤其是要素禀赋理论,从而一个国家的要素禀赋优势当然会转化成公司的比较优势。而新贸易理论研究的主要是产业内贸易,在产业内贸易中,各国的竞争优势主要表现为公司的特定竞争优势,因为产业内贸易的基础是不完全竞争市场结构下产品差异化优势以及规模经济带来的低成本优势。实际上,规模经济和产品差异化之间也存在密切联系。正是由于规模经济的作用,使得众多生产同类产品的企业在竞争中优胜劣汰,形成一国内某种产品由一家或少数几家厂商来生产的局面,大型企业进而能发展成为出口商。由于规模经济的制约作用,每一国的大型企业只能生产出系列有限的产品来,同时,各国生产的产品又各具特色。产品差异的存在,既是促进企业走向专业化、大型化的因素,从而能获得经营上的规模效益,又为生产者的相互竞争提供了市场。可以说,规模经济和产品差异化之间的相互作用,是导致产业内贸易的基础性原因。

四、企业异质性与产业内分工和贸易

无论是传统的广义比较优势理论还是克鲁格曼等提出的新贸易理论,其中有一个共同之处就是均未从企业异质性层面探讨国际贸易的基础和利益问题。建立在规模经济和不完全竞争基础上发展起来的所谓新贸易理论,即便已经涉及产品(企业)异质性问题,但是由于其假定企业的异质性主要表现为异质性产品的"单产品生产企业",因此企业异质性问题的本质仍然被视为"不同产品的生产企业",因而还无法解释为什么在同一产品生产的行业中,有些企业能够从事出口而部分企业却无法从事出口的现象。比如,新贸易理论研究认为,贸易开放会导致企业规模扩大,进行分工和贸易后,两国所能存活的企业数量要比分工和贸易之前少。因此,这一逻辑思想的背后一定意味着行业内有部分企业被淘汰。然而,在假定企业生产率没有差异的情形下,为什么有的企业会被淘汰而有的企业会存活下来,这显然在逻辑上是难以自洽的。正是源于原有理论的缺陷以及对分工和贸易实践现象解释的现实需求,梅立茨(Melitz,2003)[1]将企业异质性引入分析框架,从微观企业行为角度解释国际贸易、投资以及跨国企业全球组织生产的抉择。因此梅立茨(2003)的经典文献以及以此为基础而进行的拓展新研究,在国际分工和贸易理论中被称为异质性企业贸易理论。

从研究范围来看,传统贸易理论主要研究产业间贸易,新贸易理论主要研究在规模递增和不完全竞争条件下的产业内贸易,而异质性企业贸易理论则是从企业的异质性层面来解释国际贸易现象。异质性企业贸易理论研究认为,存在异质性企业的情况下,国际贸易将导致产业内资源重新配置从而引起福利水平的提高,是国际贸易利益的一个重要来源。在分工和贸易的基础方面,异质性企业贸易理论认为,企业长期内生发展过程中,通过核心知识与能力的积累,形成的生产率、产品质量以及工人技能方面的差异,因不可流动和模仿,使企业获得持续的竞争优势或超额利润。换言之,从企业微观层面看,贸易分工基础由国家优势向企业特有异质优势转变。正是由于企业异质性的存在,贸易开放以后,行业内的企业间就会形成优胜劣汰的竞争法则,使得行业内资源更多地向生产率更高的企业流动和集中。这会导致企业更加专业化和大型化,差异性因素所

---

① Melitz,M.J.,"The Impact of Trade on Intra-Industry Reallocation and Aggregate Industry Productivity",*Econometrica*,2003,Vol. 71,pp.1695−1725.

形成的竞争优势会得到进一步强化,由此奠定了产业间贸易基础。从这一意义上说,异质性企业贸易理论和新贸易理论具有内在的逻辑一致性。也就是说,异质性企业贸易理论,从企业生产率差异等角度解释了新贸易理论中贸易开放会导致一国某一行业内企业数量变少的微观机制。

第三节　产品内分工及其理论解释

20 世纪 90 年代以来,随着全球化的深入发展,国际贸易呈现出两个显著的新特征:一是世界市场交换的中间产品比重大大增加;二是发达国家与发展中国家的贸易比例不断上升。国际实践呈现的上述第一个特点与生产国际分割技术的快速发展有关,即伴随着生产技术进步以及通信信息科技的突飞猛进,一些产品的生产不再局限于企业与国家的内部,生产环节的不同阶段分布于不同的国家和地区,一件最终产品经常需要由许多国家共同完成。比如美国波音飞机是由 100 多个国家生产,一架波音飞机包含来自 100 多个国家的价值①。表现在国际贸易中就是零部件以及中间产品贸易量的不断扩大。胡梅尔斯等(Hummels 等,2001)②测算了 20 世纪 80 年代初期以来世界各经济体零部件以及中间产品贸易的情况,结果表明无论是发达国家还是发展中国家,中间产品的贸易都呈现不断攀升的态势,并且中间产品贸易的增长速度远快于最终产品贸易的增速。这种新的国际贸易分工现象即产品内分工。

---

①　芭比娃娃的故事是对这种现象最好的描述,同时也是流传最广的故事,发展中国家的学者常以此为例来说明发展中国家在参与全球价值链分工过程中,只获得可怜的加工费,多数的利润都被发达国家拿去。芭比娃娃的故事是这样的,芭比娃娃的原材料(塑料件和头发)来自中国台湾和日本,并且在中国台湾和日本以及菲律宾装配,但现在已经转向劳动力成本更为低廉的地区比如马来西亚和中国大陆进行装配。美国本部提供模具并且进行最后的装饰。每个芭比娃娃从中国香港出口到美国价值 2 美元,其中 35 美分支付中国的劳动力工资,65 美分用来购买原材料,剩余的 1 美元为运输成本和中国香港商家的利润。芭比娃娃在美国市场上售卖 10 美元,Mattel 公司从每个芭比娃娃的销售中至少净赚 1 美元。芭比娃娃在全球销售,平均每秒钟可卖 2 个,1995 年仅芭比娃娃的生产就为 Mattel 公司带来 1.4 亿美元的利润(Tempest,1996)。

②　胡梅尔斯等人(2001)把这种生产环节分布在不同国家的现象称为"垂直专业化"。

至于国际贸易所呈现的第二个特点,统计数据确实表明,发达国家之间的贸易比重在不断下降,而发达国家和发展中国家之间的贸易比重在趋于上升。例如,世界贸易组织(WTO)的统计数据显示①,美国对欧盟的出口占其总出口的比例从 1963 年的 29.7%降低到 2004 年的 23.1%,进口占其总进口的比例从 1963 年的 27.5%降低到 2004 年的 20.8%,对日本的贸易比例占比远小于与欧盟的贸易,从 1963 年至今呈现先上升后下降的趋势,在 20 世纪 90 年代初期达到顶峰,1993 年进口占比为 18.3%,出口占比为 10.3%,到 2004 年分别降低到 8.7%和 6.7%;日本和欧盟的对外贸易也呈现同样的特点,与发达国家的贸易都在 90 年代以后出现下降。国际贸易出现的这一新特点与产品内分工相伴而行,说明产品内分工更多地发生在发达国家和发展中国家之间。于是,围绕产品内分工,学术界进行了广泛探讨并取得了丰富成果。

一、产品内分工与传统分工模式

所谓产品内分工,顾名思义,是指特定产品生产过程中不同工序、不同区段、不同零部件在空间上分布到不同国家,每个国家专业化于产品生产价值链的特定环节进行生产的形象。与传统分工模式相比,二者最大的区别之处在于,传统分工模式下,国与国之间的分工边界是最终产品,而在产品内分工模式下,国与国之间的分工边界是产品生产的环节或阶段。那么,产品内分工的出现,是否意味着它是独立于传统国际贸易理论中研究的产业间分工和产业内分工之外的第三种分工形态?针对这一问题,国内学者裴长洪(2015)的观点颇具代表性。

相对于以最终产品为界限的分工模式,以产品生产环节和阶段为界限的分工条件下,由此所带来的中间产品的国际贸易情况相对复杂,因为它既可以在产业间进行交换,也可以在产业内进行交换,再细分还可以在某一最终产品内不同中间投入品之间进行交换。因此,当国际分工细化

---

① 数据来源:根据世界贸易组织(WTO)统计数据库统计数据计算而得(https://www.wto.org/english/res_e/statis_e/merch_trade_stat_e.htm)。

到产品生产环节和阶段后,国际分工和贸易的关系便有了表1-1所示的几种情况。

表1-1　当代国际分工和贸易的关系

最终产品	产业间贸易	依据广义比较优势产生的垂直专业化分工和贸易
	产业内贸易	比较优势相近,但需求、技术专门化差别产生的水平专业化分工
中间产品	产业间贸易	依据广义比较优势产生的垂直专业化分工和贸易
	产业内贸易	比较优势相近,但需求、技术专门化差别产生的水平专业化分工
	产品内贸易	依据要素禀赋差异和交易成本产生的垂直专业化分工

资料来源:裴长洪:《经济新常态下中国扩大开放的绩效评价》,《经济研究》2015年第4期。

　　按照裴长洪教授的解释,所谓产业内,即按照国际贸易商品标准分类(Standard International Trade Classification,SITC)至少前三位相同,即至少属于同类(Division)、同章(Chapter)和同组(Group)的商品。这个标注分类已经很细,足以区分产业内和产业间的产品区别。但如何区分产业内中间品与产品内中间品却一直是个难题。如果采取再细分下去的四位数以上编码,如建筑设备(7239)、专门机器(7285)、专门电器设备(7783)、专门机器附件(7788)、光缆(88419)、蓄电池(77812)等,其实也很难界定出它们究竟是产业内中间品,还是产品内的中间品。在已有的研究中,三位数以上编码的中间品往往是不区分产业内还是产品内的中间品。由于对它们的区分,学者们始终难以找到统计性意义上的分类标准,因此裴长洪教授认为,从制造范式来看,无论产业内分工,还是产品内分工,都是产业链的逆向分解,非核心模块和制造业环节大量外包,所不同的是这种分解和外包的策略是不同的,有的是依据技术专门化和生产质量决定的外包策略,如美国波音飞机的大量零部件是由欧洲生产商供应的,因此它属于水平型的分工,这种贸易是中间产品的产业内贸易;有的是依据细分市场和交易成本决定的外包策略,如大量在发展中经济体成长起来的委托加工生产和贴牌生产,即属于垂直型的分工,贸易形式更倾向于是中间品的产品内贸易。

从某种意义上说,产品内分工是国际分工的进一步深化,是同一产品的不同生产阶段(生产环节)之间的国际分工,其实质是生产布局的区位选择,其既可在跨国公司内部实现,也可以通过市场在不同国家间的非关联企业间完成,其产品交换既可以在产业间交换,也可以在产业内交换,更可以在同一产品内部进行交换。虽然分工从传统的以最终产品为界限细化到以产品生产的环节和阶段为界限,但是产业形态依然存在,也可以说,无论分工细化到什么程度,产业形态是永久存在的,那么由此产业间分工和产业内分工及其贸易也会是永久存在的。因此,产品内分工并不是对产业间分工和贸易的替代,也不是对产业内分工和贸易的替代,更不是与二者的简单等同,而是深化与拓展、交叉与融合,是国际分工细化在产业和产品层面的表现形式。

二、新贸易理论对产品内分工的解释

新贸易理论被认为更能解释发达国家之间的产业内贸易分工现象,那么这种贸易能否解释产品内贸易分工现象? 实际上,从上述关于产品内分工和传统产业间、产业内分工的关系中可以看到,产品内分工并不会消除产业的存在,而且产品内分工和贸易本身也可以发生在同一产业内部,而并非仅仅局限于同一产品内部。即表 1-1 所反映的其中一种情况,中间产品分工和贸易可以表现为在比较优势相近,但需求、技术专门化差别产生的水平专业化分工,如此,传统的产业内贸易分工理论同样可以在一定程度上解释产品内分工和贸易。实际上,在产品内分工快速发展时所呈现的一个突出现象也说明了这一点,即同一产品不同生产环节和阶段实现空间上分离的同时,相同、相似生产环节和阶段出现同一空间内的集聚。这种集聚现象其实正可以利用新贸易理论中的外部规模经济加以解释。而且从直观意义上理解,既然属于产品内分工,那么一定是属于产业内分工,因为通常而言,产品的概念和范围似乎应该要比产业更小,其只不过是产业内部的一个具体化实例。从这一角度看,新贸易理论在解释产品内分工和贸易中,仍然具有一定的生命力和说服力。

新贸易理论中的外部规模经济如此,包括内部规模经济在内的不完全竞争理论同样如此,也对产品内分工和贸易现象具有一定的解释力。从本质上看,厂商从多种产品的生产向一种或少数几种产品生产的范围缩小,就是要利用有限的资源实现某一或某几种产品生产规模的扩大,充分实现规模经济效应,或者将有效的生产资源用于生产某一或某几种差异化产品,以确保足够的产出量从而实现规模经济效应。基于同样的逻辑,国际分工细化到产品内分工时,实际上也就意味着从厂商层面看,将其有限的资源集中于自身更能实现规模经济效应的环节和阶段,乃至具有差异化的生产环节和阶段。尤其是前面提到的产品内分工出现的相同、相似生产环节和阶段出现的地理集聚,这种产品内分工其实正是通过横向扩展的方式实现的,更多表现为发达国家之间的中间产品分工和贸易,或者发展中国家之间的中间产品和贸易。这一实践现象本身也是符合新贸易理论的解释和预期的。同样地,既然产品内贸易有一部分是属于产业内分工和贸易,而异质性企业贸易理论能够解释产业内分工,当然也就适合解释产品内分工和贸易现象。

三、传统贸易理论对产品内分工的解释

产品内分工既可以通过横向扩展方式来实现,表现为发达国家之间的中间产品贸易,又可以通过纵向延伸方式来建构,表现为处于不同发展阶段的国家之间的中间产品贸易。具体来说,同一产品生产的不同环节和阶段,出现空间上的分离性,其实质是将不同生产环节和阶段配置到最有利的生产地点。这种配置从纵向延伸的角度看,其实质就是将不同要素密集度特征的生产环节,配置到具有不同要素禀赋的国家和地区。正如表1-1所示的那种情况,即产品内分工可以存在于产业间分工和贸易。所以,虽然传统的比较优势理论通常被用于解释产业间分工现象,但对于产品内分工,在一定范围内该理论依然适用。如果说传统国际分工的边界是产业的话,产品内分工的边界则在于价值链。在纵向延伸层面上产品的价值链,即表现为要素密集度的不同,比如产品生产环节和阶段亦可分为劳动密集环节、资本密集环节、技术密集环节三种,那么各国依据自身的要素禀赋在不同环节的生产上具有比较优势,则会相应地占据

产品价值链上其有比较优势的环节。这就是传统的广义比较优势对产品内国际分工的解释。

当然,广义比较优势理论对产品内分工的解释,其实不仅仅限于产品内分工和贸易发生在产业间这种情况,在产业内和产品内也是存在着的,或者说在另外两个领域呈现的产品内分工和贸易现象,仍然可以在传统广义比较优势的理论框架内得到解释。这是因为,从生产环节和阶段的角度看,由于不同增值环节可能存在着要素密集度特征的典型差异,从而由这种差异引致的分工和贸易,不论是发生在表1-1所示的产业间,还是发生在产业内,抑或是发生在同一产品内,其分工和贸易的基础都是要素禀赋差异这一广义比较优势所决定的。因此,大体而言,只要产品内分工的基本理论逻辑是按照纵向延伸的方式开展的,或者说是按照不同生产环节和阶段的要素密集度差异的逻辑方式所开展的,广义比较优势理论基本上就是适用的,当然,这其中包括广义比较优势理论自身的发展,比如传统要素禀赋理论融入交易成本学说后的拓展变化。

综合来看,产品内分工模式无非存在着横向扩展方式和纵向扩展方式两种,而横向扩展模式很大程度上可以在新贸易理论框架内得到解释,纵向扩展模式可以在传统广义比较优势理论框架中得到解释。或许正是因为这一点,裴长洪教授指出[①],解释中间产品的产业间交换、产业内交换以及产品内交换,其实都不需要太多更新的理论,因为沿用广义比较优势理论,或者沿用规模经济和不完全竞争理论,基本上可以对这一新的现象给予合理的解释和说明。国内学者卢锋(2004)对产品内分工曾进行过较为系统深入的探讨[②],其分析也指出和肯定了传统广义比较优势理论和新贸易理论在解释产品内国际分工中的适用性。

四、产品内分工的其他理论解释

当然,对于产品内分工和贸易这一新的现象,虽然其与传统的产业间

---

① 裴长洪:《经济新常态下中国扩大开放的绩效评价》,《经济研究》2015年第4期。
② 卢锋:《产品内分工》,《经济学季刊》2004年第4期。

分工贸易以及产业内分工和贸易有着许多交叉融合,或者说是产业间和产业内分工的深化拓展,但绝非是简单等同,因此在一定程度上也有着自身特点。除了能够在传统的广义比较优势理论框架和新贸易理论框架内得到很大程度上的解释外,很多学者也从其他角度和层面对这一新的国际贸易现象进行了理论探讨。具体而言,其他方面的研究主要是将产业组织理论中的一些研究成果以及对跨国公司理论的部分研究成果结合起来,对产品内分工这一新的国际贸易分工现象进行理论解读。有关这一方面的理论回顾,详细的综述可参见国内学者曹亮等(2009)系统全面的分析①,此处,我们只对代表性理论进行简要回顾。

在产业组织理论中,依据产权法,由于可执行的协定仅在投资沉没成本后发生,因此特定关系投资都被扭曲了。如果在创造价值方面,零部件供应商比最终产品生产者更重要,则公司外包的动机就会增加,产生了所谓产品内分工和贸易。产业组织理论研究认为,组织形式的选择取决于总部服务的重要性,部门的不同会存在一定的差异。对于总部控制程度较高的部门而言,产权方法建议实行垂直一体化以激发最终产品生产公司供给这些服务,否则,就应该采取外包的组织形式。在标准的南北贸易动态一般均衡模型中,北方公司通过将来自北方的高技术投入品与低技术投入品相结合来生产最终产品,低技术投入品可以通过垂直一体化或外包来生产。低技术的制造业后来转移至南方国家以利用其低工资的优势,这种转移无论是通过对外直接投资(FDI)的形式还是通过外包的形式,最终都会以产品内分工的形态表现出来。

市场厚度和外包理论则强调市场厚度在决定最终产品生产企业和特定投入品供应商找到适当的合作者的重要性。所谓市场厚度,是指需要多少供应商提供外包服务。该理论认为,如果发包者和供应商的匹配受制于规模报酬不变,则贸易对产业组织形式没有影响,但是当这种匹配导致规模收益递增时,那么一国从事对外贸易越多,外包程度越深。据此,国家的大小会影响市场厚度,其他条件相同的情况下,市场的厚度越厚,

---

① 曹亮、席艳乐、王贺光:《产品内分工理论研究新进展》,《经济学动态》2009 年第 4 期。

找到合适的供应商也就会越容易,因此来自市场厚度的收益使得大经济体或者规模较大的产业选择外包更为可行。这便产生了产品内分工和贸易。

制度和契约理论则认为,一国的制度安排对发挥一国的比较优势和改善贸易环境具有重要的作用,很多研究表明,由于腐败制度产生的经济掠夺类似于对贸易征收隐藏税。通常而言,公司生产更多的复杂产品,不仅取决于从劳动分工中获得更多的益处,也取决于一国实施劳动契约的能力。高质量的制度环境增强了公司的规模,并且也导致了在开放贸易环境下,公司专业化生产更多复杂的产品。因为此时制造业环节的外包成本,尤其是源于制度因素的交易成本,就会大大下降,从而激励着外包行为的发生。相反,如果一国制度质量很差,则制造业环节的外包交易成本就会随之上升,从而成为制约产品内分工发展的重要因素。即制度和契约质量对产品内分工的演进和拓展具有重要影响。

第四节 简要评论

本章对国际分工的演进和国际贸易分工理论进行了简要梳理。通过回顾可以发现,亚当·斯密和大卫·李嘉图的古典国际贸易分工理论,产生的背景是国际分工和国际贸易初步发展阶段,对分工和贸易决定性因素的解释,成为古典贸易理论的基本任务。赫克歇尔和俄林的要素禀赋理论,产生的时期是国际分工和国际贸易形成的阶段,对国际经济贸易格局的解释成为以要素禀赋理论为代表的新古典国际贸易分工理论的主要任务。从本质上看,无论是绝对优势论,还是比较优势论,抑或是要素禀赋理论,都是从价格相对差异的角度对国际贸易的起因及贸易利益问题进行解释,主要是解释产业间分工和贸易现象。从广义比较优势的本质特点看,即从由一种或多种生产要素或资源引致的要素价格相对差异,进而不同产品生产成本和价格相对差异角度看,这种差异更可能发生在要素密集度相对较大的产业间而不是同一产业内,因此,广义比较优势理论逻辑的内在特质也更适合于解释产业间分工和贸易现象。

以保罗·克鲁格曼为代表的经济学家基于20世纪五六十年代国际贸易出现的一些新现象和新特点,即国际贸易普遍发生在技术和要素禀赋极为相似的发达国家之间,以及贸易品主要表现为制成品的产业内贸易,提出了所谓的新贸易理论,从规模经济和不完全竞争角度探讨了国际贸易的基础。这一时期是产业内贸易和公司内贸易普遍发展的阶段,与此同时,产业组织理论和市场结构理论也日趋完善,解释国际贸易分工理论出现新现象新问题,成为新贸易理论的任务。由于新贸易理论并不能很好地解释为什么在同一行业内既存在部分企业出口,又存在部分企业无法出口的现象,因此,对这一现象的探讨,便成了异质性企业贸易理论的主要任务。

20世纪80年代以来,产品内贸易蓬勃发展,学术界对这一新的国际贸易现象也进行了较为广泛的探讨。虽然截至目前,有关产品内国际分工和贸易的理论探讨,还不像传统广义比较优势理论和新贸易理论那样有着完善的理论体系,也没有形成统一的理论框架,但也取得了一定的成果。然而,有关产品内分工和贸易现象的探讨,总体上仍未突破传统贸易分工的理论分析框架,即现有研究基本还是认为,广义传统比较优势理论、新贸易理论以及异质性企业贸易理论对解释产品内国际分工和贸易现象是适用的。当然,也有部分研究运用产业组织理论的研究成果和跨国公司的理论研究成果,来解释产品内国际分工和贸易现象,这种从微观层面的尝试无疑具有重要意义和一定的价值,也是与贸易实践的发展具有一定程度上的内在一致性。

综上可见,国际分工和贸易理论的发展总是与世界经济贸易的发展密切相关。国际贸易分工理论的发展历程,就是根据世界经济贸易发展中不断出现的新情况、新问题、新现象,对传统国际分工和贸易理论进行修正、补充和发展,并提出一些新学说的过程。同时国际贸易分工理论的发展也是与经济学理论的发展密切相关的。国际贸易分工理论发展的历史进程也是不断利用经济学理论发展中出现的新方法、新工具,对世界经济贸易发展规律不断探讨的过程。

通过对现有理论的简要回顾我们发现,国际贸易分工理论发展的一个主要趋势就是随着理论的不断完善,其对国际经济贸易现象的解释能力越来越强,与国际经济贸易发展的实践也越来越接近。但与此同时我们也发现,无论是关于广义比较优势理论,还是新贸易理论,以及最新发展起来的尚未成为体系的产品国际分工理论,大多数分析都不涉及要素的跨国流动,换言之,基本上都是以不存在要素的跨国流动为前提的,很少涉及对要素跨国流动的直接分析。即便有部分文献在跨国公司理论的基础之上,即考虑了对外直接投资(资本要素的跨国流动),但是这些文献也只是粗略地初步分析了产业组织形式的选择问题,即究竟是选择外包还是选择对外直接投资等问题,并没有从要素流动的本质特征去探讨国际贸易分工的一些基本理论问题。这与当代以要素流动为主要特征的经济全球化发展实践,或者说在当前全球贸易与要素流动已日益融合的大趋势下,现有理论解释还存在较大差距。实际上,要素跨国流动并由此决定的全球贸易模式和格局问题,本质上使得国际分工已经演化到一个新阶段,我们称之为要素分工。从要素分工角度对国际贸易分工理论进行创新发展,以增强对现实世界的解释力,正是本书主要努力的方向。

应该指出的是,正如新贸易理论出现不是对广义比较优势理论的否定一样,产品内国际分工和贸易理论的发展也不是对广义比较优势理论和新贸易理论的否定,而是继承和发展,力图从要素跨国流动这一特定实践特征出发,探讨要素分工下国际贸易理论新发展问题,不必要也不可能是对原有国际贸易理论的否定,在不同假定条件下的理论,即使在当代,对各类特定贸易现象仍然有着很强的解释力,并对实践有着重要的指导意义。这也是本章理论回顾的主要目的之一。

第二章 经济全球化新发展与要素分工

　　真正意义上的经济全球化,始于 19 世纪末 20 世纪初的资本主义生产方式的全球扩张①。迄今为止,经济全球化经历三个发展阶段,殖民扩张和世界市场形成阶段、两个平行世界市场阶段和战后经济全球化快速演化阶段②。第二次世界大战以后特别是 20 世纪 70 年代末以来,经济全球化的一个重要特征就是要素跨国流动性不断增强。这种新现象和新特征在当代全球经济的形成和发展中具有重要作用,也是当代全球经济运行的重要基础,对当代全球经济的运行与各类国家的发展都有着十分深刻的影响。从国际分工角度看,要素跨国流动正在改变着国与国之间的分工界限,即从以往以最终产品为界限的传统分工模式,向以生产要素为边界的新分工模式转变,我们将后者称作要素分工。在要素分工条件下,经济全球化出现了另外一个显著特征,即贸易投资一体化。在国际间生产要素自由流动、国际分工的主导形式转变为要素分工后,对假定要素不存在跨国流动的传统国际分工贸易理论,形成了很大挑战。实践呼唤着理论创新。

---

　　①　关于经济全球化的历史在经济史学界有着巨大的分歧,有经济史学家将哥伦布发现新大陆作为全球化的开端,也有相当部分的经济学家将经济全球化作为第二次世界大战结束特别是 20 世纪 80 年代后出现的一种新现象。但绝大部分经济学家都承认,即使按照当代的标准,第一次世界大战之前的全球化程度也与当代旗鼓相当。Vincent Cable(1995)更认为,第二次世界大战后的主要成就是把国际经济恢复到第一次世界大战前的一体化水平。具体可参见:Vincent Cable, "The Diminished Nation-state: A Study in the Loss of Economic Power", in *What Future for the State? Daedalus* 124, No.2(spring 1995), p.24.
　　②　习近平:《在省部级主要领导干部学习贯彻党的十八届五中全会精神专题研讨班上的讲话》(2016 年 1 月 18 日),《人民日报》2016 年 5 月 10 日。

第一节　要素流动与当代经济全球化

所谓经济全球化,是指在国际分工的基础上,商品、服务、生产要素跨国界的流动日益发展,从而使得各国各地区间经济联系日益加深的趋势。经济全球化是生产社会化越出一国的疆界而向全世界发展的结果。马克思、恩格斯在1848年写的《共产党宣言》指出:"资产阶级,由于开拓了世界市场,使一切国家的生产和消费都成为世界性的了。"①"过去那种地方的和民族的自给自足和闭关自守状态,被各民族的各方面的互相往来和各方面的互相依赖所代替了。"②马克思、恩格斯的这一论断,随着历史的推移,越来越被证明是正确的。市场经济在本质上是国际性和全球性的,即只要发展市场经济,经济全球化就是不可阻挡的。而从经济全球化形成和发展的过程来看,就是一个从贸易一体化不断扩大到生产一体化的过程。

一、经济全球化的主要表现

由于经济全球化就是市场经济向全球扩张的过程和结果,因而主要表现为贸易全球化、生产全球化和金融全球化。

首先,贸易的全球化,主要是指在国际贸易领域内,国与国之间普遍出现的全面减少或消除国际贸易障碍的趋势,并在此基础上逐步形成统一的世界市场。贸易全球化的衡量或者说主要表现于关税水平的降低、非关税壁垒的降低和数量的减少等诸多方面。由于国际贸易的发展,使得全球商品市场形成了一个整体。一方面,很多企业提供的产品和服务面对的是全球消费者,使得这些企业获得了比起国内市场更为广阔的发展空间,即对于企业来说,其产品销售的市场范围不再局限于一国和地区之内,而是拓展到其他国家和地区,从而销售市场具有了全球化意义。而

---

① 《马克思恩格斯选集》第1卷,人民出版社1995年版,第276页。
② 《马克思恩格斯选集》第1卷,人民出版社1995年版,第276页。

且有了商品的跨国流动之后,一国消费者所能消费的产品不再局限于本国所生产的产品范围之内,而是可以来自世界其他国家和地区,从而消费具有了全球化。另一方面,在原先封闭条件下,各国企业的竞争只限于来自国内其他企业,但是有了商品的跨国流动之后,各国企业无不面临着来自国际市场上其他国家和地区企业的激烈竞争,使得市场竞争越来越具有全球性意义。总之,有了国际贸易即商品的跨国交易之后,无论是从企业销售市场的拓展和延伸角度看,还是从消费者所能消费产品的选择范围和来源地看,抑或是从企业面临的竞争对手范围和来源地看,各国经济活动都有了全球化意义。有关研究和统计数据显示,在世界市场形成以后,国际贸易的增长速度超过了世界生产的增长速度,从而使得各国以商品跨国流动的方式联系在一起。表2-1比较了1870年到1998年世界贸易与GDP的增长率,数据显示,除了1913年至1950年战争阶段以及全球经济危机冲击阶段外,贸易发展受到了影响而低于全球产出增长率,其他时间中几乎所有国家的贸易增长都快于它们的国内生产总值增长,这是贸易全球化的典型表现和结果,商品跨国流动将不同国家和地区联系在一起。

表2-1 1870—1998年世界和主要地区GDP增长率和出口实际增长率

(单位:%)

时期	1870—1913年		1913—1950年		1950—1973年		1973—1998年	
增长率	GDP	出口	GDP	出口	GDP	出口	GDP	出口
西欧	2.10	3.24	1.19	-0.14	4.81	8.38	2.11	4.79
西方衍生国	3.92	4.71	2.81	2.27	4.03	6.26	2.98	5.92
日本	2.44	2.79	2.21	1.64	9.29	9.97	2.97	5.95
亚洲(不含日本)	0.94	3.29	0.90	2.29	5.18	4.28	5.46	6.03
拉丁美洲	3.48	3.37	3.43	1.43	5.33	9.81	3.02	2.52
东欧和苏联	2.37	4.37	1.84	1.90	4.84	5.34	-0.56	1.87
非洲	1.40	3.4	2.69	0.90	4.54	7.88	2.74	5.07
世界	2.11	—	1.85	—	4.91	—	3.01	—

资料来源:[英]安格斯·麦迪森:《世界经济千年史》,伍晓鹰等译,北京大学出版社2003年版,第116—117页。

表 2-1 比较了 1870 年到 1998 年世界贸易与 GDP 增长率之间的相对变化情况。与此同时,我们还可以从贸易规模变化角度看贸易全球化的发展状况。图 2-1 的情况显示,1851 年至 1913 年全球贸易额增长了约 12 倍,从 1851 年的 6.41 亿英镑上升到 1913 年的 78.4 亿英镑,而同期,全球工业总产量仅仅增加了约 6 倍①。在贸易规模迅速扩张的同时,从事贸易的地区数也迅速上升,在 19 世纪初期的时候,参与国际贸易的国家和地区数大约为 70 个,而到了 1913 年,这一数字已经上升到了155 个。

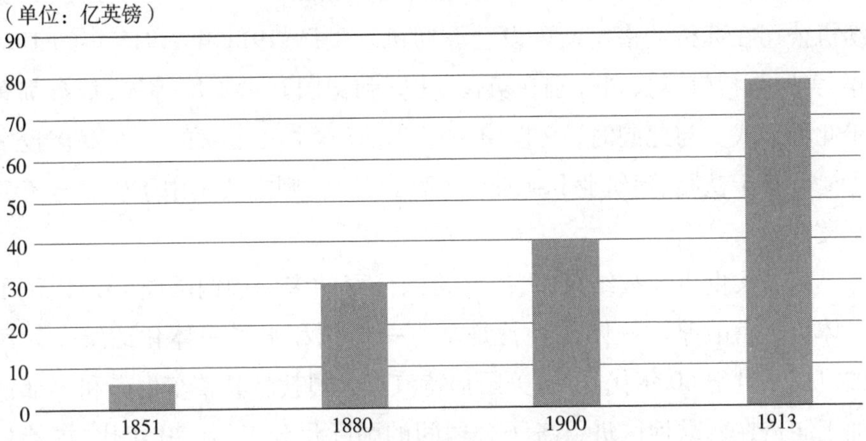

（单位：亿英镑）

图 2-1 1851—1913 年全球贸易额变化

资料来源:[美]斯塔夫里阿诺斯:《全球通史:1500 年以后的世界》,吴象婴、梁赤民译,上海社会科学院出版社 1992 年版,第 318 页。

其次,生产的全球化。所谓生产的全球化,是指企业在全球范围内整合经济资源,利用各国要素优势进行生产活动,以降低生产成本、提高产品竞争力的经济行为。从发展历程看,生产全球化大体经历了两个阶段:一是简单一体化;二是复杂一体化或称为完全一体化。在简单生产一体化中,企业跨入跨国生产时,一般其海外投资的规模和范围很有限,其海外分支机构的数量也很少,且其从事海外直接投资的初衷是当地生产,当

———————

① [美]斯塔夫里阿诺斯:《全球通史:1500 年以后的世界》,吴象婴、梁赤民译,上海社会科学院出版社 1992 年版,第 363 页。

地销售,从而达到绕过各种贸易壁垒、减少运输成本、提高产品在当地市场竞争能力的目的;或是当地开采、建设,返销国内,以达到弥补国内相关资源短缺的目的。生产一体化的纵深发展需要一系列的条件,比如区域经济一体化、全球投资贸易自由化。交通运输、通信技术的发展,为跨国公司进行国际生产一体化提供了重要的政策、经济和技术条件。19世纪中叶以后至第二次世界大战之前,早期的跨国公司,其跨国化经营均采取了多国国内生产战略,即对外直接投资采取了"当地生产,当地销售"的形式。如1850年,德国西门子在英国设厂生产电缆;1865年,德国拜尔化学公司在美国纽约州的奥尔贝尼开设苯胺工厂;1867年,美国胜家缝纫机公司在苏格兰格拉斯哥设立缝纫机装配厂;1911年、1913年和1920年,美国福特汽车公司分别在英国、法国和德国开设工厂等等,基本都属于此种形式。与此同时,19世纪下半叶,资本主义国家的对外直接投资主要分布于铁路、建筑业和矿业,到20世纪初,则主要集中于矿业等资源开发行业。

第二次世界大战结束后,一些跨国公司的多国国内战略开始让位于一体化经营战略。一体化经营是垂直一体化和水平一体化的统一。例如,从20世纪60年代开始,美国福特汽车公司就将其整车生产和零部件加工制造在西欧地区进行各子公司间的国际化分工,到70年代,福特公司在西欧初步实现了从产品开发、零部件生产到总装的一体化。伴随着跨国公司一体化经营的发展及大量中间产品的水平分工,在相同行业内的最终产品生产上,水平式分工也得到了长足进展。例如,汽车业跨国公司在美国生产的重点是中高档汽车,在欧洲生产的主要是小型车和微型车,而在日本生产的主要是低油耗节能型汽车。这种横向一体化经营,跨国公司一方面是为了追求规模经济,另一方面也是以市场为导向的体现。由于各国之间存在一定的交叉需求,因而,各子公司必然在同一行业内进行一定量的差异性产品交叉销售,并且,由于经营实力的增强,著名的跨国公司纷纷实行跨行业的多元化经营战略,各子公司分别生产不同的产品,也进行交叉销售,从而使横向内部贸易产生。

进入20世纪80年代,一些著名的跨国公司针对一些靠自己力量难以完成的设计、开发、生产、销售业务,开始与另外的跨国公司进行强强联合,尤其是 90 年代以来,随着经济全球化进程的加快,跨国公司之间各种形式的国际战略联盟层出不穷,联盟内的各种交易也在频繁发生。当然,在跨国公司内部贸易的发展历程中,并不是所有的跨国公司都经过以上发展阶段,有的公司,可能根据实际情况,一直处于简单内部贸易阶段,有的公司尽管发展得很大很强,但可能没有必要参与国际战略联盟。另一方面,从当今世界范围内的跨国公司发展现状来看,处于简单内部贸易阶段的跨国公司仍有很多,而单纯处于纵向内部贸易或横向内部贸易阶段的跨国公司也为数不少。跨国公司的内部贸易到底处于何种阶段,一方面受其发展规模和一体化程度的影响,另一方面也受其所处行业的影响,有些行业如软饮料、快餐业等,对外直接投资只能实行当地生产、当地销售的多国国内战略,其内部贸易主要是简单内部贸易形式,而另外一些行业如汽车、飞机、计算机等,对外投资的进一步发展,可采取全球范围内的一体化经营,从而会产生大量的在垂直分工和水平分工基础上的纵向内部贸易和横向内部贸易。另外,内部贸易的发展阶段也受跨国公司主观战略意愿的影响,有的跨国公司愿意采取多国国内战略,而另外一些公司可能更感兴趣于从事全球范围内的一体化经营,跨国公司对外直接投资从简单一体化逐步走向了完全一体化或者说复杂一体化。

总之,在全球生产一体化的早期,主要表现为跨国公司的生产行为在世界各国的简单"复制",或在其他国家和地区投资成立的子公司和分公司之间,以及子公司、分公司与母公司之间只进行一些简单的合作,此时生产全球化的意义主要还是停留在其生产行为的世界各国的简单拓展和延伸。但是从简单一体化走向复杂一体化或者说完全一体化之后,其生产行为不再是以往的简单"母体复制",而是逐步呈现出高度的分工协作关系,即生产过程从传统的由单个国家完成全部生产过程并出口最终产品的生产形式,正在被全球分工协作生产所替代。生产过程超越了国界成为国际生产。产品的生产也不再是个别企业的孤立行为,而是在国际生产网络或体系的基础上实现的全球化生产。从这一角度看,生产全球化实际上不仅仅表现为跨国公司的对外直接投资,在产业组织形式上,通过发包的方式将产品生产的部分环节和阶段,配置到其他国家和地区,同样也是生产全球化的重要表现形式。

最后,金融的全球化。由于市场全球化和生产全球化的发展,必然导致国际资本在全球范围内的自由流动,为国际生产和国际交换服务的资金借贷和货币兑换活动日渐频繁,以国际债券市场、国际股票市场、外汇市场为主要内容的国际金融市场扩展迅速,金融工具不断创新,资金交易的规模和速度前所未有。随着金融自由化和国际化的发展,金融活动越来越与实体经济活动相脱离,形成了以金融资产交易为特征的虚拟经济。金融全球化主要表现为金融市场全球化、金融交易全球化、金融机构全球化和金融监管全球化。

金融全球化与贸易全球化、生产全球化一起,构成了经济全球化发展的现实图景。

二、经济全球化基本历程及阶段特征

虽然"经济全球化"一词在 20 世纪 80 年代中期才迅速流行开来,但是经济全球化的萌芽,早在 15 世纪末的地理大发现和资本主义原始积累时期就从欧洲开始了,先后经过殖民扩张和世界市场形成阶段、两个平行世界市场阶段和战后经济全球化快速演化三个发展阶段。

第一阶段:经济全球化的主要特征是"西方国家靠巧取豪夺、强权占领、殖民扩张,到第一次世界大战前基本完成了对世界的瓜分,世界各地区各民族都被卷入资本主义世界体系之中"①。具体看来,在这一阶段的经济全球化过程中,西方国家居于主导地位,基本方式是通过殖民扩张对落后地区进行征服和掠夺。作为其结果,老牌资本主义国家通过这种方式确立了其在世界经济中的强势地位,资产阶级和资本主义经济获得空前发展,正如马克思在《共产党宣言》中指出的"资产阶级在它不到一百年的阶级统治中所创造的生产力,比过去一切时代创造的全部生产力还

---

① 习近平:《在省部级主要领导干部学习贯彻党的十八届五中全会精神专题研讨班上的讲话》(2016 年 1 月 18 日),《人民日报》2016 年 5 月 10 日。

要多,还要大";另一方面,封闭落后的国家通过西方国家的殖民掠夺也被卷入了经济全球化的进程之中,马克思在《共产党宣言》中指出:"资产阶级,由于一切生产工具的迅速改进,由于交通的极其便利,把一切民族甚至最野蛮的民族都卷到文明中来了。它的商品的低廉价格,是它用来摧毁一切万里长城、征服野蛮人最顽强的仇外心理的重炮。它迫使一切民族——如果它们不想灭亡的话——采用资产阶级的生产方式;它迫使它们在自己那里推行所谓的文明,即变成资产者。一句话,它按照自己的面貌为自己创造出一个世界。"①

第二阶段:第二次世界大战后伴随着殖民地和半殖民地国家的纷纷独立,"世界形成社会主义和资本主义两大阵营,在经济上则形成了两个平行的市场"②。在这一阶段,在美国的主导下,对国际经济关系进行了调整,重建国际经济秩序,主要是建立了国际货币基金组织(IMF)、国际复兴开发银行(即世界银行)、关贸总协定(GATT,世界贸易组织的前身)三大国际经济组织。这些以发达资本主义为核心的国际经济组织发挥了一定的国际经济协调作用,促进了国际贸易和国际投资的发展。在关贸总协定的推动下,各国纷纷降低关税和非关税壁垒,促进了贸易自由化进程。第二次世界大战后跨国公司的兴起,使以它为载体的产业资本国际运动得以顺利发展。资本国际运动从流通领域扩展到生产领域,形成了以产业资本国际运动为主导的资本国际化,使得经济全球化发展到了一个新的高度。

第三阶段:20世纪80年代中期以来,世界格局发生了转折性变化,和平和发展成为当代世界的主题,各国都把发展经济作为首要任务,纷纷奉行对外开放政策,经济全球化进入了快速发展的新阶段。"随着冷战结束,两大阵营对立局面不复存在,两个平行的市场随之不复存在,各国相互依存大幅加强,经济全球化快速发展演化"③。

① 《马克思恩格斯选集》第1卷,人民出版社1995年版,第276页。
② 习近平:《在省部级主要领导干部学习贯彻党的十八届五中全会精神专题研讨班上的讲话》(2016年1月18日),《人民日报》2016年5月10日。
③ 习近平:《在省部级主要领导干部学习贯彻党的十八届五中全会精神专题研讨班上的讲话》(2016年1月18日),《人民日报》2016年5月10日。

新一轮经济全球化浪潮形成的原因,大致包括以下几个方面。

第一,科技革命和生产力的发展是经济全球化快速发展的根本动力。如果说,前两次产业革命作为全球化强大的推进力量,促成了统一的世界经济体系的话,那么,以微电子和信息技术革命为特征的第三次科技及产业革命,为经济全球化发展奠定了先进的物质技术基础。互联网的发展使世界变得平坦,世界经济的空间距离迅速消失,再加上以巨型客机和巨型轮船为代表的交通运输工具的革命性变化,使得各国各地区间的相互往来比起马克思的时代更为便捷,各国各地区的生产、贸易、金融方面的相互联系和相互依赖比以往任何时代都更为密切,全球各个角落的人们都被卷到全球化的浪潮中来了。

第二,市场经济的发展是经济全球化的推动因素。经济全球化必须依靠市场来实现。因此,市场经济既是民族国家参与经济全球化进程的起点,也是经济全球化发展的客观要求。可以说,没有市场经济,就没有经济全球化。中国在坚持社会主义基本经济制度的前提下,实行了以市场为导向的经济体制改革。这样,作为资源配置的手段和方法,市场经济成了推动经济全球化的重要基础。

第三,跨国公司是经济全球化的推动力量。跨国公司开展的全球性经营活动,是经济全球化的标志性特征。跨国公司按照其自身的发展战略和经营策略,在全球范围内融资,在全球范围内组织生产和销售,促进了资金、技术和先进管理方式等生产要素在全球范围内的流动,使得许多产品的生产和销售都成为全球性的了。跨国公司及其遍及全球的分支机构,以及为其服务的分包商和供应商,共同构成了世界性的生产体系。

世界贸易组织(WTO)等国际经济组织的成立,促进了贸易便利化和投资便利化,规范了国际市场竞争规则,也在一定程度上推动了经济全球化的进程。

总的来说,科技革命和生产力的发展是经济全球化快速发展的根本动力,作为资源配置方式的市场经济是经济全球化的发展基础,跨国公司开展的全球性经营活动,是经济全球化的标志性特征。WTO等国际组织对全球贸易和投资进行管理和协调,促进了经济全球化的进程。当然,经济全球化并不否定国家利益和民族利益,但是在开放条件下,国家利益和民族利益要通过参与经济全球化才能得到更好的实现。

三、要素流动:当代经济全球化的基本特征

第二次世界大战以后,经济全球化不断深化,不仅商品贸易得到了迅猛发展,而且以对外直接投资为重要特征的生产要素跨国流动性不断增强,成为经济全球化的重要特征和主要运行机制。尤其是 20 世纪 70 年代以来,全球对外直接投资的增长速度超过了全球贸易的增长速度,成为经济全球化最重要的推动力量。

国际劳动组织的统计数据显示[①],全球劳动力的跨国流动(Global Migrant Workers)呈现出稳步上升的态势。1975 年全球劳动力跨国流动量约为 8500 万,1985 年约为 1.05 亿,1990 年为 1.54 亿,1995 年为 1.64 亿,2000 年为 1.75 亿,2005 年为 1.91 亿,到了 2010 年则突破 2 亿关口,达到了 2.13 亿。在所有的生产要素中,劳动力的全球性流动所面临的障碍最大,因此劳动力的跨国流动增长比较缓慢,但上述统计数据表明,劳动力的跨国流动还是表现出不断增强的发展势头。再看国际技术要素的流动状况,联合国科学技术委员会的统计数据显示[②],20 世纪 70 年代初期,全球技术转让贸易额不足 100 亿美元,而到了 90 年代中期已经突破 1000 亿美元,到 2000 年则更是增长到 2085 亿美元,2005 年高达 4168 亿美元,大体表现出每五年翻一番的增长趋势。

在所有的生产要素中,产业资本的跨国流动(FDI)最为活跃。首先,从全球对外直接投资的发展规模角度看。根据联合国贸发会议的统计资料[③],

---

① 数据转引自:国际劳工组织(International Labor Organization)发布的"International Labor Migration:A Rights-based Approach",published in 2010 by the International Labor Office,CH-1211, Geneva 22,Switzerland。

② 数据来源于联合国科学技术委员会(UNCTAD Commission on Science and Technology)发布的"Transfer of Technology for Successful Integration into the Global Economy",available at: http://www.unctad.orgTemplates/ Page.asp? intItemID=5189&lang=1。

③ 数据来源于联合国贸发会议的《UNCTAD 统计手册 2010》(UNCTAD:Handbook of statistics 2010), available at: http://www.unctad.org/Templates/WebFlyer.asp? intItemID= 5771&lang=1。

20 世纪 70 年代初全球对外直接投资流量仅为 141 亿美元,至 80 年代初也仅为 515 亿美元,而到了 90 年代初,全球对外直接投资的流量已经上升至 2000 亿美元左右,到了 90 年代末期已突破万亿大关,达到 1.07 万亿美元;进入 21 世纪更是以惊人的速度在增长,其中于 2007 年突破 2 万亿美元大关,高达 2.26 万亿美元。由于受到 2008 年开始的全球金融危机影响,全球对外直接投资流量虽然在 2008 年和 2009 年有所下降,分别为 1.9 万亿美元和 1.1 万亿美元,但随着全球经济的复苏,全球对外直接投资流量也呈现出恢复性增长,2010 年已恢复至 1.2 万亿美元之多,全球对外直接投资流量 2011 年进一步上升至 1.58 万亿美元。表 2-2 分析了 1988—2015 年间全球及部分经济体流入的 FDI 存量情况。

表 2-2 1988—2015 年全球及部分经济体 FDI 存量情况

(单位:亿美元)

年份	全球	发展中经济体	转型经济体	发达经济体
1988	15251.46	4372.00	16.36	10863.11
1989	18331.22	4680.70	16.43	13634.08
1990	21977.68	5101.07	16.52	16860.09
1991	24728.69	5481.47	21.88	19225.34
1992	24955.31	6055.28	3.76	18896.27
1993	27007.34	6823.76	22.81	20160.77
1994	29656.24	7580.45	64.34	22011.46
1995	35663.49	8441.30	109.72	27112.47
1996	41360.63	9828.24	163.67	31368.72
1997	47230.52	10907.50	268.66	36054.35
1998	59198.77	11986.04	309.35	46903.38
1999	70903.17	15413.54	397.31	55092.32
2000	72038.15	16698.12	573.91	54766.13
2001	70473.49	17407.62	834.57	52231.30
2002	70626.64	16771.29	1087.50	52767.84
2003	87553.31	19350.09	1454.48	66748.73

续表

年份	全球	发展中经济体	转型经济体	发达经济体
2004	101956.42	22561.00	1849.49	77545.93
2005	109885.75	26390.02	2578.53	80917.20
2006	135978.01	32752.34	3664.74	99560.93
2007	171259.06	43746.53	6303.16	121209.37
2008	149793.76	40448.41	3927.26	105418.09
2009	176100.27	49047.37	5861.30	121191.61
2010	196074.06	60886.57	7296.00	127891.50
2011	204417.29	63928.29	7442.82	133046.19
2012	220731.75	72615.42	8369.97	139746.36
2013	244837.26	77481.72	9144.73	158210.81
2014	246264.55	83100.55	7249.65	155914.35
2015	249832.14	83744.28	6013.89	160073.98

资料来源:根据联合国贸发会议数据库统计数据整理而得。

　　全球对外直接投资规模的迅猛增长,体现的不仅是资本等生产要素的跨国流动,更重要的是由此带来了生产布局的全球化和贸易的全球化,即以往全球化发展进程中的诸多表现:要素全球化、生产全球化、贸易全球化等,在生产要素跨国流动中呈现共生融合的发展趋势。

　　从全球对外直接投资增速与贸易增速比较看,在经济全球化发展进程中,贸易全球化一直是其重要表现和重要内容之一,然而自20世纪80年代以来,全球对外直接投资不仅在规模上呈现快速发展之势,而且在增长速度上有超过贸易之势,从而成为当代经济全球化的主要特征。图2-2分析了1987—2014年间全球对外直接投资流出量(OFDI)增长情况以及全球出口贸易增长情况。

　　从图2-2所示的情况看,自1987年以来有大部分年份全球对外直接投资的增长率均超过了全球出口贸易增长率,从而成为经济全球化最为重要的内容和特征。正如美国学者彼得·德鲁克的研究指出:"目前,国际投资成为全球经济中的支配因素。并且日益增加的国际直接投资都流入到了制造业和金融服务业领域。投资虽然在传统上总是跟随贸易,但

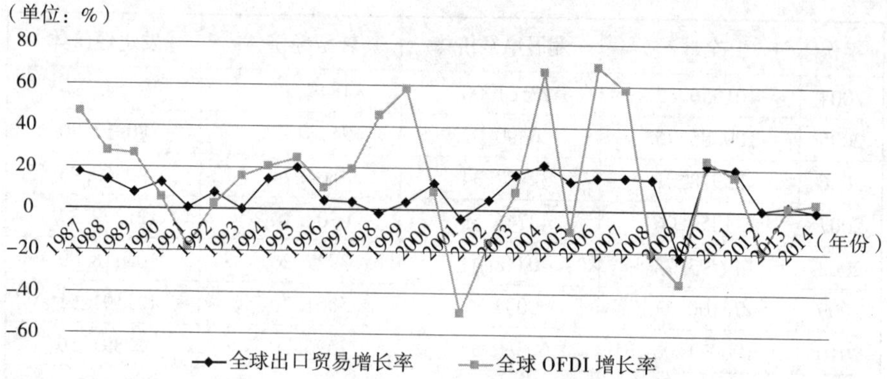

（单位：%）

图 2-2　1987—2014 年全球 OFDI 及出口增长率

资料来源：根据联合国贸发会议数据库统计数据整理而得。

现在贸易却日益依赖于投资。"①由此可见，以对外直接投资为主要表现形式和典型代表的要素跨国流动，已经成为当代经济全球化的主要特征和运行基础。

第二节　要素分工与贸易投资一体化

伴随要素跨国流动性不断增强进而成为当代经济全球化的重要特征和表现，国际分工的主导形式也随之发生变化，即从以往的以最终产品为边界的分工模式，向以生产要素为边界的分工模式转变。这种新型国际分工可称之为要素分工。在要素分工条件下，资本等生产要素跨国流动的本质是在全球范围内进行资源整合和优化配置，并布局全球价值链进行国际市场需求的产品生产，因而在产品层面上又表现为中间产品的多次跨国流动以及最终产品全球流转，表现为投资创造贸易、贸易带动投资这种融合发展的贸易投资一体化现象，这是当代经济全球化的重要表现和特征。

---

①　［美］彼得·德鲁克：《九十年代的管理》，东方编译所译，上海译文出版社 1999 年版，第 25 页。

一、要素分工及其构成要件

从全球贸易品的生产过程或者环节来看,最终产品的生产通常不再由任何一个国家独立完成,"世界制造"(made in the world)[1]成为当代国际贸易商品的本质特征。对于这些全球化和国际贸易中的新变化,学术界赋予了不同的名称,如价值链切片(Slicing The Value Chain)[2]、地点分散化(Delocalization)[3]、垂直专业化(Vertical Specializing)[4]、产品内分工(Intra-product specialization)[5]、中间品贸易(Intra-mediate Trade)[6]以及片段化生产(Fragmentation)[7]等。尽管上述称呼不同,但都旨在描述一个共同现象,那就是国际贸易在连接生产和消费跨国分离的同时[8],不断实现着生产过程自身的跨国分离,国际分工的基本层面已经从产品间深入到产品生产环节,正是基于这一事实特征,目前学术界采用的更为普遍的概念就是所谓的全球价值链。用全球价值链这一概念描述当前国际分工新形态,从产品价值增值环节的空间分离角度看是有意义的,但却没有很好地体现要素跨国流动这一本质特征及其对经济全球化的影响。实际上,要素跨国流动后,不仅使得最终产品的生产是由分布在不同国家和地

---

① "made in the world"这一概念系由 WTO 总干事 Pascal Lamy 于 2010 年 10 月提出(http://www.wto.org/english/news_e/sppl_e/sppl174_e.htm)。

② P. Krugman, "Growing World Trade: Causes and Consequences", *Brookings Papers on Economic Activity*, Vol.1(1995), pp.327-377.

③ E.E. Learner, "In Search of Stolper-Samulson Effect on U.S. Wages", NBER Working Paper, No.5427, January 1996.

④ Hummels, David, Jun Ishii, and Kei-Mu Yi, "The Nature and Growth of Vertical Specialization in World Trade", *Journal of International Economics*, Vol.54, No.1(2001), pp.75-96.

⑤ 卢锋:《产品内分工》,《经济学季刊》2004 年 10 月第 4 卷第 1 期(总第 14 期)。

⑥ Antweiler, Werner and Daniel Trefler, "Increasing Returns and all that: A View from Trade", *American Economic Review*, Vol.92, No.1(2002), pp.93-119.

⑦ Deardorff, A., "Fragmentation in Simple Trade Models", *Research Seminar in International Economics Working Paper*, No.422, January 1998.

⑧ 国际贸易的传统功能是实现生产地点和消费地点的跨国分离,这种功能使得产品市场的均衡取决于世界供给和世界需求以及运输成本,而不是无国际贸易时的本地供给和本地需求。因此,国际贸易可以使生产者更加专业化,规模经济和范围经济也可以在更大的规模和范围实现。

区的不同生产环节和阶段组合而成,从而内含了不同国家和地区的生产要素,即全球要素合成的结果,即便是在产品价值增值的某个环节和阶段,也因为有了要素跨国流动从而使得这一阶段性生产在一开始就具备了多国要素组合的特征。因此,分工不仅体现在国与国之间在产品不同生产环节和阶段上的专业化,同时还表现为价值增值环节上的多国要素参与的结果。可以认为,上述变化意味着国际分工在当代有了新特征,即:各国参与国际分工,不再以"产品"为界限,而是以"要素"为界限了。因为一件最终产品的全部价值甚至是产品生产的一个环节和阶段,都已不再完全由任何一个国家的本土要素所独自创造,而是由多国以各自的"优势要素"共同参与生产。因此,从本质上看,这种新的国际分工形式可称之为"要素分工",即各国直接以自身的要素优势融入国际分工体系。

要素分工虽然是一种新型国际分工形态,但就其要件来说,仍然不能脱离广义比较优势以及规模经济,因为从实践层面看,它是原有经济现象的新发展,从理论层面看,是在原有理论基础上的继承和发展。从微观层面看,推动要素流动的主体是跨国公司,因此要素分工的三要件就是跨国公司、比较优势和规模经济。在三要件中,跨国公司是最主要的要件,更准确地说是跨国公司的"价值链管理优势"构成要素分工最核心的部分。随着要素分工不断发展,原先人们所认为的价值链中最重要的营销环节、技术研发环节也就是"微笑曲线"的两端变得不再重要,更为重要的是谁掌握了整个生产环节,或者说谁是整个生产环节的组织者,承担这一任务的恰恰就是跨国公司。跨国公司需要与其他两个要件结合形成要素分工,不同的组合,所形成的要素分工的表现也不同。跨国公司与比较优势共同存在,而不具备规模经济,在这种情况下,跨国公司通过资本流动方式获得东道国中间品生产的控制权,以避免中间品市场不完全所造成的损失。这种方式往往表现为大量的直接投资与较高的对外贸易依存度相伴随,我国"长三角"与"珠三角"所发生的大量 FDI 伴随大量对外贸易就是这种现象。跨国公司与产业层次的规模经济共同存在,则跨国公司使用外包的方式获得所需要的中间品,这时的要素分工发生在发达国家之间。三个要件同时存在,跨国公司使用外包的方式获得中间品,这时的要素分工发生在发达国家与发展中国家之间。近年来,外包方式的要素分工快速发展,特别是随着服务外包的兴起,FDI 已经不再是东道国接触跨国公司,获得先进技术、先进管理、营销渠道等先进要素的唯一媒介。

二、要素分工的实质

当代国际分工从产品分工向要素分工发展,其主要组织者和推动者是跨国公司,即如前文所述,跨国公司也是构成要素分工的要件之一。要素分工是跨国公司在全球范围内进行投资和贸易活动的必然结果,要素分工的实质是跨国公司在全球范围内进行资源整合。

首先,要素分工是跨国公司适应知识经济时代企业生产方式变革的产物,是跨国公司所构建的以价值链为基础的国际分工形态。企业生产产品的过程就是创造价值的过程,如果我们把产品的生产过程分解为一系列互不相同但又互相关联的经济活动,这一系列环节联结成一条活动成本链,其总和即构成企业的价值链。在工业经济时代,大规模生产方式决定了其组织形式必须是根据垂直整合原则和制度化的社会、技术分工而组构的大型垂直一体化企业①,全能型企业也就成为主导发达国家企业的主要组织形式。进入知识经济时代,一方面,生产活动日益高度化和复杂化,同一产品价值链上的增值环节变得越来越多,分工越来越细,结构也越来越复杂,全能型企业成为"不能承受之重";另一方面,模块化生产技术的迅猛发展使得"生产可分性"不断增强,企业可以利用社会分工生产的某些阶段交由其他企业来完成。于是价值链开始分解,一些在某个增值环节专业化生产方面具有要素优势(更为精湛技术或更为低廉成本)的企业就会加入进来。如此,一个新的以价值链为基础的分工模式便由此形成。在经济全球深入发展的背景下,价值链的分解和整合超越了国界,出现了国际性的劳动分工和生产协作。跨国公司价值链中不同环节的分布,不再局限于一国地理范围,而是以全球市场为依托,实现研

---

① 李晓华:《垂直解体和网络范式下的企业成长》,《南开管理评论》2006 年第 9 期。

究与开发、生产制造、采购与销售、服务等各个环节的全球网络一体化分布和全球优化配置。不但要从各国生产要素(如劳动力、自然资源、资本)的成本和质量差异中获得好处，而且要通过培育全球范围的协同优势，提升对全球不同市场需求变化的响应和控制能力，全面提高公司竞争优势①。

其次，要素分工是跨国公司所经营的"全球生产体系"的产物。在非全球化的环境下，虽然跨国公司的生产因其跨越国界而具有国际性，甚至因其跨越多国而具有世界性，但是由于散布在世界各国的子公司、分公司等所生产的产品，主要是供应当地市场或返销母国，所以世界各国的生产过程之间并不具有内在的生产关联性。国际分工也主要是发生在最终产品之间，或者说，此时主要分工形式还是以产品为界限。当跨国公司进入全球一体化经营阶段时，散布于海外的子公司不再是独立运作或仅与母公司发生简单联系，而是与母公司及其他子公司保持高度一体化联系。跨国公司根据不同区位的要素禀赋和比较优势，将生产活动及其他功能性活动进行更为细密的专业化分工，并在全球范围内推动可流动的生产要素不断追逐流动性较弱的生产要素。一方面，基于要素的可流动性，跨国公司将可流动的资本、技术以及管理等要素，安排到东道国并与东道国的不可流动优势要素相结合，优化资源配置进行产品生产；另一方面，跨国公司根据产品生产环节的要素密集度特征将其配置到最具竞争优势的国家和地区进行生产，以降低生产成本。此时，任何子公司或分公司所服务的对象不再是分散、独立的当地市场，而是整个跨国公司网络所"瞄准"的区域市场乃至全球市场。由此，产品生产在世界各国之间经由跨国公司的网络体系建立起有机内在联系，组成了"全球生产体系"的实体部分。正是由于跨国公司组织的全球生产体系使得国际分工超越了国家和产业边界，而转向企业内部、产品内部，传统以产品为界限的分工也因此演变为以要素为界限的分工。在跨国公司看来，遍布于全球各国的各

① 张二震、马野青:《贸易投资一体化与当代国际贸易理论的创新》,《福建论坛》2002 年第 1 期。

分支机构的国别属性已不再重要,重要的是在跨国公司全球价值链中的确切位置①。

最后,作为要素分工直观表现的全球中间产品贸易也由跨国公司所"掌控"。当代全球中间产品贸易主要表现在两个方面:一是跨国公司内部的中间产品贸易;二是标准化中间产品的贸易。尽管这两者的产品类型有所不同,但都是在跨国公司的"掌控"之下。跨国公司内部的中间产品贸易,主要是那些产品本身所内含的知识、信息和技术特性,使得其在外部市场上进行交易面临着较高的复杂性和不确定性,此时跨国公司就会通过 FDI 的形式,设法把所需要的、分散在各国的生产活动联合起来,把国家间、企业间的交易转变为公司内的交易。这一形式实际上就表现为我们上文所指出的贸易与投资一体化的现象。标准化中间产品的贸易不需要跨国的资本流动,即跨国公司与东道国中间品生产者并不是通过"要素契约"联系在一起,表面上看跨国公司对此无绝对的控制。仔细深究,跨国公司与东道国之间的这种中间品贸易,也并非是通过"商品契约"联系在一起。两者的关系较市场上的一般买卖双方更为密切一些,是通过所谓的介于商品契约与要素契约之间的"超市场契约"联系在一起,跨国公司在全球范围内安排这样的生产,形成庞大的介于市场与企业之间的"第三种组织"。这种组织形态其实仍然是由跨国公司所掌控,或者说,跨国公司是整个生产环节的组织者和管理者。一个典型化的事实是,发展中国家的企业融入全球分工体系,主要就是融入领导型跨国公司管理的全球价值链体系,在此过程中,要不断接受发达国家跨国公司给予的一些规范化的参数指导,按照发达国家跨国公司的要求进行中间产品的生产和供给。因此,当今全球要素分工环境中出现的"第三种组织"形态,其实正是跨国公司管理全球价值链的表现形式之一。

三、要素分工的基本特征

国际分工发展到以要素为界限的分工时,表现出了迥然不同于以往

---

①　张二震、马野青、方勇等:《贸易投资一体化与中国的战略》,人民出版社 2004 年版,第80页。

的诸多特征。

在要素分工环境中,"世界制造"成为越来越多贸易商品的"原产地"。传统的由单个国家独自完成全部生产过程并出口的最终产品的生产模式,正在被全球分工协作的生产模式所替代。产品的生产过程超越了国界,成为真正意义上的迂回化国际生产。产品的生产也不再是个别企业的孤立行为,而是在全球生产网络或体系的基础上,在全球范围进行相互协调和合作的企业网络组织框架内进行的全球化生产行为。现有文献中的很多案例都对此进行了很好的描述,例如德里克等(Dedrick 等,2010)在研究苹果 iPod 播放器的全球价值链分布时指出:一款价值 144 美元的苹果 iPod 播放器,其中有价值约 73 美元的硬盘驱动器(HDD)以及价值 23 美元的显示器是由日本生产,价值 13 美元的处理器是由美国生产,价值 4 美元的电池是由韩国生产,其余价值共 29 美元的部件由东南亚其他国家和地区生产,最后价值 4 美元是由在中国进行加工组装所创造①。这种"世界制造"也意味着,任何一个国家或企业所生产的最终产品中自身创造的价值只能占据该产品最终全部价值的一部分。

在要素分工环境中,生产要素(特别是资本和技术)在全球范围内的流动性增强,突破了原有要素禀赋理论分析框架下所"锁定"的比较优势②,比较优势的实现形式不再体现于出口产品自身,而体现于出口国所参与的价值创造环节。随着生产分割技术的不断进步,产品生产的迂回程度被不断延长,而每一个生产环节作为价值链上的一个特定环节,都可以由不同国家、不同企业进行专业化生产。传统的发达国家和发展中国家之间的垂直分工,不再体现在部门间、产业间甚至产品间,而是表现为劳动密集型工序或零部件生产与资本、技术、知识密集型工序或零部件之间的分工,甚至是设计环节与制造环节的分工。比如,产品设计由发达国

① Dedrick,J., K. L. Kraemer and G. Linden, "Who Profits from Innovation in Global Value Chains? A Study of the iPod and Notebook PCs", *Industrial and Corporate Change*, Vol.19, No.1 (2010),pp.81–116.

② Galina Hale and Cheryl Long, "What Determines Technological Spillovers of Foreign Direct Investment:Evidence from China", *Working Paper Series*, No.13,2006,Federal Reserve Bank of San Francisco.

家进行,产品制造则由发展中国家进行,发展中国家成为发达国家的"加工厂"和"制造车间"。此时,国与国之间的比较优势更多地体现为价值链上某一特定生产环节上的优势,从而导致国与国之间按价值链不同环节进行分工的现象。跨国公司则基于全球竞争战略的考虑,将价值链中的每个环节分别配置到最有利于获得竞争优势的国家和地区。国际分工也就表现为:一国以优势要素开展对外直接投资,也以优势要素吸引国外直接投资,以及依据优势要素融入国际价值链的特定生产环节。而一国分工地位的提升,将主要表现为沿着产业链条的攀升或产品工序所处地位的攀升。

在要素分工环境中,分工发展呈现出多维度、不平衡的特性,发展中国家更容易融入国际分工体系,也更难以向更高的分工层次攀升[1]。要素分工的发展,不仅表现为横向上分离出诸多不同工种,而且在纵向上还分解出许多不同层次。各个国家依据各自的优势要素,在要素分工中选择和发展合适的工种和层次,从而使得国际分工呈现出多维度发展特点。这也使得在产品分工时代被排除在国际分工体系之外的落后国家,在要素分工中可以参与国际分工并从中获利,只要该国在任何产品的某一生产环节或阶段上具有比较优势。而与这种多维度国际分工相伴随的却是劳动分工在国际间的不平衡发展。这是由于国际迂回生产链的延长以及国际分工的细化,对国际间的劳动分工产生了两种相反方向的影响:一方面,处在较低分工层次上的劳动横向差别变得越来越小,资产专用性也逐步弱化为通用性。因此,处于这个层次上的国际分工具有"进入壁垒"低的典型特征,这是大多数发展中国家融入全球分工的主要形式。在国际分工的利益分配方面,参与者仅以简单劳动要素等初级要素本身参与国际分配。另一方面,它又使得处于较高层次上的劳动横向差别变得越来越大,劳动要素的异质性和专业化逐步增强,专业化知识在分工中的重要性日益显著。与之相伴的是,越来越多的基本生产要素的职能日益专业

---

① 张二震、方勇:《贸易投资一体化与中国对外开放战略》,《江苏行政学院学报》2004 年第 3 期。

化而逐渐成为专用性资产。因此，处于这个分工层次上的"进入壁垒"和"退出壁垒"都比较高。在国际分工的利益分配方面，其参与者不仅以专业化劳动，而且以专业化知识和专用性资产参与国际分配，这也是发达国家控制国际分工体系的主要依托。

在要素分工环境中，国际分工利益不再取决于进口和出口什么，不再取决于企业产权和产品的产地，而是取决于参与国际分工的要素数量和质量，以及参与了什么层次的国际分工。这是因为，最终产品的生产需要使用来自不同国家和地区生产的中间投入品，在基于要素全球可流动性的情形下，甚至中间产品本身可能都是多国要素共同参与的结果，因此贸易品的生产国和生产企业并非是贸易利益的全部归属方，贸易利益所得必须按照参与生产贸易品的各种生产要素的贡献进行分配。从上述意义上来说，在要素分工快速发展的经济全球化下，要素分配也全球化了，参与国际分工的要素质量和层次是决定一国分工地位及其获益能力的关键。不仅如此，一国自身所拥有的要素素质还决定了其能够吸纳什么层次的生产要素，进而能够影响其参与的国际分工层次。这是因为，经济活动中各种生产要素之间的组合都有一个最优比例问题，这种最优比例不仅体现在要素的数量组合上，同时也体现在要素的质量配比上。发达国家由于拥有诸如技术、标准、品牌、国际营销网络、市场竞争制度等先进要素，不仅能够利用自身的先进要素占据国际分工价值链的优势片段，还能够依托这些先进要素吸纳全球的先进要素，进一步控制全球价值链，因此它们摄取了国际分工的大部分利益。而发展中国家普遍所拥有的则是专用性较低的一般要素（如廉价劳动力），只能占据国际分工价值链的低端位置，其吸纳全球先进要素的能力要远低于发达国家，甚至处于被发达国家先进要素整合的地位，只能获得少量的要素报酬。

在要素分工环境中，国际分工不仅具有互利性，更突出地表现为共生性。要素分工使得每一个国际分工参与国都是价值链上某个或几个特定生产环节的专业化生产者，贸易的性质也因此发生了根本性变化，即从传统分工模式下为最终产品价值实现而进行的国际交换，转变为确保全球生产的正常进行而进行贸易。因此，以此为内容的经济全球化能否持续，取决于融入到国际分工体系中的每一个国家的经济是否具有可持续性。或者说,如果任何一个国家在任何产品价值链上的任何一个区段出现不可持续性,必然影响到贸易进而最终产品价值的实现,其他国家也难以获取预期的国际分工利益,进而造成整体意义上的不可持续性。要素分工所带来的上述变化,意味着不仅国与国之间开展分工具有传统意义上的互利性特征,同时还意味着国与国之间的相互依赖程度日益加深,呈现出分工利益彼此相依的"共生性"特征。在要素分工环境下,各国形成了真正意义上的"命运共同体"。

四、要素分工、全球生产与贸易投资一体化

当前的国际分工从产品分工发展到要素分工,国际经济活动的基础发生了改变,导致一些新的国际经济现象出现,其中,要素在全球范围内流动和重新组合所进行的全球化生产,进而表现为贸易投资一体化,这是最为重要的一种现象。

(一)贸易与投资——从替代到互补

对外贸易与对外投资历来被看作是企业国际化的两个重要手段,而且两者是一种非此即彼的关系。早期的对外投资理论说明了这一点,比如在影响最广的邓宁的国际生产综合理论那里,出口、对外投资、许可证贸易三者是一种要么是你,要么是我的关系。当企业只有所有权而无区位优势和内部化优势,企业通过许可证安排的方式来获利;如果只拥有所有权优势和内部化优势,而无对外投资的区位优势,企业就会在国内投资生产,通过出口贸易来参加国际经济活动。只有兼具以上三种优势,企业才会对外直接投资。蒙代尔则直接研究贸易与投资的关系,通过严格的数理推导论证了贸易与投资是一种替代关系。

随着实践的发展,人们意识到,企业的对外投资行为有时并非与对外贸易相互背离。赫尔普曼(Helpman,1984)[1]认识到跨国公司的总部服务

---

① Helpman, Elhanan, " A Simple Theory of International Trade with Multinational Corporations", *The Journal of Political Economy*, 1984, 92(3), pp.451-471.

(管理、销售网络、研发)可以服务于工厂级别的生产,即在公司内部可以把总部服务看成具有非排他性和非竞争性的公共产品。在各国间要素禀赋存在差异的情况下,跨国公司追逐最大利润的要求使得跨国公司把原本在国内的生产转移到国外。赫尔普曼(1984)研究的是垂直型跨国公司的情形,马库森等(Markusen等,1998)①则把研究推向水平型跨国公司,当两国在各方面都很相似,贸易的成本较大,公司层次规模经济比工厂层次规模经济更为重要,跨国公司就会在本土以外安排工厂层次的生产。这些理论已经不再把贸易与投资看成是一种对立关系。从直接的表象看,那些双边有着大量贸易量的国家之间,也经常有着大量的直接投资,大量的实证研究也证实了贸易与投资之间的互补关系。这种情况的出现,是因为国际分工从产品分工发展到要素分工。跨国公司把对外投资当作对中间投入品生产的一种控制,因而投资不再是贸易的替代物。

(二)要素分工与贸易投资一体化的发展

要素分工的发展使得有实力的企业可以在全球范围内安排生产,把不同的生产环节安排到最适合它生产的地方,从而使得生产具有了全球化特征。这些有实力的企业作为"价值链"的组织者,一个最重要的任务就是保持生产过程的流畅。在"福特式"的流水作业中,由于生产集中在同一个工厂内部,监督生产流程较为容易,而把生产流程拆散在全球进行,直接的监督变得不再可能。跨国公司究竟如何管理遍布全球的生产过程?芬斯特拉(Feenstra,2005)②曾以中国为案例用"合约理论"来解释跨国公司对生产过程的控制。跨国公司对生产过程的控制表现在两个方面,一个是对中间品生产企业所有权的控制,另一个是对进口中间投入品的控制。芬斯特拉发现,在中国的跨国公司大多数拥有工厂的所有权,而把进口材料的控制权交给中方经理。一方面说明公司对中方经理的激

---

① Markusen, James R. And Venables, Anthony J., "Multinational Firms and the New Trade Theory", *Journal of International Economics*, 1998, 46(1), pp.183-203.

② Feenstra, Robert CC. And Gordon H., "Ownership and Control in Outsourcing to China: Estimating the Property-right Theory of the Firm", *The Quarterly Journal of Economics*, 2005, 120 (2), pp.729-780.

励,激励其进行人力资本、管理、市场知识等方面的投资。另一方面说明,在工厂内部的剩余安排中,产品增值更为重要,而经理的管理相对较小,这样跨国公司完全有能力控制整个生产过程,又能有效地激励中方经理。跨国公司对工厂所有权的控制是通过投资来进行的,企业这种微观上的行为从国家的视角来看,就表现为大量的投资伴随大量的贸易的现象,即贸易投资一体化。

贸易投资一体化包含这样的两层含义:一是贸易的扩大促进投资的扩大;二是投资的扩大进一步推动贸易的扩大。一个经济体从封闭到开放,一般先是贸易的开放。在要素分工背景下,随着贸易量的不断增加,其间的中间品贸易也不断增加。由于中间品贸易规模的扩大导致中间品市场交易成本的下降,协调中间品生产所需要的努力减少,这将会吸引资本流入。因为跨国企业发现,通过对外投资来取得中间品生产的控制,尽管在地理距离上变得更加遥远,但由于各国之间巨大的禀赋差异,而且协调成本不断降低,跨国企业将取得更大的利润。另一方面,由于大量的资本流入一国从事"加工贸易",这些流入资本的最初目的就和传统的国际投资理论所揭示的不同,它们最主要的目的并不是要抢占一国的市场,而是要充分享受东道国的"比较优势",它所生产的产品注定是要出口的。这样,大量的投资引致大量的贸易。比如在我国的加工贸易出口中,外商直接投资企业所占的份额很大,见表2-3。

表2-3　外商投资企业加工贸易占中国加工贸易比例

年份	1995	1996	1997	1998	1999	2000	2002	2003	2004	2005
出口比例	0.570	0.758	0.317	0.662	0.672	0.706	0.661	0.787	0.812	0.832
进口比例	0.636	0.667	0.679	0.704	0.715	0.740	0.689	0.809	0.828	0.844
总比例	0.599	0.720	0.467	0.679	0.692	0.720	0.672	0.796	0.818	0.837

资料来源:根据历年海关统计有关资料整理。

(三)贸易投资一体化的三个层次

贸易投资的一体化应该包括三个层次:国际范围的贸易投资一体化,一国国内主要经济区域之间的贸易投资一体化以及区域内部的贸易投资一体化。特别对大国(地理大国)而言,后两种一体化与第一种一体化可以说处于同等重要的地位。以上三个层次的一体化在国际上有不同的发展模式:就发达国家而言,由于市场经济体制比较健全,国内基本不存在要素和商品流动的障碍,因此国内的贸易投资一体化先于国际范围的贸易投资一体化。而发展中国家特别是像中国这样的转型经济国家,贸易投资一体化的发展过程与发达国家恰恰相反,国际层次的贸易投资一体化先于国内层次一体化的发展。

第一,国际范围的贸易投资一体化领先于国内的一体化。在发展中国家,国际范围的贸易投资一体化常常优先于国内层次的一体化。以开放促改革,已经成为国内学术界和实际部门的共识。改革开放以来,我国对外开放水平不断提高,贸易依存度不断上升,外资流入处于较高水平,经常项目已经完全开放;另一方面,我国市场化取向的改革也取得较大的进步。但客观地说,与对外开放所取得的成就相比,我国的改革进程步履维艰,对外开放已经成为推动改革的重要动力。

当前的国际分工已经从产品分工发展到要素分工,作为其重要表现形式的贸易投资一体化是我国对外经济领域最重要的方式。作为我国最先进的两个经济体"长江三角洲"和"珠江三角洲",对外贸易依存度以及外资流入远远高于全国其他经济体。与此同时,这两个最先进的经济体与其他经济体的联系并没有随其经济的持续增长而加强。换句话说,国际范围的贸易投资一体化发展领先于国内的贸易投资一体化。这种情况的出现,主要有两个原因:第一是因为国际交换的交易成本多数情况下小于国内市场的交易成本。尽管经过多年的市场化改革,我国国内还远没有形成一个统一的市场,市场分割较为严重(Young,2001①)。财政分权的实施加剧了各地方政府之间的竞争,地方政府有着强烈的保护地方产品的冲动。市场制度建设还不发达,"诚信"体系还很缺乏等。这些都导致国内交换的交易成本较高。国际市场是经过几百年发展的较为成熟的

---

① Young, Alwyn, "The Razor's Edge: Distortions and Incremental Reform in the People's Republic of China", *The Quarterly Journal of Economics*, 2000, 155(3), pp.1091-1135.

市场体系,有着一系列的国际惯例与交易规范,并且有处理交易纠纷的专门的国际机构,这些决定了国际市场的秩序要好于国内市场。国际交换的不利之处是距离较远以及贸易壁垒的限制,但因为多轮的贸易谈判和近年来运输成本的大幅度下降,国际交换的不利因素被大大削弱。而且国际市场的规模要远大于国内市场,把产品销往海外,企业容易享受"规模经济"的好处。一种观点认为我国国内市场规模庞大,没有必要过分依赖国际市场,内向型经济也足以使我国经济得到迅速发展。实际上,尽管我国有众多的人口,潜在的需求的确很大,但我国经济处于相对较低的水平,人均收入还不高,现实的需求还不大。如果仅仅依靠国内市场,受市场规模的限制,我国经济的快速发展将受到制约。第二是因为对外开放政策的推动。发展中国家在"起飞"以前,由于生产水平低下,储蓄低,投资匮乏,迫切需要投资资金。各种类型的发展中国家政府都希望通过对外贸易换取外汇资金,以促进经济发展,对对外开放持鼓励态度,对外贸易政策往往成为压倒一切的重要政策,并且给予多种鼓励措施。这种政策的后果是尽管国内市场可能还没达到一体化,但对外贸易已经很发达。与经济改革相适应,我国对外开放采取了渐进开放的政策,沿海地区率先开放,渐次开放沿江与内陆地区。为了避免对国内市场的冲击,我国的沿海地区实行所谓的"大进大出,两头在外"的加工贸易政策,对进口再加工的产品免征关税,这一方面促进沿海地区加工贸易的发展,同时也吸引大量的外资在这些地区从事加工贸易,另一方面,也割断了沿海与内地的联系,表现为发达的国际层次的贸易投资一体化和落后的国内层次的贸易投资一体化。

第二,推动国内层次的贸易投资一体化。经过多年的开放型发展,沿海地区的经济水平已经取得很大的进步,有些地方甚至达到中等发达国家的水平。但应该看到,沿海地区的生产成本正在不断上升,如果依然不加强与内陆地区的经济联系,其国际竞争力有可能受到影响。在国际要素分工条件下,一国可以充分利用世界范围内不同国家的比较优势,同时对于发展中大国来说,由于其国内市场开发较迟,国内层次的贸易投资一体化有更大的发展潜力。

一是区域间的贸易投资一体化。国际经济学理论把一个国家看成一个整体,而忽略了一国以内的区域差异,因此其对外投资理论讲的是不同国家之间的资本流动。发展经济学和区域经济学研究区域差异和区域协调时,谈的是产品分工条件下故事,较少注意到要素分工的情况。我国各个区域之间存在巨大的禀赋差异,发展区域之间的要素分工对各个区域都是有利可图的。发展要素分工还有利于消除或缓解我国各区域间产业结构同构状况。一讲到吸引外资,讲的就是外国的投资,实际上对于我国的中西部地区来说,吸引本国发达地区的投资可能更直接也更有效,可喜的是,在实践中已经看到这种趋势,即中西部地区对来自沿海的投资持同样的欢迎态度。近期中央政府出台的一些关于"加工贸易"的政策也旨在促进沿海地区的资本向内地流动。对于沿海地区的企业来说,一谈到"走出去",就是在国外建立生产基地,实际上应该注意到,在某些情况下,到内地投资可能会比到海外获得更多的利益。

二是区域内部的贸易投资一体化。我国不同区域间的经济联系较弱,在同一区域内部经济上的一体化程度也不高。比如最发达的"长三角"地区,没有证据显示江苏与浙江两省之间存在较强的经济联系,两个中国最为发达的省份的发展模式存在很大的差异,"苏南模式"与"温州模式"的差别就是这种发展模式差异的缩影,这种差异从一个侧面反映了两省之间缺乏经济联系。发展要素分工,推动区域内的贸易投资一体化,可以使区域内的企业享受"规模经济"的好处,从而降低成本,提高其在世界市场的竞争力。对于江浙两省的一体化来说,不但可以获得规模经济,实际上尽管经济发展水平相当,两者在很大程度上还有一定的互补性。

第三节　要素分工与当代国际贸易理论的创新

"要素分工"的兴起,对国际贸易的基础、国际贸易格局以及国际贸易的利益分配等诸多问题都产生了深远的影响,我们甚至无法使用传统意义上的国际贸易和国际收支统计量,如原产地、顺差和逆差、贸易条件等诸多概念来准确地度量贸易流的真实状况和国际分工利益分配的真实关系。依托传统理论和传统统计工具所制定的贸易政策和竞争政策往往适得其反。一个典型的例证就是,以全球经济再平衡为由要求人民币币值重估只会对"中国制造"(更确切地说是"中国组装")的最终产品销售价格产生影响,而不会恢复其他国家相应产品的竞争力。总之,在要素分工条件下,国际贸易的基础已经由比较优势转变为跨国公司在国际范围内整合资源能力为主的竞争优势;国际贸易地区格局也因要素流动而发生巨变;贸易利益中的动态利益更加凸显并成为各国追求的主要目标;贸易保护政策更加具有了不确定性,等等。可见,国际贸易理论亟待创新。

一、要素分工条件下国际贸易基础发生变化

要素分工的实质是跨国公司在全球范围内整合和利用资源从而进行全球化生产,以商品流动为表现的国际贸易,其分工基础相应地由比较优势转变为以跨国公司数量和在国际范围内整合资源能力为主的竞争优势。

在全球要素分工条件下,虽然广义比较优势和规模经济仍然发挥着重要作用,但已经不能再成为决定国际贸易分工的主要基础,因为在要素分工构成要件中的跨国公司,对分工和贸易起着决定性作用。在以要素跨国流动特别是资本跨国流动日益增强的全球化背景下,企业成为参与国际经济合作与竞争的主体,相比较而言,国家有边界而企业无边界,要素跨国流动性的不断增强使得企业超越国界而成为全球企业。一方面,由于要素流动壁垒不断降低,一国企业无法独享基于本国资源禀赋的比较优势,外国跨国公司通过对外直接投资的形式加以利用,从而整合为企业的竞争优势;另一方面,本国企业也可以通过开展对外直接投资的形式,抓住经济全球化的机遇,在整合和利用全球资源的基础上,创造本国企业竞争优势。可见,国家层面的比较优势实际上成为本国企业和外国企业都可以利用的区位优势。至于究竟谁可以进行这种资源整合,就要看哪个国家拥有更多的国际竞争力强的企业。一个国家所拥有的资本实力雄厚或者技术、管理等有竞争优势的企业越多,其利用国际比较优势获

利能力就越强。因此,要素分工的实质就是跨国公司依靠竞争优势,借助资本等生产要素跨国流动对全球范围内的优势资源进行整合和利用,成为当代国际分工和贸易的主要基础。而一国企业的竞争优势主要表现在:依靠资本力量从事大规模生产所获得的成本优势;依靠 R&D 获取技术优势、生产差别化产品的能力;依靠独特的管理方法降低交易成本的能力;等等。

二、要素分工条件下国际贸易内容发生变化

要素分工的发展,使得国际贸易内容由目前的公司间产业内贸易向巨型跨国公司产业内贸易发展,公司内贸易中高科技精密零部件的比重不断增加。

传统的国际贸易以建立在比较优势基础之上的产业间贸易为主,国际交换的对象属于不同的产业部门。20 世纪 70 年代以来,国际分工的深化,发达国家的产业内分工和贸易比重逐渐增加。它主要发生在同一产业内部,产品的投入要素比例、最终用途基本相近。伴随着要素分工的发展,国际贸易内容又进一步发生了变化:在产业内贸易继续发展的同时,国际贸易的对象、贸易的微观主体已与以前大不相同,跨国公司公司内贸易迅速增加,一些原来在跨国公司之间进行的产业间和产业内贸易,也有一部分转移到跨国公司内部进行。这是因为透过经济全球化的表象可以发现,其实质是跨国公司所"经营"的贸易与投资活动的一体化,跨国公司不仅是经济全球化的重要载体,更是主宰。

跨国公司为了壮大自身规模、减少竞争对手、降低经营风险,往往采用横向并购的形式,在某一产业内开展多元化经营、系列化生产。这在20 世纪 90 年代中期以来的国际汽车、石化、信息等领域就已经表现得十分明显。横向并购使得原来生产同类产品但不同型号的跨国公司之间,可以通过产业内分工而进行的产业内贸易,转变为跨国公司内部分支机构之间的公司内贸易。如在奔驰和克莱斯合并以前,美国和德国之间这两家公司生产的汽车之间贸易属于公司间的产业内贸易,而两公司合并后的贸易则变为公司内的产业内贸易。而为了在全球竞争中保持核心竞

争力,跨国公司在国际投资中往往采用垂直一体化战略,其形式既有独资、控股、参股的直接股权控制,也有借助品牌进行的非股权控制的虚拟一体化方式。在直接的股权控制模式中,跨国公司往往自己投资从事研究与开发或者关键零部件的生产,以确保技术领先的优势。对于普通、标准零部件则采用全球采购的虚拟一体化模式,以降低成本。这种战略导致国际贸易形式的变化:对应前者,主要表现为精密零部件在公司内贸易中的比重不断上升;对应于后者,则主要表现为加工贸易在整个国际贸易中的比重持续提高,并成为国际贸易的主要形式。值得一提的是,为了在激烈的全球竞争中赢得先机、抢占市场份额,跨国公司的研发活动(R&D)已经不再局限于母国,研发本土化和国际化的发展趋势迅猛,有的还在发展中国家设立研发中心。这就使得许多新产品的国际贸易不再像20世纪五六十年代一样有一个明显的产业梯度转移的生命周期。

三、要素分工条件下国际贸易格局发生变化

第二次世界大战以后至20世纪70年代之间的几十年间,国际贸易中的地理格局主要表现为发达国家与发达国家之间的产业内贸易,发达国家和发展中国家之间的贸易,以及发展中国家和发展中国家之间的贸易,在全球贸易中所占比重较低。但这一状况自20世纪80年代以来逐渐发生了转变,即发展中经济体和转型经济体在全球贸易中所占比重逐步提高。与此相伴随的另外两个重要贸易现象是:一方面发展中经济体和转型经济体在全球贸易中主要表现为顺差方,而发达经济体则主要表现为逆差来源方;另一方面全球贸易的利益分配格局似乎也发生了更加有利于发展中国家和转型经济体的变化。

就国际贸易格局呈现的上述变化,典型代表和表现如中国等发展中国家在全球贸易中的比重迅速提高。改革开放之初中国出口贸易在国际市场上所占比重不足1%,而到了2015年中国出口占国际市场份额约14%左右,成为全球货物贸易第一大国。在全球贸易份额不断上升的同时,长期以来的贸易不平衡问题也成为突出特征。例如,中国加入WTO以来至2008年全球金融危机爆发的这段时间内,外贸顺差基本上

呈现不断扩大之势。国家统计局统计数据显示①,中国贸易顺差稳步快速增长,2004—2008 年贸易顺差总额累计达 8689 亿美元。即使在世界性金融危机严重影响下,中国仍然保持贸易顺差。2009 年,中国进出口总额同比下降 13.9%,但仍然存在 1960.61 亿美元的贸易顺差。2010年,全国进出口 29727.6 亿美元,比 2009 年同期增长 34.7%。其中出口15779.3 亿美元,增长 31.3%;进口 13948.3 亿美元,增长 38.7%;顺差1831 亿美元。2011 年进出口总额 36421 亿美元,比 2010 年增长 22.5%;出口 18986 亿美元,增长 20.3%;进口 17435 亿美元,增长 24.9%。进出口相抵,顺差 1551 亿美元。2012 年中国外贸进出口总值 38667.6 亿美元,比上年增 6.2%,其中,出口 20489.3 亿美元,增长 7.9%;进口 18178.3亿美元,增长 4.3%。贸易顺差 2311 亿美元,扩大 48.1%。2013 年中国进出口总值为 4.16 万亿美元,其中,出口 2.21 万亿美元,增长 7.9%;进口 1.95 万亿美元,增长 7.3%;贸易顺差 2597.5 亿美元,扩大 12.8%。2014 年中国出口 2.34 万亿美元,同比增长 6.1%;进口 1.96 万亿美元,同比增长 0.4%;顺差 3825 亿美元,同比猛增 47.2%。

在这种背景下,美国等发达国家不再无条件地提倡经济全球化了,而是到处宣传所谓的"全球经济失衡",还把这种失衡归咎于中国。代表美国等发达国家利益的经济学家认为,美国的贸易和资本项目双赤字和中国的双顺差,是全球经济失衡的集中表现,是美国与中国贸易、汇率多种争端的根源。其背后的主导逻辑实质上是所谓的全球贸易利益分配出现了失衡,即上述贸易格局的变化更加有利于诸如中国等发展中国家获利。

国际贸易格局呈现的上述变化,正是要素分工深度演进背景下所出现的新现象、新特征。当代国际分工模式发生了根本性转变,要素分工越来越成为主要的分工形式。如前所述,要素分工是指以生产要素为界限,并且按照同一产品的不同工序或零部件进行的分工,其实质是跨国公司进行的全球要素的整合。在要素分工条件下,跨国公司借助国际生产网络将产品价值链不断分解,自己保留核心环节,而将非核心环节以外包的

① 数据来源于中国国家统计局统计数据库(http://www.stats.gov.cn/)。

形式放到最有利于获得比较优势或竞争优势的地点,以尽可能降低成本或提高产品的质量。要素分工的发展,使得传统的国际产业转移相应地演进为产业链条、产品工序的分解与全球化配置,国际产业转移由原先产业结构的梯度转移演化为增值环节的梯度转移。在此背景下,发展中国家和转型经济体通过抓住国际产业资本转移的机遇,在融入跨国公司主导的要素分工体系中开展贸易,在国家层面通常表现为贸易规模和地位的提升、一定程度上的贸易失衡以及似乎更加有利的利益分配格局。

四、要素分工条件下动态利益成为主要利益

要素分工的发展,使得国际贸易利益中的动态利益地位日益突出,一国开展国际贸易的利益更多表现为对就业、技术进步、税收、GDP 等的促进作用。

在经济全球化条件下,跨国公司的利益与母国的利益并不总是一致的。经济全球化条件下的国际直接投资活动是跨国公司借助资本这一纽带所进行的全球范围内的资源利用和整合。为了利用某一东道国的要素优势(比如廉价的劳动力),它可能到该国设厂,但中间零部件、机器设备则可能来自他国而非母国,生产的产品可以就地销售,或向其他国家出口,出口收益则记在东道国的贸易收支账户上,跨国公司得到的是投资收益——利润。如果跨国公司将利润汇回母国,则资本输出国得到了投资收益。相反,如果母国所得税率相比国外更高,跨国公司从自身总体利益出发,有可能将利润留在国外。因此,经济全球化条件下,对资本输出国而言国际投资的收益不能再通过国际贸易的利益加以体现,只有投资收益才能准确反映资本输出国所获得的直接利益。

在要素分工条件下,传统的以国家为单位通过进出口额来计算国际贸易收支的统计方法,已经不能准确反映一国的实际贸易总额,更无法准确反映一国所得真实贸易利益。首先,由于产品生产的全球化,即产品生产环节被分解为若干增值环节并被配置到不同国家和地区,从而出口产品的生产往往并非都是在本国完成,而是内含了进口中间投入品和原材料等。甚至大部分和主要增值环节都可能来自进口产品,也可能是来自

最终产品进口国的进口。例如,中国向美国出口的产品,可能许多关键的零部件和中间产品主要来自美国。这在中国的加工贸易中表现得尤为典型:一些加工出口产品往往大部分原材料和关键零部件来自国外,在国内进行简单的加工组装后再出口,因此最终产品的出口国其实只获得了极为有限的加工费。但是根据传统的总值核算法,加工出口额将被记录在最终产品出口国的贸易收支账户上。这显然是不准确也是不公平的,更不能简单地将出口额等同于出口贸易收益。这也是当前为什么一些国际组织和机构力图构建全球价值链,从出口国内附加值角度力图对真实贸易数据进行测算的主要原因所在。其次,由于生产要素的跨国流动,即以资本等为纽带的一揽子生产要素通过跨国流动,而与东道国本土生产要素相结合,进行出口产品的生产,或者说产品价值增值环节的生产,从而出口产品乃至一个环节和阶段的出口,都并非完全由出口国本土生产要素独自完成,而可能是多国生产要素共同参与的结果。同样地,在传统总值核算统计法之下,出口贸易仍然被统计在出口国贸易收支账户中,并没有区分出口额中的本土生产要素和国外生产要素的实际贡献,因而也是不公平和不准确的。从要素贡献角度看,并不能真正反映出口国的真实出口规模。特别地,考虑到要素跨国流动后,不仅传统总值核算法无法真实和正确地反映一国出口贸易利益,即便是采用目前学术界探讨较为广泛的出口国内附加值核算法,也无法正确和准确度量出口国的真实贸易利得。这是因为,出口国内附加值的创造,在要素分工条件下通常是由多国要素共同创造的,因此,基于附加值创造的出口收益,也并不完全归出口国所有。最后,由于要素分工的本质是跨国公司在全球范围内整合和利用资源,因此,一国出口产品可能并非是由本土企业生产的,而是由外国企业生产,甚至是进口国的跨国公司生产的。出口收入在宏观层面上被统计到出口国的贸易收支账户上,但出口收入并不能因此而被出口国所独享,因为外国企业可以将出口利润汇出国外。特别是当发达国家的跨国公司在发展中国家开展国际化经营时,它们还不可避免地会使用转移价格的手段转移利润,发展中国家所能获得的实际贸易利益更是大打折扣。在此情况下,国际贸易的动态利益应成为广大发展中国家开展分工和贸易、吸引国外生产要素流入的主要目标。一国是否从国际贸易和国际投资中获益，主要看其对本国的就业、税收、经济增长、产业结构升级、国民收入和社会的现代化等方面的贡献。

五、要素分工条件下的贸易保护出现新情况

经济学理论,特别是凯恩斯萧条经济学认为,在经济不景气时,通过政府参与或对经济进行直接干预,可以增加对本国产品的需求,从而构成国民生产总值增长的基础。而在开放条件下,总需求的增加,往往会产生"溢出"效应,即一部分需求会表现为对外国进口产品需求的增加,从而会弱化"乘数"作用。为了能够保护这种需求不至于"肥水外流",甚至是追求通过进口需求的"内流"来刺激本国产出,因此,尤其是在经济不景气的特殊时期,贸易保护主义的呼声会不断升高,贸易保护主义政策措施也便随之而生。如果我们稍加观察便会发现,贸易保护政策措施的出台和使用频率,通常与经济不景气或者说经济衰退及其复苏的进程密切相关。当然,除此之外,出于幼稚产业的保护需求也构成了贸易保护的重要理论依据。

然而,全球要素分工的发展,从微观层面上看,进出口产品的生产主体可能呈现多元化,即可能是多国生产要素共同参与的结果,从而使得贸易保护的对象更加具有不确定性;与此同时,由于要素分工条件下特别是价值增值环节和阶段通过链条而被"连接"在一起,从而利益的边界也会变得更加模糊,因此使得保护的目的和效果也更加具有不确定性。在全球要素分工条件下,由于国际分工网络的形成、各国市场的国际化,一国保护国际贸易的政策实施环境发生了很大变化,单纯考虑本国利益的贸易保护政策难有生存的余地。

首先,要素分工条件下贸易保护的对象难以确定。在国际化的生产环境下,"民族企业"的范围很难准确界定。以高科技产业为例,它往往成为一国政府保护和扶持的重点对象,但是在全球化生产条件下,政府保护的可能不是本国的"民族企业",而是通过要素跨国流动而进入该产业的外资企业。这种保护反而限制了竞争,使得外资企业能够在东道国市

场依赖过时的技术而生存,甚至是垄断国内市场并获取垄断利润。而且应该看到,国际资本流动是双向的,不仅外国企业可以以资本为纽带而在本国市场整合和利用资源,同样地,本国企业也可以通过开展对外直接投资而在国外市场整合和利用资源。一国在存在对外直接投资的情况下,如果政府出于所谓的民族利益,限制外国企业进入或者限制外国产品的进口,最终也可能限制了甚至主要限制的是本国的海外企业,使得民族利益进一步受损。

其次,要素分工条件下贸易保护的效果具有了更大不确定性。实施贸易保护主义政策最有力的理论依据当属幼稚产业理论。虽然经济学家们对幼稚产业作出了各种各样的解释,但是操作性并不强,保护的效果也难尽如人意。这是因为,幼稚产业的发展具有不可预见性。即使有他国的经验可以借鉴,但各国的情况不同。其他国家的某个产业经过一段时间的保护以后可能成长起来,但本国由于不具备必要的产业基础、特殊的机遇,再加上具有不同的文化背景、制度环境等因素,保护不一定能够达到同样的效果;幼稚产业同时又是一个动态的概念。科学技术的突飞猛进使得产业技术结构升级非常迅速,今天保护的幼稚产业经过一定时期的保护可能变成夕阳产业了,保护只能给以后的结构调整增加困难;另外,实践证明,过度保护只能造成低效率。隔绝了外部竞争的保护使得本国企业感受不到竞争的压力,这有可能使得某一幼稚产业永远幼稚下去。在要素分工条件下,基于幼稚产业的贸易保护不仅面临着上述一系列问题,而且还由于企业进而产业的边界变得愈发模糊,即产业的成长可能同样是多国要素共同参与的结果,比如目前研发全球化的发展趋势也说明了这一点,因此保护可能反而不利于幼稚产业的发展。

最后,要素分工条件下贸易保护的措施可能难以奏效。即便一国政府确定了合适的保护对象(实践中其实很难做到),但是具体的保护手段是否能够奏效还需要一系列严格的限制条件,一旦这些条件得不到满足,保护的初衷也难以达到。以保护高科技产业的战略性贸易政策为例,其效果即受制于诸多条件:它要求政府和厂商之间的默契,政府的政策意图必须得到国内厂商的配合,但是在全球化条件下,一国政府的贸易限制政策可能因为损害了外资企业特别是跨国企业的利益而容易遭到抵制,为了使得战略性贸易政策实施所带来的扭曲成本,通过被保护产业发展起来后在国内市场上所获得的规模经济效益加以弥补,该政策要求该产业具有足够的规模进入壁垒,但是实力强大的跨国公司为了达到进入某一市场的战略目的,往往不惜短期亏损,从而使得东道国被保护产业内的企业难以得到必要的市场份额。

因此,在要素分工条件下,一国制定对外贸易政策时,不仅要考虑贸易伙伴国的利益,而且制定政策的立足点也不能一味地侧重于保护本国产业。这既不可行,也难以奏效。适应全球化的需要,制定和完善鼓励竞争的政策,在国内市场上为国内外厂商创造一个公平的竞争环境,鼓励本国厂商在国际竞争中成长、提高效率,并借助双边、多边力量在国际市场上为本国厂商争取有利的国际竞争环境,应该是现实可行的贸易政策。

第三章　要素分工与国际贸易基础

从企业微观层面看,虽然要素分工的实质是跨国公司的全球扩张,即借助资本等生产要素跨国流动对全球范围内的优势资源进行组合和全球化生产,成为当代国际分工和贸易的主要基础,但对国际贸易的分析仍然不能脱离"国家"这一宏观主体。因此,保持与传统逻辑一致的分析方法,本章着重从国家宏观层面对分工和贸易的基础问题做一探讨。金碚(2015)曾经指出①,工业化发展的本质就是将无用之物转化为对人类的有用之物,其实这一思想精髓背后蕴含的逻辑同样意味着,"无用"生产要素可以转化为"有用"的生产要素。从要素分工条件看,"无用"生产要素向"有用"生产要素的转化,恰恰是通过要素跨国流动实现多国要素的组合。即本来"无用"或"用处不大"的生产要素,由于其他国家生产要素的流入而实现了要素组合,从而使其有了"用武之地",并在产品层面上表现为分工和贸易的比较优势。而从本质上看,表面上的比较优势实际上来自"优势要素"或称为"潜在优势要素"。因而在要素分工条件下,优势要素构成了贸易和分工的基础。

第一节　要素分工与要素禀赋结构变化

如前所述,在要素分工条件下,一国资源禀赋所形成的比较优势不再局限于一国本土企业所独享,国外企业通过对外直接投资等形式,也可以

---

① 金碚:《论经济全球化3.0时代——兼论"一带一路"的互通观念》,《中国工业经济》2016年第1期。

加以利用。如果排除企业的国别属性不论，仅从国家层面看国际分工和贸易的基础仍然是广义比较优势。但是，与传统分工条件不同的是，当跨国公司以对外直接投资为纽带，带动一揽子生产要素跨国流动并与东道国优势生产要素相结合时，要素的跨国流动会改变国家的要素禀赋结构，包括名义上的要素禀赋结构和实质上的要素禀赋结构。

一、生产要素的跨国流动及其差异

伴随要素跨国流动壁垒的逐步降低，要素的跨国流动成为日益普遍的全球化经济现象。尽管如此，不同的生产要素由于其特征差异、流动成本差异以及遭遇的流动壁垒差异等，在跨国流动方面仍然具有较大的差异性。从流动性程度看，要素跨国流动大体可划分为三种：一种是跨国流动性较高的生产要素；一种是跨国流动性相对较低的生产要素；一种是完全不具有跨国流动性的生产要素。

在所有的生产要素中，资本等生产要素的跨国流动性应该说是最强的。国际货币的形成以及国际结算手段的日新月异，尤其是伴随着通信信息技术的突飞猛进，使得货币资本的跨国流动性体制障碍和技术性障碍都大大降低。尤其是高度一体化的国际金融市场的形成，为资本这一生产要素在全球范围内进行大规模流动提供了极大的便利性，甚至可以在瞬间完成。目前来看，在所有的生产要素中资本的跨国流动性极高，这也是当代跨国公司进行全球扩张所依赖的主要纽带。

当然，跨国公司以资本为纽带进行的全球资源整合和利用，并非完全依赖资本这种单一生产要素，而是以资本为纽带所带动的一揽子生产要素的跨国流动。因此，在某种程度上说，与资本流动密切相关的其他生产要素，诸如技术、营销、管理、高端人才等都属于高流动性生产要素。在技术跨国转移中，既有技术贸易或者许可贸易这种显性的跨国流动形式，也有伴随着对外直接投资而直接进入东道国这种隐性的跨国流动形式。且后者与前两者相比，在当前的技术要素跨国流动中占有更高的比重和更重要的地位。这是因为跨国公司在全球整合和利用资源进行全球化生产时，所需要的不仅是资本，同样也需要技术，因此对外直接投资的过程通常也就是技术的跨国转移过程。从这一意义上说,技术这一生产要素与资本类似,其跨国流动较强,只是与资本相比,技术的跨国流动更多是隐含在资本之下的一种隐性流动。况且,从技术的自然属性角度看,其本身也具有高流动特性。比如,格鲁斯曼和赫尔普曼的研究就曾指出,技术信息的创造或所有者,很难制止其他人不经授权地在某些方面使用此种技术。① 技术要素这一特性意味着技术往往具有很强的外溢性,容易被他人模仿、传播、扩散和使用,因而技术在自然属性上表现出具有较强流动性的特征。

而与技术相关的则是诸如高技能劳动者或者说高端人才。波特(Porter,2002)曾经指出,高技能人才正如高科技生产要素一样具有较强的流动性,并且高端人才的流动往往随着国际通信技术的突飞猛进而更为频繁和显著。② 尽管劳动力的跨境流动往往受到信息不充分、语言障碍、文化背景、情感等因素约束,大卫·李嘉图在研究劳动力的跨国流动性时就曾经指出,对于大部分劳动者来说,大多是不愿意背井离乡而到一个陌生的地方从事工作的。但是在当前交通等技术进步条件,对于高端人才而言,由于受到良好教育而可以在很大程度上克服语言等障碍,对环境乃至文化差异的处理能力和适应能力也相对较强,因此在跨国流动过程中所存在的心理成本和直接成本相应就会减少,因而也会成为生产要素中跨国流动性较强的一种。

与此类似的还有品牌、营销网络以及管理等生产要素,也是与资本要素的跨境流动密切相关。且从跨国公司的竞争优势来源看,诸如品牌、营销网络以及管理等生产要素,往往是跨国公司的主要竞争优势来源,是开展对外直接投资所依赖的重要支撑条件,因此必然伴随着资本生产要素的跨境流动而流动。比如对于品牌而言,与技术生产要素相类似,既可以通过特许经营和品牌授权等方式实现跨国流动,也可以通过对外直接投

① [美]G.M.格鲁斯曼、E.赫尔普曼:《全球经济中的创新与增长》,中国人民大学出版社2003年版,第13页。
② [美]迈克尔·波特:《国家竞争优势》,李明轩、邱如美译,华夏出版社2002年版,第72页。

资,包括绿地投资和跨国并购等方式实现跨国流动。而且相比于特许经营和品牌授权而言,通过对外直接投资而实现的品牌跨国流动可能更为普遍,尽管后者所采取的形式相对隐性,即往往隐含在资本跨国流动之下。品牌是如此,营销网络和管理等生产要素同样如此,往往都是伴随着资本生产要素的跨境流动而流动,因而都属于跨境流动性较高的生产要素。

与资本等高流动性生产要素相反,另外一种极端就是某些生产要素完全不具备流动性,比如土地。土地是一国领土范围内的生产资源和要素,是一种完全不具备任何流动性的生产要素。并且与土地相关联的自然资源禀赋,特别是依附于一国领土和领海的自然资源禀赋,因为土地的不流动性同样也成为不可流动的生产要素。此外,诸如产业配套能力、政策环境、基础设施等生产要素通常也是不具备流动性的。产业配套能力主要是指一个国家所能提供的更健全的相关和支持性产业,从而有利于一国竞争优势的形成。尤其是在要素分工条件下,产品价值链的分解,使得企业专业化于某一特定或某几个特定价值增值生产环节,且这些又往往需要与上下游的价值增值环节的生产企业进行有效配合,才能提升自身竞争能力和优势。显然,这种产业配套能力主要指在一个国家和地区内部,或者说通常限于一个国家和地区内部,因而不具备所谓的流动性。政策环境更是如此,作为一种外部性投入的生产要素,政策环境对企业的生产具有重要影响。正如波特指出的,当政府的政策影响到其他生产要素的时候,无论这个政策是属于地方性、地区性还是国家层面,最终都会影响到产业竞争优势。① 从供给的角度看,政策环境往往是由政府供给决定的,而一国政府供给和制定的政策,显然无法强加于任何其他国家和地区,因而谈不上所谓的流动性。至于基础设施,同样可以看作是类似于土地生产要素一样的广义生产要素,其发达和完善程度,对产品生产的成本和效率同样具有重要影响。比如港口、公路、铁路、机场、电力、通信设施等,无疑构成了企业生产成本的重要部分。而基础设施一旦投资形成,

---

① 〔美〕迈克尔·波特:《国家竞争优势》,李明轩、邱如美译,华夏出版社2002年版,第604页。

往往具有地区空间上的相对固定性从而难以实现跨国流动。

处于具有极高流动性和不具备流动性之间的，则是属于低流动性生产要素。一般劳动力是低流动性生产要素的典型代表。应该说，在所有的生产要素中，人的能动性是最强的，因而劳动力应该最具有流动性。然而，对于一般劳动力或者说低技能劳动力而言，供给和需求两个方面的因素都决定了其流动性不足。从供给层面上看，低技能劳动力，由于其自身知识、文化、接受的教育等因素制约，在跨国流动过程中，会因为面临信息不对称、语言和生活习惯的障碍、文化传统和宗教信仰等制约，对新环境的适应能力会更弱，面临着较高的流动成本，从而在一定条件下跨国流动性的欲望和动机不强。从需求角度看，伴随经济发展产业结构的不断升级，一国对劳动力的需求会从一般劳动力转向高端人才，即对一般劳动力的需求会弱化。弱化的一般劳动需求显然会降低其相应的工资水平和所获得的报酬，从而对一般劳动力流动的吸引力不够。总之，供需两个层面都在一定程度上影响和制约着一般劳动力的流动。

二、要素流动与要素禀赋结构变化

要素分工条件下的要素跨国流动会改变一国要素禀赋结构。由国际贸易中经典的要素禀赋理论可知，所谓要素禀赋是指一国在一定时期内所拥有的两种生产要素的比例关系。当然，依据这一定义，也可以将要素种类扩展至两种以上，从而所谓的要素禀赋其实质是多种生产要素在一定时期内既定存量的比例关系。在要素禀赋的基础上可以进一步定义要素丰裕度概念。要素丰裕度的概念类似于比较优势原理，是一种"比较的比较"，即通过比较两个国家或者地区的生产要素相对拥有量而不是绝对拥有量来界定生产要素的丰裕程度。比如我们说 A 国是资本丰富的国家，一方面，这一定是相对于另外一个国家比如 B 国而言，另外，与另外一个国家 B 相比的不是拥有的资本这一生产要素的总量，而是相对量。换言之，假定用 K_A 和 L_A 分别表示 A 国在一定时期内拥有的资本和劳动力的绝对数量，用 K_B 和 L_B 分别表示 B 国在一定时期内拥有的资本和劳动力的绝对数量，那么说 A 国相对于 B 国而言是资本丰富的国家，则是

指在满足 $\dfrac{K_A}{L_A} > \dfrac{K_B}{L_B}$，即 A 国资本的相对拥有量高于 B 国资本的相对拥有量，而不论 A 国拥有的资本绝对量 K_A 是否多于 B 国拥有的资本绝对量 K_B；与此同时，B 国相对于 A 国而言是劳动力丰富的国家，因为此时一定满足 $\dfrac{L_A}{K_A} < \dfrac{L_B}{K_B}$，即 B 国劳动力相对拥有量高于 A 国劳动力的相对拥有量，而不论 B 国拥有的劳动力绝对量 L_B 是否多于 A 国拥有的劳动力绝对量 L_A。

要素分工条件下，要素跨国流动因为改变了一国要素拥有量的存量结构从而改变着要素禀赋状况。这里所指仍为改变着要素流入国和流出国之间要素结构的相对差异，而非指改变流出国和流入国内部的要素之间的差异。仍以前面的例子为例，假设资本丰富的国家 A 现在有一部分资本要素流入到原先劳动力丰富的国家 B，并且假设资本的流出量为 ΔK_A，那么据此可知此时 A 国的要素禀赋结构为 $\dfrac{K_A - \Delta K_A}{L_A}$，$B$ 国的要素禀赋结构变为 $\dfrac{K_B + \Delta K_A}{L_B}$。虽然在原先要素流动的情况下 $\dfrac{K_A}{L_A} > \dfrac{K_B}{L_B}$，但现在由于存在着资本要素的跨国流动，当 ΔK_A 超过某一临界点后，必然有 $\dfrac{K_A - \Delta K_A}{L_A} < \dfrac{K_B + \Delta K_A}{L_B}$，从而发生了要素禀赋结构关系的逆转，即 A 国因为资本要素的流出而成为劳动力丰富的国家，而 B 国则因为资本要素的流入而变成了资本丰富的国家。

此处需要进一步说明的是，上述定义要素禀赋和要素丰裕度的方法，采用的实际上是"属地"原则而非"属民"原则。即衡量一国或地区所拥有的生产要素的数量，其测度范围和统计标准取决于生产要素是否在一国或地区的地理疆界内，而不具体考虑生产要素究竟归谁所用的问题。如果要是采用"属民"方法和原则，则要素跨国流动由于在本质上并没有改变"属民"的所有权性质，因而并不会在真正意义上改变一国所拥有的要素禀赋结构，从而不会发生所谓的要素丰裕度逆转问题。当然，在国际贸易的分析过程中,由于对贸易的统计通常都是以国家为单位,而并非考虑跨国公司的具体国籍问题,因此对分工和贸易的分析通常采用的也是"属地"原则,从而要素分工条件下要素的跨国流动确实改变着一国的要素禀赋结构,进而可能改变国与国之间的要素丰裕度相对关系。

当然,因要素跨国流动而导致的各国生产要素存量结构变化,其复杂情形要远甚于上述分析的简单情况。比如,生产要素的性质不同,其跨国流动对要素存量的改变并非完全是简单的加减问题。有些生产要素的跨国流动会导致流入国同类生产要素的存量增加,但流出国此类生产要素的存量并不会因此而减少,比如诸如知识、技术和信息等生产要素就具备这种性质。但不论何种情形,尽管复杂程度不一样,最终都会通过改变生产要素流出国和流入国要素禀赋结构的关系,从而可能改变要素丰裕度的相对关系。

第二节　要素分工与新型比较优势的形成

要素跨国流动的实质是生产要素的全球布局优化,但其流入和流出,犹如前述的分析,会改变各国的要素禀赋结构,甚至改变各国之间要素丰裕度的相对关系,从而对各国的产业结构进而出口结构都具有决定性影响意义。这是要素分工条件下新型比较优势形成的结果和表现。要素跨国流动后,虽然改变了各国的要素禀赋进而要素丰裕度的相对关系,但是从产品生产的角度看,并没有改变古典和新古典贸易理论中的逻辑结果和基本脉络,即国际分工的基本逻辑依然遵循比较优势原理而展开,只不过此时的比较优势不再是封闭条件下一国的原有比较优势,而是要素流动条件下形成的新型比较优势。或者说产品生产的要素基础不再局限于一国国内的生产要素,而是各国生产要素通过跨国流动后实现的多国要素组合。从要素重新组合和优化配置的角度看,要素分工的发展实际上就是将"有限用处"乃至"无用"的生产要素,通过要素的跨国流动而转化为"有用"或者"用处更大"的生产要素,进而在分工和贸易层面上表现为比较优势。而从根源上看,这种比较优势的形成,实际上正是来自各国

"优势要素"的组合,换言之,各国以"优势要素"参与分工和贸易,是要素分工条件下比较优势的真实所在。要素分工条件下,各国的比较优势不再源自原先要素不流动情形下各国自有要素禀赋结构(要素组合)所形成的产品生产和供给优势,而是源自"优势要素"对其他国家和地区"优势要素"的吸引进而在产品生产和供给层面上形成比较优势,这是比较优势的深化和细化,是从原先自有要素禀赋结构(要素组合)优势,向单一"要素优势"转化的新型比较优势。

一、优势要素:要素分工的基础

在古典和新古典国际贸易理论中,虽然其思想内核都是比较优势,但是由于绝对优势论和比较优势论的分析是建立在劳动价值论的基础之上的,即古典贸易理论认为劳动是唯一的生产要素,即把一切产品的生产都归结为劳动。这一假定坚持了劳动价值论,但忽略了其他生产要素。在新古典国际贸易理论中,生产要素由单一的劳动力要素拓展至包括资本和劳动力在内的双要素,从而产品生产被看作是两种生产要素共同作用的结果。显然,这一拓展具有重要的意义,是生产要素观的一种实质性发展,实际上一旦生产要素从劳动力要素拓展至包括劳动力和资本在内的两要素时,基于同样的逻辑,生产要素可以向更广的范围内拓展至包括更多种类的广义生产要素,从而对要素种类的分析更加全面。从要素分工角度来分析国际贸易,显然不能采用单要素观,因为其本质是生产要素跨国流动而实现的组合,因而至少涉及两种生产要素。因此,分析要素分工条件下的新型比较优势问题,为分析问题之便,在论述过程中主要采用两种生产要素(但不限于两种生产要素)的分析方法。

从微观角度看,要素分工的实质是跨国公司以对外直接投资为纽带,整合和利用全球资源而进行的全球化生产,因此开展要素分工的一个首要前提就是要素的跨国流动。那么现在的问题是,要素为何要跨国流动?换言之,生产要素跨国流动的动因是什么?犹如从产品层面分析贸易品跨国流动的动因一样,挖掘产品跨境流动的原因所在,其实就是探求比较优势的过程。因而,在要素分工条件下,由于产品流动更多是生产全球化的结果,即更多产品的跨国贸易只不过是生产全球化所表现出来的"外在流转",因此可以说产品的国际贸易实际上就是要素跨国流动的结果,那么循此逻辑,更深入地揭示国际贸易的基础——比较优势,就是要进一步探讨要素跨国流动的动因或者说主要动力机制。

经典的要素禀赋理论就曾指出,同一产品在不同国家之间存在价格差异是促进商品跨国流动的根本原因,而同一商品之所以存在价格差异,在需求偏好一致和生产技术条件相同的假定条件下,主要是源于要素的相对价格差;要素的价格差异主要是由要素禀赋的相对差异造成的,即相对丰裕的要素其价格相对较低,而相对稀缺的要素其价格相对较高,从而决定了在不同要素密集度产品生产上的比较优势状况。上述理论逻辑背后所蕴含的主要思想,就是要素的相对稀缺性决定了要素价格的相对差异性,那么在要素不具备跨国流动性条件下,要素会通过内含在商品中的形式而发生跨国流动。这也是后来对要素禀赋理论拓展至要素贸易分析的原因所在。基于这一基本原理,国内学者张幼文对要素跨国流动的动因曾作出较为精辟的分析和概况①。张幼文认为,与经济物品的稀缺性决定其价格高低的基本原理一致,生产要素的价格及其收益的决定,同样取决于生产要素的相对稀缺性。具体来说,要素供给相对于要素需求越多则稀缺性就相对越低,从而要素的相对价格或者相对报酬就越低;反之,要素供给相对于要素需求越少则稀缺性就相对越高,从而要素的相对价格或者相对报酬就越高。不同国家由于要素禀赋结构不同或者说同种生产要素的相对稀缺性程度不一,从而导致其在不同国家之间存在相对价格差异。在要素可跨国流动条件下,显然生产要素会从价格和报酬较低的国家和地区,流向价格和报酬相对较高的国家和地区。即生产要素的稀缺性决定要素的收益性,从而成为生产要素流动的根本动因。

应该说,张幼文的分析对理解当代生产要素的跨国流动具有十分重要的价值。但是仅从要素相对稀缺性进而决定的收益相对差异性角度,理解当代的要素分工现象仍然是不够的,因为如同分析资本流动一样,仅

① 张幼文:《要素流动——全球化经济学原理》,人民出版社 2013 年版,第 83—84 页。

从资本的价格差异角度无法解释和理解对外直接投资和对外间接投资。当代要素分工条件下要素跨国流动的本质是组织全球化生产,因而其并非是简单地在要素相对价格差上获取套利空间。何况,在当前跨国公司实施全球战略的背景下,设在某国或某地区的子公司或者分公司,为了配合总公司的全球战略,会出现少盈利、不盈利甚至亏损情况,其要素流动并未获取所谓来自价格差的收益,那么停留在要素报酬或者要素收益的层面进行表象分析,显然其说服力是不够的,需要进一步深化和拓展。

那么,要素跨国流动的根本动因究竟是什么?对这一问题的回答,仍需从要素分工的本质,即跨国公司在全球范围内整合和利用资源的优化配置、进行的生产全球化角度进行分析。在当前国际贸易已经成为全球生产的"外在流转"情形下,对贸易和分工现象的研究必须深入到生产领域。从生产全球化角度看,生产要素的跨国流动,实际上就是一种或某几种生产要素"追逐"东道国某种或某几种生产要素,通过要素跨国组合进行产品或者产品生产环节的生产,其目的就是要实现生产效率的最大化或者生产成本的最小化。至于在单一生产要素的收益方面,或者在某一特定国家和地区的流入要素收益方面,在跨国公司的全球战略下,未必保证一定是正向的,即要素跨国流动并非基于获取要素价格差的套利空间。但是在要素跨国流动下,以及在确保全球生产的正常进行下,产品的跨国流动依然开展,并于国家层面上表现出了分工和贸易。从这一意义上说,驱动要素流动的根本动力机制,就是要素重新组合可能带来的生产效率的最大化和生产成本的最小化,而对于国外生产要素而言,之所以能够"吸引"其流入东道国以形成新的生产要素组合,说明在某一或某些特定要素上,一定具有自身的优势,不妨将此类生产要素称为优势要素。据此可以认为,优势要素是要素分工条件下比较优势的根本所在。

仍以两种生产要素为例,即资本(以 K 表示)和劳动力(以 L 表示),对优势要素进行进一步的阐释和说明,以明晰其作为比较优势的基础所在。假定生产函数采用一般形式,即 $Y = FK^{\alpha}L^{\beta}$,为了分析问题之便,此处不妨设 $F = 1.2$, $\alpha = 0.5$, $\beta = 0.5$,则 $Y = 1.2K^{0.5}L^{0.5}$,其中 Y 既可以表示最终产品的生产,也可以表示某一价值增值环节的生产(两种情形并不影响分析结果)。假定现在有两个国家 A 和 B,在封闭条件下,A 国的资本(K)和劳动力(L)的单位价格水平分别为 1 美元和 9 美元,B 国的资本(K)和劳动力(L)的单位价格水平分别为 1 美元和 4 美元。因此,基于要素禀赋理论可知 A 国是资本丰富的国家,而 B 国是劳动力丰富的国家。在要素不存在跨国流动的情形下,依据要素禀赋理论可知,A 国在资本密集型产品生产上具有比较优势,其专业化生产并出口资本密集型产品;B 国在劳动密集型产品生产上具有比较优势,其专业化生产并出口劳动密集型产品。由生产的均衡条件可知单位货币投入所能创造的资本边际产出和劳动边际产出相等,即有 $MPK = (1/9)MPL$,其中,MPK 表示资本的边际产出,MPL 表示劳动的边际产出。由生产函数的具体设定形式可知资本的边际产出为 $MPK = 0.6(L/K)^{0.5}$,劳动的边际产出为 $MPL = 0.6(K/L)^{0.5}$,生产的均衡条件即可表示为 $0.6(L/K)^{0.5} = \frac{1}{9} \times 0.6(K/L)^{0.5}$,由此可导出 $K = 9L$。也就是说,生产达到均衡时资本投入的数量应是劳动力投入数量的 9 倍。假设企业的产出量为 Y,$K = 9L$ 代入上述生产函数则有:$Y = 1.2(K \times L)^{0.5} = 3.6L$,从而有 $L = Y/3.6$。产出的总成本可表示为 $C(Y) = 1 \times K + 9 \times L$,由于 $K = 9L$,则 $C(Y) = 18L$。将 $L = Y/3.6$ 代入其中有:$C(Y) = 5Y$。对 Y 求导有:$C'(Y) = 5$,即增加一单位产量的成本增加 5 美元,这也是生产达到均衡时的平均生产成本。

现在假设存在着要素跨国流动,由于劳动力价格在 B 国更为低廉,因此 A 通过资本跨国流动而与 B 国的劳动力进行组合以生产 Y 产品(价值增值环节),为了分析之便且不影响结论的一般性,不妨假定生产的技术条件保持不变,即跨国公司通过对外直接投资而在 B 国进行生产时仍然采用的是前述生产函数。可知在 B 进行生产达到均衡时有 $0.6(L/K)^{0.5} = \frac{1}{6} \times 0.6(K/L)^{0.5}$,据此可导出 $K = 4L$。也就是说,生产达到均衡时资本投入的数量应是劳动力投入数量的 4 倍。同样地,假设企业的产出量为 Y,$K = 4L$ 代入上述生产函数则有:$Y = 1.2(K \times L)^{0.5} = 2.4L$,从而有

$L = Y/2.4$。产出的总成本可表示为 $C(Y) = 1 \times K + 4 \times L$，由于 $K = 2.4L$，则 $C(Y) = 6.4L$。将 $L = Y/3.6$ 代入其中有：$C(Y) = 1.81Y$。对 Y 求导有：$C'(Y) = 1.81$，即增加一单位产量的成本增加 1.81 美元，这也是在 B 国生产达到均衡时的平均生产成本。

由此可见，对于跨国公司来说，同样增加一单位的产出，在 A 国需要支付 5 美元的成本，而通过要素跨国流动在 B 国生产只需要支付 1.81 美元的成本，显然，跨国公司在 B 国生产要比在 A 国生产的效率更高或者说成本更节约。上述情形的分析，并没有指出在要素跨国流动之前，Y 究竟是 A 国的比较优势产品还是比较劣势产品，但是不论是比较优势还是比较劣势产品，都不影响上述分析所得结论，因为通过要素跨国流动而实现产品生产的跨国空间转移，按照前述分析，可能存在着多种情况，一种是保持着原有比较优势的方向关系依然不变，即要素跨国流动后各国在产品生产层面所表现出的比较优势依然不变；另一种是导致原有比较优势的相对关系发生逆转，比如 A 国的比较优势产品现在转变为 B 国的比较优势产品。从这一角度来看，如果在要素不流动情况下 Y 是 A 国的比较劣势产品（B 国的比较优势产品），那么有了要素跨国流动后，跨国公司可以利用 B 国的优势要素在 B 国生产比较优势产品；如果 Y 是 A 国的比较优势产品（B 国的比较劣势产品），那么由于要素的跨国流动导致两国要素禀赋结构发生变化，进而比较优势关系发生逆转，从而 Y 产品的生产在 B 国成了比较优势产品。因此，上述简化模型的分析并不影响结论的一般性。

当然，不论是上述情形的何种形式，即不论是原有比较优势保持不变，还是原有比较优势关系在要素跨国流动下发生逆转，其最终在国家层面上所表现出来的比较优势均与广义比较优势是一致的，或者说在地域生产层面上依然遵循的是广义比较优势，只不过这种广义比较优势的形成具有了新的渠道和途径，即要素的跨国流动。而要素之所以跨国流动，实际上就是"追逐"东道国更具优势的生产要素，通过与东道国优势要素进行重新组合从而实现生产成本的最小化或生产效率的最大化。据此可见，在要素分工条件下，优势要素是国家层面比较优势形成的决定性因素,其构成了国际贸易和分工的基础。

二、要素分工下比较优势的形成

优势要素虽然是构成国际分工和贸易的基础,但优势要素的存在只是比较优势形成的一个基础或者前提条件,而是否能够转化为真实的比较优势,还取决于一系列其他条件。

经典的古典和新古典国际分工和贸易理论分析中,都有一个重要的前提假定,即生成要素是充分就业的,不存在生产要素的闲置问题。然而,在实践当中,生产要素的非充分就业是普遍存在的,而且生产过程本身就是各种生产要素组合和协作的过程。这里需要进一步说明的是,由于在古典贸易理论当中,还同时假定生产要素只有劳动力一种,因而表面上似乎与多种生产要素的组合无关,但其实并非如此。古典贸易理论坚持劳动价值论,认为劳动是创造价值的唯一源泉,但并不据此否认其生产资料在生产过程中的作用。即便不承认其他生产要素在生产过程中能够创造价值,比如劳动价值论分析中所采用的劳动对象和生产资料等概念,其通常被视为社会劳动凝结物的物化劳动,从而在生产过程中只能转移价值而不能创造价值,但是从其参与生产过程来看,其作用是不容否认的。换言之,没有劳动对象和生产资料,即便是所谓的唯有活劳动才能创造价值的论断,也都无从谈起,因为这至少意味着失去了价值创造必须依赖的物质手段和价值生成的必要载体。因此从这一意义上,虽然古典贸易理论中只采用单一劳动生产要素的分析,但实质上也是涉及多种生产要素的组合问题,只不过涉及价值创造问题而没有在分析框架中纳入其他生产要素,甚至没有提及和使用其他生产要素的概念。但是这种情况在新古典贸易理论及以后的理论发展中得以改变并进行了相应扩展,两种或者更多的生产要素进入生产过程,通过组合和协作共同生产产品越来越被学者们普遍接受。

将生产过程理解为包括两种及两种以上的生产要素组合和协作的过程,那么随之而来的一个问题就是,要素的比例如何确定?显然,既然涉及两种及两种以上的生产要素,其投入的数量尤其是比例关系并非随意。

对此,经典的经济学模型在基于边际成本等于边际收益的逻辑框架下,完美地演绎出了生产要素的最优组合选择:最后一元钱无论用于购买何种生产要素,其所产生的边际产出都应该相等,否则生产企业就可以在不同生产要素之间重新进行数量调整而使得生产进一步优化。以两种生产要素资本(K)和劳动力(L)为例,假设资本的边际生产力(边际产出)为MPK,劳动力的边际生产力(边际产出)为MPL,假设资本的价格为r,劳动力的价格为w。那么生产要素的最优组合条件即可表示为:$MPK/r = MPL/w$,也就意味着单位货币购买任何一种生产要素所能获得的边际产出都是相等的。并且按照这一逻辑推演下去,任何要素禀赋所决定的比例关系,都会在需求和供给因素的作用下形成最优组合关系。比如,如果在某种特定要素价格下形成了最优要素组合,此时仍有一种生产要素存在剩余而没有进入生产过程,那么所谓的过剩供给就会导致该生产要素价格随之下降,企业就会增加对该种生产要素的使用以降低生产成本,从而达到一个新的均衡,最终实现要素的充分就业。应该说,这一论断在理论模型上是完美的,但在完美的理论逻辑演绎背后,却存在着至少两个重要的假定和前提条件:一是不同生产要素之间的充分可替代性;二是生产要素价格具有无限调整的空间,即只要生产要素的供需出现失衡,要素价格就会一直调整下去直至均衡。上述两个"硬性"假定显然与实践存在一定程度的脱节。

理论假定与实践的"脱节"主要表现在:首先,从要素的可替代性角度看,不同生产要素之间即便存在着一定程度的替代性,但这种替代也是有限的而不是无限的,比如资本对劳动力的替代,或者劳动力对资本的替代,都不可能在完全不使用资本而只使用劳动力,或者完全不存在劳动力而仅使用资本的情况下进行生产,否则,就退回到真正意义上的单要素生产模型情形了。何况有些产品的生产,比如许多研究中所采用的固定比例生产函数,就意味着生产要素甚至根本不具备可替代性,必须按照固定的比例关系去组织生产。其次,从生产要素的价格具有可以无限调整的空间来看,也是与现实不符的。比如以两种生产要素为例,一种生产要素(如资本K)极度稀缺,而另一种生产要素(如劳动力)则极度丰裕,那么要求生产要素充分就业也就意味着资本的价格可能极高,而劳动的价格可能极低乃至趋向于零,这显然是不成立的。经典的经济理论分析同样表明,劳动力供给实际上存在着丧失"闲暇"的成本,因此,一旦当劳动力的价格水平降低到所谓"闲暇成本"之下,劳动力供给就会停止,而不会实现所有的劳动力均能就业的理想状态。除此之外,生产要素的组合不是生产要素的简单"拼凑",并不是说将不同的生产要素随意放在一起就能够生成产品。要素组合过程实际上也是一个管理和协调的过程,同样需要管理要素的投入,生产要素的配置同样需要企业家去"张罗",缺乏企业家精神元素、缺乏管理要素,生产要素的组合进而产品的生产也是不可想象的。从这一意义上说,当一个市场缺乏足够的企业家精神,尚不具备相应的管理能力的时候,要素的存在可能更多意味着一种潜在生产能力,而不是一种现实生产能力。缺乏组合的"纽带",生产要素自然也就成为一种简单意义上的"存在"和"闲置"。

据此可见,仅有要素禀赋和要素比例意义上的要素丰裕度,可能并不足以形成现实中的比较优势。当然,上述分析不是要否定传统要素禀赋理论,从既定的假定条件出发来探讨和解决特定的问题,这是诸多理论研究所具有的共性特征,因此要素禀赋理论的基本原理和逻辑仍然是正确的。此处分析想要表达的意思是,当存在生产要素闲置的时候,要素跨国流动可能将潜在的生产能力,或者说潜在的比较优势转化为现实的比较优势。从这一意义上说,某些生产要素的跨国流动对潜在比较优势向现实比较优势转化,具有决定性作用,比如资本的跨国流动可以将闲置劳动生产要素利用起来,从而真正形成劳动密集型产品生产的比较优势;比如企业家精神和管理生产要素的跨国流动,可能将本未组合的资本和劳动力组合在了一起,从而形成了真正的生产能力。这一情形在实践中也是普遍存在的,比如有研究指出,正是改革开放后,中国融入以对外直接投资为主要特征之一的经济全球化进程,外资的大量进入与中国闲置的农村劳动力相结合,形成了出口产品的庞大生产能力[1]。

---

① 张幼文等:《要素收益与贸易强国道路》,人民出版社 2016 年版,第 268 页。

三、要素分工下比较优势的激发效应

要素分工条件下,新型比较优势的形成大致源自两种:一是比较优势激发效应;二是比较优势创造效应。所谓比较优势激发效应,主要是指在要素分工条件下,由于生产要素的跨国流动使得不同国家和地区之间的优势要素相结合而产生"强强联合"作用,从而表现为一国或地区的优势要素甚至是"闲置"要素,在与流入要素进行协同生产时所激发出的本国比较优势。

关于闲置生产要素的利用,其实就是前述分析指出的要素充分就业假定的放松,或者说在要素跨国流动前后,一国生产要素的利用状态发生了变化。此处再做进一步分析。在国外生产要素流入之前,一国存在的处于闲置状态的某种生产要素未能成为产品生产的参与者和贡献者;而有了要素跨国流动之后,这种闲置的生产要素成为优势要素,与流入要素进行组合参与到产品生产过程之中,从而转换成为现实比较优势。前述分析已经指出,产品生产往往是多种要素共同投入的结果,因此,尽管一国在某种生产要素上十分丰裕,但也可能由于其他要素极度缺乏而难以"物尽其用"甚至根本无用武之地。正如有些学者研究指出,改革开放以来的很长一段时期内,由于受到资本要素供给不足、企业家精神缺乏等现实约束,如果没有国外要素流入,即便中国拥有全球最丰裕的劳动力要素,恐怕也难以实现或提高其在劳动密集型产业中的竞争力[1]。从这一意义上来说,单一要素优势在原有分工模式下还难以形成真正的比较优势,而在要素分工条件下,由于国外要素的流入而激发了比较优势。应该说,要素分工条件下,比较优势的激发效应在发展中国家可能表现得更为突出。众所周知,就目前发达国家和发展中经济体各自的优势要素分布状况来看,技术、资本、知识、信息等高级生产要素是发达国家的优势要素,同时也是跨国流动性相对较强的要素;而劳动力等初级要素则是发展

---

① 华民:《我们究竟应当怎样来看待中国对外开放的效应》,《国际经济评论》2006 年第 1 期。

中经济体所拥有的主要优势要素,也是跨国流动性相对较弱的要素。因此,在要素分工条件下,必然表现为发达国家的资本、知识、信息、技术等要素向发展中经济体流动,以与发展中经济体的劳动力等优势要素相结合,发展中经济体的比较优势由此得以激发。对于发达国家来说,同样存在着比较优势的激发效应,尤其是从产业内的要素异质性角度看更是如此。例如,发达国家之间通常被认为要素禀赋结构极为相似,其生产要素结构状况并非在于生产要素种类结构的不同,而主要表现在同一生产要素内部的异质性问题,集中体现在技术、高端人才、管理等高端生产要素在行业内部的异质性上。由于同一行业内的异质性问题,此时生产过程中的规模经济效应会驱使跨国公司将在本国拥有的优势要素配置到另外一个国家类似的行业中,与其他高端生产要素进行组合,从而激发出新的比较优势,包括生产要素集聚所产生的规模经济效应。因此,要素跨国流动无论对于发展中国家来说,还是对于发达国家来说,比较优势的激发效应都是存在的。

当然,比较优势的激发效应不仅仅体现在有了要素跨国流动后,一国某种或某几种"闲置"生产要素得以利用从而转化为实际生产效应。比较优势的激发效应同时还表现为生产要素的"强强联合"方面。生产要素跨国流动所表现的"强强联合",主要是指从分工角度看,各国都是依托优势要素参与国际分工,"优势要素"与"优势要素"组合显然是一种"强强联合"效应。此处的优势要素并非是指高端生产要素,而是根据一国或地区所拥有的要素禀赋结构所定,即优势要素既可能表现为高端要素或者高级要素,也可以表现为低端要素。不同国家和地区优势要素强强联合的本质,实际上就是资源的优化配置,就是生产要素通过跨国流动在重新调整分工结构中实现了优化组合。比如,仍以前面的生产函数为例来简要分析这种情况。假设在要素分工产生以前,A 国所拥有的两种生产要素 K 和 L 的存量分别以 K_A 和 L_A 表示;B 国所拥有的两种生产要素 K 和 L 的存量分别以 K_B 和 L_B 表示。为分析问题之便,仅以一种产品为例。在不存在要素跨国流动条件下,A 国生产 X 且假定要素充分就业,那么达到均衡时要素使用比例最终必然为 K_A/L_A;同样地,在 B 国生产 X 且假定要素充分就业,那么达到均衡时要素使用比例最终必然为K_B/L_B。由于两国的要素禀赋结构不同,显然有K_A/L_A不等于K_B/L_B。从生产资源最优化配置角度看,如果产品X的生产过程中,最优的生产要素组合投入比例为K_X/L_X,且K_X/L_X介于K_A/L_A和K_B/L_B之间,那么,通过生产要素的跨国流动和重新组合,显然会导致资源的更优化配置,从而生产效率更高或者说生产成本更低。比如,当K_X/L_X大于K_B/L_B但小于K_A/L_A时,说明A国是资本丰富的国家而B国是劳动力丰富的国家,此时,为了使得X产品生产达到最优状态,要么A国的一部分资本(A国的优势要素)流入到B国,通过资本的流量变化改变B国的要素禀赋结构,换言之,通过改变B国的资本存量而与B国的优势要素劳动力进行组合,将B国的要素禀赋结构(也是产品生产的要素密集度)随之调整至K_X/L_X的最优状态,从而B国在X产品的生产上比较优势得到激化。这是优势要素强强联合的结果。或者B国的一部分劳动力(B国的优势要素)流入到A国,通过劳动力的流量变化改变A国的要素禀赋结构,换言之,通过改变A国的劳动力存量而与A国的优势要素资本进行组合,将A国的要素禀赋结构(也是产品生产的要素密集度)随之调整至K_X/L_X的最优状态,从而A国在X产品的生产上比较优势得到激化。

四、要素分工下比较优势的创造效应

要素分工条件下新型比较优势的形成,除了比较优势的激发效应外,还存在着比较优势的创造效应。

所谓"比较优势创造效应",简单而言,主要是指原本在以产品为国际分工界限条件下不具备比较优势的国家或地区,在要素分工环境中则获取了或者说具备了参与国际分工的比较优势,或者是原先只是在少数产品生产部门具有比较优势的国家或地区,在要素分工条件下则表现为在更多的产品生产部门上具备了比较优势。在要素分工条件下,比较优势的创造效应有两种:一是比较优势发生了逆转,在原本不具备比较优势的产品生产上具备了比较优势;二是伴随价值链生产环节的分解和空间分离,原本不具备比较优势参与国际分工的国家,由于现在可以从事某一特定环节的生产,从而找到了新的比较优势切入点。

首先来看后一种情况,即伴随价值链生产环节的分解和空间分离,原本不具备比较优势参与国际分工的国家,现在具备了参与国际分工和贸易的比较优势了。之所以如此,其根本原因在于要素分工条件下各国参与国际分工不再要求在某一完整产品的生产上具有比较优势,而只需要在产品生产的某个特定阶段或者环节上具有比较优势,便可参与国际分工并从中获取贸易利益,包括促进经济发展的动态利益。如果有三个国家,分别用 a、b、c 表示,生产两种产品 X 和 Y 的单位成本分别为 X_a、X_b、X_c 以及 Y_a、Y_b、Y_c,X 和 Y 的相对价格用 P_0 表示。显然,当满足 $X_a/Y_a < X_b/Y_b < P_0 < X_c/Y_c$ 时,表明生产 X 产品具有最大比较优势的是国家 a,而生产 Y 产品具有最大比较优势的是国家 c,此时在以产品为界限的分工模式下,国家 a 专业化生产 X 而国家 c 专业化生产 Y,国家 b 有可能被排除在国际分工之外。但是,如果国际分工实现了要素分工,比如 X 产品分为 X_1 和 X_2 两部分,为简单起见,我们仅将讨论限于国家 a 和 b,并假定国家 a 和 b 生产部件 X_1 和 X_2 的成本分别为 X_{1a}、X_{2a} 和 X_{1b}、X_{2b},显然,当 $X_{1a}/X_{2a} < X_{1b}/X_{2b}$ 时,表明国家 a 在部件 X_1 上具有比较优势,而国家 b 则在部件 X_2 上具有比较优势从而具有参与国际分工的能力。这就是要素分工带来的"比较优势创造效应"。

前一种情况的比较优势创造效应主要源自比较优势的逆转。比较优势的逆转在实践中可能较少发生,但是在理论上是存在的,并且在统计幻象上也是存在的。统计幻象上的表现,主要是因为要素分工条件下,尤其是产品价值链的分解,从而专业化于价值链低端的国家和地区,由于进口了高端中间产品进行加工组装,从而在最终产品出口上表现出与自身要素禀赋结构所决定的比较优势大相径庭,这就是统计意义层面上的比较优势逆转效应,当然,这种情形并不是实质意义上的比较优势逆转,因为从专业化生产或者说从分工的真实层面看,依然遵循的是由要素禀赋结构所决定的比较优势。理论上存在的真实比较优势逆转则不同,它是指当要素跨国流动超过一定的临界值以后,导致生产要素的流入国和流出国的要素禀赋结构发生变化进而要素丰裕度的相对关系发生变化,这就发生了比较优势的逆转。这一情况在本章第一节中已有讨论,此处不拟赘述。需要强调的是,比较优势发生逆转,也就意味着原先在某种产品生产上不具备比较优势的国家,现在由于要素跨国流动而具备了比较优势,这显然是比较优势的一种创造效应。比如,对于资本匮乏而劳动力丰富的国家,可能由于资本的大量涌入而使得其在资本密集型产品生产上获得了比较优势,即要素分工创造了比较优势。

第三节　要素分工下的特定要素与国际贸易

在经典的国际贸易理论分析中,虽然假定生产要素不具备跨国流动性,但是却假定生产要素在国内是可以自由流动的,换言之,可以从任一行业向其他行业流动。所有生产要素都可以自由流动的假定实际上是属于长期分析,因为只要给定足够长的时间,任一行业的生产要素总是可以向其他行业流动。然而,在经济学理论分析中,除了长期分析外还存在短期分析,而所谓短期,主要是指在一定时期内某一行业中至少有一种生产要素是不能流动的。这种短期分析运用到国际贸易理论分析之中,就出现了所谓国际贸易的特定要素模型。在要素分工条件下,国际贸易的特定要素模型也将发生变形。

一、特定要素:生产中的资产专用性

在生产函数的短期分析中,通常假设有一个生产要素是固定不变的,即不能加以调整,而另一个生产要素则可自由变动。通常资本被认为在短期内是不能变动的,即在不同部门间不能自由流动。之所以认为资本在短期内不能流动,一个主要理由是资本在短期内属于一种"专用性资产"。如在短期内,汽车行业的资本不能用于纺织行业,纺织行业的资本也不适合于汽车行业,因此,这两个行业所使用的都是特定资本,属于专用性资产。据此,所谓的特定要素可以界定为:特定要素是指在短期内一种要素的用途通常仅限于某一部门,而不适合于其他部门的需要,特定要素的本质是资产专用性,即只能用于某个部门或者产品的生产,而不能转

为他用。

关于资产专用性,其概念的形成及其引入,实际上最早是由威廉姆森在其著作《资本主义经济制度》中分析纵向一体问题时所提出的。在《资本主义经济制度》一书中,威廉姆森用资产专用性来解释交易成本的起源,再用交易成本来研究合同,从各类合同中发现相应的治理结构,由此考察各种经济制度,再从效率上对这些制度进行比较。威廉姆森认为,不同行业有不同的要素品质、要素结构和特征,即资产具有专用性。因此资产要素在不同行业间的再配置必然涉及一定的费用而产生成本。某行业要素的资产专用性越强,说明改变旧资产的转换成本越高,于是行业的进入壁垒和垄断程度越高。相反,资产同质性越强,则变更经营领域的成本越低。威廉姆森将资产专用性(asset specificity)划分为五类:地理区位的专用性(site specificity)、人力资产的专用性(human asset specificity)、物理资产专用性(physical asset specificity)、完全为特定协约服务的资产(devoted assets specificity)以及名牌商标资产的专用性(brand asset specificity)[①]。

关于资产专用性为什么在短期内难以转为他用,对此学术界也进行了较为广泛的探讨。代表性的观点认为,专用性资产的形成,会使合约的性质发生"根本转换"。这种根本性转换发生在交易过程中,因为开始时的大量竞价局面并不一定表明在以后仍然会继续存在这种大量竞价局面。事后竞争有效与否,取决于所交换的商品或服务是否有交易专用性人力资产或实物资产上的耐久性投资支持。如果没有这种专用性投资,最初的赢标者相对于未中标者并没有取得任何优势。虽然在较长时期内中标者可能继续提供商品或服务,但这只是因为相对于竞争者而言它的标价一直具有竞争力而已。但是,一旦大量交易专用性资产投资发生,相互竞争的供应商就不可能在同一层次上经营了,在这种情况下,中标者相对于竞争者拥有优势。即,在合同执行中开始时的大量竞价局面实际上

---

① [美]奥利弗·E.威廉姆森:《资本主义经济制度:论企业与市场签约》,段毅才、王伟译,商务印书馆2004年版,第39页。

转化为一种双边供应的局面了。因为如果持续供应关系被终止,经济价值会丧失。如果专用性资产被投入到其他用途,不仅供应商无法获得相同的价值,而且对于一个买方来说,如果他要另换供应商,他还必须诱使潜在的供应者进行相同的专用性投资。因此,双方勉力维持而不是终止交易关系的动力显而易见。

总之,从短期来看,几乎对所有行业和产品生产而言,资产专用性问题都是存在的,这也是为什么在开放经济条件下,对资产专用性问题进行专门分析,即分析特定要素模型的主要原因。

二、要素流动与资产专用性约束

资产专用性或者说特定要素的存在,使得该生产要素无法在不同部门之间流动。通常而言,在一国国内生产要素可自由流动的情况下,同一生产要素的价格在不同部门之间应趋于统一,或者说,在达到均衡时,同一生产要素在不同部门间不会出现价格差,否则,要素的可自由流动就意味生产要素一定会从低价格的部门向高价格的部门流动。当生产要素从低价格部门流出后,由于供应量的减少,在需求不变的条件下,其价格将会逐步上升。而从流入的部门来看,由于该种生产要素的流入,在需求保持不变的条件下,其价格将趋于下降。生产要素流出部门的该要素价格趋于上升,流入部门的该要素价格趋于下降,这种状况一直要持续到两个部门的要素价格差异消失。特定要素则不同,由于特定要素在不同部门之间不能自由流动,而必须固定在其特定的生产部门使用,因此,不论该种生产要素在不同部门出现了怎样的价格差异,其也无法从价格或者报酬较低的部门流向价格或者报酬较高的部门。这也就意味着在存在资产专用性约束条件下,价格作用机制在调整资源要素分配和优化配置方面遭遇一定障碍,而且在某种程度上甚至可以说是一种无法克服的障碍。这不仅导致总体效率的损失,从而不利于社会福利水平的最大化,而且对于利益分配而言也是一个问题,即同种生产要素出现的收益不对等现象,甚至存在的差异是巨大的,带来严重的社会收入分配问题。

这一问题在封闭经济条件下无法得到较好的解决,在开放经济条件下如果要素不具备跨国流动性,同样也无法得到较好解决。但是在要素分工条件下,由于生产要素的跨国流动性不断增强,特定要素的资产专用性约束问题就可以在一定程度上得到化解。我们知道,特定要素或者说资产专用性越强,彼此替代的难度就越大,而且分工的发展的确会导致资产专用性变得越来越强。正如亚当·斯密在阐述其分工原理时曾精辟地指出:"人们天赋才能的差异,实际上并不像我们感觉的那么大。人们在壮年时期在不同职业上表现出来的极不相同的才能,在多数场合,与其说是分工的原因,不如说是分工的结果。"①专业化分工使得传统意义上被经济学家视为均质的各种生产要素,不同程度地被塑造成为各种具有专门用途的专用性资产。伴随资产专用性的增强,依靠要素跨行业来支持的国际贸易和国际分工的古典模式面临着越来越明显的障碍。这是因为,经典的特定要素模型分析已经发现,有了国际贸易后,出口部门的特定生产要素会因此而受益,而进口竞争部门的特定生产要素会因此而受损。但是由于特定要素的资产专用性无法在部门之间自由流动,也就意味着同一生产要素(特定要素)在不同部门间出现了明显的收入差距。部分受益和部分受损的开放红利分配格局,最终导致贸易发展的障碍。这种障碍发生在生产领域,但由于利益驱动必然以关税和非关税壁垒的形式在流通领域中表现出来。这就是为什么自由贸易的好处人尽皆知,而贸易自由化的努力却如此艰难的根本原因所在。

而要素分工条件下,对特定要素的资产专用性所带来的约束问题的"解放",不再单纯地依托生产要素的跨行业流动,通过要素的跨国和跨地区流动,成为抵消特定要素跨行业流动的一个重要方向和途径。这也是要素分工条件下,提高生产力和资源优化配置效率的重要表现和途径。从这个角度看,生产要素的跨国流动对提高资源配置效率的贡献,突出表现在两个方面:一方面,要素的跨地区流动避免了专用性资产(包括人力资产和实物资产)在转移到其他行业时必须放弃原来所获得的技艺、经

① [英]亚当·斯密:《国民财富的性质和原因的研究》,郭大力、王亚南译,商务印书馆2010年版,第15页。

验以及所进行的专门性投资的价值;另一方面,它节省了在另一场合塑造同类专用性资产所必需的专用性投资。从这一意义上说,要素分工的发展与传统的国际分工模式相比,是全球范围内资源优化配置的进一步提高,也是国际分工进一步深化的表现。

三、要素分工下特定要素贸易模型

国际贸易中对特定要素模型的分析和阐释,主要是解释短期内国际贸易对一国收入分配的影响,所以其分析通常仅以一国为例,不涉及其他国家。在这里,我们仍然借助传统的分析方法,主要探讨要素分工条件下原有特定要素模型将会发生怎样的变化。为此,先从特定要素的国际贸易模型的传统分析开始①。

特定要素模型描述的是短期内一国供给面的情况,不涉及需求面因素。由于只有劳动是可变要素,所以在商品价格已知的条件下,只要知道劳动在两个部门间如何分配,便可确定要素市场的均衡和要素价格。在完全竞争条件下,两个部门的要素价格分别为:

$$w_X = P_X \cdot MP_{LX} \; ; r_X = P_X \cdot MP_{KX} \tag{3-1}$$

$$w_Y = P_Y \cdot MP_{LY} \; ; r_Y = P_Y \cdot MP_{KY} \tag{3-2}$$

由于资本是特定不变的,所以 X 部门和 Y 部门的边际劳动生产力只取决于劳动投入量。劳动投入越多,边际劳动生产力就越小。所以,在商品价格给定不变的前提下,劳动价格与劳动投入量成反比。

图 3-1 是一个上端开口的埃基沃斯方框。方框底边的长度表示劳动总量 $\bar{L}$,其他两边分别表示 X、Y 部门中的劳动价格。劳动边际生产价值 VMP_{LX} 所代表的曲线反映了 X 部门对劳动的需求与劳动价格之间的关系,即劳动需求曲线,而 VMP_{LY} 则表示 Y 部门的劳动需求曲线。两条劳动需求曲线的形状取决于生产函数的性质,位置则取决于商品价格。

当两个部门的劳动报酬相同时,劳动在两个部门间的分配便达到均衡。

---

① 李坤望:《国际经济学》,高等教育出版社 2010 年版,第 70 页。

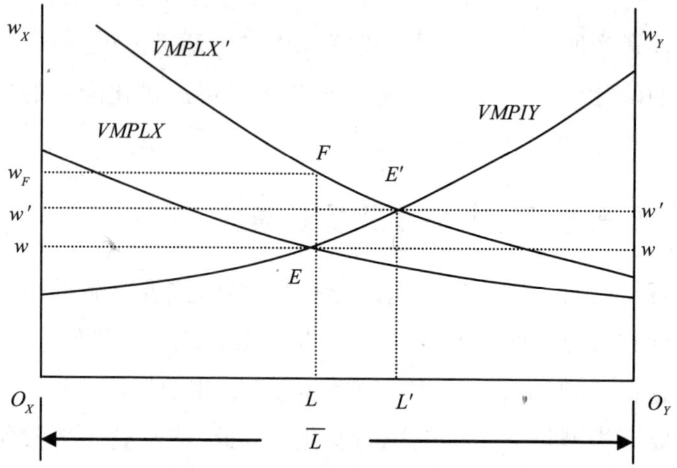

图 3-1　特定要素模型

图 3-1 中,当两个部门的劳动需求曲线相交时,两个部门面对相同的劳动价格,均为 w。此时,X 部门的劳动投入量为 O_XL,Y 部门的劳动投入量则为 O_YL。劳动的分配一旦确定,两个部门的生产也随之确定。均衡时: $w_X = w_Y = w$,即:

$$P_XMP_{LX} = P_YMP_{LY} \tag{3-3}$$

或改写为:

$$- MP_{LY}/MP_{LX} = - P_X/P_Y \tag{3-4}$$

等式的左边是生产可能性曲线在某一特定生产点的斜率,右边是负的 X 部门的相对价格。在生产点上,生产可能性曲线与负的相对价格线相切。图 3-2 表明,如果 X 部门的相对价格为 P_X/P_Y,则该国就在点 E 处生产,两个部门的均衡产量分别为 OE_X、OE_Y。

上述情形是在要素不存在跨国流动下的贸易及利益分配情况。在要素分工条件下,上述情形就会发生改变,这是因为,从生产要素的报酬角度看,作为特定要素的资本,与在行业间可自由流动的劳动在两部门能实现报酬均等的情况不同,资本这一特定要素的实际报酬在两个部门发生了相对变化。对于 X 部门,当 X 部门由于商品价格上升导致劳动力流入时,其特定要素——资本的边际生产力将上升,即实际报酬上升。而对于

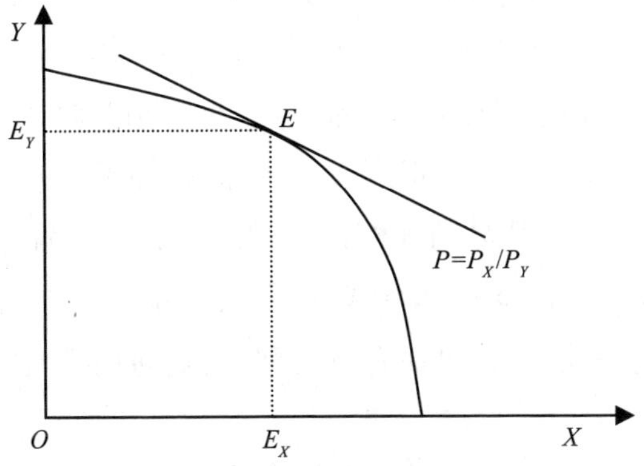

图 3-2　特定要素模型中的生产

Y 部门,当 Y 部门因 X 商品价格上涨而流出部分劳动力之后,其特定要素——资本的边际生产力将下降,即实际报酬下降。由于特定要素的资产专用性约束,即便出现要素报酬的部门差异,资本也无法从 Y 部门流向 X 部门。但是在要素可以跨区域跨国流动后,Y 部门的跨国公司可以将其特定要素资本进行跨国配置,比如流动到另外一个国家和地区,与当地劳动力这一优势要素进行组合,从而继续进行 Y 产品的生产。显然,由于 Y 部门资本要素的流出,那么资本的边际生产力(要素报酬)就会上升,劳动的边际生产力(要素报酬)相应地就会下降,显然劳动力就会从 Y 部门向 X 部门回流。只要这种差距存在,生产要素的流动就会一直持续下去,直至达到新的均衡。

从另一角度也可以这么理解,当贸易开放后由于出口部门 X 产品的价格上升,要素报酬随之提高,劳动力在一开始从 Y 部门向 X 部门流动从而导致 Y 部门资本这一特定生产要素相对报酬下降,便有促进 Y 部门特定生产要素——资本跨国流动的动力机制。Y 部门的资本流出后,劳动的边际生产力即报酬出现下降,便有进一步向 X 部门流动的动力机制,而这一进程又进一步推动 Y 部门特定生产要素——资本实际报酬的下降,进而出现继续向国外流出的情况,直至达到新的均衡。由于上述模型分析过程中,已经假定 X 部门是本国的出口部门,Y 部门是本国的进口部门。那么要素跨国流动和重新组合调整后可见,要素分工使得本国 X

部门的生产要素不断集中,即有更多的劳动力流向了 X 生产部门,从而 X 部门的产出会扩大。与此同时,由于 Y 部门劳动力的流出以及资本的跨国转移,要素投入总量的减少会导致其总产出不断减少。这种变化也就意味着,本国的专业化程度会得到进一步加强,即更多的资源用于生产具有比较优势的 X 产品,贸易的规模也会随之扩大。这就是要素分工条件下特定要素贸易模型的变形,即在要素分工条件下,一国比较优势得到进一步凸显和强化,资源得到更加有效的利用,贸易规模随之扩大。

第四章　要素分工与国际贸易利益

　　获取贸易利益,是各国参与分工和贸易的初衷和基本诉求。虽然重商主义认为国际贸易是零和博弈,即贸易并不是互利共赢的,一方所得一定是建立在另一方所失的基础之上,但自亚当·斯密在国际贸易学说史上第一次论证了分工和贸易的互利性原理以来,贸易利益的存在便成为学术界的共识,尽管对贸易利益的分配问题一直以来仍然存在着较大争议。与传统国际分工条件下相比,当代要素分工的发展,使得贸易利益的来源更加多元化,同时对传统有关贸易利益分配问题的分析,比如贸易条件等,也提出了挑战。因此,对要素分工条件下的贸易利益问题,需要在理论探讨层面进行必要的拓展和完善。

第一节　要素分工与国际贸易静态利益

　　国际分工和贸易利益有静态贸易利益和动态贸易利益之分。本节分析要素分工条件下的静态贸易利益,下一节分析要素分工条件下的动态贸易利益。在传统分工条件下,在分析国际贸易利益时,对国际贸易的静态利益是这么界定的:国际贸易的静态利益是指开展贸易后,在资源总量不增加、生产技术条件不变的情况下,通过参与国际分工获得的实际福利的增加,它是贸易双方所获得的直接经济利益,比如贸易国的消费者可以得到的商品数量,要大于各国在封闭状态中由自己生产所得到的数量。这一概念界定方式的本质是考察分工贸易的即期性,而不涉及时间变化所带来的发展效应,但是在要素分工条件下,即便是考虑即期问题,某些限定条件也不再满足,比如资源总量不增加。在要素分工条件下,国际贸易的静态利益更准确地应该界定为:国际贸易的静态利益是指开展分工和贸易后,贸易双方所获得的即时直接经济利益。

一、要素分工促进贸易利益扩大

与传统国际分工条件下分析贸易利益所不同的是,在要素分工条件下,静态贸易利益的来源首先可能来自资源总量的增加,而不是资源总量的不变这一基本假定。即便贸易静态利益考虑的是即时的直接经济利益,但全球生产要素的总量通常会伴随着生产要素的跨国流动而扩大。

伴随经济实践的发展,学者们对生产要素的概念和范围的认识也是个不断演变的过程,是一个由单一生产要素不断向多种生产要素拓展演变的过程。比如亚当·斯密和大卫·李嘉图都遵循劳动价值论,认为除了土地上天然生长的物品,一切产物都是生产性劳动的结果,并进一步将劳动做了抽象和分类:一般社会劳动。而对于土地要素,斯密则进一步扩展抽象作为劳动对象的"物"。这是单一生产要素观的典型代表。而法国的萨伊则提出了三要素观,他认为,效用是土地、劳动力和资本这三个要素共同作用的结果,也是这三个要素提供的生产性服务共同作用的结果。所以所谓生产,也就是这三要素共同协作,使自然界已有的各种物质能用来满足人的需要。马歇尔(Marshall,1981)在《经济学原理》中认为,生产要素应该分为三种,即土地、劳动力和资本,同时他也认为企业家的经营管理发挥日益重要的作用,因而应当享有剩余索取权的收益[1]。波特的国家竞争优势理论[2],也是建立在其对生产要素外延进行说明的扩展基础之上的。波特认为,生产要素是一个产业最上游的竞争条件,并将生产要素大致划分为五类:天然资源、人力资源、资本资源、基础设施和知识资源。在很大程度上可以说,正是对生产要素的外延做了与所分析问题相对应的扩展,波特才能较为完整地提出国际竞争优势的系统理论。

---

① 马歇尔:《经济学原理》,朱治泰译,商务印书馆1981年版,第157页。
② 迈克尔·波特:《国家竞争优势》,李明轩、邱如美译,华夏出版社2002年版,第70—71页。

由此可见,生产要素概念的内涵和外延总是随着经济实践的发展以及人们对其认识的变化而不断地扩展。

当生产要素概念的内涵和外延得到不断扩展之后,生产要素的种类和范围就相应增加和扩大了,而不同生产要素由于其性质差异,因而其流动可能对生产要素的总量产生重要影响,比如技术生产要素。在新古典经济增长理论模型中,技术被认为是稳定经济增长的唯一源泉,并且在后来的新增长理论中,又进一步将技术内生化,说明技术进步或创新是经济长期增长的关键因素。而技术作为知识生产要素的一种形式,具有某些特殊的性质。比如,技术具有非竞争性,即当某一个经济行为人使用某种技术生产商品或服务的同时,并不妨碍其他的经济行为人也使用该项技术生产产品或劳务。此外,在很多情况下,技术还具有部分地非排他性。技术信息的创造者或所有者难以制止其他人没有经过授权而在其他某些地方使用该种生产技术。技术所具备的这种特征很容易被他人模仿和传播,因而在自然属性上具有很强的流动性。更为重要的是,由于技术生产要素所具有的非竞争性,同时也就意味着当技术这种生产要素实现跨国流动后,流出国的生产要素总量并不会因为技术流出而减少,其在总量意义上仍然会保持不变,但是对于流入国而言,由于技术生产要素的流入而实现了总量意义上的增长,这是生产要素积累的即时效应,与传统意义上生产要素积累的动态时间效应是不同的。因此在要素分工条件下,由于有了生产要素的跨国流动,从而可能导致生产要素总量规模的扩展,而生产要素总量规模的扩展,显然意味着生产能力或者说总产出水平提高。与传统的国际分工相比,要素分工条件下由此带来的总产出水平提高的部分,就是要素分工所特有的分工和贸易利益。

为说明问题,我们假定存在两个国家 A 和 B,使用两种生产要素 M 和 N,生产两种产品 X 和 Y,并且两种产品的生产在要素投入过程中具有一定的替代性,比如1单位的 N 可以替代1单位的 M。并且假定生产要素 N 具有前述分析的技术要素特征,即生产要素的流出并不会改变流出国的要素存量。那么在传统国际分工条件下和要素分工条件下,贸易利益发生的变动情况可以由表4-1说明。

表 4-1　传统分工与要素分工下贸易利益比较

			A 国	B 国	世界
1 单位 X 的 M 和 N 投入量			3,3	12,12	
1 单位 Y 的 M 和 N 投入量			6,6	10,10	
要素存量情况			9,9	22,22	
传统分工后 X 的要素投入量			9,9	0,0	
传统分工后 Y 的要素投入量			0,0	22,22	
要素分工后 X 的要素投入量			9,9	0,0	
要素分工后 Y 的要素投入量			0,0	22,31	
分工前		X	1	1	2
		Y	1	1	2
传统分工后		X	3	0	3
		Y	0	2.2	2.2
要素分工后		X	3	0	3
		Y	0	2.6	2.6
要素分工后的利益变化		X	0	0	0
		Y	0	0.4	0.4

在要素分工条件下,当 9 个单位的生产要素 N 从 A 国流向 B 国以后,A 国的要素存量结构并没有发生变化,但 B 国的要素禀赋存量结构因此而改变,更确切说是增加了。由此通过计算不难从表 4-1 的结果看出,要素分工与传统分工模式相比,导致世界的总产出(Y)增加了 0.4 个单位,只要通过适当的分配,则 A 国和 B 国都能从增加的总产出中受益。这就是要素分工条件下生产要素总量扩张效应所带来的贸易利益。

二、要素分工下的资源优化组合利益

要素分工条件下,除了要素流动可能导致要素禀赋存量扩张从而提升贸易利益外,另一重要的利益来源渠道与传统国际分工相一致,即来源于资源配置的优化组合,但与传统贸易理论分析的情况所不同的是,由于要素分工是国际分工的进一步细化,因而相比传统国际分工模式而言,资源优化配置更进了一步,从而进一步挖掘了分工和贸易的利益。自由贸易理论早已证明了贸易利益的存在,但是贸易利益的来源究竟是什么,或者说贸易利益究竟是怎样形成的,传统国际经济学并没有给予过多的探讨,但贸易利益源自分工细化和资源优化配置,基本上成为学术界的共识。

从分工细化角度看,要素分工条件下贸易利益的来源,同样是分工所带来的收益,换言之,当分工突破国家界限而延伸到国际市场后,国家的"专业化"生产不仅会由于生产要素的重新配置而带来产出增加的直接好处,而且还会提高生产率以及突破市场规模限制而实现规模经济等好处。显然,相比传统的以"产品"为界限的国际分工,在以产品生产环节和阶段为界限的全球价值链分工模式下,国际分工得以进一步细化。这种细化不仅表现为最终产品被分解为若干个环节和阶段,从而在不同的国家和地区进行专业化生产,而且更为重要的是还突出表现在最终产品上不具备比较优势的国家,伴随全球价值链分工的演进,进而产品的价值增值环节和阶段被不断分解,可能在某一生产环节和阶段上具有了比较优势。这基于全球价值链的全球分工进一步细化,不仅使得原本缺乏比较优势而被排除在国际分工之外的国家获取了参与国际分工的机会,从而利用了在以最终产品为界限分工模式下难以利用的"潜在比较优势",也使得参与国际分工的国家在产品层面上的分工得以进一步拓展。显然,如果学术界的共识是承认分工和贸易具有普遍的互利性这一基本逻辑,仍然承认斯密对分工益处的经典论述的话,那么在新的国际分工模式下,开展对外贸易的实质就是国际分工的进一步细化,从而进一步"放大"贸易利益。而国际分工越是细化,被"放大"的贸易利益,或者说开展贸易的价值取向,就越有可能从以往的促进规模和扩能增量的经济增长为主,向以促进效率提升和技术进步等更加具有质量内涵的经济发展为主转变。

从资源优化配置角度看。在传统的以产品为界限的分工模式下,一国开展对外贸易,依据比较优势进行专业化分工和生产,其实质就是生产要素在不同生产部门之间的重新配置,更确切地说,是从低效率的生产部门向高效率的生产部门转移。然而,由于这种专业化分工和生产是在一国国内以"封闭式"状态进行,因此此时资源优化配置还仅仅停留在一国国内。而且这种资源的优化配置还存在一个假定前提,就是生产要素和资源在国内具有自由流动性、不存在专用性约束等。但是在新的国际分工模式下,由于要素流动具有了跨国界性,因此贸易品的生产不再是"封闭式"状态,而是一种"开放式"状态,是通过要素跨境流动而实现的多国要素合作生产。显然,这种"开放式"的资源配置相比"封闭式"的资源配置,其优化程度会更高,这对于开展国际分工和贸易的任何国家而言,都是一种更大的潜在贸易利益。而且更为重要的是,在要素可进行跨国流动的情形下,生产要素的跨国优化配置,还可以在很大程度上克服"封闭式"状态下分工和生产专业化所面临的资产专用性约束问题,以及可以使得在不具备要素跨国流动条件下的一些"闲置要素"得以充分利用。由于生产过程实质上就是一系列生产要素组合投入的过程,因此即便某种生产要素大量存在但其他要素极度缺乏的情况下,"丰裕"的生产要素也可能成为闲置要素而难以真正转化为生产能力。实际上,改革开放以来,中国大量"闲置"的普通劳动者与外来的包括资本和技术等生产要素结合,所形成的巨大生产和制造能力就是很好的说明。总之,在新的国际分工模式下,开展对外贸易会在进一步优化配置全球生产资源中使各国受益。

三、要素分工与闲置资源利用利益

从本质上看,要素分工条件下资源存量扩大所带来的分工和贸易利益,实际上也是一种特殊的"闲置资源"利用收益,因为在不影响原有使用效率的条件下,或者说在没有减少原有使用国家和地区的要素存量前提下,能够在跨国层面上扩大使用范围但却没有扩大,在某种程度上说其实就是一种潜在的"闲置资源",即本可以使用起来但却没有使用起来的部分。只不过,这种"闲置"状态在现实中不容易被察觉,从而也很少被视为闲置资源。与此相比,由于生产要素的未充分就业在实践中更容易被观察到和感觉到,因此更容易被理解为闲置资源。这种闲置资源更多是以显性的形式存在,比如经济学中研究的失业乃至隐性失业,都属于此类。

即便排除"自愿"失业所形成的闲置资源,就"非自愿"失业形式所存在的闲置资源而言,其主要的作用机制通常有两种。一是由于生产过程通常是多种生产要素组合的结果,而且各种生产要素通常都有着某些投入比例关系。尽管不同生产要素之间在某些特定条件下具有一定程度上的替代性,但是替代也不能是完全的和无限的,而只能是有限程度的替代。因此,当一国或地区的某些生产要素禀赋结构出现某一种或几种生产要素极度丰裕,而另外一种或几种生产要素极度稀缺时,生产要素的"组合性"就会导致由于某种或某几种生产要素供给的相对不足,而使得另外一种或某几种生产要素难以得到充分利用,形成了一部分生产要素的闲置。闲置的生产要素因为无法被用于生产过程而成为"无用"之物。二是生产要素的组合并非是生产要素的简单"拼凑",也就是说产品生产过程的要素组合实际上同时也是一个要素组合的管理过程,即如何去组织、协调、管理和利用各种生产要素以进行产品的生产。这就需要将各种生产要素进行"连接"的某种特殊生产要素,或者说生产要素的实际组合需要"黏合剂",比如企业家的组织管理和生产经营能力,就是各种生产要素的"黏合剂"。实际上,企业整合利用和配置资源的过程,就是将各种不同生产要素进行"黏合"的过程。如果缺乏这种特殊的"黏合"要素,那么其他要素的存在,同样也只是停留在"潜在生产要素"的层面,而难以转化为现实的生产能力。当然,除了上述因素之外,经济学中有关"失业"问题尤其是影响因素的讨论,所揭示的各种原因,比如所谓的摩擦性失业、结构性失业等等,都是导致生产要素未能充分利用的原因。但不论何种原因,只要存在着闲置资源,也就意味着打破了经典国际贸易理论分析中所假定的情况——生产要素充分就业。

要素分工条件下,由于要素的跨国流动,从而不仅能够在存量意义上改变一国的要素禀赋结构,进而改变着产品生产的要素组合结构,使得原有的闲置生产要素得以利用,扩大产出能力;与此同时,也能够弥补关键要素的缺失(比如具有"黏合"作用的生产要素)而使得潜在优势要素转化为真实的生产力要素。由于闲置生产要素在要素分工条件下得到了充分利用,因此所带来的产出水平的提高,是要素分工的另一重要利益来源。对此,不妨以图4-1的世界转换曲线加以简要说明。

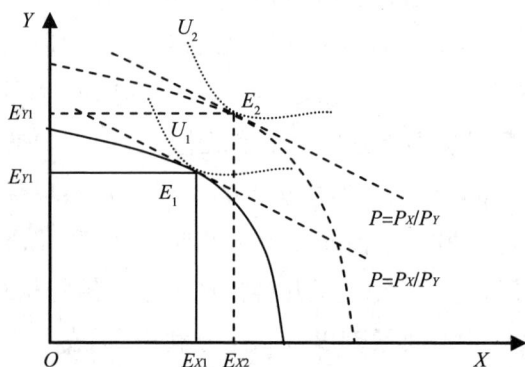

图4-1　要素分工与世界转换曲线

所谓世界转换曲线,可以定义为在整个世界范围内并且在总的现存资源约束下,由给定所生产的 X 的既定产量所能获得的 Y 的最大产品额曲线;反之亦然。也可以定义为:在全球生产资源既定和生产技术条件既定条件下,现有资源所能生产的两种产品 X 和 Y 的最大产量组合点的轨迹。图4-1中的横轴表示产品 X 的产出水平,纵轴表示产品 Y 的产出水平。假定世界由两个国家 A 和 B 组成,A 国的要素禀赋存量分别为 K_A(资本)和 L_A(劳动力),B 国的要素禀赋存量分别为 K_B(资本)和 L_B(劳动力)。但是由于生产要素的组合比例限制,A 国在资本相对十分充裕而劳动力极度缺乏的条件下,资本要素并不能得到充分利用,换言之,在要素分工发生以前由于要素不具备跨国流动,因而在 A 国存在 ΔK_A 数量的资本没有能够进入生产领域,成为闲置要素。类似地,B 国在劳动力相对充裕而资本极度缺乏的条件下,劳动力要素并不能得到充分利用,换言之,在要素分工发生以前由于要素不具备跨国流动,因而在 B 国存在 ΔL_B 数量的劳动力没有能够进入生产领域,成为闲置要素。此时,世界的真实要素水平或者说真正进入生产领域的要素总量分别为 $(K_A+K_B-\Delta K_A)$ 单位的资本,以及 $(L_A+L_B-\Delta L_B)$ 单位的劳动力,由此所决定的世界转换曲线如图4-1中内部的实体曲线所示。生产达到均衡时(生产均衡点为 E_1

点），产品 X 和产品 Y 的均衡产出量分别为 E_{X1} 和 E_{Y1}，由此所决定的世界福利水平为效用曲线 U_1 所表示。

现在，假定存在着要素分工从而生产要素可以跨国流动，那么 A 国富有的资本 ΔK_A 就流向 B 国从而与 B 国富余的劳动力 ΔL_B 相结合以进行产品的生产，或者是 B 国富余的劳动力 ΔL_B 流向 A 国与 A 国富余的资本 ΔK_A 相结合以进行产品的生产，抑或是两国各自的富余生产要素部分地向对方国家流动，在相互结合中进行产品的生产。但不论是何种流动及组合情况，一个毫无疑义的结果就是本是富余或称之为"闲置"的生产要素，如今在要素分工条件下得到了充分利用，由此世界转换曲线由图4-2所示的原先内部实体曲线向外移动至虚体曲线所示位置。生产达到均衡时（生产均衡点为 E_2 点），产品 X 和产品 Y 的均衡产出量分别为 E_{X2} 和 E_{Y2}，由此所决定的世界福利水平为效用曲线 U_2。从 U_1 外移至 U_2 表示的就是要素分工所带来的世界福利水平的变化，其中 U_1 与 U_2 的差异就是要素分工使得闲置资源得以充分利用所带来的分工和贸易利益。

第二节　要素分工与国际贸易动态利益

国际贸易的静态利益偏重于一国通过贸易所获得的消费方面的利益，当然要素分工条件下也表现为产出扩大的利益，而国际贸易的动态利益则注重开展分工和贸易后对生产的刺激作用，以及对经济社会生活等其他诸多方面的积极影响。如果说静态利益是开展分工和贸易后的直接利益，那么动态利益就是贸易带动和促进经济发展的间接利益。要素分工所带来的动态利益是多方面的，主要表现在如下几点。

一、要素分工下的经济增长促进效应

参与国际分工发展对外贸易，一个重要的动态效应就是经济增长促进作用。"对外贸易是经济增长发动机"的著名论断正是这一效应的真实写照，对此，经典的国际经济学理论已经作出了比较全面系统的分析，但传统的分析虽然也涉及进口，但侧重点仍然在出口贸易方面。在要素

分工条件下,参与分工和贸易的经济增长效应,仍然存在着传统分工条件下的作用机制,对此,我们不作过多分析。为了说明要素分工促进经济增长所具有的更为重要的作用,我们着重从进口贸易角度作一简要分析。如果从广义角度看,进口不仅包括最终产品和中间产品,也包括要素,比如技术贸易的实质就是技术生产要素的进出口。因此,从这一意义上看,前述分析的关于某些生产要素跨国流动,从而在不改变要素流出国要素存量条件下,增加了要素流入国的要素存量,其实质就是一种要素积累效应,进而对经济增长具有重要作用。这一点可以看作是要素分工条件下,分工和贸易对经济增长促进作用的特有机制。当然,要素分工并非简单地等同于要素流动,同时也包括产品生产环节的全球分解和配置,从而在分工和贸易层面上看,就是中间产品的进出口。因此,对要素分工条件下进口促进经济增长的作用,可以从广义角度作一分析。

在要素分工条件下,无论是从理论层面还是从实践层面来看,进口对一国或地区经济增长至少也存在以下几个方面的作用机制:第一,中间产品进口贸易可以突破供给约束,从而促进经济增长。一个国家或地区的产品生产会涉及多种生产要素的投入,但是任何一个国家或地区都不可能拥有所有产品生产所需的所有生产要素,某些生产要素的短缺就会造成经济增长的瓶颈。而通过进口国内短缺的原材料、能源、关键设备等要素,就可以缓解国内资源能源等要素约束的压力,弥补了国内生产要素供应缺口,从而能够促进经济增长(任若恩,2011①)。第二,进口贸易可以推动产业结构升级,从而促进经济增长。国际贸易理论早已指出,贸易的基础是分工,而分工的基础则是比较优势。因此,很大一部分进口贸易的实质,就是放弃本国比较劣势产品和产业,从而可以将生产要素配置到更为有效率的具有比较优势的产品和产业之中,进而起到提升产业结构、促进经济增长的作用。不仅如此,在资源优化配置进而促进经济增长的同时,由于通过进口可以获得较本国更为先进的技术设备等,从而有助于提

---

① 任若恩:《净出口促 2010 年中国经济增长高于 2009 年》,《中国社会科学报》2011 年第 1 期。

高生产力,并且随着本国对引进技术设备的逐步消化、吸收以及模仿创新等,可以进一步提高劳动生产力、降低生产成本。总之,进口贸易可以在加快一国产业结构升级中推动经济增长。第三,进口贸易可以促进技术进步,从而促进经济增长。在所有影响经济增长的因素中,技术要素对经济增长的作用具有主导性、长期性和可持续性。在当今的国际贸易中,技术贸易已经成为重要的内容之一。联合国科学技术委员会的统计数据表明,20 世纪 70 年代初期,全球技术转让贸易额不足 100 亿美元,而到了90 年代中期已经突破 1000 亿美元,到 2000 年则更是增长到 2085 亿美元,2005 年高达 4168 亿美元,大体表现出每五年翻一番的增长趋势。对于任何一个国家来说,通过进口获得技术,可以节省时间和研发资源,加速本国的技术进步进而促进经济的发展。总之,在要素分工条件下,进口贸易可以通过多种作用机制促进经济增长。

二、要素分工下技术与知识的传播

科埃等(Coe 等,1995[①])认为对外贸易是技术和知识在国家间进行传播和扩散的重要渠道,基本已成为学术界的共识,而这种扩散和传播效应显然有利于贸易参与国的技术进步和知识积累等。而在新的国际分工模式下,技术和知识的传播不仅有了新的形式和渠道,而且方式上也有了新的变化,从而更有利于其在国与国之间的扩散和传播。从形式和渠道上而言,犹如前文所述,对外贸易的概念实质上融合了要素跨国流动,而以 FDI 为主导的一揽子生产要素的跨国流动,显然是技术和知识等高端要素跨国传播和扩散的重要渠道。当然,要素流动所形成的传播和扩散效应,不仅是渠道上的变化,在方式上也有别于传统的产品贸易。阿米提等(Amiti 等,2007[②])以及巴斯(Bas,2012[③])认为全球价值链分工模式下

①　Coe D.and E.Helpman,"International R&D Spillover",*European Economics Review*,1995,(359),pp.859-887.

②　Amiti,M. and Konings,J.,"Trade Liberalization,Intermediate Inputs,and Productivity:Evidence from Indonesia",*American Economic Review*,2007,97(5),pp.1611-1638.

③　Bas,M.,"Input-trade Liberalization and Firm Export Decisions:Evidence from Argentina",*Journal of Development Economics*,2012,16(3),pp.132-151.

贸易品的流动大多是中间品,与最终产品相比,中间品贸易也更有利于知识和技术的跨国传播,大量有关中间品进口的实证研究已经给予了证实。

其实更为重要的是,由于全球价值链分工模式下的贸易实质是"生产全球化",因此在"生产全球化"背景下,知识和技术的跨国传播不仅是一种可能和被动外溢,更是一种必要和主动溢出。这是因为,一方面,技术和知识作为广义上的生产要素,"生产全球化"必然要求其流动全球化,而技术和知识的跨国流动,对于流入国来说显然不仅由于流量效应而直接带来"存量增加",而且还由于其较强的外溢性而间接带来"存量增加"效应。另一方面,生产全球化需要的是分布在不同国家和地区的生产环节和阶段实现"无缝对接",包括质量参数和技术参数的"无缝对接",而为了能够达到这一点,跨国公司对节点企业进行技术指导和知识培训等"主动溢出"就是必然。这也意味着在全球价值链为主导的新国际分工模式下,开展对外贸易所蕴含的价值取向将更多地从以往"量性增长"向更具"质性发展"转变。

三、要素分工与生产率水平的提升

要素分工的一个突出特征和表现就是要素跨国流动,也可以说,要素跨国流动正是当代经济全球化的主要推动机制,尤其是以资本为纽带的一揽子生产要素的跨国流动。比如,我国外向型经济发展的一个突出特征就是外资的大量利用,这也是我国顺应全球要素分工总体趋势而发展外向型经济的重要表现。要素分工条件下要素的跨国流动对于要素流入国来说,尤其是发达国家的生产要素流入到发展中国家来说,通常有助于其生产率水平的提高,此处,我们不妨以外资流动为例进行简要说明和阐释。

由于外资企业相对于发展中国家本土出口企业而言,通常具有更高的生产率,因此,从竞争角度来看,对发展中国家本土出口企业会发生挤出效应。但是,一方面,由于产品异质性的存在,特别是在全球价值链快速发展的背景下,以中间产品为表现形式的纵向差异更为显著,因此,

FDI 与本土企业之间并非是直接竞争、替代，甚至是本土企业被挤出。部分本土出口企业会在异质性基础上生存下来，差异化竞争效应会促使生存下来的企业不断提升其生产率；另一方面，由于不同出口市场仍然存在较大的横向差异，因此出口市场的差异化选择仍然会给部分本土企业提供生存空间，在竞争和出口中学习两个效应的作用下，本土企业生产率会有所提高①。总之，即便 FDI 具有挤出效应，但是由于出口市场存在横向差异化和产品生产存在纵向差异化，吸引 FDI 仍然有助于发展中国家本土企业生产率提高。

　　以中国融入要素分工发展开放型经济为例。众所周知，作为中国外向型经济发展突出特征之一的出口，其快速扩张与两种因素有关：一是将中国作为"出口平台"和"价值增值地"的外资企业大量进驻；二是中国本土企业通过承接国际订单而融入跨国公司主导的全球价值链②。对于原本不熟悉国际市场运作的中国本土企业而言，由于融入跨国公司组织的全球生产分工体系而实施的出口行为，不仅获取了难得的学习和锻炼机会，从而有助于其生产率的提升，而且还会因为参与"全球生产体系"而接受跨国公司的鼓励、督促和帮助等"主动溢出"，促进了其自身技术水平和管理水平等的不断提高，从而促进了其生产率的提升。显然，在中国本土企业与跨国公司的技术和管理等方面仍然存在较大差异的情形下，上述"出口中学习"渠道的作用机制，会有助于中国本土制造业企业生产率的提升。此外，中国出口贸易长期以来高度依赖于欧、美、日等发达国家和地区市场，而来自发达国家和地区的消费者（或者说作为国际订单发包者的跨国公司）对出口商品的质量、安全等要求可能更为"挑剔"，从而迫使中国本土企业不断"升级"，以满足国外消费者对出口产品的"高要求"。总而言之，中国本土企业的出口行为具有"出口中学习"效应，从而有助于其生产率的提升。

---

　　① 戴翔、张雨、郑江淮：《外向型发展如何提升我国本土企业生产率》，《统计研究》2014年第 3 期。
　　② 张二震、方勇：《经济全球化与中国对外开放的基本经验》，《南京大学学报》2008 年第 4 期。

四、要素分工的学习效应

有关分工和贸易所带来的动态效应的大讨论中,其中一个方面就是涉及出口因素的,比如参与国际分工发展出口贸易可能对本土制造业企业的升级具有重要影响。然而关于这一点,目前学术界的研究并未达成共识,有些研究支持了"出口中学习"的假说,比如,伯纳德等(Bernard等,1995①)认为发展中国家的出口企业进入国际市场,通过与发达国家跨国公司接触,能够学习到更为先进的制造技术、管理手段、营销方式等,从而可以促进其技术进步;但帕维尼克(Pavcnik,2002②)的研究否定了这种"出口中学习"效应的存在。在这种认识分歧或者说争论的背后,一个极为重要的问题可能被忽略了,那就是在要素分工这一新环境下,发展中国家本土企业的出口,实质上是参与了发达国家跨国公司主导的全球生产的外在表现,特别地,发展中国家的出口行为会涉及大量的中间产品进口,尤其是技术和知识密集型中间产品的进口。

而对进口中间产品进行再生产、组装和加工,往往具有较强的知识和技术溢出效应,从而"出口中学习"效应实质上源于"生产中学习"效应。中国出口贸易的快速扩张,正是在全球要素分工快速发展的背景下实现的。在这种新的国际分工形式下,中国本土制造业企业的出口,是存在"出口中学习"效应的,或者说,出口行为有助于企业升级。除此之外,要素分工条件下,进口显然也是企业的重要经济活动,尤其是对于我国外向型经济较为发达的东部沿海地区而言,更是如此,并且进口贸易可能会对企业的技术进步等带来重要影响(谢建国等,2009③)。但是,正如巫强等学者(2009)④

① Bernard and Jensen,Exporters,Jobs and Wages in US Manufacturing:1976-1987,Brookings Papers on Economic Activity ,*Microeconomics*,1995,pp.67-1191.

② Pavcnik, N., Trade Liberalization, Exit, and Productivity Improvements: Evidence from Chilean Plants,*Review of Economic Studies*,2002(69) ,pp.245-2761.

③ 谢建国、周昭露:《进口贸易、吸收能力与国际 R&D 技术溢出:中国区面板数据的研究》,《世界经济》2009 年第 9 期。

④ 巫强、刘志彪:《中国沿海地区出口奇迹的发生机制分析》,《经济研究》2009 年第 6 期。

研究我国东部沿海地区出口奇迹产生的原因时指出,为出口而进口就是其中重要作用因素。实际上,"两头在外"的贸易模式是包括长三角、珠三角等东部沿海地区外向型经济发展的一个突出特征,出口和进口之间存在着显著的相关性,因此,无论是出口还是进口,在要素分工条件下都具有较强的学习效应。

五、要素分工的外向配套效应

从当代要素分工发展的实践特征来看,尤其是从要素流动的实践特征来看,主要是发达国家主导的资源等生产要素向发展中国家和地区流动。因此,对要素分工所具有的外向配套效应的分析,仍然以发展中国家为例进行简要分析和阐释。

外向配套行为的一个重要经济效应,就是可能对发展中国家本土制造业企业升级能力具有重要影响。正如前文所述,在要素分工环境中,经济全球化的一个突出表现就是要素特别是资本要素全球可流动性的大大增强。跨国公司以 FDI 的方式进入发展中国家,其业务很重要的一个特征就是在进口中间品的基础上通过本地增值,形成最终产品或者下游中间品出口或者在东道国国内市场销售,在增值过程中,需要使用其他中间投入品,显然,这种中间投入品既可以由外资投资企业自己生产,也可以由东道国本土企业生产和提供,如果是后者,则形成了本土企业和外商投资企业之间的外向配套关系。发展中国家开放型经济发展实践的一个重要内容就是外资的大量利用,而外资企业大量"入驻"和集聚,催生了发展中国家外向配套型本土企业的产生和发展。或者说,为外资企业配套成为发展中国家本土企业融入全球分工体系的一个重要途径。

从中国吸引制造业 FDI 企业实践来看,一个重要特征就是 FDI 企业进口中间品,本地加工增值,形成下游中间品或者最终产品再出口,或者在东道国国内市场销售。我们注意到,这个加工增值过程实际上还使用大量本土企业的其他中间投入品。显然,这种中间投入品既可以由外资企业自己生产,或在其母国生产,也可以由东道国本土企业生产和提供。正是因为中国的低成本优势,采取了后者。结果就形成了本土企业和外资企业之间的配套关系。如果这种配套关系原来发生在本土企业之间，就容易发生两个变化：一是挤出效应，即本土企业转向为外资企业配套，放弃为其他本土企业配套。另一个是外资企业的配套需求实际上打开了更大的中间品市场容量，吸引更多的本土企业加入甚至是转业加入配套，形成"配套竞争"。由于外资企业的生产率较高，要求低成本、高质量、高生产率的配套是其投资动机，所以这个选择机制作用的结果是低成本、高生产率的本土企业与 FDI 形成配套关系，并逐步升级。本土企业提供的中间产品通过为外资配套实现了间接出口，同时也会因生产率提高而自营出口。总之，从中国的实践经验来看，具有更高生产率的 FDI 企业产生了广泛的中间产品需求，引发了本土企业配套竞争，本土企业在"配套"中自我选择地提升了自身发展水平。

第三节 要素分工与贸易条件

贸易自由化理论虽然早已论证了开展分工和贸易使各国获益的可能，但是对利益分配问题，一直以来存在着较大争议，并且对利益如何在分工和贸易参与国之间进行分配，现有理论的解释也略显不足。而贸易条件正是尝试揭示贸易利益分配问题的理论探讨。在要素分工条件下，是否还能用贸易条件来解释各国的利益分配状况呢？应当看到，要素分工条件下的贸易与传统国际分工条件下的贸易相比，在利益分配环节方面发生了深刻变化，贸易条件的福利含义也有了很大的不确定性，这就要求我们在以要素分工为主要特征的经济全球化时代，对贸易条件进行重新认识。

一、关于贸易条件研究的现有理论观点

迄今为止，有关贸易条件的研究大致可分为三条主线：第一条主线的代表是英国古典经济学家约翰·穆勒提出的以相互需求来解释贸易条件问题。穆勒(Muler,1991)从贸易利益观出发[1]，提出了决定两国国际交

---

[1] 约翰·穆勒：《政治经济学原理》，赵荣潜译，商务印书馆 1991 年版，第 135 页。

换比例的因素："获利最大的是这样的国家,其生产物在其他各国具有最大的需求,而这种需求又最容易随同价格的降低而增加……外国对它的输出品的需求强度愈大,它获得输入品的代价就愈低。该国本身对输入品的需求程度和强度愈小,它获得输入品的代价就愈低。"也就是说两国间的相互需求对国家贸易交换条件起决定性作用,具体表现就是一国对另一国产品的需求弹性。

英国经济学家马歇尔从动态角度研究贸易利益,他的研究包含了贸易条件的变动趋势。但是较之穆勒历史性的突破而言,马歇尔"所作的只不过是改进和发展了穆勒的学说。他把它铸成了一个优美的几何模型"(熊彼特,1992①)。马歇尔也知道自己的曲线是按照穆勒所定的那个调子来谱曲的,他说"这一章②对进一步抽象地研究国际贸易问题似乎是必要的,抽象研究国际贸易的方法是李嘉图和约翰·穆勒创立的。但本章对解决紧迫的实际问题没有多大用处"(马歇尔,1986)。这一阶段的贸易条件理论指出,只要贸易条件维持在一个合理的范围之内,两国都将从贸易中得益,只是各国不同的贸易条件决定了其得利的多寡。

第一条主线总的来说考察的是经济活动的消费需求方面,同样,第二条和第三条主线也都重点考察了经济活动的某个特定阶段。第二条主线重点考察了经济活动的生产供给阶段。第三条主线则对生产和消费的中间环节——交换——进行了研究论证。

在重点考察生产阶段的第二条主线中,因为要素总产量增长意味着经济的增长,所以,考察前者与贸易条件的关系也可以说是研究在经济发展中贸易利益的变动趋势。例如希克斯研究了不同要素生产率提高对贸易条件的影响,包括了中性、劳动节约型和资本节约型技术进步。彼特·凯恩(1989)③则给出了"一个国家人口增长的惨淡结局",结合贸易条件和消费者收入,分析了劳动力要素数量增长(无论发生在多人国还是少

① 熊彼特:《经济分析史》第二卷,杨敬年译,商务印书馆1992年版,第355—359页。
② 注:即有关贸易条件的一章。
③ 彼特·凯恩:《国际经济》,周伯琦译,北京经济学院出版社1989年版,第184—186页。

人国)对出口劳动密集型产品的"多人国"的不利影响。巴格瓦蒂的"贫困化增长"提出出口偏向型增长及其导致的贸易条件恶化损失有可能抵消或超过产出及贸易增长所带来的收益,从而使一国的总福利恶化。

第三条主线围绕不平等交换理论的论战弥补了前两条主线之间的一些不足。西方早期的一些经济学家,如凯恩斯、罗宾逊等认为由于存在"土地报酬递减"和"工业报酬递增",贸易比价长期的变化趋势将不利于发达国家,但在 20 世纪 20 年代,英国经济学家贝弗里奇的统计数据表明谷物价格相对于所有价格来说,是稳步下降的。第二次世界大战后,普雷维什、辛格、缪尔达皆对发展中国家易货贸易比价长期的恶化进行了证明,他们认为贸易比价长期恶化的含义就是收入或资源从发展中国家不断转移到发达国家,富国对穷国不断进行剥削,用普雷维什(Prebisch,1990)的一句话最能概括他们的观点,"这种不平等的根源就在于,主要是那些集中了大部分生产资料的人们将经济剩余攫为己有"①。针对普雷维什等人的发展中国家贸易条件恶化论,哈伯勒、李普希和缪萨等西方经济学家提出了种种质疑。有关不平等交换的争论一直在延续。王新奎(1989)②的理论就与不平等交换理论颇为类似,他认为,"在阶梯形的国际分工中……一般来说,低阶梯的国家承担贸易的国民价值亏损,高阶梯的国家获得贸易的国民价值盈余"。而贸易条件的逆转则只能由贸易结构的逆转来实现。哈维(Xavi,1985)则通过分析贸易条件恶化国的情况指出③:"贸易条件变化的间接后果尽管也许能改善有些国家,特别是发达国家的贸易条件,但似乎也有不那么令人满意的地方。"第三条主线的独特之处在于,它指出了贸易对一国有时甚至是有害的,是一国剥削另一国的手段。

可以这样对过往的贸易条件理论进行一个总结:以穆勒、马歇尔为代表的第一条主线注重的是对经济活动中消费的分析,当一国面临相对占优势的世界需求曲线时,该国就会有相对有利的贸易条件,当其他条件不

---

① 普雷维什:《外围资本主义》,苏振兴等译,商务印书馆 1990 年版,第 10 页。
② 王新奎:《国际贸易和国际投资中的利益分配》,上海三联书店 1989 年版,第 3—4 页。
③ 哈维:《现代经济学》,沈志彦译,上海译文出版社 1985 年版,第 428—429 页。

变时,就会在贸易利益的分配中获取更多的好处。而希克斯、巴格瓦蒂等人的研究则将生产的重要性提升到了一个新的高度,一国生产状况的变化会改变该国的贸易条件及其在利益分配中的地位。总的来说,出口偏向型(进口偏向型)的经济增长会恶化(改善)一国的贸易条件,在古典的贸易模型下,贸易条件的改善和贸易量的增加会使一国福利改善,而贸易条件和贸易量的相反运动会给一国福利带来不确定的影响。第三条主线中普雷维什和辛格等强调各国初始生产资料的不平等决定了各国在交换中不平等的地位,交换阶段的不平等也导致了最后分配不平等,富国更富、穷国更穷,自然地,自由贸易只会使穷国(富国)的贸易条件逐步恶化(改善),利益不断减少(增加),除非一国采取适当的措施,否则该种趋势不会改变。三者都对经济活动的某一阶段进行了着重的分析,并从中得出了最后的分配状况。

二、要素分工下贸易条件理论的局限性

当今的全球化,无论从贸易方面还是金融方面来讲,都是史无前例的。在这样的新环境下,传统的、独立的国际贸易和对外直接投资正在被要素分工这一新模式所取代,传统国际经济理论中要素不能跨国流动的前提不复存在,外国直接投资参与了贸易品的生产和出口,即国际贸易中加入了要素流动这一新的内容,甚至可以说,以产品跨国流动为表现的国际贸易,正是要素跨国流动的结果和表现。因此,国际贸易的环境发生了深刻变化,利益分配环境也发生了深刻变化。那么,在要素分工条件下,传统的贸易条件理论是否还能用于继续解释有关利益的分配问题呢?

(一)要素分工条件下贸易条件表达的利益分配不确定

不论是以相对价格表示的贸易条件,还是单要素贸易条件,抑或是双要素贸易条件等,其研究的基础都脱离不了一国进出口商品的价格。而一国进出口产品价格是对于一国产品而言的,是一个属地概念,而贸易条件所要反映的利益分配和归属问题,则主要是针对一国国民而言的,是属民概念。在生产要素不具备跨国流动条件下,属地概念和属民意义上的利益基本上是一致的,因而贸易条件所揭示的利益分配关系是正确的。

但是在要素具备跨国流动性条件下,以属地概念意义上的利益分配来反映属民概念意义上的利益分配,显然有失客观和公允,是不能正确反映利益分割关系的。

举一个简单的例子将有助于进一步理解要素分工条件下,传统贸易条件理论和测度方法对贸易利益分配解释的不确定性。在传统的国际经济贸易理论中,资本等生产要素不具备跨国流动性是基本假定条件之一,但是在要素分工条件下,这一假定显然已经不再成立。据此可以设想一个极端的例子。仍然借用传统国际经济贸易理论中的经典贸易模型,即2个国家2种产品和2种生产要素的简单模型。此时与传统理论分析中唯一不同的是,放松资本不能跨国流动的假定,并假设这一假定的放松达到了极限,即A国的资本完全流动到B国,而B国的资本完全流动到A国。在这种情况下,贸易条件所揭示的利益分配关系可能与原先就有很大不同。比如,A国贸易条件的改善从属地概念上看是一种利益获取能力的提高,但是从属民角度看,实际上是有利于B国资本所有者的真实贸易利得。对于B国而言,同样如此。对两国其他阶层而言,显然其利益分配格局也会受到很大影响。究其原因,实际上主要是前提假设条件发生了变化,即要素分工改变了传统国际经济贸易理论中要素不具备跨国流动性的假定。此外,由于在要素分工条件下,价值链的全球分解使得一国出口产品中内含了来自于其他国家和地区的中间品,因而其出口产品价格并不能真实反映本国出口产品的盈利能力,换言之,出口产品中同样内含了其他国家生产要素的贡献,在某种意义上同样可以认为是"属地"概念和"属民"概念的分离。因此综合来看,从传统贸易条件的角度来测度贸易利益的分配问题,显然面临着巨大的挑战和明显的缺陷。

总之,在要素分工条件下,由于生产要素的跨国流动及其产品价值增值环节的分离和跨国配置,从而使得进出口产品的生产不再由一国国内生产要素独立完成,因此,传统贸易条件所赖以成立的基础条件就不再成立了,即"属地"概念和"属民"概念不再统一而是出现了分离。通过贸易品价格所揭示的贸易利益,应该归所有参与该贸易品生产的全部要素所有,由于部分生产要素或者以跨国流动的形式直接参与产品生产的某个环节,或者以生产中间投入品的方式进入到下一个生产环节和阶段,因此从所有权的角度看,这部分生产要素并不属于贸易国,相应地就有了部分利益不归属贸易国主体,而实际由该部分生产要素的真实所有国所拥有和控制。也就说,产品出口国通常只是得到了出口产品全部利益的一部分,国民福利水平的改进幅度也仅限于此。甚至可能出现了一国名义上有贸易利益但国民实际福利水平却下降的极端情形。所以说,要素分工条件下传统贸易条件理论所揭示的利益分配格局不能准确反映真实利益归属,因而具有很大不确定性。

(二)跨国公司内部定价使得进出口价格失真,贸易条件因此失真

作为推动当前全球要素分工的主导力量的跨国公司,其战略目标是全球利益的最大化,而不是某一个子公司或分公司的局部利益最大化。通常而言,跨国公司会在多个国家和地区拥有多个子公司和分公司,而分布在不同国家和地区(包括东道国、母国以及其他关联企业所在国)、不同的利益相关主体(母公司、子公司、分公司及关联企业)以及不同的利益来源(贸易利益、投资等要素收益),构成了跨国公司实现全球战略和利益最大化的有利条件和立体网络。为此,跨国公司会利用这些有利条件在流通环节,即国家层面所表现出的贸易,采用内部转移定价的方式来逃避税收、转移利益,以实现经营成本的最小化和全球利益的最大化。如此,有关产品的进出口价格就不是驱动贸易流动的内生力量,也不能真实反映国与国之间的需求状况(按照相互需求原理),而是其中内含了不少人为的因素。随着跨国公司内部贸易在全球贸易中的比重不断上升,这些跨国公司内部贸易中所采取转移定价进行的商品跨国流动,在全球贸易或者说一国贸易中所占的比重也就会越来越大。联合国贸发会议的有关统计数据显示,当前全球贸易中约超过三分之一是跨国公司的内部贸易。这种情况在中国表现得更为明显。中国融入全球要素分工体系发展开放型经济的一个突出特征就是利用外资,大量跨国公司进入中国进行全球化生产,其中就涉及零部件、中间产品、技术设备等在跨国公司内部进行采购的情况。因此,在跨国公司内部贸易占据全球贸易比重不断提升的客观背景下，一国贸易品的进出口价格就不是由该国要素禀赋资源所决定的内在合理价格，当然据此计算的贸易条件也就不能真实客观地反映一国在参与国际分工和贸易中的真正贸易利得。

　　基于上述两个方面的分析可见，要素分工条件下传统贸易条件理论在解释贸易利益分配问题时面临明显不足和遭遇巨大挑战。因为贸易条件和贸易利益分配所要求的两者基础一致、进出口商品价格真实，是传统贸易条件理论在解释贸易利益分配中的根基所在，而在要素分工条件下，这两个根基都不复存在，或者至少可以说已经根基不稳，因此传统的贸易条件理论也就失去了解释贸易利益分配问题的说服力①。这就意味着，传统的贸易条件理论在当前要素分工条件下已经表现出显著的局限性。在要素分工条件下，仍然采取传统的贸易条件理论来刻画利益获取情况，难免会出现贸易条件的变动和国民福利水平变化不一致的现象，比如贸易条件好转而国民福利水平却下降的情况、东道国总体贸易条件好转但企业贸易条件恶化的情况，或贸易条件恶化而国民福利水平却提高的情况、东道国总体贸易条件恶化但企业贸易条件好转的情况等矛盾现象。换言之，贸易条件的改善和恶化并不必然与一国贸易福利水平的变动保持一致，即便所有的贸易条件都对一国有利，也可能只是一国名义水平上的贸易利益增加，但并不能保证该国国民福利水平有所改善。总之，传统贸易条件理论不能简单地用来解释要素分工条件下国际贸易利益的真实分配状况，贸易条件理论在新的国际分工背景下亟待创新发展、与时俱进。

三、要素分工下贸易条件理论的改进

　　传统贸易条件理论对要素分工条件下利益分配问题缺乏解释力，尽管是不争的事实，但从上述分析过程也可以看出导致传统贸易条件在当代国际分工条件下解释力失效的主要原因，就在于两个方面：一是要素分工后（包括要素跨国流动以及产品生产环节和阶段的跨国分解），按照属

----

① 方勇、戴翔、张二震：《要素分工论》，《江海学刊》2012 年第 4 期。

地原则计算的贸易条件与按照属民原则分配贸易利益的基础不再保持一致;二是跨国公司实施的内部转移定价使得国际贸易品的价格失真。因此,要使得贸易条件理论在当代要素分工条件下仍然能够说明分工和贸易的利益分配状况,就应当对贸易条件的计算作出适当改进,在计算过程中体现要素分工的原则,将出口产品中内含的非东道国应分享的要素收益加以剔除。换言之,在东道国名义贸易利益中剔除属于外国生产要素的那部分收益,从而消除要素跨国流动和出口内含进口中间品的影响。改进的办法主要包括如下两个步骤。首先,在贸易统计方面,应该摈弃之前的传统总值统计方法,采用出口国内增加的统计方法。在要素分工条件下,传统总值核算法面临着明显的缺陷,由于没有剔除出口产品中所内含的进口中间品,从而会虚高一国真实的出口贸易数据;同样地,进口产品中同样可能包括本国出口的某些中间产品,因而进出口商品价格水平是不能真实反映一国贸易状况的。这也正是为什么当前部分国际组织和机构正在尝试构建全球价值链数据,从出口国内增加值角度对全球贸易和国别贸易进行重新核算的重要原因所在。当然,从目前的努力进展来看,出口国内增加值的测算方法还没有形成统一的方法,不同学者根据不同的研究需要提出的测度方法也是各不相同。比如,在测算中国出口国内增加中,目前至少就有两类主要方法:一类是基于一国非竞争性投入产出表(即 I-O 表)而进行的宏观测算(罗长远和张军,2014①),据此在产业或者一国总体层面上估算出口所含的国内附加值;另一类是基于企业微观角度测度出口所含的国内附加值(张杰等,2013②)。然而,由于前一类测度方法在数据采用上一方面受到国家投入产出表编制年限所限,因而难以从产业层面对出口内含国内附加值动态变化进行有效分析,或者说难以具有连续性;另一方面,由于这一方法假定进口不含任何国内增加值,从而在一定程度上与全球价值链分工特征事实相悖;此外,此类文献虽从产业层面进行测算,但鲜有涉及服务业及其国际竞争力问题。后一

---

①　罗长远、张军:《附加值贸易:基于中国的实证分析》,《经济研究》2014 年第 6 期。

②　张杰、陈志远、刘元春:《中国出口国内附加值的测算与变化机制》,《经济研究》2013年第 10 期。

类的微观测度方法又难以反映国家层面的宏观状况。

在核算了出口国内增加值之后,还需要进一步剔除要素跨国流动产生的影响。出口国内增加值的核算主要是剔除了贸易的重复统计问题,即贸易品中内含了中间投入品的多次跨境流动问题。但是这一方法仍然不能区分东道国要素和国外流入的要素贡献问题,换言之,即便是在产品生产的某个特定环节和阶段,附加值的创造是在东道国国内完成的,但从要素贡献角度看,要素分工条件下可能是由多国生产要素贡献的。为此,还要在出口国内增加值的基础之上,分别核算出东道国生产要素和国外生产要素的真实贡献。如此,才能真实反映一国在参与分工和贸易中的真实利益分配格局。

此外,引力模型的拥护者恩格尔等(Engel 等,1994)在他们的《国界有多宽?》中指出,稳妥估计跨越国界等于在交易两地间增加了至少 2500 英里的距离,而这一距离的延长会增加贸易的成本并减少贸易量,但是"2500 英里"在这里最重要的意义还是在于其将国界转化成距离的思想,在要素分工条件下,随着跨国公司的不断繁衍,基于国界来考虑利益分配的问题已有些不合时宜,对于跨国公司来说,国界只不过是相对较长的一段距离,更高的贸易成本而已,而且随着一体化的加强,这种距离还会不断缩短。现在考虑问题的基点应该是一个个的公司,它们面对的是全球一体化的环境,它们的贸易条件就是自己的投入产出价格比,这样贸易条件的属性就跟福利大体相一致了。

四、要素分工下贸易条件的再思考

实际上,若换一个角度看就能发现,要素分工也赋予了贸易条件以新的含义。我们先来看看贸易条件和经济波动的关系。拉梅(Ramey,1994)在研究了 92 个国家不同时间段的数据后指出,一国经济的波动性与其增长呈反向关系,波动性高的国家经济增长就慢,波动性与福利是最密切相关的,即便是在注重增长的发展中国家也不例外。我国也一贯强调持续稳定的增长,因此投资一体化的稳定作用应得到足够的重视。门多萨(Mendoza,1995)运用一个三部门的跨时期均衡模型,分析了大量的数据后指出,贸易条件的变动能说明将近50%的GDP增长波动。科斯(Kose,2003)等最近的研究也得出了类似的结论,即贸易条件的变动可以解释很大一部分的GDP波动①。

一国的贸易开放度越高,就越容易受到外界的冲击,受贸易条件波动的影响就越大。一国在享有国际贸易所带来的利益同时,也不得不面对更大的不确定性,这也从另一角度表明,正是由于国际贸易带来了更多的风险,所以一国会希望从国际贸易中获取比国内贸易更多的收益来补偿其所承担的风险,都希望找出一种最优的风险与收益的组合。传统贸易理论考虑的都是贸易条件的变动,然而,在要素分工条件下,既然贸易条件的利益分配和福利含义具有不确定性,波动本身又会给经济带来不利影响,那么是不是可以以不变应万变,用要素分工来分散贸易条件变动所带来的影响不确定性,从而在稳定中获取更大的利益?

在要素分工的条件下,国民通过投资不仅可以跨国界分散风险,还可以跨时期分散风险,从而有可能化解贸易条件波动带来的不利影响,在更低的风险系数上获取稳定的收益。用一个例子来说,假设甲乙两国都只生产一种产品:水稻。甲国在年成好的时候可以收割20个单位,年成不好的时候可以收获10个单位,好与不好的可能性各占50%,乙国的情况相同。

第一,如果当甲国年成不好的时候,乙国的年成则一定好;或者是甲好的时候乙就一定不好,那么情况就和克鲁格曼所描述的猕猴桃园的例子类似,即通过相互购买对方50%的水稻田股份,甲乙两国都可以消除波动性并得到稳定的15个单位的收益。

第二,假设存在第三国,该国足够大,可以满足甲乙两国的所有资金需求,这样,甲乙两国即便是同时出现收成不好的情况,也可以通过国际借贷来维持稳定的消费。也就是说,虽然两国某年的收入可能都是10个单位的水稻,但是通过向第三国借价值5个单位水稻的金额,两国都可以

---

① Kose,M.A.,"International Business Cycles:World,Region and Country-specific Factors", *The American Economic Review*,12(5),pp.78-92,2003.

维持 15 个单位水稻的消费,并在年成好的时候向第三国归还所借的金额。可以说,这种稳定的消费对两国的福利都是有益的。

第三,进一步考虑贸易条件问题。假设甲国专业化生产水稻且出口,并进口其他产品,如果甲国是小国,则甲国水稻的出口价格就是世界水稻的价格。世界水稻价格的波动会影响甲国的收入从而影响甲国居民的消费,(1)如果贸易条件的变动存在周期性,那么甲国居民可以通过国际借贷来维持消费的稳定,当贸易条件不利、收入降低时就举债,而在贸易条件好转时就可以用多余的收入来还债。(2)即便贸易条件的变动是单方向的,甲国在初始阶段就可以通过出售本国资产,购买外国(进口品)资产来保持收入的稳定。

实际上,贸易条件一般不会保持单向的运动,如果一国产品的世界价格上升,那么该国的资本由于收益率更高,资本就会以高于世界平均的速度来积累,有关学者的研究数据表明,平均来说如果一国的资本积累速度比世界平均速度快 1%,那么该国的贸易条件就会面临 0.7% 的恶化(Acemoglu 和 Ventura,2001)。在甲国是大国的情况下,如果世界市场对水稻的需求是有弹性的,那么甲国在收成好的年份,可能就会面临相对不利的价格贸易条件,但是由于产出增加了,甲国的最终收入呈现出一种不确定的状态,但是通过上述的两种投资贸易,即债权贸易和股权贸易,甲国仍可维持消费的稳定。

综上可见,要素分工可以在维持专业化生产的基础上分散风险,在上例中,甲国并不需要牺牲自己的规模效益,但却能够通过要素分工分散风险。甲国的消费、投资决策不再受制于本国的产出,经济主体可以通过国际市场上的资产贸易来分散本国特有的风险,包括贸易条件波动带来的风险,改善本国福利。

要素分工虽然可以减少贸易条件带来的波动,但是仍然不能从根本上解决贸易条件和国民福利水平之间属民和属地的不一致问题。虽然一国的总福利有所改善,但是也可能存在某一利益集团得益较多,其他利益集团得益较少,甚至有可能出现有些利益集团得利而另外一些利益集团受损的局面。如果想从福利分配中多获取一些利益,以上的分析可能就暗示了一种方法,就是更多地利用要素分工。虽然贸易条件的利益分配和福利含义存在着不确定性,但是为国民提供更多的选择余地,无疑可以使国民在福利分配中占据更有利的地位,多分一份福利的蛋糕。

第四节　要素分工与包容性增长

要素分工成为当今经济全球化的重要特征,并继续推动经济全球化深入发展。在此时期,完全意义上的"封闭"经济已不存在,各国或地区在一定程度上都属于开放型经济体,形成了"你中有我、我中有你""一损俱损,一荣俱荣"的局面。这就要求世界各国,尤其是在经济全球化中占优势的发达国家以一种合作博弈的方式来处理国际经济关系。因此,在要素分工条件下,努力扩大开放和合作,继续推进贸易和投资自由化,实现包容性增长,是促使世界各国分享发展机遇、实现共同发展的必由之路。包容性增长的内涵包括以下一些要素:公平合理地分享经济增长;让更多的人享受经济全球化成果;让弱势群体得到保护;在经济增长过程中保持平衡;强调投资和贸易自由化,反对投资和贸易保护主义;重视社会稳定等。从开放视角看,所谓包容性增长,是指让经济全球化和经济发展的成果能够惠及所有国家和地区,体现世界均衡发展、共同发展的理念[1]。

一、包容性增长:要素分工的内在要求

从19世纪末20世纪初的资本主义生产方式全球扩张起,经济全球化就已经开始了它的历史进程。[2] 迄今为止,我们可以观察到两轮大的

---

① 胡锦涛:《深化交流合作,实现包容性增长——在第五届亚太经合组织人力资源开发部长级会议上的致辞》,《人民日报》2010年9月16日。

② 关于经济全球化的历史在经济史学界有着巨大的分歧,有经济史学家将哥伦布发现新大陆作为经济全球化的开端,也有相当部分的经济学家将经济全球化作为第二次世界大战结束特别是20世纪80年代后出现的一种新现象。但绝大部分经济学家都承认,即使按照当代的标准,第一次世界大战之前的经济全球化程度也与当代旗鼓相当。Vincent Cable(1995)更认为,第二次世界大战后的主要成就就是把国际经济恢复到第一次世界大战前的一体化水平。参见Vicent Cable,"The Diminished Nation-State:A Study in the Loss of Economic Power",in *What Future for the State*? Daedalus 124,No.2(spring 1995),p.24。

经济全球化浪潮,一轮是从19世纪末到第一次世界大战开始,另一轮自冷战结束延续至今。尽管两轮经济全球化有着众多相似的表现,但当代经济全球化还出现了许多新变化,这在经济全球化红利的创造方式与分配规则方面,变化尤其明显:当代经济全球化红利的创造越来越依赖于国家间的紧密合作,国家间的分工利益不仅具有"互利性"特征,还具有"依存性"特征;当代经济全球化红利的分配规则不仅有利于发达国家,还为发展中国家争取国际分工利益创造了条件。因此,包容性成为当代经济全球化的重要特征,包容性增长成为当代经济全球化深化发展的内在要求。

(一)要素分工条件下经济全球化红利的创造,越来越依赖于国家间的紧密合作和相互包容

经济学理论早已论证了国与国之间开展专业化分工和协作使各国受益的可能,经济全球化的动力也正源于各国对国际分工利益的追求,经济全球化红利的多寡则取决于国家间分工合作的程度和范围。在以产品为界限的国际分工模式下,产品生产和国际贸易是相互独立的两个过程,国家间分工合作更多地体现在商品的国际交换上,经济全球化红利主要来源于贸易利益,而贸易利益则来源于各国依据比较优势所进行的专业化生产。可贸易商品的范围决定了贸易利益的来源范围,比较成本的差异程度决定了贸易利益的规模,一国在国际分工中的地位决定了其所能"享受"贸易利益份额和经济全球化红利份额的大小。可见,在产品间分工为特征的经济全球化环境中,国与国之间利益的相互依存性虽然存在并具有"互利性"的特征,即一国利益的获得是以另外一国同样获益为前提,但一国利益的增加并不以另外一国同样增长为前提。在分工和贸易利益总量既定的情况下,贸易条件的变化甚至会导致这样的情况:一国获取更多利益必然是以他国获取更少利益为前提。发展中国家贸易条件恶化导致"贫困化增长"的例子并不鲜见。

经济全球化发展到当代,国际分工的性质和形式发生了重要转变,经济全球化红利的来源和创造方式也发生了重大变化。在生产要素跨国流动日益发展的情况下,各国以要素优势参与国际分工。以产品为界限的

产业间分工和产业内分工,演变为以生产要素为界限的产品内国际分工。同一产品生产价值链被分解为越来越细的区段并置于不同的国家和地区进行生产。国际分工模式的转变使得国与国之间的"优势要素"能够实现跨国界配置,并为生产同一产品而进行分工和协作;这种转变也使得国与国之间的相互依赖程度不断加深,因为产品价值链上任何一个环节出现问题都会波及整条价值链、影响最终产品生产的"完成";这种转变还使得贸易投资一体化成为当代经济全球化的显著特征,国际交换关系的内涵日益丰富。因此,在要素分工和贸易投资一体化模式下,国家间开展分工与协作的互利空间在不断扩大,各国的比较优势得到了进一步的"挖掘",经济全球化的整体利益也得到了提升。国家间的分工与贸易不仅仅是为了实现"比较利益",更是为了确保全球"共同生产"的正常进行。当代经济全球化红利不仅来源于贸易利益,也来源于国家间"协同生产"的收益;国家间的分工与贸易不仅具有"互利性"特征,而且呈现出利益上的相互"依存性",任何一国获取国际分工利益的大小都是以对方国家获取国际分工利益的大小为前提。经济全球化红利的创造模式正在从"常和"博弈向"变和"博弈转变,国家间"协同生产"的紧密程度决定了经济全球化红利的规模。

(二)要素分工下经济全球化红利分配只有依托于包容性增长才能顺利实现

在以产品为界限的传统产业间和产业内分工和贸易模式下,国与国之间的利益关系仅仅涉及经济全球化这块既定大小的"蛋糕"如何进行分配,经济全球化的红利分配是一个简单的"常和"博弈过程。即,各方通过专业化生产"做大蛋糕",创造分工利益,并依据其在国际分工中的地位分割经济全球化红利。在当代经济全球化和贸易投资一体化发展的情况下,国际分工利益总量大大提高,因为这种红利不仅包括专业化生产带来的贸易利益,也包括国际投资激发的潜在要素生产力带来的经济增长利益,这就使得国际间的利益分配更趋复杂。这种复杂性一方面表现在利益分配的包容性决定了利益实现的可持续性。这是因为,当代全球经济可持续性是建立在每一个国家经济的可持续性基础之上的,如果由于国际分工利益长期分配不均而导致生产链条某一区段出现不可持续性,会影响到最终产品价值的实现,其他国家也难以获取预期的国际分工利益,造成整体意义上的不可持续性。这种复杂性另一方面表现为当代经济全球化红利分配具有"变和"博弈的特征,即分配方式自身会对经济全球化这块"蛋糕"的大小产生影响。因此,当代经济全球化红利分配的核心问题是采取何种分配方式才能不断突破"蛋糕"的既定大小,使其变得越来越大,从而使得每一个国家所能获取的份额都在增长。总之,贸易投资一体化和产品内国际分工所决定的利益"依存性"特征意味着,相对公平公正的协作和分配方式能使经济全球化收益不断增大,反之,严重的利益分配不均不仅会缩小经济全球化整体收益,甚至还会使得经济全球化发展不可持续。所以,共同发展、均衡发展的包容性增长模式是实现包括发达国家在内的全球经济可持续发展的唯一道路。

(三)要素分工条件下经济全球化规则蕴含了包容性增长的内核

经济全球化是以规则为基础的,国际规则组成形式、所涵盖的范围和约束程度决定了其规范国际竞争秩序、协调国际间利益分配的能力。在第一轮经济全球化中,1860 年的《科布顿—谢瓦利埃协定》(Cobden Chevalier Treaty)以及与此相关的多边和双边贸易协定构成了国际贸易规则的基础,但这种规则的松散型特征决定了它很难抵御国内贸易保护主义的压力①,而作为国际金融规则的金本位制则由于其固有的缺陷也难以支撑一个稳定的多边支付体系。更为重要的是,在这一时期,无论是国际贸易规则还是国际金融规则都不存在一个可以依存的国际组织,这使得这种规则缺乏稳定性和权威性,难以协调各方的利益冲突,更遑论保障发展中国家的利益。在当代经济全球化中,以 WTO、国际货币基金组织和世界银行为核心所确立的国际规则涵盖了贸易、金融和经济发展三大领域,尽管这些规则有利于以美国为首的西方发达国家,是其继续维持

---

① 一个典型的事实是,除英国外,1913 年主要发达国家制成品平均进口关税水平均高于 1875 年。

旧的国际经济秩序的重要依托，但它在某种程度上反映了市场经济运行的一般规律，对世界经济的发展起着积极的推动作用。而且，这种以国际组织为依托的多边机制包含重视公平、平等的普遍原则的一面，能够保证在面对规则时所有国家理论上都是平等的，并能够依赖其约束机制提高各个国家的违规成本降低违约风险，这保持了国际经济秩序的相对稳定，也保证了发展中国家自主、平等参与国际分工的机会。而且，如果我们仔细研究这些组织的原则或规定，就会发现它们对发展中国家无论在项目投资、维持货币稳定以及贸易优惠方面都有一系列的特殊安排，在一定程度上有利于发展中国家的发展。因此，当代经济全球化规则不仅有利于发达国家，还为发展中国家争取国际分工利益创造了条件。

二、包容性增长：实现全球均衡发展和共同发展的有效手段

经济全球化发展到当代，不仅收获了红利，也产生了许多矛盾和冲突。其中，最主要的矛盾是全球经济发展不平衡，南北经济发展差距日益扩大，最主要的冲突是南北国家为争夺发展机会而产生的冲突，最主要障碍是发达国家为适应经济全球化新变化而调整的意愿和能力不足。这些矛盾、冲突和障碍使得全球经济发展的不可持续性日益凸显，包容性增长是化解这些矛盾、冲突和障碍，实现全球均衡发展和共同发展的有效手段。而在要素分工条件下，这一问题更有可能比以往任何时候以更加和谐包容的方式得到解决。

（一）当代经济全球化的主要矛盾是南北发展的不平衡，全球经济失衡是南北发展失衡的外在表现

长期以来，全球经济发展始终处于不均衡的状态，最突出的表现就是南北发展的不平衡。一方面，在经济全球化的推动下，南北国家优势要素的结合使得世界总供给快速上升；另一方面，由于旧的、不公平的国际经济秩序，经济全球化的发展成果并未按照内在需求实现人类共享，发达国家总是利用自己在政治和经济上的有利条件，最大限度地占有贸易和投资利益，甚至利用自己的垄断地位谋求更为有利的贸易条件，经济全球化

红利越来越集中于发达国家。而发展中国家却获益甚少,甚至出现所谓"贫困化增长"现象。据世界银行2010年世界发展报告①,目前全球尚有14亿人生活在每天1.25美元的国际贫困线以下,虽然比1981年的19亿贫困人口有所下降,但这主要归功于中国贫困人口的减少。如果将中国的情况排除在外,则生活在中国以外地区的贫困人口较之1981年时至少增加了1亿,并且目前有超过八成的人口居住在收入差距正在不断拉大的国家和地区。就中国而言,虽然目前经济总量已经名列世界第二,但人均国内生产总值只有4000美元左右,仍居世界百位之后,还不到美国人均GDP 46380美元的十分之一。近年来,地区性乃至全球性金融危机的频繁爆发,世界经济发展中面临的全球经济失衡等问题,实际上都与经济全球化条件下南北国家经济发展的不协调密切相关。由于南北差距的扩大,导致发展中国家需求不足,世界经济增长不得不倚重发达国家的消费,而难以借助中低收入国家的消费,使得世界总供给大于总需求,全球经济失衡应运而生。因此,全球经济失衡本质上是南北发展失衡问题,全球经济失衡是南北发展失衡的外在表现。

这种南北发展的不平衡,既是经济全球化发展至今的累积结果,也是经济全球化进一步发展的桎梏。在以全球生产网络为载体的产品内国际分工快速发展的背景下,发展中国家经济相对落后的发展水平已经成为经济全球化发展的瓶颈,全球经济的进一步增长及其可持续性必然要求后起国家以更快的速度增长,以缩小与发达国家的差距,实现与发达国家共同、协调发展,破解"瓶颈"约束。

(二)制约全球经济可持续发展的核心问题是南北国家发展机会的不平衡

当然,南北发展失衡是多种因素共同作用的结果,从发展中国家的角度看,既有历史条件制约、经济基础落后、自然资源匮乏、生态环境恶化、人口过度增长、发展战略不当、经济政策失误等内部因素,也有国际经济

---

① World Bank," World Development Report 2010", http://data. worldbank. org/data - catalog/wdr2011.

秩序不合理、债务负担沉重、贸易条件恶化、分工地位不利等外部因素,但最根本的原因是发展中国家发展机会的匮乏。

这种发展机会的匮乏在过去的经济全球化中表现为发展中国家没有发展机会以及没有能力获得发展机会,在当代经济全球化下则表现为发达国家限制甚至阻挠发展中国家获取发展机会。在以产品为界限的国际分工模式下,发达国家集团始终占据着国际分工的制高点,主导着国际生产格局。发展中国家往往被比较优势锁定在资源和劳动密集型产业,所生产的产品不仅附加值低、利润微薄,并且不易获得进一步的动态变迁利益,从而长期处于经济上的依附地位。在当代,得益于贸易和投资自由化的快速发展,要素的国际流动性不断增强成为新一轮经济全球化的本质特征,由此引发的产业转移和产品价值增值环节的梯度转移给具备基本发展条件的发展中国家带来了发展机遇,与此同时也给发达国家带来了经济结构调整的压力。在此背景下,美国等发达国家不再无条件地提倡经济全球化,而是到处宣传所谓的"全球经济失衡"。无视这种"失衡"的资源优化配置和互利共赢的本质特征,夸大"失衡"的负面影响,还把这种失衡归咎于发展中国家,特别是中国。事实上发达国家应当充分认识到,当前南北国家经济发展水平和收入水平仍然存在较大差距,经济全球化的成果还远未惠及所有国家和地区,全球经济发展仍然处于很不均衡的状态。无论是从发展中国家摆脱贫困的需要,还是促进发达国家和发展中国家经济均衡发展、共同发展的需要,发达国家都不应采取贸易保护主义措施来阻挡当前以要素流动和产品内分工为主要特征的经济全球化给发展中国家带来的发展机遇,相反,发达国家应在经济发展方面给予发展中国家更多的"包容"。

(三)当代经济全球化的主要障碍是发达国家为适应经济全球化新变化而调整的意愿和能力不足

经济全球化不仅是一个动态利益创造过程,也是一个动态利益调整过程。获取经济全球化利益的前提是各个参与国依据其比较优势变化进行动态经济结构调整,使之与其在经济全球化中的分工位置变化相适应。经济全球化能否深化发展也取决于各参与国,特别是主要国家经济结构调整的意愿、能力和速度。然而,世界各国特别是发达国家,为适应经济全球化新变化而调整的意愿和能力不尽相同,一些国家仍然囿于传统的发展观念、发展方式和利益实现手段。当代经济全球化发展中的冲突也正源于此。

面对当代国际分工模式新变化和经济全球化新发展,发达国家经济结构调整的意愿不足,这一方面源于其不愿接受经济结构调整的现实,另一方面源于其不愿承担经济结构调整的代价。不愿接受经济结构调整的现实,是与其在以产品为界限的传统产业间和产业内的国际分工模式下,凭借优势地位而长期"独占"经济全球化利益的惯性思维有关。当代经济全球化红利在发达国家和发展中国家之间的分配出现向相对公平的方向转变,这对发达国家的"惯性思维"形成"冲击",以至于发达国家片面地认为这种经济全球化给自己带来了不利影响,进而试图阻碍这种转变。不愿承担经济结构调整的代价,源于其幻想能够延续既有的分工结构。

面对经济全球化新发展,发达国家也存在经济结构调整能力不足的问题。我们知道,经济结构调整是一国对其产业进行扬弃的过程。对发达国家而言,能否寻找到新的经济增长点是产业扬弃能否实现的关键因素,而这又取决于技术创新和产业创新的实现程度。然而,从全球范围看,科技进步在短期内尚难有集群性的突破,新科技革命和由它带动的新产业革命在近期难以实现,新能源、节能技术、生物工程和新材料等局部的科技进步和产业化进展,不足以成为新的世界性增长周期的拉动力,发达国家也就没有能力进行大规模的经济结构调整。

(四)要素分工条件下经济全球化发展具有对包容性增长的自发要求

事实上,"包容性"增长的思想内核在亚当·斯密的《道德情操论》中已有阐述:如果社会财富只集聚在少数人手里,那是不公平的,而且注定是不得人心的,必将造成社会的不稳定①。同样,如果经济全球化的利益集中在少数国家,也是不公平的、不得人心的,必将造成全球经济的不可

---

① 亚当·斯密:《道德情操论》,谢宗林译,中央编译出版社 2010 年版,第 126 页。

持续性。所以,经济全球化条件下的"包容性增长"是一个"古老"而又"崭新"的问题。"古老"的一面体现在其随着"经济全球化"的诞生而诞生,只不过在国际分工尚未深入到一定阶段时,国与国之间的利益"依存性"特征尚不明显,处于国际分工中主导地位的国家可以利用其"经济霸权"优势牟取更多利益甚至是损人利己,对"包容性增长"的要求也只能是单方面来自处于弱势地位的经济落后国家,其意义也至多只是停留在"呼吁"的层面,或者说只是一种道义上的呼吁。但是国际分工的日益演进使得国与国之间的利益呈现"彼此相依"的共生性特征时,"包容性增长"不再是某一类国家的单方面需要,而是经济全球化的新需要,是全球经济可持续发展的需要,继续忽视这一问题必然给全球经济带来"灾难",这体现了"包容性增长"问题在新时代特征下崭新的一面,它不仅是一种道义上的需要,也是包括发达国家在内的所有国家赖以持续性获取经济全球化利益的前提条件。

三、贸易和投资自由化:实现包容性增长的核心要求

正如前文所指出的,所谓包容性增长,就是让经济全球化和经济发展的成果能够惠及所有国家和地区,体现世界均衡发展、共同发展的理念。当代经济全球化发展中"包容性增长"缺失的根源在于各国之间的信任度还不够,必须提升相互间信任度,将其他国家的发展看成自己的机会,以此作为解决分歧和摩擦的出发点。贸易自由化和投资自由化正是增进国家间互信,黏合不同国家发展机遇的有力手段。

(一)开放视角的包容性增长就是要倡导贸易自由化和投资自由化

包容性增长的核心含义是追求机会公平和权利公平。在经济全球化语境中,贸易自由化和投资自由化本身就蕴含着追求机会公平和权利公平的意义。

在现实的世界中,尽管每一个国家都声称赞成自由贸易,但没有一个国家实现了完全的自由贸易,贸易保护主义仍然大行其道。全球贸易实质上是在一个机会不平等、权利不对称的环境中运行的。第二次世界大

战后,贸易自由化的主要表现是大幅度减让关税和尽力降低或撤销非关税壁垒,贸易自由化为世界经济的发展创造了更加开放、更加自由的环境,推动了世界贸易和世界经济的发展。目前,贸易自由化已经成为经济全球化发展的重要驱动力量,成为世界范围内经济增长的发动机。

投资自由化亦是如此。所谓投资自由化是指减少或消除政府对外国投资主体实施的限制或鼓励措施,对其提供公平待遇;废除歧视性的、造成市场扭曲的做法,以确保市场的正常运行。其核心含义就是给予外国投资者公平的市场机会和公平的权利。第二次世界大战后,投资自由化的主要表现是减少对外国直接投资的限制,加强对外资的保护,以促进对外资的利用。当前,投资自由化已经成为全球经济自由化的重要组成部分,成为世界经济发展的重要推动力量。

(二)贸易自由化和投资自由化能够有效地实现包容性增长的目标

包容性增长的目标是让更多的人享受经济全球化发展成果。在当代经济全球化环境中,贸易自由化和投资自由化能够有效地实现包容性增长目标。这是因为,在当代贸易投资一体化和产品内分工环境下,需要经过多次的中间品跨境流动才能完成最终产品的生产,贸易和投资壁垒水平的高低对产品生产的影响也因而被放大。也就是说,当代贸易和投资自由化的发展,关税壁垒和非关税以及生产要素流动壁垒的逐步减弱或消除,为全球参与下的同一产品生产的最终完成提供了必要保障。从这个意义上说,当代贸易和投资自由化对于以要素为界限的产品内国际分工和贸易,较之于以产品为界限的传统产业间和产业内国际分工和贸易而言,已具有完全不同的意义,其对经济全球化整体利益的影响不仅仅是提高一点或降低一点,而是能够产生倍数性的放大效应或者收缩效应。

(三)贸易自由化和投资自由化本身具有修正包容性增长机制缺失的能力

在当代经济全球化环境中,贸易自由化和投资自由化本身就能够对包容性增长机制缺失进行自我修正,其内在逻辑是:全球经济发展不平衡

→经济进一步增长的瓶颈凸显→经济落后的国家成本优势显现→生产要素向成本优势地区流动和集聚→推动经济落后国家经济增长并表现出全球"虚拟经济"失衡→发达国家和落后国家经济发展差距缩小→"瓶颈"约束问题得到缓解→全球经济朝着均衡协调的可持续方向发展。前期"亚洲四小龙"的兴起和现今"金砖四国"的经济发展，就是在贸易、投资自由化快速发展背景下，全球市场经济规律对长期以来经济全球化进程中"包容性增长"缺失的一种自我修正的表现和结果，是全球经济实现均衡发展、协调发展的自我要求。据此可以认为，即便发达国家对经济发展落后的国家没有施以道义上的"援手"，只要没有人为的干预和阻碍，只要贸易和投资自由化得到充分发展，全球市场经济的内在规律也会在一定程度上滋生出"包容性增长"的发展模式。我们不妨称之为经济全球化条件下的"自动稳定器"，它是全球经济系统本身存在的一种会减少"包容性增长"缺失对全球经济不平衡发展干扰的内在力量，当然这是在国际分工发展到一定阶段后所产生的内在作用机制。

第五章 要素分工与贸易新格局

全球要素分工使得国际贸易发展呈现新格局,这不仅表现在全球贸易规模的快速扩张方面,同样还表现在贸易结构发生的巨大而深刻的变化,包括贸易主体结构和产品结构均是如此。与此同时,由于要素分工给广大发展中国家带来了参与国际分工和贸易的新机遇,从而在贸易格局的地理分布上,表现出发展中国家和转型经济体迅速崛起的新态势,这种新态势也由此带来了全球贸易失衡的新问题。

第一节 要素分工与贸易规模

20 世纪 70 年代末期以来,全球贸易出现了爆炸式增长的快速发展新格局,这其中既与第二次世界大战后全球贸易自由化和投资自由化的快速推进有关,更与要素分工的快速发展有关。由于对外直接投资是要素跨国流动的典型表现和主要特征之一,但传统理论分析关于对外直接投资与贸易之间关系的探讨仍有争论,如二者是替代关系还是互补关系?理论分析存在较大分歧。从要素分工角度看,则可以超越这一争论,因为要素分工的本质是生产全球化,进而必然表现为全球贸易投资一体化。贸易在很大程度上,正是要素分工或者说全球生产的结果和表现,国际分工的深化和细化——要素分工创造着贸易。

一、当代全球贸易增长的事实特征

第二次世界大战以来被看作是第二波经济全球化迅猛发展的时代,其间,国际贸易规模经历了迅猛扩张,尤其是自 20 世纪 70 年代末期以来,国际贸易规模更是以加速状态在发展。联合国贸发会议的统计数据显示①,1948 年全球出口贸易总额仅为 586.15 亿美元,直到 1956 年才突破千亿美元大关,全球出口贸易总额达到 1041.34 亿美元;1966 年突破 2000 亿美元大关,全球出口贸易总额达到 2071.17 亿美元大关,1970 年突破 3000 亿美元大关,全球出口贸易总额达到 3181.53 亿美元。也就说,全球出口总额从 1000 亿美元到 2000 亿美元的突破,用了约 10 年的时间,而从 2000 亿美元到 3000 亿美元的突破,仅用了 4 年的时间,可见发展速度的确呈加速状态。从之后发展的速度看,更是如此,1972 年突破 4000 亿美元大关,全球出口贸易总额达到 4198.45 亿美元。1974 年全球出口贸易总额超过 8000 亿美元,即年度增长额已经超过 1000 亿美元。

表 5-1　1948—2015 年全球出口及增长率　　(单位:亿美元)

年份	出口额	增长率	年份	出口额	增长率	年份	出口额	增长率	年份	出口额	增长率
1948	586.15	—	1965	1897.90	8.35%	1982	18975.45	-6.40%	1999	57228.20	3.87%
1949	585.94	-0.04%	1966	2071.17	9.13%	1983	18575.16	-2.11%	2000	64523.18	12.75%
1950	618.11	5.49%	1967	2187.63	5.62%	1984	19677.72	5.94%	2001	61950.68	-3.99%
1951	828.05	33.96%	1968	2428.94	11.03%	1985	19653.43	-0.12%	2002	64997.86	4.92%
1952	797.23	-3.72%	1969	2771.91	14.12%	1986	21409.63	8.94%	2003	75899.83	16.77%
1953	806.96	1.22%	1970	3181.53	14.78%	1987	25200.05	17.70%	2004	92237.68	21.53%
1954	851.00	5.46%	1971	3547.35	11.50%	1988	28745.32	14.07%	2005	105024.88	13.86%
1955	939.19	10.36%	1972	4198.45	18.35%	1989	31019.14	7.91%	2006	121277.71	15.48%
1956	1041.34	10.88%	1973	5818.76	38.59%	1990	34956.75	12.69%	2007	140207.75	15.61%
1957	1132.77	8.78%	1974	8425.02	44.79%	1991	35167.72	0.60%	2008	161488.64	15.18%
1958	1092.67	-3.54%	1975	8770.57	4.10%	1992	37868.44	7.68%	2009	125557.78	-22.25%
1959	1178.66	7.87%	1976	9935.41	13.28%	1993	37818.25	-0.13%	2010	153021.38	21.87%
1960	1302.38	10.50%	1977	11309.03	13.83%	1994	43207.14	14.25%	2011	183389.67	19.85%
1961	1361.90	4.57%	1978	13104.04	15.87%	1995	51762.36	19.80%	2012	184974.85	0.86%
1962	1433.32	5.24%	1979	16640.26	26.99%	1996	54108.59	4.53%	2013	189393.88	2.39%
1963	1567.89	9.39%	1980	20501.29	23.20%	1997	55995.73	3.49%	2014	189956.54	0.30%
1964	1751.71	11.72%	1981	20273.68	-1.11%	1998	55096.46	-1.61%	2015	165515.91	-12.87%

资料来源:根据联合国贸发会议统计数据库(UNCTAD,http://unctadstat.unctad.org)统计数据整理计算。

---

① 数据来源:联合国贸发会议统计数据库(UNCTAD,http://unctadstat.unctad.org)。

在本轮全球金融危机爆发前的 2008 年,全球贸易出口总额达到了
16.15 万亿美元,即从 1948 年到 2008 年的 60 年间全球出口总额扩张了
275.5 倍。若以 20 世纪 70 年代末期为划分节点,可以看出,在 1978 年时
全球出口总额仅为 1.31 万亿美元,相比 1948 年这 30 年间,全球出口总
额规模扩张仅为 1.2 万亿美元之多。而从 1978 年至 2008 年同样的 30
年间,全球出口总额却从 1.31 万亿美元扩张至 16.15 万亿美元,规模扩
张约为 15 万亿美元。这在一定程度上体现了自全球要素分工逐步成为
国际分工的主导形式以来,全球贸易规模的扩张确实以史无前例的速度
在发展。

为了能够初步明晰全球贸易规模扩张与要素分工之间的关系,或者
说要素分工所带来的贸易扩张效应,我们再对二者进行一个简单的综合
分析。从第二次世界大战以后全球贸易增长的历史数据来看,20 世纪 70
年代中后期以来全球贸易的增速要显著高于 1950 年至 1970 年期间全球贸
易增速。根据联合国贸发会议统计数据库提供的数据,我们将 1950—2010
年间的 60 年全球贸易数据,分区间进行了初步考察,具体情况见图 5-1。

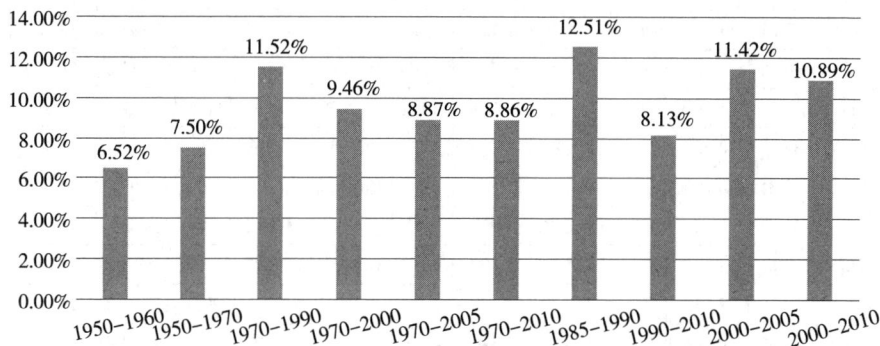

图 5-1 1950—2010 年间不同区间段全球出口增长率情况

资料来源:根据联合国贸发会议统计数据库(UNCTAD,http://unctadstat.unctad.org)统计数据绘制
而得。

图 5-1 显示的结果表明,1950 年至 1960 年 10 年间全球出口贸易年
均增长率约为 6.52%,1950 年至 1970 年 20 年间年均增长率约为 7.50%。
而与此 20 年间全球出口贸易增长率情况相比,1970 年至 1990 年 20 年间

全球出口贸易的年均增长率却高达 11.52%,其中,以 1985 年至 1990 年划分的区间段、2000 年至 2005 年划分的区间段,以及 2000 年至 2010 年划分的区间段,全球出口贸易年均增长率均出现了高速增长情形。当然,如果我们从较长时期的动态变化来看,尽管 20 世纪 70 年代中后期全球出口增速显著提高,但在经历了约 20 年的高速增长之后,增速略有下降,突出表现为相比 1970—1990 年区间段,图 5-1 中 1970—2000 年、1970—2005 年以及 1970—2010 年三个区间段已呈逐步下降之势。全球出口贸易增速出现的上述变化,与全球价值链分工演进具有实践上的一致性。关于这一点,我们可以从相关统计数据的对比分析中看出。如果不求严格,我们以全球中间产品出口贸易在全球出口贸易总额中所占比重表示全球价值链分工现实状况,那么从图 5-2 报告的数据容易看出①,中间产品出口占比的变化情况与全球出口贸易增速情况具有统计层面上的协同性。

（单位：%）

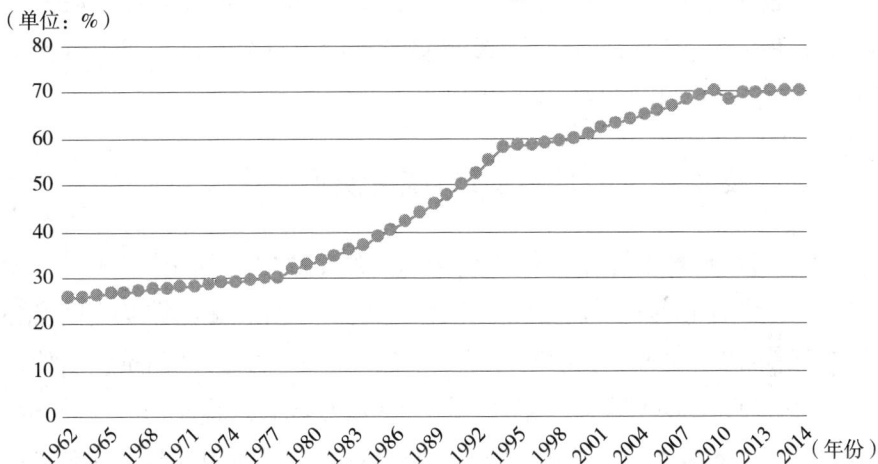

图 5-2　1962—2014 年全球中间产品出口占比变化趋势

从图 5-2 显示的情况看,全球中间产品出口占比至 1970 年以来一直处于上升状态,其中,1970 年至 1995 年这段区间内提高得最快,而之后

---

① 根据联合国 Comtrade 数据库统计数据整理计算而得。按照联合国《广义经济类别分类》(Broad Economic Categories,BEC)的分类标准,其中第 111、121、21、22、31、322、42 以及第 53 基本类为中间产品。

虽然也在不断上升,但上升的步伐显然已逐步放缓并基本趋于平稳。
2009 年全球金融危机冲击期间占比有所下降,可能原因在于危机冲击下
的中间品存货调整效应,而自此之后的近几年则处于一个相对平稳的状
态。因此,比较图 5-2 和图 5-1 的结果,二者在统计层面上的一致性表
现在:中间产品出口占比快速提升进而可视为价值链分工快速演进阶段,
对应的是全球贸易快速增长阶段;而中间产品出口占比提升速度放缓从
而可视为价值链分工格局基本定型,或者说价值链分工深化速度放慢,对
应的全球贸易增速放缓阶段。基于统计意义层面的初步考察,实际上与
现有文献研究发现也是一致的。例如,胡梅尔斯等(2001)[1]以及刘志彪
等[2](2006)的研究就曾指出,贸易自由化政策、关税下降、运输成本降低
等只能解释当前贸易增长中的 2/5,其余则与分工形态相关。当然,现有
文献只是注意到了全球价值链分工深化阶段对贸易增速带来的积极影
响,但同样是在价值链分工模式下,之后出现贸易增速放缓的可能原因,
则没有进一步的分析,而这种放缓其实正是价值链分工深化难度加大的
外在表现。对此,我们在下文作进一步的分析。

二、要素分工的贸易创造:统计层面意义

由于在全球价值链分工模式下,一国只是专业化于产品生产的某一或
某些特定环节和阶段,因而在完成最终产品生产之前,必然涉及中间产品
的多次跨境流动或者更多中间产品跨境流动问题。并且产品价值增值环
节分解的阶段越多,则中间产品跨境流动的次数或者跨境流动的中间产品
也就越多,进而放大了统计意义上的贸易增速。贸易增速反映的是贸易流
量变化速度,因此从贸易增速变化角度看,可以进一步明晰要素分工条件
下全球贸易规模扩张的本质。虽然通常来说,全球价值链的分解存在着

① Hummels, David, Jun Ishii, and Kei - Mu Yi, "The Nature and Growth of Vertical Specialization in World Trade", *Journal of International Economics*, June, 2001, Vol.54, pp.75-96.

② 刘志彪、吴福象:《贸易一体化与生产非一体化:基于经济全球化两个重要假说的实证研究》,《中国社会科学》2006 年第 2 期。

"蛇形模式"和"蜘蛛模式"两种①,但就其价值增值环节的分解以及由此带来贸易增长的变化原理而言,并无本质差异。且在实践中"蛇形模式"更为普遍。因此,我们不妨以"蛇形模式"为例阐释二者之间的内在逻辑关系。

举例而言,在传统以产品为界限的分工模式下,某最终产品 X 的全部生产过程均在一国国内完成,假定其总的价值增值为 V_X,最终产品出口后,该产品在全球出口贸易中显示的出口额即为 V_X。当国际分工模式发展到以产品价值增值环节为界限后,假定最终产品 X 的生产过程被分割为两个部分 X_1 和 X_2,其价值增值分别表示为 V_{X1} 和 V_{X2}。并且考虑到分析之便且不失一般性,假定 $V_{X1}+V_{X2}=V_X$。此时,如果两个增值环节被分别配置到两个国家,那么为了完成最终产品 X 的生产,第一个生产阶段 X_1 由国家 1 完成后出口到国家 2 以继续第二个生产阶段。在最终产品 X 生产完成之前,中间产品的跨境流动或者说出口额为 V_{X1}。当第二个国家完成了第二阶段的生产后将最终产品 X 出口到国际市场,此时的出口额为 $V_{X1}+V_{X2}=V_X$,加上之前的中间产品出口额 V_{X1},全球出口总额为 $V_{X1}+V_X$。相比传统以产品为界限的分工模式,全球价值链分工模式下全球出口贸易增长了 V_{X1}。显然,此种增长效应完全来自产品价值链的全球分解。

进一步地,我们还可以将上述分析一般化。为了分析之便,假定最终产品 X 被分解为 n 个等值的增值环节或阶段,每一个增值环节分别被配置到一个国家,分别记为 $X_1,X_2,\cdots,X_n$,且满足 $V_{X1}=V_{X2}=\cdots=V_{Xn}=V_X/n$。那么为了完成最终产品 X 的生产,第一阶段生产 X_1(对应的附加值 V_{X1})完成后被出口到第二个国家以完成第二阶段生产,第二阶段的生产在第二个国家完成后被出口到第三个国家(此时出口额即为内含第一阶段和第二阶段价值增值总和 $V_{X1}+V_{X2}$),以此类推,当第 n 个阶段完成后最终产品出口到国际市场总额即为内含各增值环节价值增值之和 $V_{X1}+V_{X2}$

---

① 所谓"蛇形模式",主要是指产品价值增值环节分解后,前一增值环节构成下一增值环节的投入,以此形成的一条线性连接关系,直至完成最终产品的生产;而所谓"蜘蛛模式",主要是指多种并列的增值环节共同进入到最后的组装加工或生产阶段,完成最终产品生产。有关这两种价值链模式,具体可参见:Baldwin R. and A. Venables, "Relocating the Value Chain: Offshoring and Agglomeration in the Global Economy", NBER Working Paper, 16611。

$+\cdots+V_{Xn}=V_X$。那么全球出口贸易总额即为每一阶段出口额之和：$V_{X1}+$ $(V_{X1}+V_{X2})+\cdots+(V_{X1}+V_{X2}+\cdots+V_{Xn})=V_X/n+2V_X/n+\cdots+V_X=(1+n)V_X/2$。由此可见，随着 n 的增大，全球出口贸易增加得就越多，这就是全球价值链分工的深化效应。当然，由于这种"深化效应"伴随的是中间品的多次跨境流动，从而存在重复统计问题，因此所导致的贸易增长效应其实具有"虚高"特征。

三、要素分工的贸易创造：真实层面意义

可以说，正是由于在要素分工条件下，价值链的分解导致了中间产品贸易的多次跨境流动，从而使得国际贸易的传统总值核算法存在着重复统计问题，进而在统计意义层面上放大或者说"虚高"的全球真实贸易水平，因而当前有关贸易附加值问题正成为学术界研究的热潮所在①。接着上述例子可以看出，从另一角度来继续分析问题，当产品的全球价值链分解到一定阶段或者说深化到一定程度后，n 的取值基本稳定，从而由此带来的贸易增长就会停止。当然，稍为复杂一点的情况就是将上述情形从一种产品扩展至多种产品，从不变的产出扩展至产出增长（即表现为GDP 增长），但不变的是其内在的本质逻辑关系。正是这种内在的逻辑关系，可以解释全球价值链分工实践与全球出口贸易增速之间表现出的统计关系：从全球价值链深化阶段伴随的全球出口贸易高速增长，到全球价值链分工格局基本稳定后的贸易低速增长。总之，由全球价值链分工所带来的贸易高速增长，是建立在价值链分工不断深化基础之上的，一旦价值链分工格局基本稳定或者说深化难度加大，速度放缓，那么由此所带动的贸易增长效应也必然放缓。也正是基于这一逻辑，可以理解为何WTO 在研究当前全球贸易增速放缓原因时指出：全球价值链分工格局基本定型，进一步深化的边际成本加大②。

---

① Koopman, Robert; Wang, Zhi; and Wei, Shang-Jin, "Tracing Value-Added and Double Counting in Gross Exports", *American Economic Review*, Vol.104(2), 2014, pp.459-494.

② WTO: "World Trade Report 2014", http://www.wto.org/english/res_e/booksp_e/world_trade_report14_e.pdf.

　　要素分工尤其是产品价值链的分解,带来了贸易统计层面上的高速增长,及其在发展到一定阶段后贸易增速的可能放缓,但这并不否定实质层面上同样存在着贸易增长。即,要素分工不仅在统计层面放大贸易增长,而且实质上也在创造着贸易,从而导致贸易规模的不断扩大。有关这一点,无论是从前述分析的比较优势创造效应角度看,还是从比较优势激发效应角度看,抑或是从闲置资源的利用角度看,都是如此。比如,从要素跨国流动的闲置资源利用角度看,贸易规模的扩大与传统国际经济理论分析中的要素积累所带来的贸易规模的扩张效应,其作用机制并无二致。实际上,从要素积累的角度看,一旦要素分工形成,无论是从比较优势的激发效应看,还是从比较优势的创造效应角度看,其所带来的一个必然结果,都是比较优势产品的产出增加。比较优势产品(即一国出口产品)的产出增加,至少意味着两层意思。一方面,在假定需求偏好既定的情况下,产出增加或者说供给增加会降低该产品的价格水平,从而会使得进口国对该产品的进口需求量随之上升。而供给的增加同时也意味着出口供给能力的增强,从而该产品的贸易规模会随之扩大。另一方面,产出能力的增加实质上表现为经济增长,而经济增长意味着居民收入水平的提高,同样地,在消费需求偏好既定的情况下,收入水平的提高也会提升对进口产品的需求,或者说比较优势激发国对其比较劣势产品的需求,从而其进口也会增长(对应着另外一个国家产品出口的增加)。需要指出的是,与一般的要素积累对贸易产生的影响不同的是,要素分工所导致的要素积累效应,通常发生在比较优势产品生产上(而传统意义上的要素积累可能是偏向型产出增加,即比较劣势产品生产部门的扩张),因而其对贸易的创造效应是确定的。对此,我们可以借助传统国际经济理论分析中的过剩供给曲线和过剩需求曲线进行简要阐述。

　　图 5-3 的横轴表示过剩供给或者过剩需求,纵轴表示两种产品的相对价格水平。在传统国际分工模式下,向上倾斜的实体曲线代表 A 国的过剩供给曲线,向下倾斜的实体线代表 B 国的过剩需求曲线,两条曲线相交于 D 点,线段 CD 的长度即表示传统国际分工条件下该产品的两国贸易量。现在假定发生了要素分工,从而两国的过剩供给需求和过剩需

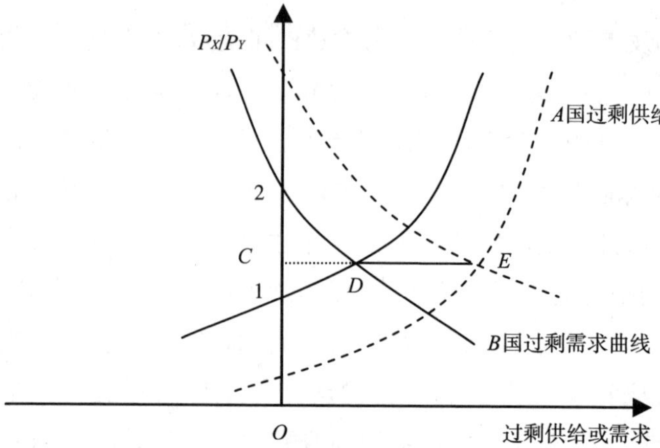

图 5-3　要素分工与真实贸易创造

求曲线均发生了移动,即 A 国的过剩供给曲线从先前的向上倾斜的实体曲线位置,移动到了向上倾斜的虚体曲线的位置,B 国的过剩需求曲线从先前的向下倾斜的实体线位置,移动到了向下倾斜的虚体曲线的位置,两条虚体曲线在 E 点相交,则线段 CE 的长度即表示要素分工条件下该产品的两国贸易量。显然,相比于线段 CD,线段 CE 增加的长度 DE 即表示要素分工条件下贸易量的创造和增长效应。

第二节　要素分工与贸易结构

全球要素分工的发展,不仅在规模上创造着贸易,而且在内容上也改变着贸易的产品结构。这种改变不仅表现在中间产品和最终产品在全球贸易中的比重发生着剧烈而深刻的变化,同时也表现出发展中国家在制成品乃至高技术复杂度产品的出口上表现得日益精进。

一、中间品占全球贸易比重日益提高

就中间产品贸易而言。自 20 世纪 70 年代末期以来,中间产品贸易在全球总贸易中所占比重较高并呈现出稳中有升的发展态势。其中,1995 年全球中间产品出口贸易额已经达到 2.96 万亿美元,占当年全球

贸易总额的比重已超过一半,达到 57.19%,2000 年全球中间产品出口贸易额上升为 3.89 万亿美元,占当年全球贸易总额的 60.39%,而 2010 年全球中间产品贸易出口贸易总额已经上升到占据当年全球贸易总额的60.18%①。90 年代以来中间产品贸易额在全球贸易额中所占比重不断上升并已经占据了绝对主导地位的变动趋势表明,要素分工已经成为国际分工的主导模式,换言之,正是由于要素分工条件下产品价值链的不断分解和跨国配置,从而使得中间产品贸易在全球贸易中所占的比重不断提高。当然,由于各国在融入国际产品内分工体系的比较优势、进程等有所差异,在中间产品的贸易模式方面也存在较为明显的差异。例如,2000年智利的中间产品出口贸易额在其总出口额中所占的比重已经高达80% 以上,其他国家诸如阿根廷、澳大利亚、比利时、巴西、加拿大、德国、英国、日本、韩国、美国等,中间产品出口贸易额在其总出口额中所占的比重也超出 50% 以上;而同期中国的中间产品出口贸易额在其总出口额中所占的比重约为 35%。但在进口方面,中国中间产品进口贸易额在其总进口额中所占的比重则高达 75%。

表 5-2　全球中间品出口占比及其变化情况

（单位:亿美元;%）

年份	出口总额	中间品出口额	占比	其他产品出口额	出口占比
1980	20501.29	6591.17	32.15	13910.12637	67.85
1981	20273.68	6935.62	34.21	13338.05155	65.79
1982	18975.45	6711.62	35.37	12263.83575	64.63
1983	18575.16	6739.07	36.28	11836.08936	63.72
1984	19677.72	7467.70	37.95	12210.02655	62.05
1985	19653.43	7641.25	38.88	12012.17445	61.12
1986	21409.63	8570.28	40.03	12839.35532	59.97
1987	25200.05	10463.06	41.52	14736.99166	58.48

① 根据联合国 Comtrade 数据库统计数据整理计算而得。根据联合国《广义经济类别分类》(Broad Economic Categories,BEC)的分类标准,其中第 111、121、21、22、31、322、42 以及第 53 基本类为中间产品。

续表

年份	出口总额	中间品出口额	占比	其他产品出口额	出口占比
1988	28745.32	12463.97	43.36	16281.35142	56.64
1989	31019.14	14259.50	45.97	16759.64352	54.03
1990	34956.75	16660.39	47.66	18296.36519	52.34
1991	35167.72	17355.27	49.35	17812.44888	50.65
1992	37868.44	19649.93	51.89	18218.50529	48.11
1993	37818.25	20520.18	54.26	17298.06798	45.74
1994	43207.14	24684.24	57.13	18522.90228	42.87
1995	51762.36	29602.90	57.19	22159.4678	42.81
1996	54108.59	30998.81	57.29	23109.78086	42.71
1997	55995.25	33014.80	58.96	22980.44906	41.04
1998	55096.46	32716.28	59.38	22380.1808	40.62
1999	57228.20	34336.92	60.00	22891.27956	40.00
2000	64523.18	38965.55	60.39	25557.63138	39.61
2001	61950.68	37944.79	61.25	24005.88901	38.75
2002	64997.86	40370.17	62.11	24627.68932	37.89
2003	75899.83	48560.71	63.98	27339.12002	36.02
2004	92237.68	59511.75	64.52	32725.93049	35.48
2005	105024.88	69295.42	65.98	35729.46571	34.02
2006	121277.71	82335.44	67.89	38942.27395	32.11
2007	140207.75	96056.33	68.51	44151.41995	31.49
2008	161488.64	111960.08	69.33	49528.56671	30.67
2009	125557.78	87626.78	69.79	37931.00575	30.21
2010	153021.38	104329.98	68.18	48691.40335	31.82
2011	183389.67	128061.00	69.83	55328.66232	30.17
2012	184974.85	129093.95	69.79	55880.90246	30.21
2013	189393.88	132234.81	69.82	57159.07426	30.18
2014	189956.54	132418.70	69.71	57537.83556	30.29

资料来源:根据 UN Comtrade 数据库统计数据整理计算。

　　表5-2报告了1980年至2014年间全球出口总额、中间产品出口总额及其在全球出口总额中所占的比重。不难发现,在样本期间,除了少数

年份有极其微弱的变化外,总体趋势表现为中间产品出口在全球出口总额中所占比重稳步提高,显示了要素分工条件下全球出口商品结构的变化趋势。

二、出口产品技术结构变化明显

要素分工的发展对全球出口产品结构的影响,在使得中间产品贸易所占比重日益提高的同时,在技术结构等级上同样表现为全球出口产品在总体技术等级上呈现上升趋势。要素分工之所以能够促进全球出口产品整体上的技术结构升级,主要存在着如下两个方面的重要作用机制。

前文已经述及,当前要素分工发展的实质是发达国家跨国公司在全球范围内进行资源整合和优化配置,"保留核心的,外包其余的"成为全球要素分工条件下跨国公司的普遍战略。显然,一方面,"保留核心"意味着发达国家跨国公司可能更专注于产品价值链中的高端环节,从而不断地将中、低端环节外包出去,或者配置于其他更具成本优势的国家(地区),这种更为高端专业化的过程,从发包方所在国家(地区)来说,必然意味着其出口技术复杂度也越来越高。另一方面,从"外包其余"的角度来看,跨国公司不断"外包"出来的生产环节和阶段,相对于承接国(地区)现有的专业化生产环节和阶段来说,可能是更为高端的生产环节和阶段,显然,从全球生产过程的一个流转环节来看,如果把承接更为高端部分的生产环节和阶段,看作是承接国(地区)专业化生产和出口的产品种类增加的话,那么这一扩展边际必然意味着更高的出口技术复杂度。因此,对于承接国(地区)来说,通过不断承接发达国家跨国公司外包出来"其余部分",由于提高了其边际出口技术复杂度,从而有助于其在整体上提升出口技术复杂度水平。由此可见,无论是对于不断进行"发包"的经济体来说,还是对于不断承接"外包"的经济体来说,作为国际分工的进一步深化,或者说是融入全球要素分工程度深化的表现,都会对出口技术复杂度产生显著正向影响。总之,全球要素分工的深化,或者说融入全球要素分工程度的加深,有助于一国(地区)提升其出口技术复杂度,从而在整体上提升全球出口产品的技术结构和等级水平。表5-3报告了 1989 年至 2014 年全球出口按 SITC 分类占比的变动情况。根据 SITC 的分类可知,SITC0-SITC4 类通常被归为初级产品,SITC5-SITC8 类通常被归为工业制成品。而在工业制成品内部,SITC5 和 SITC7 类商品通常被归为资本、技术密集型产品,SITC6 和 SITC8 类商品通常被归为劳动密集型产品。从表 5-3 所报告的情况来看,自 1989 年以来,劳动密集型产品出口在全球出口总额中所占比重一直较低且呈不断下降的趋势。虽然资本和技术密集型产品出口占比总体而言也呈下降之势,但这主要是由于初级产品出口占比总体上升的原因。如果我们将考察范围仅限于工业制成品内部的话,通过对比不难发现,相对于劳动密集型产品出口,资本和技术密集型产品出口是呈上升趋势的。因此总体来看,全球出口产品技术结构呈优化之势。

表 5-3   1989—2014 年 SITC 分类商品全球出口占比情况

(单位:亿美元;%)

年份	出口总额(亿美元)	初级产品出口占比	劳动密集型产品出口占比	资本和技术密集型产品出口占比	其他未分类产品出口占比
1989	21916.23	21.62	33.43	56.57	2.95
1990	26910.64	21.19	31.37	53.12	2.21
1991	27998.16	22.06	30.45	53.27	2.24
1992	32872.03	20.89	31.90	51.83	3.32
1993	32872.03	20.89	31.90	51.83	3.32
1994	37504.05	20.23	31.51	53.03	3.04
1995	45004.46	19.66	31.37	53.36	3.24
1996	47841.92	21.15	30.44	52.75	3.24
1997	49749.65	19.75	30.54	53.72	3.18
1998	49532.41	18.07	30.34	55.56	2.94
1999	51744.64	18.61	29.33	55.73	2.79
2000	59812.86	20.47	27.39	53.23	4.43
2001	57279.38	20.42	27.78	53.36	4.44
2002	60193.42	20.00	27.84	53.76	4.39
2003	70047.77	20.52	27.56	53.22	4.62

续表

年份	出口总额（亿美元）	初级产品出口占比	劳动密集型产品出口占比	资本和技术密集型产品出口占比	其他未分类产品出口占比
2004	85435.90	21.01	27.35	52.64	4.56
2005	96490.71	22.96	26.87	51.57	4.01
2006	113104.08	24.37	26.43	50.32	3.98
2007	128790.53	23.81	26.87	50.28	4.39
2008	148717.87	27.97	25.46	47.33	4.78
2009	114669.91	25.71	25.87	48.77	6.20
2010	141163.83	27.21	25.29	48.01	5.49
2011	167628.41	29.43	25.16	46.05	5.43
2012	168134.38	29.44	24.76	46.04	5.86
2013	173818.13	29.32	24.75	46.10	6.13
2014	172644.25	27.81	25.78	47.69	5.24

资料来源:根据联合国贸易统计数据库统计数据整理而得。

当然,全球产品出口技术结构除上述提及的原因之外,溢出等效应也会促使出口产品技术结构的不断上升。如果说,在传统国际分工条件下,知识和技术等溢出效应还较为有限的话,那么在要素分工条件下,知识和技术等溢出效应则是一种常态。这是因为,传统国际分工以最终产品为界限,从而产品的生产和消费是在分属不同的国家和地区完成的,换言之,内含于最终产品生产中的知识和技术,跨境流动到另外一个国家和地区后,大多进入到的是消费市场,因而其溢出效应是有限的。当然,由于存在着反向工程和生产厂商的模仿行为等,溢出效应仍然在一定程度上存在。而在要素分工条件下,跨境流动的已经远远不止是最终产品,占据主导地位的往往是中间产品和生产要素。由于中间产品和生产要素的跨境流动,并非是进入消费市场而是要进入到生产环节,因而其内含的知识和技术,更容易在生产过程中被吸收和消化,从而产生显著的溢出效应。更为重要的是,由于全球要素分工的实质是跨国公司在全球范围内配置资源和组织生产,因而其内生地要求各个环节和阶段之间要实现标准的参数对接,对不符合生产要求和参数要求的本土企业进行技术指导和培训,便成为一种主动溢出效应,最终有利于出口产品技术结构的提升。

三、中间品贸易与发展中国家的出口产品结构升级

在要素分工条件下,由于产品价值增值环节的全球分解,以及生产要素的跨国流动,从而对发展中国家而言,带来了出口产品结构升级的机遇。具体而言,要素分工条件下发展中国家之所以能够更快地实现出口产品结构升级,可能存在着如下几个方面的作用机制。

第一种作用机制就是要素跨国流动辅以要素密集度逆转作用,从而使得发展中国家出口产品结构得以更快升级。由于现实中经济活动中,要素密集度逆转的可能性的确存在,特别是对于生产要素替代弹性较高的贸易商品而言,由于发达国家要素禀赋结构与发展中国家要素禀赋结构差异较大,进而要素相对价格存在较大差异,同一种贸易品在不同的国家便表现为不同要素密集型。由于中国出口商品市场主要集中于欧美日等发达国家,而就中国目前所处的经济发展阶段来看,其要素禀赋结构与发达国家仍存在较大差距,所以发达国家从中国进口的所谓技术密集型产品,可能在中国则为劳动密集型产品。这是传统的"要素密集度逆转"贸易理论,可以在一定程度上解释发展中国家出口品技术复杂度提升的可能原因。在这一重要传统作用机制下面,由于存在着要素跨国流动,即发达国家更高级的生产要素与发展中国家的优势要素相结合,从而充分发掘了发展中国家的潜在比较优势,使得同类出口产品的比较优势和竞争更加明显,乃至在出口产品的技术结构上确实得到了进一步提升。

第二种作用机制是优势要素的相互结合,提升了发展中国家生产和出口更高技术含量产品的能力。随着以要素分工为主要特征的经济全球化的发展,贸易和投资自由化趋势得到不断加强,生产要素的全球流动性提高了。生产要素,特别是资本和技术在全球范围内的流动性增强,突破了原有要素禀赋理论(H—O theory)分析框架下所"锁定"的比较优势,发展中国家由于通过吸引外资和引进技术,获取了生产部分技术密集型产品的能力或者说比较优势。而许多发展中国家诸如中国可谓是这一方面成功的典范。改革开放以来中国对外贸易的快速发展与外资的大量使用其实

是分不开的。因此,正如许多研究者所指出的,中国出口技术复杂度的提高,是资本和科技等生产要素在全球流动性增强与中国改革开放相结合的产物。

第三种作用机制是价值链分解使得高技术中间品投入约束得以解除所致。在产品内国际分工快速发展的背景下,同一产品的不同生产环节或部件会按照其要素密集度特征被配置到具有不同要素禀赋优势的国家,因此某一最终产品的生产可能是由两个或两个以上国家共同完成。正如现有学术研究指出的那样,发达国家进口自像中国这样的发展中国家的高科技产品,貌似由发展中国家所生产,但实质上其中主要的高附加值部分却产自发达国家自身。许多以加工贸易为例,从实证的角度计算了发展中国家出口商品的国内附加值,从而得出发展中国家出口商品中,大部分高附加值来自发达国家进口的中间产品,发展中国家所从事的仍是低端环节。但无论如何,从最终出口产品角度看,发展中国家出口的产品技术结构确实得到了升级。而这其中,与进口的中间产品的技术结构是密不可分的。换言之,在传统的以最终产品为界限的分工模式下,发展中国家在产品生产的某个环节或阶段由于面临着技术难题或者难以攻克的困难,难以生产或者根本无法生产。但是在要素分工条件下,由于这一生产环节和阶段可以通过"进口"的方式加以解决,从而克服了生产最终高技术含量产品的技术和生产难题。从这一意义上理解,要素分工确实也是有利于发展中国家出口产品技术结构升级的。

除了上述作用机制外,当然也存在着统计幻象的作用。换言之,发展中国家出口技术复杂度的上升,可能是源于对产品"差异化"的忽视。因为受到商品贸易数据分类水平的影响,统计数据难以对同一分类水平上的同种产品的"差异化"作出分辨。因此,即便从统计数据看,发展中国家与发达国家出口商品结构比较相似,但是由于同种产品之间仍然存在差异,例如同样出口服装,但服装与服装之间亦存在"质量"差别,所以,出口复杂度仍然存在一定差异。由此,正如许多学者所指出的那样,"差异化"产品的存在且未能明确识别,是导致对发展中国家出口产品技术结构"虚高"估计的主要原因。当然,上述作用机制并非意味着可以忽视发展中国家的内部因素,比如许多实证研究对不同发展中国家的出口状况进行研究后发现,促成发展中国家出口产品技术结构升级的因素不仅来自加工贸易的发展和外资企业的进驻影响,同时还会受到人力资本提升和政府对高新技术产品出口给予税收优惠等政策影响。

要素分工条件下的上述作用机制促进了发展中国家出口产品技术结构的显著升级。例如,就中国而言,与中国快速增长的贸易总量相伴随的一个重要经济现象是,中国出口商品结构同时经历了外延型增长(extensive growth)和内延型增长(intensive growth)的双重变化。即,一方面,中国出口贸易的多元化得到较快发展,制成品出口几乎遍布从低技术密集度的纺织品到高科技的电子和计算机产品等所有贸易部门;另一方面,中国出口商品也经历了一个由初级产品向制成品快速转换、主导出口产品从单一的资源性和轻纺产品逐渐向机电和高新技术等出口产品多样化发展趋势的转变。这一现象更是引起了国内外理论界的极大关注:原本被认为由发达国家和地区"专业化"生产的资本、技能密集型及高科技等产品,中国出口产品已经涉足其中并表现出其出口能力不断增强的发展趋势。中国出口产品结构似乎已"突破"传统的要素禀赋理论框架。

上述变化在一系列实证研究中均得到了证实。关志雄(2002)[①]通过比较中国出口商品技术含量和日本以及其他东亚国家出口商品技术含量后指出,中国出口商品技术含量得到了较快提升。杨汝岱和姚洋(2007)[②]通过对中国出口商品结构的研究表明,中国出口商品结构已经从以低技术密集型产品出口为主转变到以中等技术密集型产品为主,这一研究意味着中国出口商品技术复杂度有赶超发达国家的趋势。樊纲等(2006)[③]按照技术构成将中国出口产品进行分类后研究发现,中国出口商品结构中,中高技术和高技术产品出口份额表现出不断上升的趋势,这也表明了中国出口商品技术复杂度在快速上升。罗蒂克(Rodrik,2006)[④]

① 关志雄:《从美国市场看"中国制造"的实力》,《国际经济评论》2002年第4期。

② 杨汝岱、姚洋:《有限赶超和经济增长》,北京大学中国经济研究中心讨论稿,No.C2007016,2007。

③ 樊纲等:《国际贸易结构分析:贸易品的技术分布》,《经济研究》2006年第8期。

④ Rodrik, Dani, 2006, "What's so Special about China's Exports?" NBER Working Paper, 11947.

的研究则进一步指出,中国出口商品技术构成,与 OECD 中许多高收入水平的国家出口商品技术结构非常相似;而豪斯曼等(Hausmann 等,2007)[1]通过构建测度出口品技术含量指数(Export Sophistication Index),计算并比较中国与其他国家的出口商品技术含量发现,中国出口商品技术复杂度与三倍于其人均 GDP 水平及以上的其他经济体的出口商品技术复杂度相当;斯科特(Schott,2007)[2]采用出口相似度指数(Export Similarity Index,ESI),比较了中国和部分 OECD 国家的出口商品构成状况,指出中国出口商品结构与世界上最发达的经济体出口商品结构的相似度已非常之高;里莫尼等(Lemoine 等,2008)的研究则明确指出,中国自 2004 年已经超过美国成为全球最大的高科技产品出口国。其他许多实证研究也得出了与上述极为相似的结论。上述一系列研究均意味着中国出口商品的技术构成已经步入了"发达国家之列"。

第三节 要素分工与贸易地区分布

要素分工的发展,正在使全球贸易的地理格局发生新的变化。由于要素分工使得国际贸易的性质出现根本性变化,即传统的国际贸易方式与国际合作方式日益融为一体,并表现为贸易与投资一体化,从而使得全球贸易的地理格局或者说地区分布呈现如下变化的趋势特征;产品生产过程的国际分散与地区集聚同步发展,生产活动在国际间高度迂回的同时,部分生产环节愈发向具有特定要素优势的地区集聚,从而影响着区域分布格局;新兴市场经济体和发展中国家成为全球贸易中的重要伙伴,并迅速成为高科技产品的"名义"出口国;要素分工自身的反贸易保护属性,使得降低商品和要素的流动壁垒成为国际经济发展的主流,贸易保护政策的有效性日趋减弱,从而影响着贸易的区域分布格局。

① R.Hausmann,Y.Huang,and D.Rodrik,"What You Export Matters",NBER Working Paper,No.11905,2005.

② Schott P.,"The Relative Sophistication of Chinese Exports",*Economic Policy*,2007,12(5),pp.12-26.

一、要素分工通过"贸易投资一体化"影响贸易区域分布

要素分工的发展,推动着当代"贸易投资一体化"的快速发展。当代跨国公司的发展,使得分散在国际间的生产活动被跨国公司联合起来。随着中间产品特别是难以定价的中间产品不断增多,跨国公司所联合的生产活动也越来越多,跨国公司不断发展壮大。越来越多的中间产品生产是由跨国公司通过国际直接投资进行生产的,越来越多的中间产品贸易成为跨国公司的公司内贸易。在这里,贸易和投资都是围绕跨国公司国际生产所进行的,投资是发生在价值链上各个生产环节上的投资,是跨国公司寻求要素结合效率的手段而不是服务目标国生产的手段,投资的目的就是为了通过贸易实现分工收益,是为贸易而投资的;国际贸易也不仅是生产的结果,而往往表现为生产的环节,是实现投资行为最终目标的手段,是"为生产而贸易"。在跨国公司的主导下,国际贸易和国际投资活动呈现一体化了。从这一意义上说,要素分工条件下由要素跨国流动而呈现的"贸易投资一体化",必然影响着贸易的区域分布格局,即生产要素特别是资本要素的跨国流向在很大程度上决定着地区贸易状况。

二、要素分工的"网络"和"区位"效应影响贸易区域分布

要素分工的发展,正在使国际生产中的"网络"①和"区位"变得愈发重要,生产的国际分散与地区集聚同步发展。格里芬(Gereffi,1999)和斯特勒(Sturgeon,2002)都曾指出②,在过去的 20 年间,许多产业的产业结

① 在现有的文献中,"网络"的定义和含义不尽相同。这种不同源自不同的文献选取了不同的理论研究方法,常见的理论包括交易成本理论、资源依赖理论、战略管理理论和社会网络理论。但是它们大多基于三大类概念:战略、网络管理以及社会维度。(参见 Varamaki, Elina and Vesalainen, Jukka, "Modelling Different Types of Multilateral Co-operation between SMEs", *Entrepreneurship and Regional Development*, Vol.15, No.1(2003), pp.27-47.)

② 参见 Gereffi, G., "International Trade and Industrial Upgrading in the Apparel Commodity Chain", *Journal of International Economics*, Vol.48, No.1(1999), pp.37-70; Sturgeon, T., "Modular Production Networks: A New American Model of Industrial Organization", *Industrial and Corporate Change*, Vol.11, No.3(2002), pp.451-496.

构都发生了根本性变化,从传统的一体化企业发展成为生产网络组织。这意味着,产品价值链全球分解和国际间迂回生产并不是单线条发展,而是形成了跨国公司所主导的全球生产网络(Global Production Network)。参与要素分工的企业镶嵌于相互依赖的分工网络之中,网络使企业能够摆脱自身组织结构和区位的局限,为全球生产链而生产并参与全球化竞争。网络中的制度安排和交易效率决定了网络的厚度和生产的迂回程度,具有优势要素(如品牌形象、专利、市场网络、研发以及创新能力)且能够控制最终产品市场的发达国家和跨国公司成为网络的中心,并通过OEM和外包合同控制中间产品和零部件生产者。与此同时,全球生产网络的发展使得"区位"变得更加重要。首先,跨国公司对片段化生产环节的区位选择依托于各国的要素优势,要素优势决定了一国在网络中的层次,亦即决定了从事何种要素特征的生产环节的生产。其次,跨国公司的区位选择依托于要素流动性,全球生产网络的成长就是流动要素对非流动要素的追逐,或者说流动性较强的生产要素对流动性相对较弱的生产要素的追逐,具有低流动性优势要素的区域将更可能成为全球生产网络中的片段化生产环节。再者,跨国公司搜索生产区位的过程还将诱发跨国公司主导型产业集聚的发展①,一方面具有专门化生产要素的区域会被众多跨国公司"俘获",不同跨国公司的类似职能部门和类似生产环节因此而集聚在相同区域②;另一方面集聚本身就是一个地区要素优势的重要来源,产业集聚的正外部性使得企业可以通过置身于集群而获得竞争优势,集群的扩张和增长会使企业更具黏附力,并使集群更像一个整体,有助于企业在全球价值链向上攀升。此时,更可能是跨国公司被该地区"俘获",争相进入该地区以提升全球竞争力。显然,要素分工的这种"网络"和"区位"效应会显著影响贸易区域分布。

---

① 方勇:《分工演进与贸易投资一体化》,社会科学文献出版社2011年版,第243页。
② 例如拥有大量高素质专门化劳动力、知识密集型要素丰裕的发达国家,就容易吸引跨国公司知识密集型生产环节或研发环节的进入,从而有可能形成知识密集型生产环节或研发环节的跨国公司主导型产业集聚;比较发达国家因为拥有较多的技术密集型劳动力,就容易吸引跨国公司技术密集型生产环节;发展中国家或不发达国家因为拥有较多的劳动密集型劳动力,只能吸引到跨国公司劳动密集型生产环节。

三、要素分工的比较优势发掘效应影响贸易区域分布

要素分工的发展,通过比较优势的创造效应和激发效应,为发展中国家参与国际分工带来了重要机遇,在使得发达国家和发展中国家的出口商品结构和技术含量"名义趋同"的区域格局变化同时,使得全球贸易格局中心可能不断向发展中国家倾斜。在要素分工下,发展中国家不再需要在一个完整商品的生产上拥有比较优势,只要在任何产品的某一生产环节或阶段具有比较优势,就可以参与国际分工并从中获利,要素分工为落后国家创造了比较优势①。而生产要素全球可流动性的增强,会使本国优势生产要素和国外流入的优势生产要素相结合,多种优势要素协同生产从而进一步激发本国比较优势。发展中国家在这两种效应的联合作用下,通过吸引跨国公司进驻等方式,全面融入到跨国公司主导的国际分工体系中,承接国际产业转移和产品价值链的梯度转移,成为世界产品的生产地和出口地,充当了跨国公司的"价值增值地"和"出口平台"。由于产品价值链上的不同生产环节和工序往往具有不同的要素密集度特征,对于仅仅在劳动密集型生产阶段和环节上拥有比较优势的国家和地区而言,在其专业化生产的阶段和环节,使用到的进口中间产品则完全可能是技术密集型、信息密集型、知识密集型等高级要素密集型产品,从而使得这些国家和地区在完成其专业化生产阶段后的出口产品表现为技术密集

---

① 例如,有三个国家分别用1、2、3表示,生产两种产品 A 和 B 的单位成本分别为 a_1、a_2、a_3 以及 b_1、b_2、b_3,A 与 B 的相对价格用 R_0 表示。显然,当条件满足 $a_1/b_1<a_2/b_2<R_0<a_3/b_3$ 时,意味着国家1在产品 A 的生产上具有最大的比较优势,而国家3则在产品 B 的生产上具有最大的比较优势,此时国际分工的模式即为国家1专业化生产产品 A 而国家3专业化生产产品 B,国家2有可能被排除在国际分工之外。但是,如果国际分工实现了要素分工,比如 A 产品的生产发生了要素分工,即分为 C 和 D 两个部件的生产,为简单起见,假定其他条件均保持不变,则国家3的生产情况不变,此时我们可以将讨论集中在国家1和2之间。如果国家1和2生产部件 C 和 D 的成本分别为 c_1、c_2 和 d_1、d_2,不失一般性,则当 $c_1/d_1<c_2/d_2$ 时,意味着国家1在部件 C 的生产上具有比较优势,而国家2则在部件 D 的生产上具有比较优势。根据比较优势原理,在要素分工条件下,国家1可专业化生产部件 C,国家2可以专业化生产部件 D,并因此而获得比较利益。显然,上述情形可以推广到 m 个国家 n 种产品的多维情形。

型等特征。正如约翰逊（Johnson，2009）[1]和莫纳（Moran，2011）[2]所指出的，发达国家进口自发展中国家（如中国）的高科技产品，貌似由发展中国家所生产，但实质上其中主要的高附加值部分却产自发达国家自身。因此，将发展中国家的"出口品"与发达国家的"出口品"进行比较，必然得出出口结构和技术含量在区域分布格局中趋同的结论。与此同时，由于发展中国家的比较优势得以创造和激发，从而提升了参与国际分工和贸易的能力，因而在贸易量上必然呈现向其倾斜的发展趋势。

四、要素分工的反贸易保护倾向影响贸易区域分布

要素分工的本质是跨国公司整合全球资源，因而其本身就具有反贸易保护的倾向。虽然有学者指出由美国次贷危机引发的2008年全球金融危机导致全球经济衰退，是自1929—1933年世界经济大危机之后的史上最为严重的经济事件（伯纳德等，2009[3]），但布朗（Bown，2010）的研究却发现[4]，在此期间全球贸易保护主义虽有所抬头但并不显著，更无法与1929—1933年期间大行其道的全球贸易保护主义相比。对此，格瓦德等（Gawande等，2011）的研究很具有启发意义[5]：在跨国公司主导的全球价值链分工模式下，企业游说政府采取贸易保护主义的动力越来越弱了。这是因为，贸易壁垒和生产要素流动壁垒的高低，对要素分工的发展具有重要影响。商品和要素流动的壁垒越高，国际迂回化生产所产生的交易

① Johnson, Robert C. and Guillermo Noguera, "Accounting for Intermediates: Production Sharing and Trade in Value-Added", Manuscript, Dartmouth College, 2009.

② Theodore H. Moran, "Foreign Manufacturing Multinationals and the Transformation of the Chinese Economy: New Measurements, New Perspectives", Peterson Institute for International Economics Working Paper Series, WP11-11, April, 2011.

③ Bernard, Andrew B., J. Bradford Jensen, Stephen J. Redding, and Peter K. Schott, "The Margins of US Trade", American Economic Review: Papers & Proceedings, Vol. 99, No. 2 (2009), pp.487-493.

④ Chad P. Bown, "Taking Stock of Antidumping, Safeguards, and Countervailing Duties, 1990-2009", The World Bank Policy Research Working Paper, No.5436, 2010.

⑤ Kishore Gawande, Bernard Hoekman, Yue Cui, "Determinants of Trade Policy Responses to the 2008 Financial Crisis", The World Bank Policy Research Working Paper, No.5862, 2011.

成本也就越高,从而不利于要素分工的发展;反之,商品和要素流动的壁垒越低,国际迂回化生产所产生的交易成本也就越低,从而有助于促进要素分工的发展。尽管贸易保护的需要在不同的历史时期均存在,各国或多或少地对贸易保护都存在需求,但在同一时期由于各国经济发展水平和所处国际竞争地位不同,因而对贸易保护的需求程度是有差异的。因此,要素分工的反贸易保护倾向,会在很大程度上弱化各国对贸易保护程度的需求差异性,进而影响着贸易的区域流量以及最终分布状况。

五、要素分工下贸易区域分布变化

总体来看,要素分工通过上述几个方面对贸易地区分布的影响,对发展中国家而言要甚于对发达国家的影响。比如,当前贸易投资一体化更多地表现为发展中国家引进外资进而发展对外贸易;"网络"和"区位"效应也更多地表现为跨国公司利用发展中国家的廉价优质资源而呈现出区域集聚效应;比较优势的创造和激发效应更是促进了发展中国家对外贸易的发展;等等。联合国贸易发展会议的统计数据显示,20世纪80年代中后期以来,全球贸易的区域格局的确发生了较为明显的变化。图5-4给出了1985年至2015年间发达经济体、发展中经济体和转型经济体,在全球出口贸易总额中所占比重的变化趋势图。从该趋势图中可以清楚地看到,自80年代的要素分工快速发展以来,不同类型的经济体在全球贸

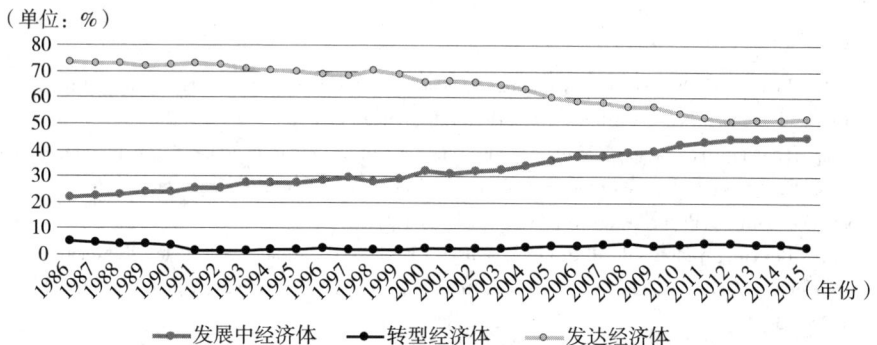

(单位:%)

图5-4　1986—2015年不同类型经济体在全球贸易中的变化趋势

资料来源:联合国贸发会议统计数据库。

易格局中的地位的确呈现出较为明显的变化。

具体而言,1986 年发展中经济体在全球出口贸易中所占比重仅为 21.86%,转型经济体在全球出口贸易中所占比重仅为 5.01%,二者合计在全球出口贸易中所占比重也仅为 26.87%,发达经济体在全球出口贸易中所占比重则高达 73.13%。全球贸易这种区域严重失衡的状况随着要素分工的发展而得以不断改善。即 1986 年之后,发展中经济体在全球出口贸易中所占比重一路攀升,到 2015 年时这一比重已经上升至 44.78%,加之转型经济体的 3.18%,二者合计在全球出口贸易中所占比重已经上升至 47.96%;发达经济体在全球出口贸易中所占比重则随之下降至52.04%。从统计数据来看,虽然目前发达经济体在全球贸易中仍然占据着主导地位,但发展中经济体显然已经与其有平分秋色之势。这一数据在一定程度上说明了要素分工对贸易区域分布影响效应的存在,也在一定程度上说明了要素分工对发展中国家参与全球分工和贸易提供了重要机会,从而实现了更有利于发展中国家的经济全球化开放发展格局。

第四节　要素分工与全球贸易失衡

发达经济体出现持续贸易逆差,以及发展中经济体和转型经济体出现持续贸易顺差,是当前全球贸易失衡的一个重要特征。本节利用 1995—2009 年跨国面板数据的计量检验结果揭示:要素分工条件下,南北发展的严重不平衡以及由此导致的全球要素非对称性流动,使得全球生产或者说供给能力从发达经济体向发展中经济体和转型经济体转移,但后者消费能力并未因此而得到一致提高,全球消费依然倚重于发达经济体。这是当前全球贸易失衡的本质。因此,解决全球贸易失衡的根本途径,需要发达经济体践行全球"包容性"增长理念,给予包括中国在内的发展中经济体和转型经济体以更多的帮助、扶持,切实缩小南北发展差距。

一、要素分工下全球贸易失衡问题缘起

长期以来,全球贸易失衡一直是世界经济发展中备受关注的一个问

题,也是理论界经常研究的一个重要课题。自 20 世纪 90 年代至今,这种失衡呈现出一个突出的特征,就是贸易顺差主要发生在以中国为代表的部分发展中经济体和转型经济体,而逆差则主要发生在以美国为代表的部分发达经济体。尤其是自 2001 年中国加入 WTO 以来,中国出口贸易"爆炸式"增长所带来的持续性贸易顺差,已经与美国长期以来的持续性贸易逆差,构成了全球贸易失衡的核心表现和重要组成部分。国际货币基金组织(IMF)和以美国为代表的发达国家认为,要大幅减少全球经济失衡而不造成全球衰退,就必须通过汇率变动,调整贸易和非贸易商品的相对进出口价格,核心在于包括中国在内的亚洲国家与欧元区国家一起令本币相对美元升值。这种将全球经济失衡归咎于以中国为代表的新兴经济体的发展,将贸易失衡简单地归结于汇率水平的高低,显然是不科学的,也是不符合实际的。以中国为例,自 2005 年 7 月 21 日起,中国开始实行以市场供求为基础、参考一篮子货币进行调节、有管理的浮动汇率制度以来,至今人民币兑美元汇率已经累计升值约 30%(张二震和戴翔,2012①),但在此期间,尤其是在本轮全球金融危机发生之前,中国的贸易顺差却是有增无减:中国商务部的统计数据表明,2001 年中国的贸易顺差仅为 225.5 亿美元,但是到了 2008 年已迅速攀升至 2954.6 亿美元,7年间增长了约 13 倍,年均增长率高达 44.41%。

不可否认,全球贸易失衡已经成为困扰全球经济可持续发展的一个重要议题,波茨(Portes,2009②)的研究甚至认为,发端于美国次贷危机的本轮全球金融危机,正是源于全球贸易收支失衡的放大效应,换言之,也可以说全球贸易收支失衡与 2008 年的全球金融危机在根源上具有一致性。阿米提等(2011)③认为,虽然在金融危机期间,全球贸易失衡的总体状况有所缓解,但是这种"缓解"更多地是来自全球贸易的萎缩,即失衡

① 张二震、戴翔:《当前我国开放型经济发展的几个认识问题》,《新华文摘》2012 年第7 期。

② Portes,R.,"Global Imbalances",Manuscript,London Business School,2009.

③ Amity,M. and Weinstein,D. E,"Exports and Financial Shocks",*Quarterly Journal of Economics*,June 2011,pp.1841-1877.

是在 2009 年全球出口贸易额大幅减少 23% 的情况下的减弱。危机后,全球贸易失衡仍将是一个困扰全球经济发展的持续性难题,而弄清全球贸易失衡的根源,是一切理论分析和出台纠正失衡政策的前提。实际上,当前全球贸易失衡的主体特征,即贸易顺差国主要集中在以中国为代表的新兴经济体,以及贸易逆差国主要集中在以美国为代表的发达经济体,似乎已经向我们揭示发展差距对全球贸易失衡的重要影响。正是基于上述判断,本章力图以发展差距为研究视角,从理论和经验分析层面,对当前全球贸易失衡的成因,进行进一步的探讨。

二、关于当前全球贸易失衡的若干主流观点

自 19 世纪 80 年代以英国为首的国际金本位制度建立开始,全球贸易失衡就一直在全球经济的"崩溃"或"调整"中反复出现。历史发展的经验显示,迄今为止,包括当前仍在持续的全球贸易失衡在内,全球已经出现了 6 次贸易失衡,即国际金本位制建立到第二次世界大战前共出现过 3 次全球贸易失衡,而自第二次世界大战至今,又出现了 3 次全球贸易失衡。就第二次世界大战以来出现的 3 次贸易失衡而言,第一次全球贸易失衡以"布雷顿森林体系"的寿终正寝而结束,第二次全球贸易失衡则在日元的大幅升值和美元的贬值(或者说"广场协议"的签订)中得到了解决,而当前的全球贸易失衡,则仍在继续之中。就当前全球贸易失衡的成因,国内外学术界进行了广泛研究,并取得了很多成果。

伯南克(Bernanke,2005)[①]等从美国的角度研究全球贸易失衡,认为导致以美国为代表的发达国家出现贸易逆差的根本原因在于国外,即过去十多年来全球的过度储蓄所致,确切说,是新兴市场经济的过度储蓄所致。在美国经济和美元地位的强势引力下,储蓄过度流向了美国并造成了利率下降、美元汇率上升,随之引发股市泡沫和房地产价格飙升,从而在财富效应作用下导致美国过度消费。与之相对应,钦格等

---

① Bernanke B., "The Global Saving Glut and the U.S. Current Account", *Remarks at the Sandridge Lecture*, *Virginia Association of Economics*, Richmond, VA, 2005.

（Chinn 等,2007）[1]则认为,相对于储蓄过剩而言,投资不足是造成新兴经济体出现顺差的主要原因,而从美国等发达国家方面看,高财政赤字具有重要的促进作用。但是国内学者余永定和覃东海（2006）在研究中国贸易失衡时则深刻地指出,从开放条件下的宏观经济恒等式出发,将贸易失衡完全归于储蓄剩余、投资不足或者消费过度,在逻辑上是不能成立的,理由是恒等式本身并不反映变量间的因果关系,必须深入到微观机制进行分析。从这一角度出发研究全球失衡问题,基本上可以归为两类:一类是从国际分工的视角阐释全球贸易失衡的微观基础;另一类是从金融市场发展差异的视角对全球贸易失衡进行解释。卢锋（2006）[2]从国际分工的角度指出,在全球价值链分工模式下,像中国这样的发展中经济体,其比较优势主要集中在加工、装配、制造等环节,从事加工贸易是发挥其自身比较优势的必然选择,而加工贸易又必然形成一个中间价值增值问题,因此其必然结果就是贸易失衡。张海燕和宋玉华（2009）[3]的研究也指出,以美国为代表的发达国家与以中国为代表的新兴市场经济体,在当前世界经济格局及全球生产分工体系中的地位,产生了两种贸易模式,即"美国贸易模式"与"东亚贸易模式",而全球贸易失衡正是这两种模式冲突的必然结果。邢予青等（2011）[4]等则用事实数据证明了,微观层面的国际分工与贸易收支失衡之间存在着显著的相关性。欧冠等（Ogaki 等,1995）[5]从金融市场差异的角度进行研究,发现金融市场发展的完善程度对储蓄具有重要影响,而发达国家和发展中国家金融市场发展的巨大差

---

① Chinn, M. D. and Ito, H., "Current Account Balances, Financial Development and Institutions: Assaying the World Saving Glut", *Journal of International Money and Finance*, 2007, 12 (5), pp.546–569.

② 卢锋:《中国国际收支双顺差现象研究:对中国外汇储备突破万亿美元的理论思考》,《世界经济》2006 年第 11 期。

③ 张海燕、宋玉华:《当前全球贸易失衡的机制及中国的地位分析》,《世界经济研究》2009 年第 8 期。

④ 邢予青、Neal, D.:《国际分工与美中贸易逆差:以 iPhone 为例》,《金融研究》2011 年第 3 期。

⑤ Ogaki, M.; Ostry, J. and Reinhart G., "Saving Behavior in Low – and Middle – Income Developing Countries: A Comparison", IMF Working Paper WP/95/3, 1995.

距造成储蓄倾向存在巨大差距,进而促成了全球贸易失衡。哈伯德(Hubbard,2006)的研究认为①,发达经济体金融发展程度较高,从而助长了政府财政支出过度扩张,进而引发了贸易收支失衡。库莫夫等(Kumhof等,2010)②的研究则进一步认为,由于发达经济体和发展中经济体同样存在收入不平等现象,但由于发达经济体金融发展较为完善,从而可以为中低收入者进行融资消费,因此消费的减少会低于收入的减少,从而引发逆差;相反,由于发展中经济体金融市场不完善,中低收入人群无法通过融资增加消费,更多的产出只能通过"出口"寻求出路,从而引发顺差,这是导致全球贸易失衡的重要原因。此外,凡若里(Feroli,2003③)从发展中经济体人口红利角度、弗若(Ferrero,2007④)从发达经济体和发展中经济体生产率变化角度以及格鲁伯等(2005⑤)从美元在全球储备货币地位角度等探讨全球贸易失衡的原因。

从现有文献来看,从南北发展差距和要素流动角度研究全球贸易失衡问题,直接研究还十分缺乏。通过对现有研究文献的深入分析,我们可以间接地观察到南北发展差距、要素流动与全球贸易失衡的关系。例如,就针对中国持续性的外贸失衡问题而言,牟新生(2007)的研究认为⑥,加工贸易的发展是导致中国持续性外贸顺差的重要原因,而加工贸易的80%则是由外商直接投资完成的;桑百川和李林元(2009)的研究也指出⑦,

---

① Hubbard,R.,"The U.S. Current Account Deficit and Public Policy",*Journal of Policy Modeling*,March 2006,pp.665-671.

② Kumhof,M. and Ranciere,R.,"Inequality,Leverage and Crises",IMF Working Paper 10/268,2010.

③ Feroli,M.,"Capital Flows Among the G7 Nations:A Demographic Perspective",Board of Governors of the Federal Reserve System,Finance and Economics Discussion Series Working Paper,2003,p.54.

④ Ferrero,A.,"The Long-run Determinants of U.S. External Imbalances",Federal Reserve Bank of New York,Staff Report 295,2007.

⑤ Gruber,J.W. and Kamin,S.B.,"Explaining the Global Pattern of Current Account Imbalances",Board of Governors of the Federal Reserve System,International Finance Discussion Paper,846,2005.

⑥ 牟新生:《关于当前我国对外贸易发展及其顺差问题的一些思考》,《求是》2007年第3期。

⑦ 桑百川、李林元:《外商直接投资与我国外贸失衡》,《对外经贸实务》2009年第2期。

FDI 的大量流入是造成中国外贸失衡的重要原因;张二震和安礼伟(2010)的研究则进一步指出①,在产品内国际分工条件下,中国通过利用 FDI 的方式承接国际产业梯度转移和产品价值增值环节梯度转移,是造成中国持续性外贸顺差的根本原因。总结诸如此类的研究我们可以发现:第一,资本等要素流动对贸易失衡可能产生了重要影响;第二,在南北发展存在巨大差距的情况下,FDI 流入的动因正是资本等流动性相对较强的要素对劳动力等流动性相对较弱要素的追逐。

现有研究对于我们深化认识当前全球贸易失衡的成因,无疑具有重要的参考价值和意义。应该说,当前全球贸易失衡是众多因素促成的结果,从不同国家来看,既有内部的因素,也有外部的作用,既有直接的原因,又有间接的影响,既有宏观的,也有微观的,甚至包括体制方面的因素。但是,我们认为,在众多的促成因素之中,南北经济发展的巨大差异是形成当前全球贸易失衡的根源所在。虽然这一观点在学术界的探讨中已有涉及或者说为我们提供了一些间接认识,但是从现有研究来看,理论分析还不够,更缺乏经验层面的检验。而本章就是力图在这一方面作出进一步的努力。

三、要素分工、发展差距与全球贸易失衡:理论假说

20 世纪 90 年代以来,随着科学技术的迅速发展和全球市场经济体制的逐步建立,商品和生产要素全球流动的技术障碍和制度障碍大大降低,经济全球化程度不断加深,这突出表现为要素尤其是资本要素的跨国流动规模不断扩大。以全球对外直接投资为例,据联合国贸发会议统计数据库资料显示,全球对外直接投资存量已从 1980 年的 5489.36 亿美元迅速攀升到 2010 年的 204082.57 亿美元。在市场经济中,企业会按照利润最大化原则对各种生产要素进行搭配和组合,要素跨国流动性的增强使在世界范围内组合优势要素进行生产成为可能。由于经济发展水平存在巨大差距,发达经济体在资本、管理、技术等要素上具有优势,而发展中

---

① 张二震、安礼伟:《传统国际经济学不能解释中国外贸顺差》,《中国社会科学报》2010 年第 7 期。

经济体则在简单劳动力等初级要素上具有优势。因此,在全球化条件下,发达经济体的资本、技术等要素与发展中经济体的劳动力等要素进行组合,便成为跨国公司的必然选择。如果各种生产要素的跨国流动性无强弱差异,那么优势要素的组合,由于要素的双向流动,应该可以同时在发达经济体和发展中经济体实现,即发达经济体的优势要素流向发展中经济体以寻求组合,或者发展中经济体的优势要素流向发达经济体以寻求组合。然而,需要指出的是,尽管要素跨国流动性不断增强,但是不同要素的国际流动性差别很大。其中,资本和技术等生产要素的流动性较强,而发展中经济体相对丰富的简单劳动力和土地等自然资源流动性较差,这就使得全球产业结构的调整在一定程度上表现为流动性较强的生产要素对流动性较差生产要素的追逐。换言之,发展中经济体源自劳动力要素禀赋等低成本优势对跨国公司具有独特的吸引力。实际上,亚当·斯密在《国富论》中论述劳动力流动时就早已指出:"人性见异思迁,虽早有定论,但根据我们的经验,人类却显然又是安土重迁,最不爱移动的。"①与之类似,大卫·李嘉图在其《政治经济学及赋税原理》中论述劳动工资时也曾指出:"经验现象表明,大多劳动者通常而言都不愿意背井离乡,带着已成的习惯而置身于异国政府和法律之下。"②可见,不同生产要素的性质在很大程度上决定了其流动性的差异性。除此之外,在发达经济体和发展中经济体存在较大发展差距的情况下,由于发达经济体的工资水平相对较高,为了保护本国工资水平不受劳动力要素流动可能带来的巨大冲击,发达经济体对劳动力要素的跨国流动通常也会实施较为严格的限制,而这一要素正是发展中经济体的优势要素。在一定意义上来说,不同经济体间的发展差距是导致全球要素非对称流动的主要原因,其最终结果便是全球产业尤其是制造业基地向发展中经济体转移,并由此奠定了全球贸易失衡的产业基础。这一现象可以由图 5-5 和图 5-6 清晰

---

① 亚当·斯密:《国民财富的性质和原因的研究》,郭大力、王亚南译,商务印书馆 2010 年版,第 98 页。

② 大卫·李嘉图:《政治经济学及赋税原理》,丰俊功译,光明日报出版社 2009 年版,第 126 页。

地看出,即各类国家的外资净流入与贸易收支呈现出较高的一致性。由此,我们提出了假说1。

（单位:亿美元）

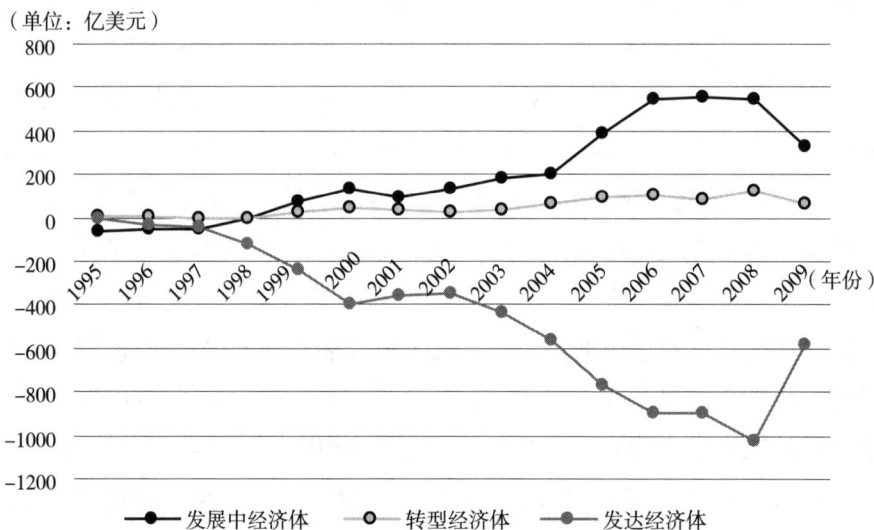

图5-5　不同经济体贸易收支状况（1995—2009 年）

资料来源:根据 UNCTAD 统计数据绘制。

（单位:亿美元）

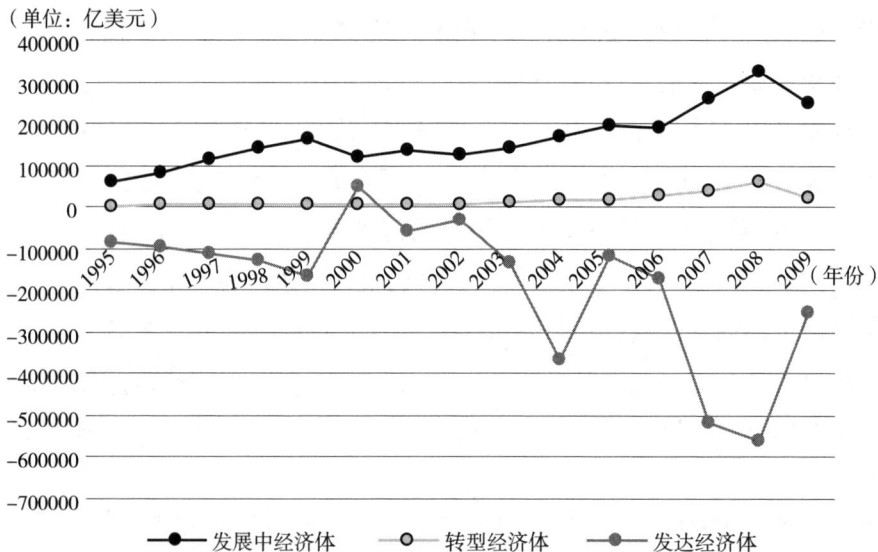

图5-6　不同经济体外资净利用额状况（1995—2009 年）

资料来源:根据 UNCTAD 统计数据绘制。

假说 1:经济发展水平差距以及由此导致的全球要素非对称性流动,使得全球产业结构调整尤其是制造业基地向发展中经济体转移,而生产基地的转移为之后贸易流向的失衡奠定了基础。

制造业基地从发达经济体向发展中经济体的转移,加速了生产及经济全球化进程。在产业发生转移之前,全球主要产出集中在发达经济体内部,而对产出的消费,或者说全球主要需求也主要集中在发达经济体内部。在全球要素非对称性流动的作用下,全球制造业向发展中经济体转移,这种转移虽然使得发展中经济体的全球供应能力增强,但是产业转移并没有使发展中经济体的消费提高到相应的水平。据世界银行发布的2010 年世界发展报告的统计数据显示:目前全球尚有 14 亿人生活在每天 1.25 美元的国际贫困线以下;2005 年,生活在中国以外地区的贫困人口较之 1981 年时至少增加了 1 亿;而且,目前全球有超过八成的人口居住在其所在地收入差距正在不断拉大的国家和地区。南北收入仍然存在较大差距的严峻事实,意味着全球消费仍然集中在发达经济体(周宇,2011[①])。换言之,南北发展的巨大落差,导致发展中经济体需求不足,世界经济增长不得不倚重发达经济体的消费,而难以借助中低收入国家的消费,使得发展中经济体的总供给大于总需求,因而产生全球贸易失衡。于是,我们提出假说 2。

假说 2:在全球生产或者说供给日益全球化的情况下,南北收入存在巨大差距必然导致需求仍主要集中在发达经济体内部,从而造成全球贸易失衡。

当然,根据经典的赫克歇尔—俄林(H—O)贸易理论框架,要素流动的限制是不会导致贸易失衡的。即使当要素完全不可流动时,商品的国际贸易仍将完全替代要素流动,从而均衡结果与要素能够流动是完全一致的。因此,依据相同的道理,当劳动力和土地要素不能流动时,富有这些要素的国家将通过出口劳动力和土地密集型的商品,与发达国家的资本和技术密集型产品交换,从而未必出现贸易盈余。但是,此处需要进一

---

① 周宇:《全球治理与中国的参与战略》,《世界经济研究》2011 年第 11 期。

步指出的是,当前全球贸易失衡是难以在传统贸易理论框架下得到全面准确解释的,其中根本原因就在于,伴随着要素尤其是资本流动所带动的产业国际梯度转移和产品价值增值环节的梯度转移,当前全球贸易的性质已经发生了根本性的变化,即从传统分工模式下为最终产品价值实现而进行的国际交换转变为确保全球生产的正常进行而进行贸易。因此,我们认为,当前的贸易问题已不再是商品间或商品和要素间的简单交换问题,必须从全球生产或者说日益全球化的供给角度进行新的认识。贸易在很大程度上是生产全球化的结果,是全球生产和消费相对变化的结果,这一点正是本章分析全球贸易失衡的出发点。我们认为,在传统的分工模式下,横向贸易(horizontal trade)更多地表现为各自发挥比较优势而进行的"互通有无"或"各取所长"式的商品交换,因此从理论上来说,贸易应该是平衡的,这也是传统国际经济理论所强调的;但在新的国际分工形式下,纵向贸易(vertical trade)更多地表现为全球生产中的一个"流转"环节,而当全球生产能力出现转移但并未逻辑地出现相一致的消费能力变化时,贸易失衡便会由此而产生。这或许是为什么在新的国际分工模式下会出现贸易失衡的本质。

基于以上分析所得出的基本假说,我们将运用有关统计数据,通过计量回归对其逻辑上的一致性进行检验。

四、变量选取、模型设定及数据说明

(一)变量选取及模型设定

首先,被解释变量的选取。国际上通常采用两种方法测度贸易失衡,一是"贸易不平衡度",即贸易差额占当年进出口总额的比重;二是使用贸易差额占当年该国或地区 GDP 的比重。本章在被解释变量的选取上,同时采用这两种测度方法,即选取各国或地区进出口差额与该国或地区同期进出口总额之比($NX1$)以及与 GDP 之比($NX2$),作为测度贸易失衡程度的指标,以进行综合比较分析。

其次,解释变量的选取。根据上文的理论假说,我们选取两个解释变量和四个控制变量。两个解释变量分别为经济发展水平差距指数和国际直接投资净利用指数;四个控制变量分别为人口抚养比差距指数、金融发展差距指数、经济增长率差距指数以及贸易开放度差距指数。之所以选取上述六个变量,主要是基于以下考虑:

第一,解释变量。20世纪90年代以来,全球贸易失衡的主体特征表现为:发达经济体出现了持续甚至在规模上呈现逐步扩大趋势的贸易逆差,而发展中经济体和转型经济体出现了持续的贸易逆差。从全球产业结构的调整流向来看,与全球贸易失衡相伴随的一个突出现象就是全球对外直接投资(OFDI)的流向,与全球贸易失衡在方向上具有高度一致性,即就整体而言,出现持续性贸易逆差的发达经济体对外直接投资额要多于其引进的外国直接投资额(IFDI);而出现持续贸易顺差的发展中经济体和转型经济体吸引的外国直接投资额则要多于其对外直接投资额。而这一点其实也正是本章提出上述理论假说的现实基础。因此,选取经济发展水平差距指数(YG)和国际直接投资净利用指数(NF),作为关键的解释变量。其中,经济发展水平差距指数的计算方法如下:首先,分别计算样本国(地区)中发达经济体和发展中经济体人均GDP的均值水平,分别作为发达经济体和发展中经济体经济发展水平的基准值,然后再用发达经济体中各样本国(地区)的人均GDP减去发展中经济体的基准值,用发展中经济体中各样本国(地区)的人均GDP减去发达经济体的基准值,作为经济发展差距的替代变量。① 国际直接投资的净利用指数,即各样本国(地区)各期流入的国际直接投资额(inward FDI)与对外直接投资额(outward FDI)之差,也可称之为净外资利用额。

第二,在控制变量的选择上。正如前文的文献回顾中所指出,现有许多研究已经表明,全球贸易失衡在一定程度上,既有来自发展中经济体人

① 采用这一方法测度经济发展水平差距指数,显然具有不尽合理之处,但是由于本章所关注的重点是"两类"经济体的发展差距,因此,从经济体的"大分类"上来看,这一测度方法大体可以反映其发展差距水平。此外,由于各样本国(地区)的人均GDP并不相同,因此,以某一类经济体中各样本国(地区)的人均GDP减去另一类经济体的"基准值",其结果之间的差异性仍然"保留"了单个样本国或地区在该类经济体内部相对发展水平差距。

口红利的影响,也有源自发达经济体和发展中经济体金融发展差距的影响,还有可能来自不同国家经济增长率差异的影响。此外,我们认为,与全球贸易失衡有关的另一重要因素就是贸易开放度。相对于封闭经济而言,只有开放才会产生所谓全球失衡问题。所以,从这一意义来看,贸易开放度也可能会对全球贸易失衡产生影响。因此,为了相对全面地考虑到现有研究所指出的关键性影响因素,在分析过程中纳入了人口抚养比差距指数(DR)、金融发展程度差距指数(FL)、经济增长率差距指数(GR)以及贸易开放度差距指数(FD),以作为控制变量。其中,人口抚养比的计算,我们采用一个国家(地区)中人口年龄结构处于 15 岁以下和 65 岁以上人口所占比重,而人口抚养比差距指数的计算方法,与上述经济发展水平差距指数的计算方法类似。针对一国金融发展程度的测量,目前尚无统一的方法,借鉴李巴兹(Lebarz,2011)的测度方法,本章使用银行信贷与银行存款之比作为测度金融发展程度的替代变量,而金融发展程度差距指数的计算也与上述经济发展水平差距指数的计算方法类似。经济增长率即采用人均 GDP 增长率,经济增长率差距指数的计算也与上述类似。贸易开放度指数使用现有文献中惯用的外贸依存度进行测量,即进出口贸易总额与该国或地区 GDP 之比作为测度变量,其差距指数的计算也与上述类似。相关变量的设定及其描述性定义见表 5-4。

表 5-4 研究变量设定及其描述

变量类别	变量符号	变量描述
贸易失衡	$NX1$	各国或地区进出口差额与该国或地区同期的进出口总额之比
	$NX2$	各国或地区进出口差额与该国或地区同期的 GDP 之比
经济发展水平差距指数	YG	样本国(地区)中各发达经济体人均 GDP 与发展中经济体基准值之差,以及样本国(地区)中发展中经济体人均 GDP 与发达经济体基准值之差
国际直接投资的净利用指数	NF	各样本国(地区)各期流入的国际直接投资额与对外直接投资额之差

续表

变量类别	变量符号	变量描述
人口抚养比差距指数	*DR*	人口抚养比采用样本国(地区)中人口年龄结构处于15岁以下和65岁以上人口所占比重,差距指数的计算与 *YG* 计算方法类似
金融发展差距指数	*FL*	金融发展程度采用银行信贷与银行存款之比作为替代变量,其差距指数的计算与 *YG* 计算方法类似
经济增长率差距指数	*GR*	经济增长率即采用样本国(地区)人均 GDP 增长率,其差距指数的计算与 *YG* 计算方法类似
贸易开放度差距指数	*FD*	贸易开放度采用进出口贸易总额与一国或地区 GDP 之比,其差距指数的计算与 *YG* 计算方法类似

综合以上分析,并且考虑变量 *NF* 和 *GR* 可能产生的滞后影响,我们构建如下基本的面板数据计量模型:

$$NX_{i,t} = \alpha_0 + \alpha_1 YG_{i,t} + \alpha_2 NF_{i,t} + \alpha_3 NF_{i,t-1} + \alpha_4 DR_{i,t} + \alpha_5 FL_{i,t} +$$
$$\alpha_6 GR_{i,t} + \alpha_7 GR_{i,t-1} + \alpha_8 FD_{i,t} + \mu_t + \gamma_i + \varepsilon_{i,t} \qquad (5-1)$$

其中下标 i 和 t 分别表示样本国(地区)和时间(以年度表示), μ_t 表示时期固定效应变量, γ_i 表示国家(地区)的固定效应变量, $\varepsilon_{i,t}$ 为随机误差项。

(二)数据来源及说明

使用跨国面板年度数据对上述计量方程进行估计。考虑到经济体在贸易失衡方面的代表性及数据可获性、连续性,共选取 24 个经济体作为样本①。这些经济体的 GDP 数据及人均 GDP 数据来自世界银行的世界发展指标统计数据库(World Development Indicator Database);进、出口贸易数据、对外直接投资的流入和流出额以及经济增长率的相关数据,均来自联合国贸发会议统计数据库(UNCTAD Statistics);人口抚养比数据来自世界银行的世界发展指数数据库;金融发展指数中采用的银行信贷与银行存款之比的数据来自世界银行组织提供的金融发展与结构数据库

---

① 这 24 个样本分别包括印度尼西亚、中国、泰国、俄罗斯、乌兹别克斯坦、阿根廷、巴西、委内瑞拉、文莱达鲁萨兰国、新加坡、阿拉伯联合酋长国、利比亚和马来西亚等 13 个发展中经济体和转型经济体以及波兰、葡萄牙、新西兰、意大利、澳大利亚、加拿大、法国、奥地利、英国、美国、卢森堡等 11 个发达经济体。

（Financial Development and Structure Database）。依据表5-4的变量设定及其计算方法，利用上述数据来源，计算后得到的各关键变量统计性描述见表5-5。

表5-5　各关键变量描述性统计

	中值	中位数	最大值	最小值	标准差	观测数
NX1	0.04	0.02	0.64	-0.31	0.18	360
NX2	0.04	0.01	0.57	-0.15	0.12	360
YG	-14147.58	-13958.51	67902.88	-50422.05	17550.71	360
NF	-118.59	-1143.34	177566.00	-171371.20	29524.41	360
DR	0.00	0.01	0.06	-0.11	0.04	360
FL	0.02	0.10	0.34	-0.59	0.18	360
GR	-0.19	-0.27	14.05	-16.14	4.41	360
FD	0.02	-0.16	2.90	-0.65	0.62	360

五、检验结果和分析

在对计量方程（5-1）进行估计之前，我们先对计量方程（5-1）中各序列之间的单位根过程及其协整关系进行检验，以明晰上述变量之间是否存在长期均衡关系。检验结果分别如表5-6和表5-7所示。从表5-6的结果我们可以看出，计量方程（5-1）各原始序列具有相同的单位根过程，经过一阶差分后，各序列平稳。

表5-6　单位根检验结果

检验方法	检验统计量	概率**	截面个数	观测值个数
零假设：各截面序列均有一个单位根（原始序列）				
IPS W 统计量	-0.15	0.83	192	2620
ADF-Fisher 卡方统计量	56.73	0.94	192	2620
PP-Fisher 卡方统计量	63.29	0.87	192	2688
零假设：各截面序列均有一个单位根（一阶差分）				

续表

检验方法	检验统计量	概率**	截面个数	观测值个数
IPS W 统计量	-2.15	0.02	192	2388
ADF-Fisher 卡方统计量	366.46	0.00	192	2388
PP-Fisher 卡方统计量	370.05	0.00	192	2496

各序列协整检验采用的方法是潘卓尼(Pedroni)(Engel-Granger Based)检验法,其结果见表5-7(其中上半部分是以 $NX1$ 作为被解释变量时的协整检验结果,下半部分是以 $NX2$ 作为被解释变量时的协整检验结果),从表5-7的检验结果我们可以看出,各统计量均在1%的置信性水平下显著,即 Pedroni 检验认为模型5-1中各序列之间存在长期均衡关系。

表5-7　Pedroni 协整检验结果

备择假设:有共同 AR 系数	$NX1$ 为被解释变量			
	Statistic	Prob.	Weighted Statistic	Prob.
Panel v-统计量	-2.01	0.20	-4.43	0.01
Panel rho-统计量	-1.24	0.10	-5.33	0.00
Panel PP-统计量	-2.74	0.01	-6.85	0.00
Panel ADF-统计量 c	-2.15	0.09	4.03	0.03
备择假设:有共同 AR 系数	$NX2$ 为被解释变量			
	Statistic	Prob.	Weighted Statistic	Prob.
Panel v-统计量	-2.70	0.19	-3.79	0.03
Panel rho-统计量	1.125	0.20	-5.23	0.00
Panel PP-统计量	2.31	0.99	-5.18	0.00
Panel ADF-统计量 c	2.18	0.88	-2.49	0.04

考虑到仅以样本自身效应为条件进行研究,因此,对上述计量方程(5-1)进行估计时,我们采用固定效应模型。首先,以进出口差额与进出口总额之比作为贸易失衡替代变量($NX1$)进行回归,结果见表5-8。

表5-8　固定效应模型回归结果

被解释变量 / 解释变量	贸易失衡(NX1)							
	(1)	(2)	(3)	(4)	(5)	(6)	(7)	(8)
YG	-1.88E-06** (-2.39)	-1.87E-06** (-2.37)	-1.54E-06** (-2.12)	-1.74E-06** (-2.16)	-1.45E-06** (-2.29)	-1.75E-06** (-2.01)	-1.75E-06** (-2.01)	-1.43E-06** (-2.32)
NF	—	-3.08E-08 (-0.17)	-9.15E-09 (-0.02)	-9.15E-09 (-0.05)	-6.71E-09 (-0.03)	-9.28E-09 (-0.05)	-9.04E-09 (-0.05)	-2.48E-09 (-0.01)
NF(-1)	—	—	8.46E-08** (2.46)	8.03E-08** (2.44)	7.72E-08** (2.42)	8.64E-08** (2.47)	8.63E-08** (2.47)	8.01E-08** (2.44)
DR	—	—	—	-0.94* (-1.85)	-1.01* (-1.87)	-0.85* (-1.88)	-0.82* (-1.96)	-0.72* (-1.99)
GR	—	—	—	1.21E-03 (0.98)	1.97E-03 (1.53)	2.01E-03 (1.53)	2.01E-03 (1.53)	1.75E-03 (1.34)
GR(-1)	—	—	—	—	—	2.39E-03* (1.89)	2.33E-03* (1.87)	2.56E-03* (1.96)
FL	—	—	—	—	—	—	-0.01** (-2.18)	-0.01** (-2.07)
FD	—	—	—	—	—	—	—	0.08 (1.03)
常数项	0.01 (1.28)	0.01 (1.28)	0.02* (1.78)	0.02* (1.67)	0.02* (1.91)	0.02 (1.52)	0.02 (1.53)	0.02* (1.68)
R^2	0.82	0.82	0.83	0.83	0.83	0.83	0.83	0.84
样本观测数	360	360	360	336	336	336	336	336

说明:在所有的估计中都包括时期固定效应和截面固定效应,受到篇幅所限,此处仅仅给出各变量的系数估计值。估计系数下方括号内的数字为系数估计值的 t 统计量,其中＊＊＊、＊＊、＊分别表示在1%、5%及10%的显著性水平上显著,下表同。

考虑到检验结果的稳定性,以经济发展水平差距指数作为基础变量,依次加入其余变量进行回归。在表5-8的估计结果中,第(1)列结果是仅将经济发展水平差距指数(YG)作为解释变量进行回归所得。结果显示,经济发展水平差距指数在5%的显著性水平下对贸易失衡存在着显著负面影响。具体而言,根据经济发展水平差距指数的设定可知,上述回归结果意味着经济发展水平差距越大,或者说增大一个单位时,就会导致发展中经济体出现1.88E-06单位的顺差形式的贸易失衡,或者说相应的发达经济体就会出现1.88E-06单位的逆差形式的贸易失衡。第(2)列是将国际直接投资的净利用指数(NF)作为解释变量纳入后进行回归所得结果。回归结果表明,国际直接投资的净利用指数变量的回归系数为负,这一结果多少有些出乎我们的意料,因为这一结果意味着,国际直接投资净利用水平的上升,反而会导致贸易顺差的减少或者说缓解贸易逆差,即对贸易失衡似乎具有平抑作用,尽管这种作用不具有显著性影响。这一结果与前文的理论假说似乎呈现了不一致的情况。对此,我们还需要进一步的分析。表中第(3)—(8)列的回归结果,是在计量方程中依次纳入国际直接投资的净利用指数滞后一期变量、人口抚养比差距指数变量、经济增长率差距指数变量、经济增长率差距指数滞后一期变量、金融发展差距指数变量以及贸易开放度差距指数变量所得出的回归结果。容易看出,纳入上述各变量后,并没有改变经济发展水平差距指数变量和国际直接投资的净利用指数变量对贸易失衡影响的显著性及其方向性。然而值得我们注意的是,国际直接投资的净利用指数滞后一期($NF(-1)$)的系数估计值为正,且在5%的显著性水平下具有积极影响。这一结果意味着国际直接投资的净利用指数的变化,对贸易失衡的影响具有滞后性。具体而言,就是指发展中经济体前一期净利用额的增加,会带来下一期贸易顺差的增加,与此相对应,发达经济体前一期净流出额的增加,会导致下一期贸易逆差的增加。考虑到这一估计结果,我们便不难理解上述 NF 的系数估计值为正的情况,可能的解释在于:当期投资的变化,例如发达经济体向发展中经济体增加投资,往往会带动母国机械、设备等产品出口,因此在当期可能表现为对贸易失衡具有缓冲作用,而投资所带来的生产效应及其滞后的贸易"返流",会加大贸易失衡效应,并在滞后性上显著地表现出来。由此,本章的假说1和假说2得到了较好的逻辑一致性验证。即,以国际直接投资的净利用指数表示的非对称要素流动以及以发展水平差距指数表示的国家间发展差距,对全球贸易有着显著的促进作用。更确切地说,跨国公司以 FDI 形式推动的全球产业和产品价值增值环节的国际梯度转移,使得全球产出能力在区域格局上发生了名义相对变化,从而奠定了全球贸易失衡的产业基础。在这一新的分工形式下,为确保全球正常生产所进行的贸易,在流通层面必然表现为失衡。举例而言,与早期跨国公司将某产品生产和消费均定位于

A 国的情况相比，如果现在该产品部分生产转移至 B 国而消费市场仍定位于 A 国，那么，为了确保全球生产的正常进行就会表现为 B 国从 A 国进口 100 美元的中间投入品，组装加工后以 105 美元再出口到 A 国消费市场，由此必然表现为贸易上的失衡。这是贸易性质的变化所带来的必然逻辑。而当全球生产或者说供给层面的名义变化，在存在巨大发展差距情形下未能形成与消费需求相一致的变化时，随之必然带来贸易的失衡。对此，我们可以将上述例子中的 5 美元失衡或者说价值增值部分进行进一步分解加以明晰。正如前文所述，全球生产能力的转移往往伴随着资本要素的跨国流动，所以，从 GNP 的角度来看，上述 5 美元的价值增值部分并非全部归 B 国所有，因为 A 国投资了 B 国，A 国将参与 5 美元价值增值的分配。因此，不论其分配机制如何，A 国参与分配后 B 国所能获得的真正价值增值部分或者说收入就会少于 5 美元，比如说来自 A 国的跨国公司分得 2 美元后留给 B 国的只有 3 美元。此时，即便 B 国的边际消费倾向等于 1，其消费需求和能力的提高相应地也只有 3 美元（此时我们暂不考虑 B 国是否真的会完全将赚来的 3 美元用于"进口消费"，此处姑且假定情况是如此，下文将再针对这一问题展开讨论）。由此可见，全球生产能力的转移使得 B 国的生产能力提升了 5 美元的水平，而 B 国的消费水平并未相应地提高 5 美元而只是 3 美元的水平。这就是理论阐述中所指出的生产能力的变化并未带来消费能力相一致的变化，也是贸易失衡的本质。

当然，上述例子的"故事"可能并没有到此结束，这是因为，稍稍复杂的一点情况是，如果来自 A 国跨国公司将其获得的 2 美元分配额仍然"留在" B 国使用，那么此时加入到全球生产流转环节的国家 B，会在对 A 国的"净出口"中获得 5 美元的收入，而这 5 美元是 A 国对 B 国的负债，也即是 B 国持有的 A 国资产，那么在这种格局下，我们可能自然会问：为什么 B 国不使用"净赚"的 5 美元进行进口呢？只要 B 国用赚来的 5 美元进口 A 国产品，两国贸易依旧会平衡而不会出现失衡。对此，我们的理解是，一方面，现实中的国际贸易，即出口和进口并非以物物交换的形式同时进行，而是彼此分离，因此我们很难确切预知一国从"净出口"中所赚取的收入是否一定会立即以进口的形式"消费"掉；另一方面，从出口贸易和进口贸易的主体来看，最终还是以企业和个人等微观经济参与人为主，而企业和个人进行的国际贸易，则完全是出于经济利益或其他动机所进行的一种自发性交易。因此，从自发性交易的角度来看，我们更没有理由预测，企业或个人等微观经济主体一定会将从"净出口"中赚取的"收入"用于进口。换言之，在分工演进和全球生产变革的大背景下，融入跨国公司所主导的全球生产体系，依据本章上述逻辑，自发性交易的一个首要结果就是可以获得增加值和额外收入，即表现为"失衡"，而依靠自发性交易却很难保证"获得增加值和额外收入"一定会被用于进口从而实现贸易"平衡"，特别是在存在发展差距进而消费能力不足的情形下更是如此。此外，微观经济主体之间由自发性交易所产生的债权债务关系，最终会"演变为"国与国之间的宏观层面的债权债务关系。因此，从这一意义上来说，在依靠微观经济主体的自发性交易难以实现贸易"平衡"的情形下，宏观层面的国家"干预"，比如出台鼓励性的进口贸易政策以及实现进口贸易的便利化等，可能会对贸易"平衡"起到有效的调控和导向作用，也就是说，国家和政府应该担起贸易"再平衡"的"重任"。

至于其他的控制变量，人口抚养比差距指数变量的系数估计值为负，且在10%的显著性水平下对贸易失衡有显著影响，或者说这一结果证实了发展中经济体人口抚养比指数较低，由此导致人口红利对全球贸易失衡具有一定的促进作用。经济增长率差距指数对全球贸易失衡没有显著影响，但滞后一期的系数估计值为正且具有10%的显著性水平。这一结果意味着自20世纪90年代中期以来发展中经济体和转型经济体强劲的经济增长，对全球贸易失衡还是具有促进作用的。金融发展差距指数的系数估计值在5%的显著性水平下为负，这一点与现有文献的研究结论基本一致。发达经济体较为完善的金融市场为消费融资提供了更为便利的渠道，而发展中经济体则不然，由此便在一定程度上促成了全球贸易失衡。至于贸易开放度差距指数，回归结果显示并不具备显著影响。

表5-9　固定效应模型回归结果 B

被解释变量＼解释变量	贸易失衡(NX2)							
	(1)	(2)	(3)	(4)	(5)	(6)	(7)	(8)
YG	-1.02E-06*** (-2.66)	-1.02E-06*** (-2.65)	-7.54E-07** (-2.22)	-9.04E-07** (-2.45)	-6.63E-07** (-2.00)	-7.49E-07** (-2.11)	-7.40E-07** (-2.09)	-6.46E-08** (-2.09)
NF	—	-1.57E-08 (-0.11)	-1.88E-09 (-0.01)	-1.55E-09 (-0.01)	-4.70E-10 (-0.01)	-2.67E-10 (-0.01)	-9.13E-10 (-0.01)	-1.28E-08 (-0.09)
NF(-1)	—	—	6.80E-08** (2.48)	6.48E-08** (2.46)	6.23E-08** (2.44)	6.49E-08** (2.46)	6.52E-08** (2.46)	5.22E-08** (2.39)
DR	—	—	—	-0.69* (-1.78)	-0.75* (-1.71)	-0.71* (-1.58)	-0.79* (-1.69)	-0.57* (-1.79)
GR	—	—	—	1.01E-03 (1.05)	1.22E-03 (1.21)	1.13E-03 (1.12)	6.14E-03 (0.63)	—
GR(-1)	—	—	—	—	—	0.6.85E-04* (1.69)	8.51E-04* (1.83)	1.34E-03* (1.79)
FL	—	—	—	—	—	—	-0.04** (-2.63)	-0.08** (-2.40)
FD	—	—	—	—	—	—	—	0.18*** (5.74)
常数项	0.03*** (2.86)	0.03*** (2.86)	0.03*** (3.45)	0.03*** (3.34)	0.04*** (3.50)	0.03*** (3.30)	0.03*** (3.21)	0.03*** (3.79)
R^2	0.77	0.77	0.79	0.79	0.79	0.79	0.79	0.81
样本观测数	360	360	360	336	336	336	336	336

　　将进出口差额与同期 GDP 之比作为贸易失衡的替代变量,然后对计量方程(5-1)进行重新估计,结果如表5-9。比较表5-9的结果与表5-8的结果可以看出,各关键解释变量以及控制变量的回归结果在显著性及其影响方向上并无实质性改变,二者保持了较高的一致性。唯一出现较为显著改变的,就是贸易开放度差距指数的系数估计值,在表5-9中具有了显著性影响。当然,导致这一变化的根本原因,可能在于对被解释变量的设定上。因为将进出口差额与同期 GDP 之比作为贸易失衡的替代变量时,与贸易开放度,即进出口总额与 GDP 之比,可能容易产生一定的相关性。我们知道,在当前要素流动和全球价值链分工模式下,发达国家跨国公司将诸如中国这样的发展中国家当作"价值增值地"和"出口平台",由于"两头在外"的特征较为明显,由此带来的进出口总额迅速扩张的同时,贸易差额可能也呈逐步扩大之势,从而两者表现出一定的一致性

变化趋势。至于其系数估计值为正,主要是因为发展中经济体经济规模总体偏小,所以与发达经济体相比,由此计算出来的贸易开放度会稍微偏高,因此这种影响方向就表现为正。当然,反过来从发达经济体进行理解也是同样道理。总之,以进出口差额与同期 GDP 之比作为被解释变量,回归结果同样验证了本章理论假说 1 和假说 2 的正确性。

当然,上述固定效应模型的回归结果可能存在一个关键性的约束问题,也就是面板数据模型所通常面临的内生性问题。为了克服可能存在的内生性问题而对估计结果产生的不良影响,此处采用广义矩(GMM)估计方法,对上述模型进行重新估计。在采用广义矩方法进行估计时,此处选取的工具变量即为滞后一期的贸易失衡变量。与前述研究思路保持一致,表 5-10 和表 5-11 的结果,是分别将变量 $NX1$ 和 $NX2$ 作为被解释变量进行估计所得结果。

表 5-10 GMM 估计结果 A

解释变量 \ 被解释变量	贸易失衡变量 $NX1$							
	(1)	(2)	(3)	(4)	(5)	(6)	(7)	(8)
YG	-2.15E-06*** (-2.62)	-2.13E-06** (-2.58)	-2.12E-06** (-2.58)	-2.26E-06*** (-2.70)	8.23E-07*** (-2.96)	-9.65E-07** (-2.10)	-9.80E-07** (-2.12)	-6.40E-07*** (-2.72)
NF	—	-7.93E-08 (-0.45)	-7.21E-08 (-0.39)	-7.51E-08 (-0.41)	-6.31E-08 (-0.36)	-6.43E-08 (-0.36)	-6.32E-08 (-0.36)	-5.63E-08 (-0.32)
$NF(-1)$	—	—	3.47E-08** (2.18)	3.19E-08** (2.17)	1.71E-08** (2.09)	2.14E-08** (2.11)	2.10E-08** (2.11)	1.44E-08** (2.08)
DR	—	—	—	-0.61** (-2.04)	-0.96*** (-2.69)	-0.89** (-2.53)	-0.75** (-2.24)	-0.64** (-2.06)
GR	—	—	—	—	0.01 (0.86)	0.01 (0.90)	0.01 (0.96)	0.01 (0.77)
$GR(-1)$	—	—	—	—	—	1.13E-03* (0.89)	8.57E-03* (0.65)	1.11E-03* (0.84)
FL	—	—	—	—	—	—	-0.06** (-2.23)	-0.04** (2.15)
FD	—	—	—	—	—	—	—	0.09** (2.14)
常数 C	0.01 (0.84)	0.01 (0.86)	0.01 (0.86)	0.01 (0.79)	0.03** (2.48)	0.03** (2.26)	0.03** (2.33)	0.03** (2.50)
判决系数 R^2	0.81	0.81	0.81	0.82	0.83	0.83	0.83	0.83
样本观测数	336	336	336	336	336	336	336	336

表 5-10 的估计结果与表 5-8 的估计结果相比较,容易看出,所得结果基本上没有太大变化,唯一值得注意的变化也仅仅在于贸易开放度差距指数的系数估计值上,即在采用广义矩估计结果中,该变量在 5% 的显著性水平下具有了显著影响,这一结果与表 5-9 的估计结果是一致的。

表 5-11 GMM 估计结果 B

解释变量\被解释变量	贸易失衡变量 $NX2$							
	(1)	(2)	(3)	(4)	(5)	(6)	(7)	(8)
YG	-1.16E-06*** (-2.80)	-1.15E-06** (-2.28)	-1.15E-06*** (-2.78)	-1.29E-06*** (-2.96)	-5.48E-07*** (-2.79)	-5.94E-07*** (-2.84)	-6.03E-07*** (-2.86)	-1.12E-07** (-2.16)
NF	—	-3.91E-08* (-1.78)	-3.68E-08 (-0.25)	-3.98E-08 (-0.28)	-3.36E-08 (-0.24)	-3.40E-08 (-0.24)	-3.33E-08 (-0.23)	-1.88E-08 (-0.14)
$NF(-1)$	—	—	1.09E-08** (2.07)	8.05E-09 (2.05)	4.06E-10** (2.01)	1.82E-09** (2.01)	1.52E-09** (2.01)	1.22E-08** (2.08)
DR	—	—	—	-0.61** (-2.33)	-0.80*** (-2.74)	-0.77** (-2.66)	-0.68** (-2.41)	-0.45*** (-2.98)
GR	—	—	—	—	0.01 (1.12)	0.01 (1.07)	0.01 (1.13)	0.01 (0.73)
$GR(-1)$	—	—	—	—	—	3.69E-04** (2.36)	1.89E-04** (2.17)	7.16E-04** (2.71)
FL	—	—	—	—	—	—	-0.04*** (-2.66)	3.47E-03** (2.05)
FD	—	—	—	—	—	—	—	0.19*** (5.88)
常数项	0.02** (2.41)	0.02** (2.41)	0.02** (2.41)	0.02** (2.31)	0.03*** (3.30)	0.03*** (3.16)	0.03*** (3.21)	0.03*** (3.81)
R^2	0.76	0.76	0.76	0.76	0.77	0.77	0.77	0.79
样本观测数	336	336	336	336	336	336	336	336

将进出口差额与同期 GDP 之比作为贸易失衡的替代变量,然后利用广义矩估计方法,再对计量方程(5-1)进行重新估计,结果见表 5-11。比较表 5-10 和表 5-11 的估计结果,二者保持了较高的一致性。换言之,就本章最为关注的解释变量而言,经济发展差距对全球贸易失衡具有显著的积极影响,对外直接投资的净流出额在滞后一期上对全球贸易失衡也具有显著影响。本章提出的假说 1 和假说 2 再一次得到了较好验证。

六、结论性评述及启示

20世纪90年代中期以来,全球贸易失衡表现出较为显著的主体特征,即全球贸易逆差主要集中在以美国为代表的发达经济体,而贸易顺差主要集中在以中国为代表的发展中经济体和转型经济体。两类经济主体之间存在一个极为显著的差别就是,两者之间具有巨大的发展差距。基于这种认识,本章提出了发展差距对全球贸易失衡影响的理论假说,并通过计量分析对理论假说进行了逻辑一致性检验。计量检验结果揭示:收入发展差距对全球贸易失衡具有显著的促进作用,换言之,发达经济体较高的收入水平和发展中经济体及转型经济体相对较低的收入水平,共同导致了全球贸易失衡,并表现为贸易逆差主要集中在发达经济体,而顺差主要集中在发展中经济体和转型经济体;而对外直接投资的净流出额对全球贸易失衡同样具有显著的促进作用,只不过这种效应具有滞后性。此外,从其他影响全球贸易失衡的因素来看,其实质都可以归为南北发展差距以及由此带来的要素非对称性跨国流动这一根本原因。例如,就人口抚养比差距指数而言,人口红利对贸易失衡具有促进作用。而所谓的人口红利,从本质上来看,还是由于整体收入水平较低从而导致消费难以有效扩大,产出的增长主要还是倚重于发达经济体的消费,从而对贸易失衡具有促进作用;与此同时,也正是由于巨大发展差距的存在,所谓的人口红利才会转化为低成本的劳动力要素优势,从而成为吸引发达经济体跨国资本流动的主要因素。再比如,金融市场的发展程度,显然是与经济体总体发展水平进程密切相关的。

既然南北发展的严重不平衡是造成全球贸易失衡的重要原因,那么,治理全球贸易失衡问题应注重进一步缩小南北发展差距的重要作用。这就要求发达经济体应该践行全球“包容性”增长理念,给予包括中国在内的发展中经济体和转型经济体以更多的帮助、扶持,以推动全球经济的和谐发展、共同发展和可持续发展。当然,尽管全球贸易失衡的根源在于南北发展差距的严重不平衡,但是作为全球贸易失衡的焦点——中国持续性的贸易顺差,的确在一定程度上对部分发达经济体造成冲击,面临着显著的外部压力。因此,中国进一步大力发展对外贸易,必须要营造一个和谐的国际环境。为此,在经济全球化视野下坚持科学发展、和谐发展、可持续发展的道路,倡导"和谐世界"新理念,营造和谐共赢的国际环境,通过适当控制重污染、资源耗竭型、出口规模已经足够大、身处"摩擦重灾区"的产品及产品生产环节的出口以及通过实施"走出去"战略转移我国过剩产能等,适度减少中国的贸易顺差,实施进出口平衡发展战略,理应成为中国开放型经济发展的战略选择。此外,正如前文分析指出,在难以依托自发性交易而实现贸易"平衡"时,国家的宏观"导向"可能就显得异常重要。也就是说,从政府层面来看,可以通过培育进口主体、构建进口促进平台、出台并落实诸如进口贴息、信贷、保险等进口政策等,从而为我国微观经济主体提供更为便利化的进口环境和优惠的政策,这不仅对于通过扩大进口而实现贸易"平衡"具有重要作用,同时在进一步发挥和增强进口在中国开放型经济发展中的贡献都具有重要作用。因此,进一步调整进口政策的目标和功能,推动国内产业转移和结构优化升级具有十分重要的意义。

第六章　要素分工与贸易保护

　　国际贸易政策是一国政府所采取的与贸易有关的经济贸易政策的总称。根据一国对贸易的不同态度及采取的措施,可以分为自由贸易政策和保护贸易政策。由于国际贸易虽然在总体上能够促进一国经济发展、增加国民福利,但却会影响贸易利益在不同利益集团之间的分配,因此,虽然贸易保护政策相对于自由贸易政策而言总体上是不好的,但几乎任何时期各国政府都对国际贸易采取或多或少的保护措施。即便是在1995 年 WTO 成立、贸易自由化有了体制保障后,保护贸易政策及其措施仍拥有广泛的市场。但是在生产日益国际化、要素分工成为当前国际分工的主导形式、各国(地区)之间的经济联系日益密切的情况下,实施贸易保护的效果如何,继续实施贸易保护的现实依据是什么,当前全球贸易保护出现了怎样的发展趋势,贸易保护的对象和保护手段如何选择等一系列理论和实际问题,都需要作出进一步深入探讨。本章将在对现有保护贸易政策理论加以回顾和评述的基础上,分析要素分工条件下贸易保护的新发展及其实施保护的依据和措施。

第一节　贸易保护理论的回顾及评论

　　对有关保护贸易理论和政策的分析,可以追溯到 15 — 17 世纪欧洲资本主义生产方式准备时期,大致可以分为三个发展阶段,先作一简要回顾。

一、重商主义的贸易保护理论

　　重商主义是 15 — 17 世纪欧洲资本原始积累时期代表商业资本利益

的经济思想和政策体系。重商主义者认为,货币是财富的唯一形态,一切经济活动的目的就是为了获取金银货币,一国货币金银拥有量的多寡反映了该国的富裕程度和国力的强弱。那么,怎样才能尽可能多地获取金银货币呢? 重商主义者认为,除了开采金银矿产外,只有发展对外贸易才是增加一国货币财富的真正源泉。因此,所谓重商主义,实际上就是重国际贸易主义。然而,若要通过对外贸易来积累金银货币财富,就必须保持贸易顺差。重商主义在国际贸易学说史上首创了国际贸易收支差额论,并着重分析了这个问题。重商主义者认为,在金属货币时代,只有发生贸易顺差,才能使得国外的金银财富流入到本国,他们还认为,只有通过对外贸易使金银货币发生净流入,才算是获得了贸易利益。由此,一个自然而然的政策主张就是鼓励出口,限制进口。因此,重商主义的重国际贸易主义实质是贸易保护主义。

重商主义的发展经历了早期重商主义和晚期重商主义两个阶段。早期重商主义产生于 15 — 16 世纪中叶,以货币差额论为中心(即重金主义),强调少买。该时期代表人物为英国的威廉·斯塔福。早期重商主义者主张采取行政手段,禁止货币输出,反对商品输入,以贮藏尽量多的货币。一些国家还要求外国人来本国进行交易时,必须将其销售货物的全部款项用于购买本国货物或在本国花费掉。16 世纪下半叶到 17 世纪是重商主义的第二阶段,即晚期重商主义,其中心思想是贸易差额论,强调多卖,代表人物为托马斯·孟。他认为对外贸易必须做到商品的输出总值大于输入总值(即卖给外国人的商品总值应大于购买他们商品的总值),以增加货币流入量。16 世纪下半叶,西欧各国力图通过实施奖励出口,限制进口,即奖出限入的政策措施,保证对外贸易出超,以达到金银流入的目的。早晚期重商主义的差别反映了商业资本不同历史阶段的不同要求。重商主义促进了商品货币关系和资本主义工场手工业的发展,为资本主义生产方式的成长与确立创造了必要的条件。重商主义的政策、理论在历史上曾促进了资本的原始积累,推动了资本主义生产方式的建立与发展。

重商主义的政策主张静态地看待世界资源,狭义地认为获取金银是经济发展的目标,利润只能来源于流通领域,忽略了国际贸易对发展生产力和提高社会福利水平的积极作用。其将一国利益与全球利益相割裂的观点是狭隘的、错误的。但另一方面,重商主义在贸易保护方面的政策主张在当时却对资本原始积累、推动新兴资本主义生产方式的发展起到积极作用,并对后世产生了极为深刻的影响。如日本在战后一方面积极参加各种自由贸易协定的签署,另一方面又采取各种形形色色、或明或暗的贸易保护措施,因而被称为"新重商主义"。日本经济学家就指出,如果日本对纺织品和农产品不实行贸易保护,则这两种产品的进口量将在现有基础上翻一番。

二、幼稚产业保护理论

幼稚产业保护理论最初于 18 世纪后半期由美国独立后的第一任财政部部长汉密尔顿提出,在 19 世纪中叶由德国的史学派先驱弗里德里希·李斯特加以系统化。李斯特认为生产力是决定一国兴衰存亡的关键,而保护民族工业就是保护本国生产力的发展。所以国家和政府需要作为民族工业发展强有力的后盾,而不是秉承古典学派的自由放任原则。

1791 年 12 月,汉密尔顿代表当时工业资产阶级的愿望与要求,向国会递交了题为《关于制造业的报告》。该报告认为,美国经济发展有赖于制造业的发展,美国独立不久,制造业仍然是幼稚产业,如果实行自由贸易政策,开放的环境将使其他国家有竞争力的差评冲垮刚刚成长的美国制造业,因此必须实行贸易保护政策,主要的保护手段是关税。与旨在增加金银货币财富、追求贸易顺差的重商主义的贸易保护政策不同,汉密尔顿的贸易保护思想和政策主张,反映的是经济不发达国家独立自主地发展民族工业的正当要求和愿望。

1841 年,德国进步资产阶级经济学家李斯特出版了其著名的《政治经济学的国民体系》,发展了汉密尔顿的贸易保护关税学说,建立了一套以生产力理论为基础、以保护关税制度为核心、为后进国家服务的贸易保护理论。李斯特认为,对于每一个国家来说,民族利益高于一切,英国古典学派所论证的自由贸易理论,只是有利于英国的利益而不利于其他国家,尤其是工业发展较为落后的国家。在当时英国工业发展水平高,而其他国家则因经济落后不具备自由贸易条件的情况下,推进自由贸易对经济落后国家而言无疑是灾难。因此,自由贸易制度和政策不适合经济落后国家,它们应当实行保护贸易制度,以国家经济学代替英国古典学派的世界主义经济学,最终使本国经济赶上或超过先进国家。李斯特指出,国家经济学的任务就是"研究如何使某一特定国家(在世界当前形势下)凭工农商业取得富强、文化和力量"。①

李斯特的贸易保护理论有两个特点。一是他将一国经济发展的历程分为五个阶段:原始未开化阶段、畜牧阶段、农业阶段、农工业阶段、农工商业阶段。他认为,在不同的经济发展阶段应采用不同的贸易政策,自由贸易并不适用于每个经济发展阶段。在农工业阶段的国家应采用保护主义的贸易政策,原因是此时本国工业虽有所发展,但发展程度低,国际竞争力差,不足以与来自处于农工商业阶段国家的产品相竞争。如若采用自由贸易政策,不但享受不到贸易利益,还会令经济遭受巨大冲击。

二是他提出了著名的生产力理论,论证后进国家保护幼稚产业的合理性。他强调财富的生产力比财富本身更为重要,其发展可以使得财富得到保障。为了发展生产力,忍受暂时的损失是值得的,等到生产力发展起来后,这种损失会得到补偿。根据生产力理论,李斯特指出,保护的对象应该是那些幼稚的但是有发展前途的、在国民经济中占有重要比重、其建立需要大量资金和技术的幼稚工业,保护的手段主要是关税,并且根据经济发展水平的不同,关税的水平也不一样。

可以说,汉密尔顿第一个明确提出保护幼稚产业的政策主张,而李斯特则第一个从理论上探讨了后进国家在面临国际竞争条件下,如何运用保护贸易政策与措施促进本国的经济发展,建立了具有完整体系的贸易保护理论。李斯特的贸易保护理论具有明显的经济学上的合理性,因而不仅成为后进国家对民族产业实行保护的有力依据,而且成为不同主张

① [德]弗里德里希·李斯特:《政治经济学的国民体系》,商务印书馆1961年版,第106页。

的各派经济学家都能接受的观点,即使是自由贸易坚定拥护者的英国古典经济学家穆勒也赞成幼稚产业保护理论。后来一批西方经济学家还进一步提出了幼稚产业的判别标准,其中有代表性和影响力的主要包括穆勒标准、巴斯塔布尔标准、肯普标准。穆勒标准认为,当某一产业规模较小、其生产成本高于国际市场价格的时候,如果任由自由竞争,该产业必然会亏损。如果政府给予一段时间的保护,使该产业能够发展壮大,以充分实现规模经济,降低成本,以致该产业最终能够完全面对自由竞争,并且获得利润,那么该产业就可以作为幼稚产业来加以扶植。巴斯塔布尔标准认为,判断一种产业是否属于幼稚产业,不仅要看将来是否具有竞争优势,还要在将保护成本与该产业未来所能获得的预期利润的贴现值加以比较之后才能确定。如果未来预期利润的贴现值小于当前的保护成本,那么对该产业进行保护是得不偿失的,因此该产业就不能作为幼稚产业加以保护;如果未来预期利润的贴现值大于保护成本,那么对该产业加以保护才是值得的。肯普标准认为,在内部规模经济的情形下,即使某一产业符合穆勒和巴斯塔布尔的标准,政府的保护也不一定是必要的。只有被保护的先行企业在学习过程中取得的成果具有对国内其他企业也有好处的外部经济效果时,对先行企业的保护才是正当的。

三、当代贸易保护理论的新发展

20世纪30年代以来,贸易保护理论研究更加侧重贸易保护政策的效应分析,即贸易保护政策的选择和影响。代表学说有发达国家凯恩斯主义的"新重商主义"和发展中国家普雷维什、辛格的贸易条件恶化论。

凯恩斯学说建立在有效需求不足的假定基础之上,主张政府积极干预经济,实行贸易保护,改善国际收支状况,提高本国国民收入。为了强调政府干预贸易的必要性,凯恩斯提出了乘数理论,即投资的放大效应——投资量的变动给国民收入带来的影响要比投资量实际变动本身大得多。马克卢普和哈罗德将此理论引入了对外贸易中,认为一国的出口会通过对外贸易乘数对国民收入产生倍增效应,而进口则产生倍减效应。20世纪70年代,以高德莱为代表的新贸易保护主义更是从宏观角度论证了国际贸易业绩对总需求和就业不仅具有关键作用,而且具有不可替代的作用。

在发展中国家的经济学家方面,普雷维什将世界分为由发达国家组成的中心国家和由发展中国家组成的外围国家。在传统的分工体系中,中心国家处于国际贸易的主导地位。普雷维什通过对 1876—1938 年间英国进口产品平均价格指数的考察,得出结论:国际贸易条件越来越有利于中心国家,外围国家贸易条件长期恶化。辛格从需求角度论证,认为初级产品需求弹性远远小于制成品,随着生产力的发展、收入的提高,初级产品的价格将结构性下降,初级产品贸易条件长期恶化。为此,外围国家必须通过关税、非关税手段、外汇管制、出口补贴等贸易保护措施和方法发展本国工业,实现工业化。

现代贸易保护也立足于本国经济发展,与幼稚产业保护理论不同的是贸易保护的目的直接与政府经济政策目标有关,如提高国民收入水平等。因而保护对象包括具备竞争力的行业,以抵制外国商品,扩大本国商品出口。在国际收支上,不仅要维持平衡,更要形成通过国际贸易促进经济发展的良性循环。这与普雷维什、辛格等通过贸易保护实现发展中国家工业化有异曲同工之处。

此后的贸易保护理论发展侧重于对实施保护的论据的研究,这些论据包括经济方面的增加政府财政收入、保护夕阳工业、保护就业、维持公平贸易,以及非经济方面的维护民族自尊、保证社会公平、保障国家安全等。从对资源配置的效果来看,这些目标不一定是最有效的,在很大程度上是满足特定利益集团的特殊利益。

20 世纪 70 年代以来,在各国贸易政策趋向自由化的背景下,产生了贸易自由化旗号下的贸易保护主义。这中间影响力较大的包括管理贸易论和战略性贸易政策理论。管理贸易理论的代表性观点认为,管理贸易是指政府在贸易、投资领域的直接介入,以使政府对贸易、投资以及企业决策的控制日益加强,并更好地管理本国经济和国际经济。管理贸易理论认为本国利益是管理贸易的出发点,因而赋予政府通过贸易立法进行对外贸易安排从而将贸易保护合法化的权力,当然制定政策的同时要考虑他国的反应,双边和多边贸易协调非常必要。美国"超级301"条款就是管理贸易的一个典型例子。

战略性贸易政策理论是建立在新贸易理论基础上的贸易保护新理论,以克鲁格曼等为代表。该理论认为,在完全竞争的市场结构和规模经济不变的前提下,自由贸易优于闭关自守,但现实情况是市场的不完全竞争、规模收益递增成为经济中的普遍现象。一国政府在不完全竞争和规模经济条件下,可以凭借生产补贴、出口补贴或保护国内市场等政策手段,扶持本国战略性工业的成长,增强其国际市场上的竞争能力,从而谋取规模经济之类的额外收益,并借机掠夺他人的市场份额和工业利润。在不完全竞争环境中,实施这一贸易政策的国家不但无损于其经济福利,反而有可能提高自身的福利水平。

战略性贸易政策实施的情况有两种:一是当本国市场被国外厂商所垄断时,通过对进口商品征税,只要商品有足够的需求价格弹性,就能迫使外国垄断厂商降低价格或向本国厂商让渡市场份额,这都将减少本国对国外厂商超额利润的支付。战略性贸易政策的第二种情形是,当本国厂商是出口商时,通过出口补贴,可以帮助其扩大国际市场份额,获取超额利润。应该说,战略性贸易政策的提出更加符合不完全竞争的市场结构现实,是国际贸易理论和政策的新发展,为一国扶持将来可能具有比较优势和规模经济效益的产业提供了依据。如日本在20世纪70年代和80年代左右分别对钢铁和半导体产业的有效扶持和保护就是战略性贸易政策的成功例子。

从上述对贸易保护理论的简要回顾中可以看出,从重商主义开始到后来的幼稚产业保护论,直至战略性贸易政策理论,基本上具有以下一些共同点:

第一,保护贸易的理论和政策主张大都建立在这样的假定前提下,即不存在生产要素的跨国流动(或像重商主义那样不允许生产要素的国际间流动)。即使存在生产要素的国际流动,对国际贸易格局也不构成根本性影响。即使是20世纪七八十年代发展起来的战略性贸易政策理论分析的也是一国产品出口对进口国和出口国的影响。第二,产品的国家和地区界限比较明显,生产国际化程度比较低,产品的"国籍"较为清楚。一国的产品就是本国厂商生产的,存在产业间和产业内的国际分工,不存在产品内的国际分工。第三,与第二点相联系,国家(地区)产业的民族界限也比较明显,保护与限制的对象容易确定。第四,贸易保护的主要方式是关税。这是因为,在不存在要素流动的情况下,国际经济联系主要借助商品贸易往来进行,所有的出口活动都必须通过关境。这样,通过对进口商品征收关税可以直接提高进口商品的价格,有效地帮助本国进口竞争产业减缓来自国外的竞争压力,使民族产业得以成长。

第二节　要素分工条件下贸易保护主义新趋势及影响

自 2008 年全球金融危机冲击以来,全球贸易进入到一个低速增长乃至负增长通道,其中一个重要原因是全球贸易保护主义的抬头。与传统贸易保护主义相比,当前在要素分工条件下全球贸易保护主义出现了一些新趋势和新动向,主要表现为发达经济体越来越转向贸易保护主义,贸易保护主义的领域日益拓展,贸易保护的措施更加多样和隐蔽,保护的歧视性更加具有"圈子化"以及保护主要目的转变等等,并对经济全球复苏产生了消极影响。概括来说,当前全球贸易保护主义呈现出以下六个方面的新特点。

一、发达经济体越来越转向贸易保护主义

当前要素分工条件下,全球贸易保护新发展的重要特征趋势之一,从贸易保护的实施主体来看,就是从发展中经济体为主转向以发达经济体为主。第二次世界大战以后,以贸易和投资自由化为主要内容的经济全球化,主要是以美国为首的发达经济体极力倡导和推进的。相比发达经济体而言,发展中经济体由于在产业竞争力等方面明显处于弱势地位,为了避免市场开放后国内产业受到来自国际市场的过度冲击,处于竞争弱势地位的发展中国家通常需要更多的贸易保护。然而时过境迁,在开放

中迅速崛起的中国等发展中国家成为贸易自由化的推动者,而发达经济体却越来越转向贸易保护主义。比如,美国不再无条件地倡导经济全球化,而是到处宣扬所谓全球经济失衡并将之归咎于发展中国家尤其是中国,进而采取了一系列有违经济全球化发展大势的贸易保护主义措施和手段。2008 年全球金融危机之后,发达经济体转向贸易保护主义的态势更为显著。《全球贸易预警》报告显示,从 2008 年到 2016 年,美国对其他国家采取了 600 项歧视性措施,远远超出了其他国家。报告认为,美国恰恰是限制自由贸易的头号国家。全球贸易预警组织经济政策研究中心(Centre for Economic Policy Research Global Trade Alert)的最新统计数据显示,2016 年前三个季度采取贸易救济措施高居榜首的国家分别为美国、德国、法国、英国、意大利等发达经济体。由此可见,发达经济体而非发展中经济体越来越成为贸易保护主义的实施者。

二、贸易保护的领域有了新拓展

当前要素分工条件下,全球贸易保护新发展的特征趋势之二,从保护措施所涉及的领域看,从以往的传统商品贸易领域不断扩展至中高端产品领域乃至要素流动特别是投资领域。传统的贸易保护通常聚焦于劳动密集型等商品领域,或者是针对工业发展初期阶段的幼稚产业而实施保护,因而总体来看,贸易保护所涉及的领域主要为中低端产品和产业领域。然而当前全球贸易保护主义有不断向中高端产品领域蔓延的趋势,比如高科技产品、高端装备、知识密集型服务业等等。值得重视的是,发达经济体投资领域出现保护主义的趋向。从流向上看,既包括对外来资本的设限也包括对资本流出设置的障碍。例如中国对美投资过程中频频遭遇美国外国投资委员会审查的国家安全审查,对中国国有企业的商业行为政治化并实行歧视性待遇,其实质就是阻碍中国资本进入的投资保护主义。不少发达国家对跨国并购导致的资本外流和可能带来的就业风险,采取愈来愈多的管制措施。联合国贸易与发展组织新近发布的《世界投资报告》曾指出,当前各种形式的投资保护主义有不断增长趋势,并提醒国际社会保持高度警惕,呼吁各国政府在国家安全审查的政策空间与审查程序的透明度及公正性方面作出恰当的平衡,以降低投资保护主义的可能性。

三、贸易保护的歧视性范围有所变化

当前要素分工条件下,全球贸易保护新发展的特征趋势之三,从贸易保护的歧视性角度看,从以往"一视同仁"的歧视性保护向"圈子化"的歧视性保护方向发展。以前,在 WTO 等国际贸易规则的约束下,贸易保护主义的实施国对于其他国家往往是无歧视的"一视同仁"。但是近年来,随着区域合作迅速发展,全球化有向碎片化方向发展的趋势。"碎片化"的本质,其实质是部分国家力图打造的固化经贸圈,而对"圈子"外国家采取歧视政策。当前,以 WTO 主导的全球多边贸易谈判受阻,而各种形式的区域贸易协定却如火如荼地发展,充分说明了上述变化趋势。从另一层面看,或许正是由于多边贸易谈判受阻,从而促使更多国家和地区转而寻求区域性合作的发展出路。但不论其原因和动机如何,从全球多边贸易体制向区域性的合作机制方向演变的"圈子化"和"碎片化"倾向,必然意味着贸易保护措施更具歧视性。

四、贸易保护的措施花样翻新

当前要素分工条件下,全球贸易保护新发展的特征趋势之四,从贸易保护的措施来看,已经由传统关税和非关税壁垒转向知识产权和其他隐蔽措施发展。随着传统关税和非关税壁垒在保护力度方面的弱化,发达经济体转向和寻求更为有效和隐蔽的贸易保护措施和手段。知识产权保护就是保护创新,本来无可厚非,但是如果把保护知识产权作为贸易保护主义口实,作为打击贸易伙伴的工具,那就蜕变为新的贸易保护主义了。如中美贸易中曾经多次发生知识产权之争,中国企业和公司屡遇的美国贸易法"特别 301 条款"和"337 条款"调查,就是典型实例。国际货币基金组织于 2016 年 10 月发布的《世界经济展望》指出,根据美国公司强制性游说披露报告指出,自从 2009 年开始,游说在贸易问题中的角色越来越重要,从而成为贸易保护措施的一种新形式。总之,贸易保护措施正在向种类繁多和更加隐蔽等方向发展。

五、贸易保护目的呈现新转变

当前要素分工条件下,全球贸易保护新发展的特征趋势之五,从保护的目的来看,从传统的保护国内产业向保护国内就业和引导制造业回流方向转变。传统的贸易保护目的通常有两种:一种是通过贸易保护积累本国财富,比如重商主义所倡导的"鼓励出口、限制进口"的贸易保护主义;二是通过贸易保护使本国市场免于国外竞争以促进国内生产力发展的目的,如幼稚产业贸易保护理论。当前的全球贸易保护主义,已经超出了增加财富和支持幼稚产业发展的传统范围,进而转向了以保护国内就业和引导制造业回流方面。这一点在发达经济体中显得尤为突出,这也是与当前全球贸易保护实施主体以发达经济体为主的现象是相一致的。第二次世界大战后尤其是 20 世纪 70 年代以来,伴随贸易和投资自由化的迅速发展,出现了产业国际梯度转移。这是全球资源优化配置的表现,但对发达经济体而言,确实对传统产业部门的发展和就业形成了巨大冲击。伴随制造业的不断外移,发达经济体的经济结构出现了缺乏制造业产业支撑的"虚化"发展的现象。发达经济体采取的一系列吸引"制造业"回流的政策举措,某种程度上都带有一定的贸易保护主义性质,其目的也正是为了解决产业结构失衡和失业等现实问题。

六、保护主义兴起阻碍了经济全球化进程

当前,全球贸易保护主义的兴起,无疑对以要素分工为主要特征的经济全球化进程产生了严重的阻碍作用,尤其是影响了 2008 年金融危机以来全球贸易的复苏和增长。国际货币基金组织于 2016 年 10 月发布的《世界经济展望》对当前全球贸易增速放缓背后的原因进行了分析和总结,其研究发现,2012—2015 年的贸易增长相较于 2003—2007 年经历了更深一层的减弱,其中原因之一正是由于贸易保护主义措施的稳定增加,从而增加了贸易成本,贸易增长受限于贸易歧视措施。这是危机后全球贸易复苏乏力的重要影响因素之一。有实证研究认为,当前全球贸易保

护主义并未对经济全球化发展造成实质性影响,因为就全球所采取的贸易救济措施如反倾销(antidumping)、反补贴(countervailing duties)、贸易保障措施(safeguards)以及过渡性保障措施(transitional safeguards)而言,每年的产品涉案金额不足当年全球贸易额的 1.5%。但是,这种实证研究其实大大低估了贸易保护主义措施对经济全球化影响的真实效应。这是因为,一方面,实证研究所考察的贸易保护主义措施极其有限而且以传统措施居多,并未充分考虑到其他更为多样和隐蔽的贸易保护主义措施。当然,这主要是因为其他贸易保护主义措施对全球贸易所造成的影响的确难以评估。换言之,相比于传统关税和非关税壁垒而言,新兴贸易保护主义措施最难识别也最难估计其影响。另一方面,对具体涉案产品的实证考察忽略了其可能引发的连锁反应,即透过全球生产网络所能产生的放大效应。众所周知,全球价值链已经成为当前国际分工的主导形式,而在全球价值链分工模式下,中间产品会经过多次跨境流动,因此,由贸易保护措施所导致的贸易成本的增加,会沿着价值链而产生不断的累积效应,最终会影响到最终产品的生产和贸易。更为重要的是,任何一种形式的贸易保护主义作用于产品价值链的任何一个环节,都会影响到整条价值链各个环节之间的对接,从而影响到产品生产价值网络的正常运行以及以贸易为表现形式的产品跨境流动。目前,针对 2008 年国际金融危机冲击期间全球贸易大崩溃及其后续影响期间贸易复苏乏力的研究,均从价值链分工角度充分揭示了上述作用机制和原理。因此,在当前以全球价值链为主导的国际分工形态下,贸易保护主义抬头对经济全球化发展和深入演进所造成的阻碍效应不可低估。

全球贸易保护主义的新趋势和新动向,其原因是错综复杂的。对于贸易保护主义措施的实施国而言,可能具有不同的目的和动机,甚至是多种目的和动机的复合。但从大的方面看,这既与当前全球经济处于深度调整期和衰退期有关,也与当前经济全球化利益分配格局的失衡有关。一方面,2008 年全球金融危机造成的全球经济衰退,是全球经济长周期的作用结果和表现,这一点基本已成学术界的共识。经济学理论认为,在经济不景气时,通过政府参与或对经济进行直接干预,可以增加对本国产品的需求,从而构成国民生产总值增长的基础。总需求的改变,通常存在两种方式:一种是所谓的支出调整政策;一种是所谓支出转换政策。而在开放条件下,总需求的增加,往往会产生"溢出"效应,即一部分需求会表现为对国外进口产品需求的增加,从而会弱化"乘数"作用。为了能够保护这种需求不至于"肥水外流",甚至是追求通过进口需求的"内流"来刺激本国产出,因此,在经济不景气的特殊时期,不仅会实施支出调整政策,还会使用支出转换政策,从而将一部分进口需求转换成"内需",贸易保护政策和措施便随之而生。在前一轮贸易自由化和投资自由化发展所形成的制度约束下,传统的关税和非关税壁垒所能产生的"保护"功能明显弱化,新形势下的保护需求自然催生了各种形式的贸易保护主义。另一方面,当代经济全球化发展导致利益分配格局出现了两种形式的失衡,即外部失衡和内部失衡。所谓外部失衡,主要是指发达经济体和发展中经济体在本轮经济全球化红利分配关系中,似乎发生了更有利于包括中国在内的发展中经济体的变化。当前许多研究也认为,发展中经济体成为本轮经济全球化的主要受益者。为了改变这种状况,发达经济体便转向贸易保护主义,包括期望通过重塑经济规则和机制的"隐形保护"以巩固和提升获益能力的主导性。所谓内部失衡,主要是指在融入经济全球化进程中,一个国家和地区内部的不同利益集团利益分配的失衡和出现的分化状况。这种失衡和分化显然与资本的逐利本性有关。具体来说,在当前伴随要素跨国流动尤其是资本跨国流动的新国际分工体系下,全球化的资源再配置效应使得跨国公司通过游走全球市场而赚得盆满钵满,而与此同时,大部分劳动者则被迫面临更严酷的竞争、遭受更严酷的剥削、降薪乃至失业。这也是当前出现的诸如"特朗普现象"、英国"脱欧"等"反全球化"浪潮的重要原因所在,极大地影响了以要素分工为主要特征的经济全球化发展。

第三节　要素分工条件下传统贸易保护的有效性

在以要素分工为主要特征的经济全球化条件下,实施贸易保护的国际国内背景发生了根本性的变化,传统贸易保护的前提已经不复存在了,原来的贸易保护思路也已经过时。对此,我们可以从如下四个方面加以分析。

一、民族产业边界日益模糊使得保护实施效果弱化

经济发展后进国家实行贸易保护政策的目标是要发展民族产业,实行经济独立。这在生产要素跨国流动性还不是很强、要素分工还没有成为全球分工的主导形式、各国经济联系还不是很强的情况下是可行的。因为那时企业和产品的民族界限非常清晰,贸易保护的对象很容易确定。但是在要素跨国流动性日益增强进而要素分工成为国际分工的主导形式后,传统意义上的"民族产业"界限已经比较模糊。

在当代,科技发展使得国际分工日益深化和细化,形成了以跨国公司为主导的全球性生产网络,国际分工由产业间分工向产业内分工为主逐步转变为以产品内分工为主。特别是 20 世纪 80 年代以来,跨国公司内部的企业内分工发展迅速。由于生产要素的跨国流动性日益增强,尤其是对外直接投资的迅猛发展、跨国并购此起彼伏,各国产业、企业的相互渗透更加深入,企业、产品的"国籍"变得日益模糊。在一国境内从事某种产品的生产,不仅有不含外资成分的"纯本国企业",而且有外国独资企业、本国与外国合资企业、合作企业等各种企业形式。在这种情况下,一国很难再明确区分民族企业与外国企业、民族产品与外国产品。政府如果出于民族利益对某一产业加以保护,受保护的可能不是本国企业,而是进入该产业的外国企业。在这方面有一个典型例子:美国罗切斯特市政府曾购买过一批铲雪车,他们原先打算购买日本品牌的,后来为了响应购买美国货的号召,就该买了美国品牌的。可购买后才发现,其购买的美国品牌的铲雪车主要是在日本生产的,而原先想购买的日本品牌的反而主要是在美国生产的。

对于发展中国家而言,在要素跨国流动、跨国公司进入本国从事生产的情况下,实施保护不仅限制了竞争,还会使得外资企业在与本土企业的"不对称竞争"中,能够在东道国市场以过时或者相对落后的技术得以生

存和发展,甚至获得高额垄断利润。比如在我国汽车产业发展初期,在我国市场上有竞争力的企业基本上都是合资企业。在高度保护时期,严格的进入许可、对外资企业进入的高度限制,使得先期进入的少数外国厂商在中国汽车市场上缺乏国外同行的激烈竞争,他们不需要向中国转移先进技术,而只需要转移过时的相对先进的生产技术和车型,以及通过不大的生产规模就能赢得市场和高额利润。相对于国际汽车市场的激烈竞争,中国对他们而言成了真正的"世外桃源"。这种保护虽然在一定程度上保护了我国的一些汽车厂商,但同时更保护了外国公司免受国外的竞争,中国轿车制造业的总体发展因此受损。相反,自 20 世纪 90 年代末期我国放宽了外资汽车企业的进入许可后,国内汽车市场形成了外国企业相互竞争的良好局面,为了赢得市场,它们竞相向中国市场转让先进的技术和车型,有的甚至与发达国家同步,从而促进了我国汽车产业的迅速发展。在中国加入 WTO 之前,人们普遍担心中国的汽车产业可能会遭受"灭顶之灾",但放松限制的结果恰恰相反。

二、以战略性产业为界限实施保护愈发困难

随着科技的迅速发展,一国高技术产业的发展状况影响甚至决定一国的国际分工地位。高技术产业因其具有较强的外溢效应和规模经济效应而被称作战略性产业。为了提高国际分工地位,获取更多的贸易利益,对战略性产业加以保护就成为当代贸易保护的一个重要理由。但是,在以要素分工为主要特征的经济全球化条件下,战略性贸易政策的实施正变得愈发困难。主要原因在于:

第一,对于发达国家而言,虽然其财力雄厚、科技发达,但高科技产业的发展往往涉及许多科学门类,需要高额的投入,单靠一个国家、一个企业往往难以完成。如波音 777 大型客机有十几万个零部件,从技术到零部件波音自己根本无法完全自给,需要全球合作。波音的核心技术就来自通用电器公司和英国的一家公司,波音 777 则由全球 545 家供应商参与制造。

与此同时,经济全球化的一个重要表现就是随着科技发展的日新月

异,研发的投入要求不断提高,且风险极大,为此,跨国公司在研发领域的全球合作不断加强。这不仅可以弥补财力的不足、分摊研发失败的风险,还可以及时跟踪竞争对手的技术水平。在这种情况下,如果哪个发达国家想通过保护来发展战略性产业,也将不可避免地导致落后。这也是为什么在当前以要素分工为主导的国际分工模式下,全球价值链正在由制造走向创新链的根本原因。当前全球分工演进的一个重要发展趋势就是技术创新也越来越具有全球性特征,即一方面包括研发在内的技术创新出现国际梯度转移,另一方面技术创新的全球"协作性"越来越明显。已有的研究表明,技术创新的跨国转移和合作已经成为当前经济全球化的重要发展趋势(王子先,2013①)。技术和知识的流动伴随企业间人员的跨国流动而日益频繁,与此同时,不同国家的用户、供应商、大学以及科研机构人员对创新活动的共同参与,使创新从企业内部、区域内部和国家内部的协作,扩展到国家间不同主体合作,进而使得全球价值链的发展在原有制造业价值链基础上,向全球创新链层面深度拓展。这一深度拓展的实质,就是企业在全球范围内搜索可利用的知识资源、关注资源使用权并且具备高度开放性的价值网络创新模式(马琳和吴金希,2011②)。当然,出现这种变化的主要原因在于:一方面技术创新产品越来越复杂,从而成为单个企业的"不能承受之重";另一方面通信和信息等技术突飞猛进为越来越多的企业突破地域和国家界限,在全球范围内积极寻求资源提供了支持。

第二,对于发展中国家而言,其科学技术发展本身就比较落后,有的高技术产业是一片空白,保护无从谈起,即使保护,也只会造成封闭和更加落后。以我国某一微电子研发生产企业为例,在20世纪80年代末90年代初,它曾是我国最大的微电子生产基地,国家当时也对该行业实行较为严格的保护。但实施结果很不理想:由于当时我国在该领域的研发能

---

① 王子先:《研发全球化趋势下自主创新与对外开放关系的思考》,《国际贸易》2013年第1期。

② 马琳、吴金希:《全球创新网络相关理论回顾及研究前瞻》,《自然辩证法研究》2011年第1期。

力严重不足,该企业只能模仿日本企业的技术,结果由于该领域技术更新快,当其刚模仿出来时,日本企业又向国内推出更新的产品,造成该企业投入总是难以得到回报,经营困难。

第三,对战略性产业保护能否奏效需要一系列严格的限制条件,一旦这些条件得不到满足,保护的初衷也难以达到。战略性贸易政策的实施有一系列严格的限制条件,如:要求政府有充分的信息;政府和厂商之间需要保持默契,以便政府的政策意图能够得到国内厂商的配合;产业有足够的规模经济,以使保护的成本能借助产业发展起来之后的规模经济效应得到补偿;外国政府不实行报复等等。这些条件在不存在要素跨国流动条件下已经难以得到满足,在以要素跨国流动为主要特征的经济体全球化的今天,更难达到,其原因在于:多国要素的跨国组合以及要素流动和商品流动的复杂化,使得战略性产业内的企业成分和企业行为、市场结构等复杂化,政府在作出决策时难以避免信息不对称;在要素跨国流动情况下,一方面本国市场及生产领域有大量的跨国公司参与其中,另一方面本土企业随着羽翼的丰满会逐渐发展成长为跨国公司,这些跨国公司从效益最大化出发要求要素的全球化配置,不可避免地与政府国民福利最大化的目标产生冲突,战略性贸易政策要求政府和企业保持默契的前提就难以做到。当政府的贸易限制政策损害外资企业特别是跨国公司的利益时就容易遭到抵制,为了使战略性贸易政策实施所带来的扭曲能够通过被保护产业发展起来后在国内外市场所获得的规模经济效应加以弥补,该政策要求被保护产业有足够的规模进入壁垒,但实力强大的跨国公司为了达到进入某一市场的战略目的,往往不惜短期亏损,从而使得东道国被保护产业内的企业难以得到必要的市场份额。另外,在一国实施该政策、外国厂商利益可能受损的情况下,作为跨国公司代言人的外国政府不可能无动于衷,外国报复的结果可能使实施保护的国家得不偿失。

因此,对于战略性产业而言,开放可能是更好的选择。例如对于IT产业而言,就其自身的巨大规模及对整个国民经济的技术扩散效应而言,它毫无疑问地属于战略性产业,对这方面落后的发展中国家而言根本无法保护。因为其更新速度非常快,技术落后的发展中国家根本没有通过保护实行赶超的时间。根据有关微处理器的所谓摩尔定律,微处理器技术的功能每 18 个月增加 1 倍,而生产成本下降一半。对 IT 产业,有一定基础的发展中国家只能在进口发达国家产品的同时,借助要素跨国流动,引进国外先进的技术和资本,先在国内从事组装、加工生产,然后再向下游环节延伸,最终借助要素分工的生产体系建立起本国的 IT 产业。

三、关税作为传统保护手段的效果逐渐弱化

传统保护贸易理论的重要手段就是关税,通过征收关税可以有效地削弱进口产品的价格竞争力。但是在要素分工条件下,关税的保护作用大大下降。主要有以下几个方面的原因。

第一,从关税的名义保护率来看,我们知道,它主要取决于对手保护产品所规定的关税率。关税率越高,保护程度越高;关税率越低,保护程度越低。在要素流动程度较低、各国经济联系有限的情况下,一国可以如李斯特所说的根据经济发展的不同时期各种产品竞争力的高低,规定不同的关税率。在那里,各国政府拥有制定关税的自主权。但在全球要素分工的背景下,随着跨国公司推动下的全球产业链条将各国纳入国际分工的不同环节,各国市场日益融合,经济的相互依赖程度不断加强,在此情况下,一国制定关税的自主权不仅受到贸易伙伴的制约,而且受到跨国公司的牵制。从国际范围来看,在战后成立的 GATT 主持的八轮多边贸易谈判的推动下,全球关税水平不断降低。在乌拉圭回合谈判结束后,发达国家平均工业品关税已降低到 3.8%,发展中国家降低到 12.3%,中国 2016 年已从 1992 年的 43% 降到 9%。

第二,从关税的有效保护率来看,对最终产品的有效保护程度不仅取决于对最终产品进口征收的名义关税率,而且在最终产品的生产使用进口原材料和中间品的情况下,还取决于一整套关税结构。关税的有效保护率越高,最终产品附加值的增加程度越高,其保护程度相应越高。根据有效保护率,一国对重点扶持的产业应该制定合理的关税结构,以提高有效保护率。这在不存在要素跨国流动的条件下可能比较容易做到,但在要素分工条件下关税保护效率会受到各种因素的影响。

　　首先,跨国公司可以借助加工贸易的发展暗度陈仓,打破东道国政府对最终产品的保护。要素分工条件下产品价值链分解的一个重要表现就是加工贸易的快速发展,某些生产技术、中间零部件日益标准化,这使得中间品和最终产品之间有时只有一步之遥,跨国公司借助生产要素流动尤其是对外直接投资,在东道国建立一条生产装配线就可以迅速将中间品转化为成品,从而规避东道国对最终产品的保护。而这在国际多边体制方面又有制度上的保障,因为《与贸易有关的投资措施协议》禁止当地含量要求。中国的汽车工业就是一例。为了保护国内汽车工业的发展,我国对汽车整车规定了较高的关税,20 世纪 80 年代中期高达 250%,加入 WTO 后初期是 80%,过渡期结束后 2006 年降为 25%,而对零部件则实行低关税。跨国公司可以轻而易举地通过汽车零部件的进口组装打破我国对汽车整车的保护。

　　另外,适应全球化生产的中间零部件的标准化还使其适配性增强,某些中间品可以为多种成品配套,这样,东道国本来是为了提高某种产品有效保护率而降低关税率的,其中间产品进口后可能被用于另一种最终产品的加工,从而弱化对后者的保护。在上述两种情况下,东道国政府就面临两难选择:如果对中间产品征收高关税,将降低有效保护率;如果对中间产品降低关税,跨国公司又会将核心零部件和高附加值部件的生产转移至国外。因此,在要素分工条件下,关税有效保护率的可操作性大大降低。

　　其次,有效保护率越来越受到多边贸易体制的制约。长期以来,有效保护率一直是西方发达国家对国内进口竞争产业实施贸易保护的重要手段。它们一方面要求贸易自由化、全面降低全球平均关税水平,另一方面又致力于关税升级(即对原材料实行低关税甚至免税,对中间产品实行低关税,对最终产品征收较高关税),设计一整套有效的关税结构,从而使得对某些产品的有效保护率与实际保护率之间相差悬殊。在全球多边贸易谈判中,关税升级问题已经引起了有关谈判方的关注。在第八轮乌拉圭回合谈判中,已经从多边领域开始着手遏制关税升级,削减关税高峰。在第九轮多哈回合中,关税升级也成为一个重要议题,特别是发达国家极为关注。当然不可否认,关税升级涉及的利益错综复杂,仍有必要加强对其的研究与应用。

四、非关税保护手段的效果具有不确定性

非关税壁垒是关税以外一切限制进口的各种措施的总称。在全球关税水平经过八轮多边贸易谈判已经降至很低、关税保护作用下降的情况下,它日益受到各国重视,成为目前各国尤其是发达国家实施贸易保护的主要手段。在要素不具备跨国流动的条件下,非关税壁垒针对进口商品,其效果可以说立竿见影。但是在全球要素分工条件下,情况就变得错综复杂,其保护效果也变得具有不确定性。

首先,全球要素分工条件下实施非关税壁垒牵涉到的利益主体比较复杂。在全球要素分工条件下,非关税壁垒的制订不仅受进口竞争集团的影响,还受到本国出口集团及跨国公司利益的影响。这是因为在封闭条件下,与进口竞争集团相比,本国出口集团的力量相对较弱,在国内利益集团的斗争中,存在着力量的不均衡。但在全球要素分工条件下,由于本国对某种产品进口的限制将可能招致外国对本国其他产品出口的报复,本国出口集团因而成为对贸易限制的力量。另一方面,在东道国增设非关税壁垒时,一旦影响跨国公司的利益,他们往往会动用各方力量使政策制定偏向有利于自己的方向,并巧妙利用东道国各部门利益的不统一,削弱或避开非关税壁垒。

其次,全球要素分工条件下实施非关税壁垒措施可能是一种自伤行为。在全球要素分工条件下,要素的跨国流动往往是双向的,一国不仅引进国外的生产要素比如外资,本国生产要素也会走出去比如开展对外直接投资。作为当前全球经济最发达的美国,其不仅是对外直接投资大国,同时也是吸引外国直接投资的大国。一国在通过非关税壁垒限制外国商品进口时,保护了国内厂商的利益(包括在国内投资的外国厂商的利益),但同时又可能限制了本国对外投资的收益,因为其贸易壁垒限制的进口中可能有相当一部分是本国厂商在国外投资生产的。比如2001年日本对中国输入大葱、香菇、灯芯草的限制,很大程度上受损的是日本厂

商,因为这些产品大部分是日本企业在中国山东、福建等地投资生产的。

最后,全球要素分工条件下反倾销手段的采用困难重重。反倾销本是维护公平竞争的重要手段,但在国际贸易现实中,它却异化为许多国家实施贸易保护、影响公平竞争的重要手段。英国学者考斯太基等认为,在人们的认识中之所以觉得倾销是不好的,是因为认为反倾销是好的,但实际上倾销中除了恶意倾销外,基本上属于企业的正常竞争策略,倾销无可厚非,反倾销才是不好的。反倾销通常通过损害调查确认国外出口商倾销行为、对本国相关产业损害(或损害威胁、阻碍其新建)的存在及两者之间的因果关系,以征收反倾销税抵消倾销的影响。反倾销针对的出口商在许多情况下是分散的,但当经济主体变为大型跨国公司后,情况会发生变化,这表现在:

国内企业获得申诉人资格难度加大。对申诉人资格,WTO 规则规定,如果调查申请得不到产量占国内同类产品产量 25%以上的国内生产商的明确支持,就不应发起调查。在全球要素分工条件下,跨国公司在东道国的子公司因为在当地注册,取得国内生产商的资格,当其产量达到一定程度时,传统意义上的"国内生产商"就很难获得 WTO 要求的代表25%产量的生产商的支持,不能发起反倾销调查,只能由国内反不正当竞争法加以规范。如果缺乏完善的竞争政策,保护就难以实施。

反倾销主管部门搜集资料、确定政策价值的难度加大。反倾销中第一步需要调查比较正常价值和出口价格,确定是否倾销。出口价格的决定比较方便,调查国有足够的海关资料可以提供。但在确定正常价值时一旦调查客体涉及跨国公司,资料的搜集和价值确定的难度将加大。因为跨国公司生产的许多产品技术复杂,调查机构无法直接获取相关资料,出口商积极应诉时许多材料由出口商提供,而作为跨国公司,不会轻易提供于己不利的证据。

要素分工条件下形成的全球生产网络使得低价销售的合理性加大,倾销认定难度加大。因为跨国公司基本上是根据市场经济规则运作的,在全球复合一体化生产中其产品的正常价值将下降,加上跨国公司公司内贸易所采用的调拨价格,往往使进口国调查局难以获得倾销的把柄。

除了上述措施外,其他的一些非关税措施在全球要素分工条件下功效也是大打折扣。例如对于进口国为限制进口而实行的本币贬值,跨国公司的投资将导致东道国资本项下外汇供给增加、本币升值,从而抵消本币贬值的效果。以上分析表明,在全球要素分工条件下,传统贸易保护实施的余地日益缩小。为各国厂商创造公平竞争的环境,通过要素流动和商品流动的双重手段实现资源的合理配置,以增强本国产业竞争力正成为各国外贸政策的主流。

第四节 要素分工条件下贸易保护的必要性

上一节分析了全球要素分工条件下实施贸易保护的困难。那么,在此背景下,还要不要对本国产业实行适度保护呢?答案是肯定的。在国际竞争日益激烈的今天,不仅落后国家完全敞开国门不行,发达国家也要在一定程度上采取保护措施,不然就不需要国际组织如 WTO 的贸易争端解决机制了。在现实经济生活中由于一些深层次的原因,各国的贸易保护政策将长期存在下去。这些深层次的原因主要表现在以下几个方面。

一、利益集团的影响

根据制度经济学的观点,经济政策作为一种制度,其供给者政府的背后往往有若干支撑起运行的政党和利益集团。经济政策是政府公共选择的目标函数,作为一个变量,它是国内各政党和利益集团意愿与要求的反映,是各政党和利益集团相互博弈的结果。作为经济政策的一部分,贸易政策的制定同样受到国内不同利益集团的左右和影响。国际贸易理论告诉我们,国际贸易在增进国内福利的同时,会产生利益的再分配。出口集团会因为商品出口价格高于国内价格而从中受益,进口竞争集团则会因为进口商品挤占其国内市场份额、产品价格下降而从中受损,因此二者的政策主张完全相反:出口集团往往主张自由贸易政策,而进口竞争集团则主张贸易保护。贸易政策倾向于自由还是保护取决于两者的力量较量。

实际决策中的政府不可能完全听命于一方,而无视另一方利益的存在。贸易政策往往是出口集团和进口竞争集团妥协的结果,同时也表现出一定的偏向性。其具体体现就是一国的对外贸易政策不可能是绝对的自由贸易政策,或者是绝对的贸易保护政策。全球要素分工虽然要求借助贸易和投资自由化而实现资源的合理流动和配置,但这也只能是贸易自由化程度的不断提高,贸易保护绝对不可能因此而完全取消。

在西方国家,贸易政策在相当程度上主要取决于选票政治的需要,遵循所谓的中点选民模型。中点选民模型假定政府是经过民主选举产生的,政府在制定经济贸易政策时所追求的是使其政策得到大多数选民的支持,从而能够当选或继续执政。决策者为了使当选的可能性最大,就必须选择尽可能靠近中点选民要求的政策。前面提及的2001年日本自民党政府对来自中国的大葱等实施进口限制主要就是出于选举政治的需要。该措施虽然损害了部分在华日资企业的利益,可能减少来自这部分投资者的选票,但相对于他们而言,日本国内农民的选票对自民党政府而言更为重要。

在中国,利益集团的影响主要表现在地方利益、部门利益。长期的计划经济使得中国条块分割,地方政府和主管部门都有强烈的经济利益。不同的地方和部门竞争力各不相同,其贸易政策诉求也大相径庭。就地区而言,以加工贸易为主的东部沿海地区,外资企业、私营企业比重较高的地区欢迎自由贸易政策,而经济落后地区、国有经济比重较高的地区则更加主张实施贸易保护;就部门而言,比较优势比较明显、产品国际竞争较强的劳动密集型生产部门欢迎自由贸易政策,而产品处于比较劣势的部门如粮食、化工、金融、保险等部门无疑更倾向于主张贸易保护政策。

二、经济结构调整的需要

国际贸易对经济发展的作用之一表现在,通过对外贸易,一国会大力发展本国具有比较优势的产业,压缩或淘汰比较劣势的产业,从而促进产业结构的优化。但是产业结构的优化是需要付出代价的,被压缩或被淘汰企业的已有投资会失去作用。企业为此付出的成本成为沉淀成本,且企业投资的专用性越强,沉淀成本就越高。因此,经济结构的调整必然带来经济运行方面的动荡和摩擦。特别是在科学技术迅速发展的今天,产业结构升级、比较劣势的转化非常迅速。全球要素分工的快速发展更是加剧了国际贸易分工格局的变化,使各国比较优势更快地出现转移。为了避免其对各国经济机构和发展速度的过大冲击,保证国内经济运行的稳定,采取适当的贸易保护是很有必要的。另外,当一国顺应全球要素分工演进趋势、提高投资和贸易自由化的同时,可能造成国外大量廉价商品的涌入严重损害或威胁国内相关产业的现象,这时,采取临时性的紧急保护措施不仅是必要的,也是世界贸易组织规则所允许的。

对于中国而言,产业结构调整的压力还来自以下三个特殊原因:其一,长期的计划经济使得众多的国有企业经营机制不健全,缺乏竞争力,贸易自由化的冲击可想而知;其二,长期的地方保护形成了地方小而全的工业部门,它们普遍达不到规模经济的要求,跨国公司的进入将产生较大甚至是致命的打击;其三,在我国没有加入WTO之前进而关税较高的情况下,跨国公司对中国市场的进入采取了借助投资绕过贸易壁垒的策略。我国加入WTO后,在关税和非关税壁垒大大降低的情况下,外资就有可能通过商品出口的方式占领中国市场。这对原先与外资企业配套的国内零部件生产企业可能产生较大冲击。因此,中国贸易自由化过程同样会面临诸多矛盾和压力。

三、就业结构调整的压力

根据国际贸易的一般原理,一国提高贸易自由化的程度、调整产业结构的同时,必然伴随着就业结构的调整。出口部门会因为出口的增加而增加投资,扩大就业,给劳动者提供更高的工资。进口竞争部门则会因为市场份额的下降、赢利的减少而减少生产,裁减员工,甚至破产倒闭。斯托尔珀—萨缪尔森定理表明,贸易结构的变动会引起生产要素在进出口部门之间的重新配置。根据俄林的要素禀赋理论,发展中国家实行自由理论后压缩的应是比较劣势的资本密集型产品的生产,增加的是劳动密集型产品的生产,进口竞争部门向出口部门转移的劳动力应该能被出口部门全部吸收,不存在劳动失业问题。但问题在于,现实中发展中国家不满足要素禀赋理论和斯托尔珀—萨缪尔森定理的要素充分就业假设,而是存在劳动力的过剩供给,甚至存在劳动力的无限供给,劳动力的边际生产力为零甚至为负数,这样进口竞争部门转移出来的劳动力很可能从一开始就加入失业大军。另一方面,进口竞争部门的一部分劳动力即使能够转移到其他部门,但他们也要付出劳动力转移的成本——原先的知识和技能可能失去作用,再培训需要花费费用,而未来预期收益是不确定的。

这种就业结构调整的压力仅仅是就商品贸易的后果而言的。如果考虑到资本、技术等要素的流动,存在着竞争关系的部门,由于发达国家到发展中国家的投资往往采取资本密集度、技术密集度更高的生产方法,在收购兼并或者新投资会使得老企业被挤垮的情况下,也将产生新的失业者。因此,在全球要素分工条件下,劳动力就业结构的调整将是中国这样的发展中国家不得不面对的严峻课题。当就业结构调整影响到社会稳定时,采取适当的贸易保护也就可以理解了。

四、经济发展问题

国际贸易是互有进出口的贸易。在国际贸易中,任何一方都不应该单纯地把另一方看成是自己产品的销售市场,而不允许其有自己的产业。否则,这样的贸易是不能持久的。因此,发展中国家采取适当的贸易保护措施来促进自己产业竞争力的提高,以便将来平等地参与国际竞争,应该说是合理的要求。发展中国家经济发展了,竞争力增强了,进口能力提高了,对发达国家生产效率的刺激、出口的扩大同样是有好处的。

另外,自由贸易理论强调发挥各国现有比较优势参与国际分工和贸易,以达到资源的优化配置。它主要强调一定时点上的资源配置,而没有考虑经济发展的长远利益。如果以此为依据,发展中国家就应该发展劳动密集型产品的生产,无须改进产业结构。这样,发展中国家的经济将只能在低技术水平上重复。因此,有的经济学家认为自由贸易理论完全是发达国家学者规劝落后国家按照现有格局加入国际分工的学说。从经济发展的长远利益出发,发展中国家有必要采取适当的贸易保护措施,对那些幼稚的、产业联系度比较高的产业加以扶持,以达到资源的动态优化配置。

五、跨国公司与东道国利益的不一致性

作为全球要素分工的主要组织者和实施者,跨国公司虽然能够为东道国特别是发展中东道国带来资金、技术和管理经验等综合要素的转移,有利于东道国的经济发展,而且随着全球化战略的实施,其民族性逐渐淡化,但跨国公司的利益与东道国的利益并不总是完全一致,两者之间的冲突是过去和将来普遍存在的问题。这种不一致性主要表现在:

首先,跨国公司虽然表现为所谓的全球性特征,但其民族特性永远不可能根除。跨国公司本身是其母国民族经济发展的产物,其多数股权一般属于母国,最高管理者也主要是母国的公民。多数情况下跨国公司与母国的利益是基本一致的——为母国取回技术,汇回利润,推动母国出口等。相反,对发展中东道国而言,跨国公司希望发展垂直型分工,利用其廉价要素的比较优势,而东道国则希望得到其技术。

其次,跨国公司的进入在某些行业会威胁到东道国的经济安全,这对发展中国家更为突出。因为进入发展中国家的外国资本多分布在金融、电子、通信、化工、机械等重要产业部门,他们削弱了东道国政府对经济、货币等的调控能力,提高了相关行业的集中和垄断程度,一些小国的经济权利甚至直接为跨国公司所操纵。例如,波兰的银行实施民营化以后,重要的银行多被外资银行所控制,政府的货币政策有时得不到跨国银行的支持和配合。不仅发展中国家担心跨国公司进入后的经济安全问题,即使是发达国家也有这方面的顾虑。20世纪90年代,美国就因担心欧洲和日本在美国的跨国公司实行"经济敲诈",因而禁止外国人购买美国任何航空公司25%的股份,禁止外国人控股美国电视广播网。1989年起,美国政府还规定,它有权以"国家安全"为由对外国投资加以审查。

最后,跨国公司加紧对东道国人才的抢夺。大型跨国公司因其实力雄厚,待遇优厚,往往成为东道国特别是发展中东道国优秀人才就业的首

选,这使得发展中国家成为跨国公司人才的培训基地,加大了本地企业与外国企业之间的技术差距。以中国为例,跨国公司通过在北京大学、清华大学等一流高校设立高额奖学金几乎网罗了中国大学毕业生中的顶尖人才。与此同时,大型跨国公司还大都拥有"公司公民"的管理战略,强调员工对公司的忠诚优先于对国家的忠诚,企图淡化员工的国籍和种族,成为所谓的世界公民,从而完全服务于跨国公司的利益。

此外,跨国公司先进的生产方法还可能使生产中的资本、技术对劳动力的替代加强,加重发展中国家的就业负担;跨国公司的企业文化、品牌广告、消费示范等会对东道国本土文化产生冲击。出于以上原因,在全球要素分工条件下,对跨国公司的进入加以必要的限制也是有一定理由的。况且,如果从国际经济关系、对外贸易谈判、国家经济安全和社会安全等角度,一定时期对某些行业加以适当保护也都可以从经济学上找到依据。

第五节　要素分工条件下贸易保护新思路

通过前面的分析,我们可以得出这样的基本结论:一方面在全球要素分工条件下,传统的以保护民族产业为出发点的贸易保护政策已经难行其道;另一方面出于各种深层次的原因,贸易保护又不能完全取消。那么在新的条件下,贸易保护到底怎样才可行呢? 我们认为,在全球要素分工条件下,贸易保护的思维模式和行为模式应该彻底转变。因为,在全球要素分工条件下,各国已经形成了"你中有无,我中有你""一损俱损,一荣俱荣"的"彼此相依"的共生性特征,即经济全球化红利的创造模式正在从"常和"博弈向"变和"博弈转变,国家间"协同生产"的紧密程度决定了经济全球化红利的规模。也就是说,一国获利能力可能取决于对方获利情况。因此,遵循上述逻辑,一国出于对本国利益考虑而实施的贸易保护,同样可能从互利共赢的角度寻找对策思路,即通过对贸易伙伴国的保护而实现对自身的保护。

正如党的十八大报告中所强调指出的那样,要完善"互利共赢"的开放型经济体系。"互利共赢"不仅为今后一个时期进一步扩大开放、全面提高开放型经济水平指明了方向,同样也为有效应对贸易摩擦和实施适度"贸易保护"提供了政策思路。尽管按照比较优势进行国际分工能够实现"双赢",但是应该认识到进口国产业调整不是一蹴而就的,调整期往往伴随特定产业和特定群体受损,这往往就是贸易摩擦的起因,需要实施贸易保护的重要原因。因此,在宏观产业发展规划上要充分考虑到这一点,避免一个容易导致贸易摩擦的产业在短期内出现产能和出口持续快速增长的情形。尤其是对于中国这样一个发展中大国而言,要充分意识到这个作为一个巨型经济体的外溢效应,努力提高中国经济发展对其他经济体发展的包容性。在微观上,出口企业要努力避免短期依靠产能和成本优势"赶尽杀绝"的做法,学会与竞争对手合作双赢。在这个意义上,"双赢"更多意味着短期妥协以寻求长期可持续发展。当然"双赢"思路也体现在贸易争端的解决中,比如前些年中欧关于光伏产品贸易摩擦的解决就充分体现了双赢的思路,说明了以互利共赢新思路实施"贸易保护"的有效性。

因此,产业和贸易发展在服务于自身发展利益需求的同时,也要关注他国的利益,为他国的产业发展和就业等留出空间,形成一种"互利共赢"的竞合关系,如此,保护了别人在一定程度上相当于保护了自己。总之,唯有将"互利共赢"的理念真正贯穿于参与全球分工和贸易的方式,在全球价值链分工体系下构建起真正的相互依存关系,才能更为有效地应对甚至是避免贸易摩擦,实施要素分工条件下更高层次的"贸易保护"现实需求。在这个意义上,产业政策需要和贸易政策相融合,也是一个重要出路。

当今世界,相互联系、相互依存是经济全球化的历史大潮流。随着商品、资金、信息、人才的高度流动,即在要素分工条件下无论近邻还是远交,无论大国还是小国,无论发达国家还是发展中国家,正日益形成利益交融、安危与共的利益共同体和命运共同体。应该说,在21世纪人类文明的大家园中,各国虽然历史、文化、制度各异,但都应该彼此和谐相处、平等相待,都应该互尊互鉴、相互学习,摒弃一切傲慢和偏见。唯有如此,各国才能共同发展、共享繁荣。

中国自古以来就懂得"独乐乐不如众乐乐"的道理,开放的理念不断更新,开放的脚步也会不断跟进。正如党的十八届五中全会公报指出:"坚持开放发展,必须顺应我国经济深度融入世界经济的趋势,奉行互利共赢的开放战略,发展更高层次的开放型经济,积极参与全球经济治理和公共产品供给,提高我国在全球经济治理中的制度性话语权,构建广泛的利益共同体。开创对外开放新局面,必须丰富对外开放内涵,提高对外开放水平,协同推进战略互信、经贸合作、人文交流,努力形成深度融合的互利合作格局。"

而传统的贸易保护理念的措施,显然是与人类命运共同体的打造背道而驰。因此,在要素分工条件下,各国需要摒弃传统贸易保护的思路和做法,继续拓宽开放的路径,加深开放的层次,拓展对外开放的崭新局面,结成共赢互惠的人类命运共同体。以"命运共同体"的开放发展理念为指导,"贸易保护"的新思路就是要在能够有利于整体利益的基础上而实施的贸易和投资,通过完善和实施高水平的全球治理,达到对各国利益的保护,最终实现开放发展成果的共享共荣。

要素流动尤其是对外直接投资的深入发展,要求企业具备全球资源配置和整合能力。第二次世界大战后的很长一段时间内,对外直接投资的主体一直是发达国家。近年来,发展中经济体对外直接投资呈现快速增长的趋势,尤其是中国近些年来趋势尤其明显,这是经济全球化深入发展的必然要求。开展对外直接投资,在全球要素分工体系下,不仅有利于在更广阔的空间里进行经济结构调整和资源优化配置,更好地从全球获取资金、技术、市场、战略资源,拓展经济发展空间,提升经济国际竞争力,增强经济发展的动力和后劲,同时,也是各国外向型企业在遭遇贸易摩擦后,通过"走出去"方式规避国外贸易救济措施的有效路径。通过鼓励本土企业"走出去",在全球范围内整合和配置资源,以新的方式融入甚至是掌控全球价值链,不仅有利于各国获取更高的分工利益,还能有效降低因"简单扩大出口"而不断遭遇的严峻贸易摩擦,实现真正意义上的互利共赢。在这里,"走出去"战略有两层含义:一方面是指在全球价值链分工模式下,伴随各国产业结构转型升级,尤其是对于中国等这样的发展中国家而言,通过提升和出口更高质量和科技含量的国内中间产品,从而将附加值较低的更多生产环节和工序转移到其他更具比较优势的国家,这样不仅能够通过逐步转移部分国家的"出口平台",从而在统计数据上缓解出口贸易量的激增效应,还会因为从上述其他国家进口最终产品的增加,从而有利于构建起一种真正的互利共赢的依存关系。另一方面是指采取各种措施,鼓励有条件的各国本土企业,从最优配置要素资源和实施全球战略的角度,加大对外直接投资,利用对外直接投资的形式参与全球价值链分工和贸易。比如,其他国家的跨国公司对中国进行直接投资,结果将出口贸易的巨额数字"留给"了中国,而利益却存在于跨国公司。基于同样的道理,如果中国企业开展 FDI,同样可以将"出口平台"转移到其他国家,而利益却可以"留给"本国企业。在缓解出口贸易量激增的同时,却又不失贸易利益。这不失是一种基于"互利共赢"思路而化解贸易摩擦和实施贸易保护的有效措施。

第七章　要素分工与全球经济规则

第二次世界大战后成立的关税与贸易总协定（GATT），是一个促进贸易自由化的多边贸易条约和协定；成立于 1995 年的世界贸易组织（WTO），其职能逐渐从促进贸易自由化发展为促进贸易和投资两个自由化，并为促进两个自由化制定"游戏规则"，协调各国的贸易投资政策。应该说，这一制度保障是实现 2008 年全球金融危机爆发前约 30 年间全球贸易高速增长的重要原因，因为我们知道，技术进步和制度变革不仅使得国际分工和贸易产品的范围得以扩大，也推动着分工模式发生着深刻变化，从而带来了国际贸易的飞速发展。大体而言，WTO 框架下的现有经济规则可视为第一代全球经济规则，在传统国际分工模式下，其对国际贸易乃至全球要素分工发展的起初阶段起到了重要保障和促进作用。但在要素进一步深度演进的过程中，第一代全球经济规则的局限性日益凸显，从而推动着全球经济规则向新一代演变。

第一节　第一代全球经济规则及其演变

第二次世界大战后，美国的经济实力超过任何发达资本主义国家，形成了独霸资本主义世界的格局，其后由于日本和西欧的崛起，逐渐演变为美、日、欧"三足鼎立"的格局。它们之间，在经济上既有利益一致之处，又有矛盾和争夺。当面对共同的经济利益时，发达国家之间在投资、贸易、货币金融等领域的合作与协调往往成为经济关系的主流。但是，国家之间贸易和投资利益的分配是由各国资本的实力尤其是由产业和企业的竞争力所决定的。西方发达国家总体经济、技术发展水平相当，但仍客观上存在着不同产业之间以及同一产业内部企业竞争力的差距,这不可避免地导致它们在经济领域内的利益争夺。竞争的方式不再是第二次世界大战前那样用武力实施对世界市场的分割,而是更多地采用经济竞争与协调的方式。

以美国、欧盟和日本为代表的发达国家之间的竞争主要发生在贸易、投资和货币金融等领域。贸易领域的竞争主要表现在钢铁、汽车、农产品等产业领域。由于日本经济竞争力的迅速增强,贸易顺差不断扩大,导致美、日、欧之间的贸易摩擦不断发生。对于贸易摩擦,发达国家之间一般不采用贸易报复的方式,而是通过谈判,不断取得各种妥协的方式来解决经济争端,诸如相互削减贸易壁垒、调整国内产业结构,直至协调国内的经济政策等。在投资领域,发达国家之间的利益则存在着明显的冲突。20世纪80年代以来,发达国家的对外直接投资额占世界对外直接投资额的90%左右,它们之间的相互直接投资又占其对外直接投资额的80%左右,因此,投资领域的竞争主要发生在发达国家之间。美国作为当代最大的对外直接投资国,其资本对欧盟、日本的渗透损害了这些国家垄断资本的利益,由此导致投资领域的摩擦日益凸显。发达国家一般也是通过商谈各种"多边投资协定"来化解相互之间的纠纷。1995年世界贸易组织(WTO)成立以后,则通过《与贸易有关的投资措施协议》来规范有关成员的投资措施。

一、从促进贸易自由化到促进贸易投资自由化

20世纪是以生产、资本、市场为基本要素的经济全球化得到迅速发展的时期。经济全球化带来的结果是生产要素在全球范围内的高速流动,经济结构合理化的调整在世界范围内进行,从而促进各国经济间的相互依存与相互融合。全球范围的贸易与投资自由化已成为主宰当今世界的主流思潮。

首先是从GATT到WTO的转变。第二次世界大战之前,始于1929年的世界性经济危机引发极端贸易保护主义在许多国家盛行。由于以关税制度为核心的极端贸易保护的盛行,国际贸易领域的自由与效率遇到

极大的障碍。针对贸易保护主义对世界经济发展的严重阻碍,1943 年
美、英两国的经济贸易专家在华盛顿就经济贸易政策展开讨论,议题涉及
美国的双边模式及其准则体系、英国主张的多边贸易体制、出口税收、反
倾销等。居于主流的意向主张采取促进贸易与投资自由的措施,包括取
消出口关税与出口补贴,大幅度削减进口关税,废除歧视性关税,禁止进
出口贸易数量限制等等。1944 年,在美国新罕布什尔州的布雷顿森林城
举行的"布雷顿森林会议"(Bretton Woods Conference)开始讨论创立一种
新的世界贸易体系,力求通过鼓励在所有国家中实行自由贸易的途径防
止战争,引导世界范围的繁荣和鼓励民主及政治自由。这次会议形成了
《布雷顿森林协定》,建立了旨在鼓励自由贸易和经济发展的国际货币基
金组织(The International Monetary Fund)和国际复兴开发银行(The
International Band for Reconstruction and Development),为战后的国际贸易
秩序与国际金融秩序提供有效的法律规范体系。由于限制贸易与限制外
汇的措施通常与国际收支直接相关,在国际贸易的激烈竞争中,以货币贬
值来推动本国商品的出口,是许多国家所采用的贸易推动措施。应当说
建立一个稳定的世界货币金融体系为促进世界范围的贸易自由提供了前
提条件。

　　1945 年 12 月,作为当时一枝独秀的世界经济强国对恢复战后世界
经济的战略考虑,同时也出于第二次世界大战后各国普遍实施的高关税
政策对美国贸易利益的损害,美、英两国政府向联合国提交了联合建议,
要求就建立国际贸易组织(International Trade Organization,简写为 ITO)
进行谈判,构想在各国保留现有贸易限制措施的情况下,通过谈判逐步消
除贸易限制与贸易歧视。1946 年年初,联合国经济社会理事会接受此项
建议,组建由 18 国政府组成的起草委员会起草《国际贸易组织宪章》,并
召开联合国贸易与就业大会(1946—1948 年)。在谈判过程中,种种矛盾
激化,最终形成的《哈瓦那宪章》与美国要求相去甚远,而英法等国落实
宪章义务又缺乏现实可行性,因此没有获得各国立法机关的批准,致使建
立国际贸易组织的计划流产。虽然建立世界性贸易组织的尝试未能成
功,但是临时性的世界贸易体制安排则在此基础上得以确立,这就是关税

与贸易总协定（General Agreements on Tariffs and Trade，简写为 GATT）。1993 年 11 月 15 日，由 111 个国家和地区在日内瓦达成了一个关于建立世界贸易组织的协议（草案）。1994 年 4 月 15 日，在 109 个政府签署乌拉圭贸易谈判最后文件的同时，97 个国家的部长们签署一份附加文件，宣布成立世界贸易组织（WTO），该文本经各国立法机构批准后，于 1995 年 1 月 1 日正式生效。

其次，从贸易自由化到贸易、投资自由化的发展变化。关贸总协定的宗旨是各缔约方"在处理它们的贸易和经济事业的关系方面，应以提高生活水平、保证充分就业、保证实际收入和有效需求的巨大持续增长、扩大世界资源的充分利用以及发展商品的生产与交换为目的……达成互惠互利协议，导致大幅度地消减关税和其他贸易障碍，取消国际贸易中的歧视待遇，以对上述目的作出贡献"。简言之，就是通过实施普遍的最惠国待遇，削减乃至取消关税和其他贸易壁垒，促进自由贸易，以便通过国际分工，充分利用世界各国的资源，扩大商品的生产和交换，从而促进世界经济发展和实现充分就业。GATT 作为一项多边贸易协定，以三种方式运转和存在：一是作为一套一致同意的管理政府贸易行为的多边规则，实质上是进行国际贸易的"交通规则"；二是作为国际贸易的一个谈判场所；三是政府借以解决与其他 GATT 缔约方之间争端的协调与监督机构。GATT 缔约方从 1947 年以来，已进行了八轮多边贸易谈判，整个过程就是不断促进贸易自由化，进而促进投资自由化的过程。

其中，第八轮谈判于 1986 年 9 月在乌拉圭的埃斯特角城由关贸总协定各缔约方的部长们启动，故称为乌拉圭回合。在关贸总协定历史上八轮回合谈判中，乌拉圭回合是一次涉及面最广、对世界经济贸易结构影响最深的一轮谈判。乌拉圭回合谈判的发动，正是为了加强关贸总协定的作用，使之增强对国际贸易新环境的适应能力，努力打破形形色色的贸易壁垒，解决国际贸易中出现的新问题，进一步扩大世界贸易。乌拉圭回合将全球贸易的范围由商品贸易扩大到服务贸易、知识产权、国际投资这三个新领域，并通过了《服务贸易总协定》《与贸易有关的知识产权协定》和《与贸易有关的投资措施协议》，从而为贸易自由化与投资自由化开辟了广阔的通路,也为贸易投资一体化奠定了法律基础。由此可见,从 GATT 到 WTO 的发展过程就是从促进贸易自由化到推动贸易、投资自由化的过程。

最后,WTO 的宗旨和运行机制。关于世界贸易组织的协议共有 15 个条款和 3 个附件、1 个附则。其内容主要规定了世界贸易组织的宗旨、范围、职能、机构、与其他组织的关系、秘书处、预算与会费、法律地位、决策与修正程序、创始成员、加入与退出、特定成员之间互不适用多边贸易协议、协议的接受、生效和保存等内容。

WTO 协议序言指出,世界贸易组织各成员国贸易和经济的发展,旨在提高生活水平,保证充分就业和大幅度稳步提高实际收入和有效需求;扩大货物与服务的生产和贸易,以持续发展为目的,扩大对世界资源的充分利用,保护环境;必须作出积极努力,以确保发展中国家,尤其是最不发达国家,在国际贸易增长中获得与其经济发展相应的份额;通过互惠互利的安排,切实降低关税和其他贸易壁垒,在国际贸易关系中消除歧视待遇;建立一个完整的、更有活力的和持久的多边贸易体系,决心保持多边贸易体制的基本原则,包括关税与贸易总协定、以往贸易自由化努力的成果和乌拉圭回合多边谈判的成果,并进一步加强该体制目标的实现。

世界贸易组织为其成员国之间从事贸易提供共同的体制框架。附件一、二、三各多边贸易协议包括 1994 年关税与贸易总协定、农产品协定、纺织品与服装协定、服务贸易总协定、与贸易有关的知识产权协定、与贸易有关的投资措施协定、争端解决规则、贸易政策审议机制、决策机制等,它们均是世界贸易组织协议的组成部分,并约束所有成员。

附则中的多边贸易协议包括民用航空器贸易协定、政府采购协定、国际奶制品协定、国际牛肉协定,它们只对于接受该协议的成员而言,也是世界贸易组织协定的组成部分,并约束这些成员。对未接受诸边贸易协议的成员,诸边贸易协议不产生任何权利和义务。

二、WTO 对世界各国贸易投资政策的协调

作为与国际货币基金组织和世界银行并列的世界经济三大支柱之一

的世界贸易组织,以促进贸易自由化和投资自由化为己任,继承了关贸总协定的基本原则,并在此基础上有了进一步的发展,在扩大国际贸易、解决国际贸易争端、接纳广大发展中国家参与多边国际贸易、促进世界经济发展方面发挥了重要的作用。WTO 对各国贸易投资政策的协调主要体现在以下四个方面。

第一,通过协调确立贸易投资中的非歧视性原则。非歧视原则又称无差别原则,它要求成员双方在实施某种优惠和限制措施时,不能对成员对方实施歧视待遇。非歧视原则是 WTO 的基石和核心,它体现在 WTO 的所有文件和协议中。正是这一原则,WTO 筑起了国际自由贸易的舞台,数以百计的国家加入 WTO,使 WTO 发展成为一个具有重大影响的国际组织。在国际贸易与投资中确立非歧视原则是 WTO 协调各国贸易投资政策的一项重要内容。主要包括最惠国待遇原则、国民待遇原则、普遍优惠制——对非歧视原则的补充和修正等。

第二,通过协调促进非关税壁垒的减少。随着各国关税税率的逐步下降,各种非关税壁垒已成实施贸易保护主义的重要手段。通过多方协调努力减少阻碍自由贸易与投资活动的非关税壁垒是 WTO 的一项重要使命。

比如,为了解决技术性贸易壁垒问题,东京回合将贸易技术壁垒列为主要议题之一。经过谈判,有关缔约方终于在 1974 年 4 月达成了第一个《贸易技术壁垒守则》,并自 1980 年开始实施。乌拉圭回合谈判对守则进行了一系列修订,于 1999 年 4 月对该协议文本正式确认,达成了新的《贸易技术壁垒协定》(简称 TBT 协定)。TBT 协定包括序言、15 个条款和 3 个附件。序言部分主要阐述了协定的目的。即一方面认为国际标准和合格评定程序制度在提高生产率和促进国际贸易方面可作出贡献,同时也应确保各种技术法规和标准以及证明符合技术法规和标准的评定程序不会给国际贸易造成不必要的障碍,发达国家成员应对发展中国家成员提供技术方面的帮助。

针对海关估价问题。关贸总协定在第 7 条中为各缔约方的海关估价制定了统一的行为规范。其主要内容包括:(1)各缔约方有义务遵守海关估价的一般原则,以进口商品或相同商品的实际价格作为计征关税的依据。(2)实际价格是指在进口国立法确定的某一时间和地点,在充分竞争的正常贸易条件下,某一商品或相同商品出售或推销的价格。(3)海关估价不应包括原产国或输出国所实施的对进口产品已免征,或已经退税,或将要予以退税的任何国内税。(4)各缔约方将以另一国货币表示的价格折成本国货币时,它对每一有关货币所使用的外汇折合率应当符合国际货币基金协定的有关规定。(5)海关估价的方法和根据应具有稳定性并进行公告,以便商人能够准确地估计海关的估价。针对装运前检验规则问题。经过5年的谈判,GATT缔约方在"市场准入"的框架下达成了《装运前检验协定》,标志着国际装运前检验的法律制度正式产生。针对进口许可证问题,在乌拉圭回合谈判中,达成了新的《进口许可证程序协定》。《装运前检验协定》由序言和8个条款组成。序言中强调进口许可证不应成为限制国际贸易和阻止国际贸易流量的手段,《装运前检验协定》的各项规定同样适用于进口许可证,简化国家贸易中进口许可证采用的各项行政管理程序及惯例并使之公布于众,以保证公平、平等地适用及施行此类程序和惯例。同时应考虑到各发展中国家特定的贸易、贸易发展和财政需要。此外,《装运前检验协定》第8条要求各成员国保证在世界贸易组织协定生效前使其涉及许可证手续的合法和行政程序符合协议的各项规定,并将有关协定的法律、规章及其管理的任何变更通知进口许可证委员会。

　　针对原产地规则问题。乌拉圭回合多边贸易谈判的非关税措施谈判组将原产地规则问题列为重要议题之一,拟订了《原产地规则协定》,并最终获得通过。由于各国的原产地规则已越来越频繁地成为妨碍国际贸易的非关税壁垒,因此各成员方在缔结《装运前检验协定》时十分强调其宗旨:(1)进一步推动世界贸易的增长和自由化,加强关贸总协定的作用,以增强关贸总协定对不断发展变化中的国际经济环境的适应性,进一步实现GATT 1994的目标;(2)制定并实施明确的、可预知的原产地规则以促进国际贸易的发展;(3)确保原产地规则本身不会对贸易构成不必要的妨碍;(4)确保原产地规则不会取消或损害各成员方在GATT 1994

下所享有的权益；(5)使有关原产地规则的法律、法规和惯例具有透明度；(6)以公正的、透明的、可预知的、稳定的和无歧视的方式制定并实施原产地规则；(7)建立一个协商机构及程序，迅速、有效和公正地解决在本协定下发生的争议。

第三，通过协调促进贸易投资活动的公平竞争。倾销与补贴是阻碍贸易投资活动公平进行的重要因素。构建完善的反倾销与反补贴机制是WTO协调各国贸易投资活动的一项重要内容。"倾销"是一种"差价销售"，即同一种货物用两种不同价格在两个市场出售。GATT第六条给倾销下的定义是：将本国产品以低于国内市场的价值，销入另一国市场。这就是WTO反倾销规则使用的"倾销"概念。鉴于此在1967年结束的"肯尼迪回合"通过了"关于执行关贸总协定第六条的协议"。"东京回合"于1979年4月12日通过了关贸总协定反倾销修正守则，于1980年1月1日生效。乌拉圭回合根据国际贸易发展的新变化，达成了"执行1994年关贸总协定第六条的协议"，简称"反倾销协议"，并在1994年4月15日马拉喀什部长会议上获得通过，成为世界贸易组织统管的多边贸易协议的一部分，被认为是世界反倾销法的"一场革命"。

补贴是指一国政府和公共机构向当地生产商或出口商提供的现金贴补或财政上的优惠，以提高出口商品在国际市场上的竞争力。补贴是一国政府以人为方式扭曲或改变国际市场竞争地位的一种方式，因此需要加以规范。在关贸总协定"东京回合"多边贸易谈判中，把补贴与反补贴措施列为重点议题之一，并达成了"补贴与反补贴守则"。但由于该守则在结构上不够严谨，文字上含混，对日趋复杂的补贴与反补贴措施仍不能有效地予以制约，故仍需进一步修正与充实。在"乌拉圭回合"中，经过艰苦的谈判达成了《补贴与反补贴措施协议》，从而在世界贸易组织中确立了更为完善的补贴与反补贴措施的约束机制。《补贴与反补贴措施协议》把补贴分为三大类，即禁止的补贴、可申诉的补贴和不可申诉的补贴。

关于保障措施方面。为向产业部门提供逐步适应因关税降低和其他贸易壁垒取消而加剧的竞争环境，关贸总协定的一贯做法是让多边贸易谈判达成的关税减让方案在过渡期内分阶段实施。为向受影响产业提供适应竞争的时间,1947年关贸总协定第19条规定,当一成员方发现由于关税减让等原因,导致某一产品进口激增,以致对其国内生产商产生或即将产生严重损害时,该成员方当局可对该进口实施临时的保障措施。

第四,通过协调消除贸易投资活动中的灰色区域。"灰色区域"是指进出口国之间,在关贸总协定之外对某项产品达成双边或多边的自愿"出口节制"或"有秩序"的市场安排,以避开国际国内贸易法与竞争法的原则或规则。由于它们的法律地位介于灰色不明状况,加之这些协议透明度很低,故称灰色区域。灰色区域协议萌发于1959年纺织协定产生前后,此后不断发展、蔓延与扩大。到乌拉圭回合时,灰色区域已对自由竞争造成了严重威胁,而且明显背离了国际贸易规则,其中农产品贸易和纺织品贸易长期脱离于GATT体制,成为困扰GATT体制的严重问题,也成为灰色区域的典型。鉴于灰色区域的违法性及对多边贸易体制的巨大负面影响,大多数国家强烈呼吁消除灰色区域以保障贸易体制的安全与稳定。乌拉圭回合谈判将农产品贸易和纺织品贸易列入谈判议程,并达成了《农产品协议》和《纺织品与服务协议》,从而将这方面的贸易纳入了世界多边贸易体制中,终于在清除灰色区域方面迈出了重要的一步。

三、第一代全球经济规则的主要特征

按照世界贸易组织所采纳的分类与定义,第一代贸易规则主要包括:工业品、农产品、海关程序、出口税、卫生与动植物检疫、技术性贸易壁垒、国营贸易、反倾销、反补贴、保障措施、公共补助、政府采购、与贸易有关的投资措施(TRIMs)、服务(GATS)、与贸易有关的知识产权(TRIPs)等。从另外一个视角看,关税、非关税壁垒、农产品、纺织品、海关估价、贸易便利化、原产地、反倾销、补贴与反补贴、保障措施、卫生及动植物检疫、技术标准、例外、国有企业贸易、TRIMS、信息技术产品、争端解决、服务、知识产权等内容是第一代全球经济规则的主要内容,它们均在目前WTO协议框架下进行管理,尽管关于农产品、服务、知识产权等议题的协定条款与承诺还很不完善。在全球对外直接投资方面,第一代规则议题主要围

绕赋予外国投资者非歧视性待遇和提供必要的投资保护,包括外资准入与开业、所有权与股权、经营业绩要求、投资者待遇、利润汇回、资金转移、征用、投资激励(税收)、争端解决等。它们均体现在 20 世纪各国所签署的双边投资协定(BITs)和为吸引 FDI 流入而进行的各种政策改革中。

当前在 WTO 为主导的贸易和投资框架下,第一代贸易规则和投资规则构成了第一代全球经济规则的主要内容。其突出特征就是边境开放,即打开边境让渡关税或者降低非关税壁垒,使商品和要素流动尤其是资本的跨境流动。

第二节　要素分工下第一代全球经济规则的局限性

GATT/WTO 的成功来自构建了各国之间双赢的格局,这与传统贸易的本质密切相关。传统贸易下,关税保护了本国利益,却对别国的利益造成伤害,各国独自行动的结果就是集体愚行。GATT/WTO 的脱颖而出,主要是通过约束以邻为壑的政策,解决了集体协调的问题。GATT/WTO 背后蕴含的最为深刻的准则是"我的市场也是你的市场"。第三方市场的负面效应是全球的,因此在 WTO 中,全球各国成员的共同参与是自然结果。由于各国发展存在着显著差异,WTO 将很大的精力用在"特殊与差别待遇条款"的制定上。从本质上看,GATT/WTO 协调的主要是边境开放问题。在传统国际分工条件下,以降低关税和非关税壁垒为主要表现的边境开放措施,促进了商品和要素的自由流动,推动了国际贸易的快速发展。但在要素分工进一步深度演进趋势下,却面临着一定的局限性,也可以说,第一代全球经济规则在很大程度上制约了全球要素分工的进一步发展,亟待构建新的全球经济规则。

一、要素分工下贸易格局新变化对治理结构新需求

全球要素分工反映了货物、投资、服务、技术和劳动力的跨境流动与国

际生产网络的紧密联系,这一贸易形式正在改变全球贸易格局(Baldwin,2012)①。例如,如果一家高科技企业计划在一个发展中国家设厂,该国政府必须保证国内相对自由的货物、服务与信息流动,并提供完善的产权保护。老套的保护主义、仇视的政策或缺乏产权保护几乎可以确定使得一国的魅力丧失,投资流向别处。持有更加开放态度的发展中国家远远领先于那些实施进口替代战略的发展中国家。在以发展供应链为工业化导向的时代,保护主义意味着破坏主义。有了上述经验,贸易理念和贸易结构随之发生了变化。尤其是对诸多发展中国家来说,应当看到,上进的发展中国家无一例外地选择降低关税,积极地促成区域贸易协定和双边投资协定的达成。但由于全球要素分工所形成的全球生产网络,目前主要还是区域化的,这一变动主要出现在区域内,而没能扩展至全球,因此努力构建区域性的经济新规则成为当前的重要趋势和发展潮流。WTO框架下的第一代全球经济规则由于已经无法适应这一贸易新理念和治理结构新需求,因而陷入被架空的困境。这也是第一代全球经济规则在全球要素分工深度演进趋势下所面临的重要局限。

二、要素分工内生要求从边境开放到境内开放

众所周知,20世纪80年代中后期以来,以要素跨国流动和产品"国际生产分割"为主要内容的经济全球化深入发展,即全球要素分工(学术界通常也将这一现象称为全球价值链),从而深刻地改变着全球贸易和投资格局。而这种变化引发了对全球贸易和投资新规则、新制度的需求,尤其是来自主导全球价值链分工的发达国家跨国公司需求,其核心目标就在于依托新规则和新制度,进一步统筹全球价值链,实现产品生产不同环节和阶段的无缝对接,降低交易成本(盛斌,2014②)。在传统的以"最终产品"为界限的分工模式下,贸易自由化主要体现在边境开放措施上,政策取向上主要表现为相互降低乃至取消关税和非关税壁垒,从而提高

---

① R.Baldwin,2012,"WTO 2.0:Thinking ahead on Global Trade Governance",http://www.voxeu.org/article/wto-20-thinking-ahead-global-trade-governance.

② 盛斌:《迎接国际贸易与投资新规则的机遇与挑战》,《国际贸易》2014年第2期。

相互间的市场准入水平。然而,在全球价值链分工模式下,由于其本质是生产的国际化,是中间品、知识、技术、资本、人员、服务等在全球范围内的流动和优化组合,因此,其生产上的"全球一体化"特征必然要求各国市场规则的一致性乃至各国间标准的兼容性。从这一意义上说,一国国内经济政策和市场环境,包括知识产权保护、法制化水平、制度质量、生产要素市场、竞争中立、环保标准、劳工标准、商业环境的公正透明等等,越来越成为发展开放型经济的重要影响因素。总之,价值链驱动下的全球贸易和投资新格局和新趋势,必然要求更为复杂的全球经济规则与之相适应,更确切地说,必然推动全球经济规则从边境规则向境内规则拓展。而WTO框架下的第一代全球经济规则,主要是表现为边境开放措施,尚未实质性地延伸至境内开放措施,因而面临着较大的局限性,同时也阻碍了全球要素分工的进一步发展。

三、要素分工演进亟待破除规则束缚

需要进一步说明的是,实际上在始于 2008 年的全球经济危机之前,要素分工的发展早已开始推进,并且由此推动了全球贸易的高速发展。因此,前期要素分工及其推动的全球贸易大发展显然是在 WTO 主导框架下进行了,那么原有全球经济规则为何能够起到有效的支撑作用? 应该说,对这一问题的回答,是与要素分工发展的阶段性特征及其对经济规则需求有关。一是尽管全球要素分工深入演进对全球经济新规则产生内在需求,但这种需求尚未提升到实践层面,或者说在实践中还没有成为主导趋势,因此,基于 WTO 体制框架以市场准入为导向的边境开放,大体还能迎合经济全球化发展的需要。二是与要素分工所主要发生的领域及其推进方式有关。要素分工的前一轮发展从产业领域来看,主要表现为制造业价值链的分解,以及制造业从发达国家向发展中国家的梯度转移,换言之,对于大部分发展中国家而言,总体上是以"低端嵌入"的方式融入国际制造业分工体系。由于价值链不同环节和阶段分布在不同的国家和地区,具体而言,发达国家主要专业化于高端环节,这些环节与发达国家相对完善的国内经济规则也是相适应的,而发展中国家主要承接和专业化全球价值链的"低端",而"低端"的环节和阶段相对而言,对跨境流动壁垒较为"敏感",而对国内经济政策和商业环境的总体要求还并不太高,或者说由制度质量、知识产权、竞争中立、市场法制化水平等所带来的制约作用尚未充分显现。然而,伴随着全球要素分工的进一步深度演进,原有全球经济规则的束缚作用愈发明显,从边境开放(措施)向境内开放(措施)转变成为破除规则束缚的必由之路。

第三节　要素分工演进新趋势与新一代全球经济规则

经济发展的不同阶段通常需要有与之相适应的体制机制,全球要素分工的发展也是如此,当其演进到一定阶段后,需要有新的经济规则与之相适应,如此才能为全球要素分工的进一步深入发展提供制度保障。

一、全球要素分工演进新趋势

目前,全球要素分工仍在进一步深度演进之中,并表现出如下几个方面的重要趋势特征。

首先,全球要素分工正在从制造业价值链向创新链拓展变化。20 世纪 80 年代中期以来,以产品价值增值环节和阶段国际梯度转移为主要特征的全球要素分工和生产体系的构建,主要发生在制造业领域,或者说是制造业价值链条在全球拓展和分布的过程。这一阶段分工深化和全球生产布局,从国际宏观层面看,所呈现的一个典型特征就是发达经济体的"去工业化"和发展中经济体的"工业化";从微观层面看,就是发达经济体产生越来越多的苹果和耐克式企业——只负责研发设计、进口以及产品分配等服务环节,而发展中经济体则产生越来越多的从事全球价值链中组装、加工和制造环节的"制造型"企业。概言之,以往全球价值链的构建主要是制造环节和阶段的国际梯度转移。

而当前全球要素分工演进的一个重要发展趋势就是技术创新越来越具有全球性特征,即一方面包括研发在内的技术创新出现国际梯度转移,另一方面技术创新的全球"协作性"越来越明显。已有的研究表明,技术创新的跨国转移和合作已经成为当前经济全球化的重要发展趋势(王子先,2013①)。技术和知识的流动伴随企业间人员的频繁跨国流动而日益频繁,与此同时,不同国家的用户、供应商、大学以及科研机构人员对创新活动的共同参与,使创新从企业内部、区域内部和国家内部的协作,扩展到国家间不同主体合作,进而使得全球价值链的发展在原有制造业价值链基础上,向全球创新链层面深度拓展。这一深度拓展的实质,就是企业在全球范围内搜索可利用的知识资源、关注资源使用权并且具备高度开放性的价值网络创新模式(马琳和吴金希,2011②)。当然,出现这种变化的主要原因在于,一方面技术创新产品越来越复杂,从而成为单个企业的"不能承受之重";另一方面通信和信息等技术突飞猛进为越来越多的企业突破地域和国家界限,从而在全球范围内积极寻求资源"为我所用"提供了支持。

其次,全球要素分工正在从制造业领域向服务业领域拓展延伸。从全球产业链的构成来看,在越来越多的"服务"变得可贸易同时,与制成品国际生产分割的发展趋势一致,"服务"的全球价值链也得到了快速拓展,即服务提供流程的不同环节和阶段被日益分解,并被分散和配置到具有不同要素禀赋优势的国家和地区,服务业正呈现"全球化"和"碎片化"的重要发展趋势,"服务"的全球价值链拓展已初见曙光。在表现形式上,当前服务贸易的快速发展、全球对外直接投资从制造业为主导转向服务业为主导、全球制成品贸易中内涵的服务价值量越来越高(即学术界所谓的国际制造业服务化)以及服务外包的蓬勃发展等事实特征,均是服务业"全球化"和"碎片化"的重要表现,或者说是服务全球价值链出现拓展变化的重要表现。针对上述现象,国内学者戴翔(2016)已经进行了较为全面的探讨和分析。

---

① 王子先:《研发全球化趋势下自主创新与对外开放关系的思考》,《国际贸易》2013年第6期。

② 有关全球创新链的讨论,可见马琳、吴金希:《全球创新网络相关理论回顾及研究前瞻》,《自然辩证法研究》2011年第1期。

全球价值链从制造业向服务业拓展延伸,或者说服务产业链的国际梯度转移,不仅为发展中国家融入全球服务产业链,从而促进服务贸易和服务业尤其是现代高端服务业发展提供了重要机遇,而且对于制造业转型升级从而提升其国际分工地位也可能发挥着重要引领作用。这是因为,一方面,伴随服务产业链的国际梯度转移,可以借鉴制造业开放的成功经验和做法,通过扩大服务业开放来拉动服务业发展乃至服务业产业结构升级,提升服务出口价值链。另一方面,中国制造业在开放型经济发展战略带动下虽获得了长足发展,但总体而言,仍处于全球产业链的中低端,面临着发展先进制造业进而攀升全球产业链高端的迫切需求,而从产业结构演进角度看,这有赖于服务业尤其是高级生产者服务业支撑和引领。然而,当前中国生产者服务业发展却遭遇"供求"双约束,呈低水平均衡,其支撑和引领制造业发展方式转变的作用明显不强。而抓住全球服务贸易发展的重要契机,扩大服务业对外开放,借助"外力"来突破服务尤其是高端生产者服务供给不足的约束,是帮助制造业摆脱缺乏技术创新能力、自主知识产权等被动局面,进而促进制造业发展方式转变的重要途径。

再次,全球经济新格局下跨国公司出现"逆向创新"战略调整的发展变化。20世纪后半叶尤其是进入21世纪以来,世界经济格局发生了"东升西降"的巨大变化,正如曾担任国际货币基金组织副总裁朱民先生所指出[1]:世界经济增长的重心从发达经济体转移到新兴经济体和发展中经济体。而联合国数据库的有关资料也表明,在美国、欧盟和亚洲三大经济体中,美国和欧盟的经济总量所占比重正逐步下降,而亚洲经济总量所占比重则逐步上升。其中,中国经济的快速发展成为全球经济"东升西降"的巨大引擎(金碚,2012[2])。全球经济格局的巨大变化引起了跨国公司全球竞争战略布局的相应调整。这是因为,发达国家在布局全球价值链过程中,不仅与各国的要素禀赋结构所形成的比较优势有关,也与最终

---

[1]　朱民:《世界经济结构的深刻变化和新兴经济的新挑战》,《国际金融研究》2011年第10期。

[2]　金碚:《全球竞争新格局与中国产业发展趋势》,《中国工业经济》2012年第5期。

消费市场的区位有关。一项针对全球价值链区位分布的理论研究表明①,价值链不同环节和阶段对"接近"消费市场的需求或者说敏感程度不同。具体而言,诸如研发、设计、营销和售后等更倾向于"接近"消费市场,而具体的组装、加工和普通制造环节则对是否"接近"消费市场不太敏感。对此,OECD 和 WTO 联合开展的一项调查研究结果也给予了证实,因为研究结果表明,在跨国公司全球价值链布局的关键影响因素中,需求市场规模成为仅次于生产要素成本的第二大因素。

因此,在全球财富和经济权力主要集中于发达经济体的背景下,全球主导性消费也主要集中于发达经济体,这必然促使跨国公司的全球战略主要"定位"于发达经济体市场。换言之,在全球价值链的布局过程中,跨国公司更倾向于将产品研发创新的经济活动置于发达经济体内部,以"接近"消费市场。但伴随新兴经济体和发展中经济体的迅速崛起以及全球经济重心的逐渐"东移",必然推动全球消费市场布局的重新调整。随着新兴和发展中经济体市场需求规模不断扩大,跨国公司会越来越重视这一新的市场需求和巨大潜力,为了接近这一"新"的市场,其全球价值链的布局策略也将随之调整,即将更多的研发创新活动置于新兴市场经济体,并以此为基础将创新产品销往包括发达国家在内的全球市场。有些学者将跨国公司这一新的策略变化称为"逆向创新"(Reverse Innovation),以区别于以往主要将研发创新活动置于发达国家市场进而将创新性产品再销往全球的模式。琼斯(Jones,2011②)提供的有关案例研究表明,这种价值链布局的策略调整已在许多跨国公司中悄然出现。

最后,全球价值链发展进入重塑阶段。发端于美国次贷危机的本轮全球经济危机,表面上是金融制度缺陷和金融行为非理性所致,但实体经济才是其深层次的根源所在,确切地说,是世界经济周期作用的结果。从这一意义上来说,全球经济要想真正摆脱危机并进入新一轮的繁荣和增

① Baldwin R.and A.Venables,"Relocating the Value Chain:Offshoring and Agglomeration in the Global Economy",NBER Working Paper,No.16611 2010.

② Jones,C.,"Intermediate Goods and Weak Links in the Theory of Economic Development",*American Economic Journal*,2011,3(4),pp.38-49.

长,技术创新与产业创新才是根本之道,这一点基本已成学术界和实践部门的共识。实际上,进入 21 世纪以来,一些重要科技领域发生革命性突破的先兆已经初显端倪,新一轮科技和产业革命加快孕育,只不过本轮全球经济危机的冲击加速了发达国家为首的科技和产业革命的步伐。

目前,不论是美国实施的"先进制造业"发展战略,以推动制造业回流和升级,还是德国大力推进的"工业 4.0 战略";不论是英国实施的"高价值制造"战略,还是法国实施的"新工业法国"战略,本质上都是科技革命和产业革命的竞赛,同时也说明了各国愈发重视以技术创新拉动经济发展。显然,酝酿新的产业革命和技术革命,必然改变着全球产业链格局,从而使得全球价值链进入新一轮的调整期和重塑期。当然,科技革命和产业革命推动下的全球价值链重塑和调整,既包括前文所提及的设计研发的全球化发展趋势,也包括全球价值链自身的变动,比如传统"微笑曲线"的整体移动、与"微笑曲线"相伴随的可能还会出现新式的所谓"沉默曲线"乃至"悲伤曲线"(黄群慧等,2013①)以及不同国家在全球价值链中地位重构等。

二、全球经济新规则演进趋势内容

正如前文所述,全球要素分工带来的不是不同的集体协调问题,因此与之对应的协调机构的组织结构也大不相同。全球要素分工以及由此带来的贸易流一般是单向的:高科技企业将有形与无形资产在海外发展中国家与低成本的劳动力相结合,企业获得更高的回报,发展中国家获得更快速的工业化。这背后的逻辑不再是 WTO 框架下第一代全球经济规则时期的"你开放我也开放",而是"你保障我的产权,我来到你这儿设厂",第三国的负面效应有限。因此,在全球要素分工深入演进时期,过于强调全面参与已不合时宜。特殊与差别待遇条款(SDT)也没有存在的必要性,应当帮助发展中国家更好地履行产权保护政策以及其他有益于发展

① 黄群慧、贺俊:《"第三次工业革命"与中国经济发展战略调整——技术经济范式转变的视角》,《中国工业经济》2013 年第 1 期。

产业链贸易的政策。一个不容置疑的事实是:全球贸易治理的中心地位已经受到侵蚀,未来也将如此,充分说明了在要素分工条件下全球经济规则演进的必要性和趋势性。换言之,多边主义仍将适合传统贸易领域,但是全球要素分工带来的新规则正悄然形成。

当前由 WTO 主导的多边贸易谈判进程受阻,就是因为,着眼于降低贸易投资壁垒、扩大"市场准入"为目标的"边界措施"的传统多边贸易体制,已经不能提供全球价值链分工下的全球贸易与投资治理规则,建立以"边界内措施"为主、旨在通过各国国内政策的规制协调与融合,建立适应现代国际贸易与投资发展特点的高标准高质量的国际贸易与投资新规则,势在必行。更适合与"市场准入导向"谈判的 WTO 多边贸易体制,显然很难胜任"规制一体化导向"的贸易投资新规则的谈判,新一轮区域贸易自由化浪潮的兴起,就是可以理解的了。2013 年以来,跨太平洋伙伴关系协定(TPP)和跨大西洋贸易与投资伙伴关系协定(TTIP)、国际服务贸易协定(TISA)谈判都在加速推进,就是明证。虽然 TPP 等协定可能遭遇搁浅,以及在推行过程中会受到各种各样的阻力,但其毕竟代表了一种发展方向和趋势。

这种区域性的经济规则虽然目前还没有推广至全球,但一定程度上架空了 WTO 在区域乃至全球贸易中的地位,因而代表着全球经济规则的总体演进方向。不论新的全球经济规则是以何种形式出现,比如究竟是以区域性的经济规则演进为基础进而拓展至全球,还是将全球要素分工的重要特征作为最重要的变革核心引入 WTO,仍然在 WTO 框架内进行谈判从而建立起全球经济新规则,就其研究趋势的内容来看,新的全球经济规则(不妨称之为第二代全球经济规则)与第一代相比,其在内容上有实质性变化。从贸易政策和外资政策方面看,正如盛斌(2014)指出①,第二代贸易政策主要包括:扩展的知识产权、竞争政策、投资、环保法规、劳动市场管制、消费者保护、资本流动、财政支持、税收、农业、采矿业、视听、能源、经济政策对话、工业合作、区域合作、创新政策、文化保护、文化

---

① 盛斌:《迎接国际贸易与投资新规则的机遇与挑战》,《国际贸易》2014 年第 2 期。

合作、教育与培训、技术与科研、中小企业、社会事务、健康、信息社会、统计数据、数据保护、政治对话、公共行政、近似立法、反腐败、恐怖主义、人权、非法移民、毒品、反洗钱、核安全、签证与政治庇护等广阔的议题。也可以换一个角度看,第二代贸易政策包括两个层面:一是包括目前在谈的WTO"多哈发展议程"(DDA)中多数尚未达成有关协定的议题,如扩展的知识产权、竞争政策、政府采购、投资、环境标准、电子商务、贸易融资、贸易援助、债务、技术合作、技术转移、能力建设、部门贸易自由化等;二是未在WTO的谈判与磋商框架内而只是在双边或区域贸易协定(RTAs)中达成条款或正在谈判中的议题,如劳工标准、出口限制、消费者保护、法律、国内管制一体化、中小企业、公司治理等。

对外直接投资的第二代议题,则在继续保障新的投资待遇和公平竞争的基础上增加了对外国投资者进行必要规制与促进可持续发展的内容,包括投资者义务、企业社会责任、投资便利化、知识产权、竞争政策、劳动力市场管理、土地获取、环境政策、公共治理与机构、反腐败、投资者—东道国争端解决、基础设施与公私合作等。这些议题已被许多OECD国家涵盖在其已达成或正在谈判的投资协定条款中,美国2012年公布的双边投资协定范本就是最典型的例证。此外,联合国贸易和发展会议(UNCTAD)在2012年发表的《世界投资报告》中所设计提出的"可持续发展投资政策框架"及其所建议的国际投资协定内容中也包括了上述第二代投资议题。

应该说,上述贸易和投资内容的变化趋势,基本构成了第二代全球经济规则的主要内容,或者说代表着其内容的重要发展方向。

三、全球经济新规则的主要特征

从全球经济规则内容的大体演进趋势看,全球经济新规则必然呈现如下几个方面的典型特征,这些特征可以为全球要素流动和商品流动设立新标准。

全球经济新规则的第一大特征就是高质量和高标准。建立适应现代国际贸易与投资发展特点的高标准高质量的国际贸易与投资新规则,是全球要素分工深度演进的内在需要。在高标准的全球市场经济规则之下，只有能够达到标准要求的国家和地区，才能够进一步融入经济全球化之中，才有可能掌握全球经济未来发展主动权，而"不达标"的国家和地区，则极有可能被边缘化。"高标准"更多关注的是一国国内经济政策、产业政策、自主创新、政府采购、知识产权保护等。因此，适应"高标准"，其实质就是要建立更加成熟、更加完善、更加公平、更加规范、更加透明、更加法制化的市场经济体制。

全球经济新规则的第二大特征就是全面的市场准入。目前已经基本完成谈判的以及正在谈判的区域自由贸易协定，将在货物和服务贸易的一切领域消除或削减关税及非关税壁垒，覆盖贸易的全部范围，包括货物和服务贸易及投资，以便为缔约国的企业、劳工和消费者创造新的机遇与利益。

全球经济新规则的第三大特征就是实现承诺的区域性方法。目前已经基本完成谈判的以及正在谈判的区域自由贸易协定，均将促进生产和供应链的发展，促进"无缝贸易"，提升效率，支持工作岗位的创造和维持，提高生活水平，增强环保力度，促进跨境融合，促进国内市场开放。

全球经济新规则的第四大特征就是应对新的贸易挑战。为增进创新、生产力和竞争力，目前已经基本完成谈判的以及正在谈判的区域自由贸易协定，将应对新问题，包括数字经济的发展、国有企业在全球经济中的角色等等。

全球经济新规则的第五大特征就是包容性贸易。目前已经基本完成谈判的以及正在谈判的区域自由贸易协定，均包含一些新的要素，试图保障不同发展水平的经济体、不同规模的企业都能从贸易中获益。这些拟形成的新规则中包含了一些承诺，旨在帮助中小型企业理解这份协议，利用它所带来的机遇，并提醒各缔约国政府关注中小企业所面临的独特挑战。它也包含了一些特别承诺，旨在促进各方发展并帮助其提升贸易能力，确保各方都能兑现协议中的承诺并充分利用其益处。

全球经济新规则的第六大特征就是区域一体化平台。目前已经基本完成谈判的以及正在谈判的区域自由贸易协定，大部分都是意在为区域经济一体化提供一个平台,这些协定中所体现的经济新规则,从设计上就是一个相对开放的平台,鼓励其他地区经济体加入进来。

总之,与第一代全球经济规则相比,第二代全球经济规则呈现出显著的差别。正如盛斌(2014)总结的[①]:首先,从内容与谈判方式上看,第一代全球经济规则以边界措施为主,谈判的目的在于通过互惠方式提高在对方市场的准入水平,因此政策的变化方向是相互对等减让直至完全消除贸易壁垒;而第二代全球经济规则将会以边界内措施为主,谈判的目的在于通过国内政策的规制协调与融合达成共同认可的最低标准或做法,从而实现公平竞争与消除经济扭曲,因此政策的变化方向是从低标准做起逐步向高标准看齐。从实施的待遇上看,第一代全球经济规则的自由化往往容易实现特殊和差别待遇,例如通过例外与保留、差别性减让、较长的过渡期等方式,此外,在区域贸易协定上也相对容易实现对非成员国的歧视性管理;而第二代全球经济规则则较难实施特殊和差别待遇,更多的是通过技术援助和能力建设加以支持,同时,在区域贸易协定上也相对较少形成对非成员国的歧视性待遇。此外,在贸易政策与投资政策的关系上,第一代全球经济规则中两者很少有交叉重叠的领域,而第二代全球经济规则中在知识产权、竞争政策、环境、劳工等诸多议题上两者有交集和互补。

---

① 盛斌:《迎接国际贸易与投资新规则的机遇与挑战》,《国际贸易》2014 年第 2 期。

第八章 要素分工与中国发展
更高层次开放型经济

　　作为一个发展中大国,中国的对外开放实际上是在一个更有利于发展中国家的全球化环境中开始的。由于政治稳定、要素集聚能力强,中国抓住了全球化带来的机遇,有效地规避了全球化的风险,实现了繁荣富强。但总体来看,受制于中国要素禀赋及经济实力等现实因素的影响,长期以来以外资的大量使用和劳动密集型产品的大量出口为主要驱动力的发展方式具有典型的"粗放型"特征,开放型经济发展的层次还不够高。当前,面临国际国内环境的深刻变化,原有粗放型发展模式遭遇巨大挑战,亟待实现转型升级,开放型经济发展需要向高层次迈进。中国开放型经济发展的经验表明,在参与经济全球化的过程中,坚持以切合比较优势的方式参与国际分工,顺应全球分工演进大势,实施正确的开放战略至关重要。因此,推动开放型经济发展迈向更高层次,需要明晰全球要素分工演进新趋势对推动开放转型发展的可能机制和战略机遇,并据此作出适时的战略调整。

第一节　中国开放型经济发展进程及基本经验

　　1978 年 5 月 11 日,南京大学胡福明老师撰写的论文《实践是检验真理的唯一标准》在《光明日报》以"本报评论员"的名义发表,引发了一场关于真理标准问题的全国性讨论,这场讨论实际上成了我国社会主义改革开放新时期的思想准备。以邓小平同志为代表的中国共产党人,领导中国走上了开放型的市场经济发展道路。由于研究视角的不同,学术界对我国对外开放的历史进程,存在不同的阶段划分。本章以对外开放的重大标志性事件为依据,把我国对外开放大致分为三个阶段:第一阶段,1978—1991 年,对外开放的探索性阶段,其重要标志是经济特区的设立和浦东的开发和开放。第二阶段,1992—2001 年,对外开放的快速发展阶段,其标志性事件是邓小平同志南方谈话的发表。第三阶段,2001 年11 月以后至 2008 年全球金融危机爆发,中国对外开放进入高速发展阶段,其标志是中国加入了世界贸易组织。第四阶段是 2008 年的全球金融危机后,中国开放型经济发展进入新阶段,面临新挑战、新机遇、新任务。

一、中国开放型经济发展进程

(一)对外开放的探索阶段:发展外向型经济

与"摸着石头过河"的"渐进式"体制改革相类似,这一阶段的对外开放总体上走的是一条"大胆地试、大胆地闯"的"渐进式"开放道路,采取的是"梯度开放"的战略。1980 年深圳、珠海、汕头、厦门经济特区的设立,标志着中国对外开放正式起步。之后,从 1984 年开放大连、秦皇岛、天津、烟台、青岛、连云港、南通、上海、宁波、温州、福州、广州、湛江、北海 14 个沿海港口城市,再到 1988 年设立海南经济特区,开辟长三角、珠三角等沿海开放区;从 1990 年浦东新区的开发和开放,到 1991 年开放满洲里、丹东、绥芬河、珲春 4 个北部口岸,及至批准上海外高桥、深圳福田、沙头角、天津港等沿海重要港口设立保税区,对外开放步伐渐次有序推进。

这一时期,中国对外开放的特点是发展"外向型经济",即改变原来的与世界经济隔绝的封闭式发展模式,充分发挥自身的比较优势,利用发达国家和地区劳动密集型产业外移的机遇,大力吸引外资,发展出口导向的劳动密集型制造业。在开放目标上,主要是解决大多数发展中国家存在的储蓄和外汇的"缺口",以解决国内经济发展资源瓶颈。在开放区域上,以特区、保税区等"点"状开放为主,沿海、沿边推进,基本定位于建立中国和世界相联系的"通道"。在开放政策上,推行的是进口替代和鼓励出口并举的贸易政策。在进口政策上,鼓励引进适用技术,采取各种保护贸易的政策和措施诸如关税、配额等手段保护国内市场,推动本国工业化进程,实现一般劳动密集型消费品的进口替代;在出口政策上,主要通过奖售、本币低估等措施来扩大出口,以解决国内经济发展外汇紧缺问题,同时改革外汇资源配置制度,实行汇率双轨制,并且于 1985 年引入出口退税制度,对加工贸易实行特殊优惠政策;在外资政策上,逐步下放外资投资项目审批权,为外资企业提供优惠减免税待遇,改善投资和生产经营环境,并对产品出口型、技术先进型外资企业给予更优惠的待遇。总体来说,这一时期对外开放的最大成就是在沿海(主要是珠江三角洲)发展了"三来一补"型的工业,推动了加工贸易的发展,使中国开始以要素和资源优势融入国际分工体系。

中国的对外开放从一开始就是改革的产物,开放也是改革。中国的对外开放,打破了中国长期存在的高度集权式和行政式的经济管理体制,突破了传统计划经济体制和观念的障碍。中央政府通过兴办一系列的经济特区和沿海开放区进行经济体制改革试点,并通过设立经济特区引入国际通行的经济管理体制和市场运行机制,起着引导国内体制改革的重要作用。

(二)全方位对外开放格局的形成阶段:发展开放型经济

1992 年邓小平发表南方谈话,确立了社会主义市场经济体制的改革方向,中国的对外开放也进入了全面加速推进的时期。1992 年,以上海浦东为龙头,开放芜湖、九江、黄石、武汉、岳阳、重庆 6 个沿江城市和三峡库区,实行沿海开放城市和地区的经济政策。同时开放哈尔滨、长春、呼和浩特、石家庄 4 个边境和沿海地区省会城市,开放珲春、瑞丽、凭祥等 13 个沿边城市,进而开放太原、合肥、成都、西安、银川等 11 个内陆省会城市。2000 年,国家又实施西部大开发战略,对外开放进一步扩大到广大西部地区。至此,中国全方位的对外开放地域格局基本形成。

这一时期,中国对外开放的特点是发展"开放型经济",即利用国际国内两种资源、两个市场,加快国内的经济发展。在开放目标上,主要是抓住发达国家先进制造业转移的历史性机遇,建设国际先进制造业加工中心,大力推进中华民族经几代人努力尚未完成的工业化、现代化进程。在开放区域上,由特区到沿海、从沿海到沿江,从沿江到沿边,进而到内陆,实现由点状开放向全中国区域全面开放。在开放政策上,引进外资,利用外资带动出口成为出口导向战略实施的重点,主要表现为对外资的政策由管理型转向全面鼓励型,实施了更大力度、配套性更强的外资政策,并鼓励跨国公司在中国市场上进行竞争。各级政府在中央扩大对外开放的政策引导下,为了吸引更多的外资促进本地经济的发展,纷纷出台一系列优惠政策,吸引外国直接投资的流入。"招商引资",发展开放型经济,成为各级地方政府经济工作的重点。这一时期,中国政府采取了更为开放的外贸政策,逐渐放宽对进口的限制,积极鼓励引进先进技术和其他国际先进生产要素,极大地提高了国内的生产效率,特别是提高了制造业的劳动率。在出口政策上,实施出口优惠信贷政策,通过税制改革进一步提高出口退税率,使出口退税成为促进出口的一项最重要的政策措施。1994年,中国政府开始了以汇率并轨为核心的新一轮外贸体制改革,实行以市场供求为基础的、单一的、有管理的人民币浮动汇率制度,建立银行间外汇市场,改进汇率形成机制,保持合理的、相对稳定的人民币汇率。1996年1月1日,中国接受国际货币基金组织(IMF)第八条款规定的义务,实现人民币经常项目下可自由兑换。总体来看,这一时期对外开放的最大成就是成功构筑了承接国际资本产业转移的平台,在中国特别是长江三角洲、珠江三角洲形成了国际先进制造业的加工中心,"中国制造"迅速风靡世界市场,中国工业化的进程以前所未有的速度迅猛发展。

在大力发展开放型经济的这一时期,也是我国积极申请"复关"和加入世界贸易组织的时期。在邓小平同志南方谈话精神指引下,中国加快了市场化改革的步伐,逐渐建立起既符合国际规范、又适合中国国情的社会主义市场经济体制,大大促进了中国经济与世界经济的融合。

(三)中国对外开放高速发展阶段:经济国际化

以2001年11月中国政府在多哈正式签署加入WTO文件为标志,中国的对外开放进入了一个全新阶段,即经济国际化阶段。在这一阶段,中国对外开放出现三个主要转变:中国由有限范围和有限领域内的开放,转变为全方位的开放;由以试点为特征的政策主导下的开放,转变为法律框架下可预见的开放;由单方面为主的自我开放,转变为与世界贸易组织成员之间的相互开放。中国经济全面而深入地融入了国际分工体系。

在加入 WTO 以前,中国的对外开放总体上表现为自主控制下的局部性开放,开放的领域主要集中在生产性投资领域,大部分的服务行业都未对外开放,只是在上海、广州、深圳等少数几个城市进行了开放银行、保险业的试点工作。而在加入 WTO 之后,中国的对外开放领域则开始由局部性对外开放转变为全方位的对外开放,服务业成为这一阶段中国对外开放的重点领域,包括电信和金融保险等领域的对外开放力度都在不断扩大。中国加入世贸组织时,在服务贸易市场准入方面作了广泛的承诺。过去 6 年多里,中国已全面履行了开放服务业的承诺,按世贸组织分类,中国的 100 多个服务贸易部门已向外资开放,贸易、分销、物流、金融、快递、通信、旅游、运输、法律和建筑等服务领域吸引外资以前所未有的速度大幅度增长。开放程度与发达国家的平均开放水平相差无几,有的领域甚至高于一些发达国家。同时,中国企业也积极"走出去",中国进入了"双向开放"的新时期。

作为 WTO 正式成员,中国积极遵守 WTO 为国际贸易所制定的为各成员国普遍接受的规则,按照 WTO 非歧视、更自由、可预见、鼓励竞争等原则,逐步削减贸易和非贸易壁垒,推动商品和服务贸易、投资和金融等领域的自由化,按照多边自由贸易框架的规定开放市场。在过去的几年中,中国依据 WTO 规则,不断加大对国内与 WTO 不一致的政策、法律和法规的清理,对国内政府机构和企业进行培训,逐步建立起有中国特色而又符合国际规范的经济贸易体制和宏观经济管理体制。

从发展出口导向的外向型经济到全面引进国际先进生产要素发展开放型经济,进而到实现"双向开放",全面融入国际分工体系的经济国际化,经过三十多年改革开放的艰辛探索,中国实现了由封闭经济向开放经济,由计划经济向社会主义市场经济的历史性转变。在改革开放的推动下,中国总体上实现了中华民族几千年的"小康"社会的梦想,正在向着全面建成小康社会和实现基本现代化的宏伟目标迈进。

(四)中国开放型经济发展新阶段:迈向更高层次的关键期

2008 年由美国次贷危机引发的本轮全球性经济危机不期而至,导致外需大幅下滑和贸易保护主义抬头呈蔓延之势,更是对中国开放型经济造成了巨大冲击。应该说,2008年全球经济危机是世界经济长周期的作用结果和表现,危机后全球经济进入到深度调整期,何时走出危机阴霾从而实现新一轮的繁荣和增长,至今难以预期。因此,面对当前国际国内环境的深刻变化,尤其是面临外需减弱、贸易保护主义抬头、自然资源短缺、环境问题日益加重等诸多问题约束之下,如不扭转现行"粗放型"增长模式,中国开放型经济发展方式显然难以为继。因此,中国开放型经济发展传统模式遭遇巨大挑战,亟待转型发展,向更高层次的开放型经济方向迈进。

首先,从国际环境来看。由2008年美国次贷危机引发的全球金融危机,导致了全球经济衰退,世界主要经济体的生产、贸易、就业、消费等经济指标大幅下降。经过主要国家的共同努力,世界经济自2009年第三季度起出现好转,有乐观估计认为,危机已经过去。但各国的经济刺激计划并没有根除世界经济的深层次矛盾。在全球金融危机的阴霾尚没有完全消退之际,随后爆发的欧债危机给全球经济复苏带来了新的不确定性,其严重性不亚于美国次贷危机引发的全球金融危机。目前,欧、美债务危机仍在持续深化中,并将在很长一段时间内左右国际外需的变化。尤其是受债务危机的影响,欧洲经济出现萎缩的可能性加大,世界经济将持续低迷甚至停滞。即使发达经济体暂渡难关,其结构性矛盾的解决也需要相当长的痛苦调整过程,经济增长也将停滞于较低水平。欧美主权债务危机不断深化,发达经济体自主增长动力不足,贸易保护主义势头不减,直接制约着全球需求的变化,世界经济将持续低迷甚至停滞,需求低迷或将成为长期持续的常态,直接影响着我国开放型经济发展的外部环境。此外,全球经济新规则的演进变化、世界各国竞争的日益白热化等等,无不预示着中国开放型经济转型发展的必要性和迫切性。

其次,从国内环境来看。中国开放型经济发展,现在已经面临着土地、能源、资源等要素价格进入集中上升的时期,加之输入性通货膨胀的不利影响,以及"招工难、用工贵"问题带来的劳动力成本的日益上升,综合成本在不断上升,外贸企业尤其是中小外贸企业的经营环境趋紧。因此,就中国整体而言,依靠传统的低成本优势发展开放型经济,显然已经难以为继。例如在劳动力成本方面,仅"十一五"期间,中国城镇居民家庭人均可支配收入从2006年的11759元增加到2010年的21033元,增长了78.8%。"十二五"期间,中国城镇居民家庭人均可支配收入就从2011年的23979元增加到2015年的31195元,增长了30.09%。"十三五"规划明确指出收入增速不低于经济增速,劳动力成本将进一步提高。在资源环境方面,突出表现在土地资源稀缺性的制约日益明显以及资源、能源供给和生态环境的制约日益严峻。

二、中国开放型经济发展的基本经验

在许多人看来,经济全球化的收益是不言而喻的,在全球要素分工背景下,经济开放和分工深化以及由此引发的规模经济和技术进步能够提高整个社会的福利水平。总结中国对外开放近四十年的经验,至少有几点值得我们关注。

(一)封闭一定落后,开放不一定发展

无论是中国的经验还是世界范围的数据都表明,在当代全球化的环境下,对外开放是获得发展的前提,闭关锁国一定导致落后。国际货币基金组织的研究也证实了这一点,他们指出:"在过去几十年中顺应全球一体化潮流、追求有纪律约束的宏观经济政策的国家,很有希望踏上与发达国家趋同之路。相反,没有顺应这种潮流的国家将面临在世界贸易份额中日趋减少、私人资本流入日益枯竭并且相对被甩到后面的困境。"[1]

然而,开放只是给发展中国家提供了发展的机会,并不意味着发展中国家一定能在全球化中获得发展成果。对许多发展中国家来说,如果没有做好恰当的准备,开放带来的更可能是陷入"全球化陷阱"之中。国际货币基金组织针对108个发展中国家(含亚洲新兴工业化国家)的研究证明了这一点。在以年人均收入确定的5个发展中国家组中,从1965年

---

① IMF,*The May 1997 World Economic Outlook*, p.72, http://www.imf.org/external/pubs/weomay/weocon.htm,2008年5月1日。

到 1995 年最低收入组从 52 个国家扩大到 84 个,中低等收入组和中等收入组中的国家数目迅速减少,分别从 34 个和 15 个减少为 17 个和 4 个,并且这种变化主要是从 20 世纪 80 年代初发生。① 显然,绝大多数发展中国家在 1965 年到 1995 年期间停留或者跌入到最低收入组,它们是全球化进程中的失败者。

(二)正确的开放时序至关重要

那么,为什么有些发展中国家(如中国和新兴工业化国家)通过参与全球化能够获得令人诧异的经济发展成就,而大部分全球化进程中的失败者(如大部分非洲国家)也同样积极地参与到全球化进程中,甚至在某些方面比那些成功的国家做得更好②,却仍然不能获得经济发展,甚至与发达国家的差距越拉越大? 一个流行的假说是这些失败的国家缺乏完善的市场机制和有效的制度。然而 20 世纪 70 年代以来转型国家的发展实践否定了这一假设,以建立有效的市场机制为导向的东欧国家的"休克疗法"失败了,而被大多数经济学家认为实施了一个糟糕的制度安排的中国渐进性改革却成功了。③ 那么什么样的条件能够保证在全球化中获得经济发展? 中国的经验表明稳定的政治环境、正确的开放战略、集聚先进要素的能力至关重要。

参与全球化并不意味着需要急速地开放市场实行自由贸易,也并不意味着需要立刻放松经常项目的可兑换性和资本项目的管制。因为,试图一步跳进自由贸易和全球化的汪洋大海必然引起那些没有自生能力的制造业大范围破产,经济的崩溃和社会的动荡也就不可避免。1990 年东

---

① IMF,*The May* 1997 *World Economic Outlook*, p. 79, http://www. imf. org/external/pubs/weomay/weocon.htm,2008 年 5 月 1 日。

② David Bevan 等的研究表明,大多数发展中国家特别是问题最多的非洲国家是高度开放的。参见 David Bevan,"Fiscal Implications of Trade Liberalization",*IMF Working Paper*,No.95,1995.9.5。

③ 根据林毅夫的总结,东欧国家的"休克疗法"包含三方面内容:价格完全放开、由市场来决定;全面、大规模、快速地实现私有化;消除财政赤字,维持宏观经济的稳定,这三项是西方主流经济理论所认为的一个有效的经济体系的最基本内容。而大多数经济学家认为,中国改革过程中实行的双轨制会导致配置效率的损失、寻租行为、国家机会主义的制度化等,是一个最糟糕的制度安排。

德和波兰的经历充分地证实了这一点。正如麦金农所指出的那样："经济自由化有一个'最佳'的顺序,由于各个国家最初的国情不同,因此这种顺序可能依国家的不同而各异。"①但对发展中国家和转型国家而言,在融入全球化的过程中,稳步并有次序地走向商品和劳务的自由贸易,渐进性地放松金融管制,渐进性地实现经常项目可兑换性和资本项目开放至关重要。决定这种开放次序和进度的关键变量应是该国承受全球化冲击的能力,其中应以一国承受全球化冲击的总体能力决定该国的总体开放度,以各部门承受国际竞争的能力决定开放次序。

(三)在现有体系和规则中谋求最大化的收益

一个常见的批评是,现有的国际规则和国际经济秩序是以维护发达国家垄断资本利益为出发点,是不平等的,它使发展中国家处于依附、利益受损的状态,并束缚了这些国家的经济发展。因此,广大发展中国家强烈要求改革现有不公正、不合理的国际经济秩序,建立公正、合理的国际经济新秩序。对此我们有以下几点认识。

第一,稳定的国际规则和国际经济秩序是世界各个国家的共同利益。第一次世界大战和第二次世界大战之间的那段历史给了我们负面的证据。1919 年至 1939 年期间,主要工业国对世界霸主宝座的争夺使得国际规则处于极度混乱的状态,由此所导致的是国际贸易规模的极度萎缩、国际金融体系的崩溃以及相互间的以邻为壑。第二次世界大战则是这种混乱和不稳定的结果。

第二,在现有的体系之外人为地重新建立一套规则和秩序缺乏可能性和生命力。从第二次世界大战结束到冷战结束这一段历史间,国际间存在着两个平行市场和两套国际规则。以美国为主导的西方规则有着较长的历史渊源,是通过较长时期的国家博弈和市场博弈内生而成的。而以苏联为主导的社会主义阵营,人为地建立起了一套基于计划经济体制的国际分工模式和规则,由于其依托于苏联的霸权和扭曲的价格体系,结果随着冷战的结束而崩溃。因此,必须承认的是,现存的规则是有生命力

---

① 麦金农:《经济自由化的顺序》,中国金融出版社 1993 年版,第 4 页。

的,能够在主流国家经济和政治强权的作用下,维持相当一段时间,并处于相对稳定状态。

第三,对现有的国际经济秩序只能是合理的"扬弃",在容忍的前提下加以改造,而不是对现存的经济秩序进行挑战和全盘否定。由于国际规则的形成是各参与国之间相互博弈的结果,而博弈中话语权的大小又取决于参与国包含经济实力和非经济实力在内的综合国力大小,这种"丛林法则"使得只有少数国家(霸主)能够主导规则的制定,并使得国际规则呈现出"非中性"的特征。但是,国际规则向霸主国家的偏向程度,不仅取决于霸主的实力,也取决于参与规则制定博弈的广大发展中国家的实力,发展中国家能够通过发展和合作提高谈判能力。

(四)在开放中实现互利共赢

互利共赢是中国对外开放中一贯奉行的准则,也是中国取得对外开放成功的关键。在全球化趋势加快发展的新形势下,世界各国已经进入广泛交流合作的时代。经济全球化下国与国的关系是既相互竞争又相互依赖,竞争是表象,而依赖是核心,在竞争中相互依赖,在相互依赖中激烈竞争,这使得由经济全球化和广泛的经济合作带来的相互依赖关系已成为国际经济关系的最重要形式,各种双边、多边的经济合作已成为国与国之间经济关系的中心内容,互利共赢是实现世界各国和谐共存的唯一途径。

第一,国际贸易是互有进出口的贸易,国际贸易中的竞争不是绝对竞争,而是相对竞争。WTO 中的公平竞争也强调要给各个国家的厂商以竞争的机会。在国际贸易中任何一方都不应该将对方变成自己的产品销售市场或原材料供应市场。同时,在全球化条件下,各国经济日益融合,一国在对外贸易中,除了要考虑到对方的利益外,还要考虑到其他与本国存在竞争关系的国家厂商的利益。因此,在国际贸易中不能单纯从本国出发,追求贸易利益的最大化,而应该着眼外贸的长久可持续发展,追求互利共赢。

第二,从经济学角度讲,对外开放给发展中国家弥补国内资本、技术等生产要素缺口,利用后发优势迅速地实现产业升级、技术进步和制度创新创造了巨大机会,但同时也不可避免地需要付出一定的代价。在当前对外开放成本不断增加的形势下,实施互利共赢开放战略有着充分的客观必要性。单纯的出口导向的贸易发展观不能给发展中国家带来长期稳定发展,必须使进口和出口相协调,外贸政策和外资政策相协调,外资政策和产业政策相协调。

第三,经济学理论虽然早已论证了经济全球化使各国受益的可能,但对于全球化的利益分配问题一直以来存在着较大的分歧。按照传统的国际分工和国际贸易理论,由于发展中国家的产业竞争力低下,开展自由贸易,虽然也能给发展中国家带来一些"比较利益",但在总体上,对于发达工业化国家更为有利。而在国际分工由产业间分工向产业内分工、进而向产品内分工的过程中,要素流动成为新一轮全球化的本质特征,由此引发的产业转移给具备基本发展条件的发展中国家带来了发展的机遇。新兴市场国家通过低成本优势在越来越多的生产部门和领域对发达国家形成强大的竞争压力,引发了剧烈的贸易摩擦,发达国家内外部不平衡加剧了社会内部的分化和不同阶层之间的利益冲突。互利共赢的开放战略可以通过国际合作寻求利益的最大化和争议的最小化,将贸易摩擦控制在可承受的范围,从而实现经济全球化由"零和博弈"向"正和博弈"的转变。

(五)统筹国内发展和对外开放

统筹国内发展与对外开放,是中国过去改革开放的历史经验总结,也是未来改革开放进一步深化发展的必然要求。加入世界贸易组织以后,中国国内市场与国际市场的联系更为紧密,国内经济与国际经济的互动性明显增强。新的开放格局既对中国国内经济发展提出了新的挑战,又带来了可以利用国际环境加快发展的良好机遇。

统筹国内发展和对外开放的实质,就是要用全球战略眼光来考虑中国长远发展问题,抓住战略机遇期,在对外开放中求得发展,在不断发展中扩大开放,充分利用国际国内两个市场、两种资源,拓展经济发展空间,增强国际竞争力推动经济社会和人的全面发展。就是要努力从国际国内形势的相互联系中把握发展方向,从国际国内条件的相互转化中用好发展机遇,从国际国内资源的优势互补中创造发展条件,从国际国内因素的综合作用中掌握发展全局。

统筹国内发展和对外开放,就是要通过对外开放和自主创新的结合,把引进和开发、创新结合起来,形成自己的优势,切实提高整体科技水平,促进经济结构调整、发展方式转变,实现中国经济的又好又快发展。一方面要积极引进国外适用的先进技术,通过技术引进提升中国相关产业的技术水平,并带动产业结构的调整和升级;另一方面要切实提高自主创新水平,加快建设国家创新体系,建设创新型国家。

第二节　要素分工与开放型经济的转型升级

中国开放型经济水平在规模上已经达到较高的阶段,并且产生了开放型经济发展模式转型的压力,在这个阶段更要坚持主动开放,将中国经济进一步融入到经济全球化的时代潮流中去,正如习近平同志讲话指出,"中国开放的大门不会关上……中国将在更大范围、更宽领域、更深层次上提高开放型经济水平"①。

在中国开放型经济发展达到较高水平的时候,也产生了一些具有误导性的看法,比如中国未来经济发展应该转向以内需为主的阶段。内需在经济发展中的重要性毋庸置疑,但是一方面将外需和内需对立起来的看法是不正确的,另一方面将开放的意义局限于外需的认识是非常片面的。再比如,基于对对外贸易增速下降尤其是顺差下降而认为对外贸易对经济增长的贡献下降甚至为负的看法也是错误的,这种错误的本质是将国民收入恒等式误解为因果关系。

在经济全球化成为时代潮流的背景下,只有顺应潮流,进一步融入到经济全球化进程之中才能为中国经济未来的持续稳定增长寻找正确的道路,尤其是在基于全球要素分工的国际合作生产的背景下更是如此。在

---

①　参见《习近平同出席博鳌亚洲论坛年会的中外企业家代表座谈》,新华网(http://news.xinhuanet.com/politics/2013-04/08/c_115309030.htm),2013年4月8日。

这个背景下,只有融入经济全球化的时代潮流之中,才能通过全球范围合理配置生产环节,获取战略性资产,节约生产成本,构建"以我为主"的全球生产网络,顺利实现中国开放型经济发展模式的转型。概括而言,未来一段时期内中国开放型经济转型升级的发展方向,应该包括如下几个方面。

一、更加注重互利共赢

坚持共赢开放,推动经济全球化朝着普惠共赢的方向发展。尽管主流国际贸易理论一般均表明国际分工能够使得参与国际分工的各个主体都从自由贸易中获益,这种利益可能来源于比较优势的实现,也可能来源于规模经济的实现,换句话说,自由贸易本身就应该是双赢的。但是,经济全球化的历史现实并不总是如此,这不仅是在经济全球化的早期伴随着西方列强对落后国家的殖民掠夺,即便是在第二次世界大战以后,经济全球化进程中,发达国家和发展中国家之间的国际分工也充满着事实上的不平等。发达国家凭借在国际经济治理中的优势以及产业竞争优势,获取了国际分工的主要收益,使得发展中国家经济发展的追赶效应难以体现或者难以突破中等收入陷阱。

中国开放发展新理念体现"共赢开放"一方面是由中国坚持的处理国与国关系的基本原则决定的,"经济上应相互促进,共同发展,而不应造成贫富悬殊"是中国构建国际经济新秩序的基本主张;另一方面也是中国实现开放型经济发展战略的现实需求。2013 年 1 月 28 日,习近平同志在十八届中共中央政治局第三次集体学习时指出,世界繁荣稳定是中国的机遇,中国发展也是世界的机遇。和平发展道路能不能走得通,很大程度上要看我们能不能把世界的机遇转变为中国的机遇,把中国的机遇转变为世界的机遇,在中国与世界各国良性互动、互利共赢中开拓前进。

党的十八届五中全会的公报提出"必须丰富对外开放内涵,提高对外开放水平,协同推进战略互信、经贸合作、人文交流,努力形成深度融合的互利合作格局"就是对"开放"的更深层次理解。我们要坚持开放的发展,让发展成果惠及各方。在经济全球化时代,各国要打开大门搞建设,促进生产要素在全球范围更加自由便捷地流动。各国要共同维护多边贸易体制,构建开放型经济,实现共商,共建,共享①。

二、更加注重双向开放

坚持双向开放就是要"走出去"和"引进来"并重,这是中国经济发展进入新阶段的要求,也是开放型经济发展到较高阶段的特征。从"走出去"看,在我国开放型经济发展到新阶段,"走出去"整合全球优势要素成为必然选择。一方面,中国企业竞争力的提升面临技术、品牌等战略性资产缺失的约束,获取此类战略性资产的有效途径之一就是通过对外直接投资将相关环节配置到创新要素丰裕的地区。这里可能存在一个认识上的误区,认为对外直接投资必然使得当地生产下降,影响 GDP 增长。实际上这种战略性资产寻找型投资能够提升企业在国际市场的竞争力,扩大市场需求,反而能够促进在当地的生产。另一方面,随着中国劳动力成本的上升,中国企业出现将一些劳动密集型环节转移到其他更具成本优势的地区,以减少工资水平上升带来的成本上升的压力。

从"引进来"的角度看,利用外资的目的和作用也将发生变化,在开放型经济发展的第一阶段,"以市场换技术"被当作利用外资的目的,但是其实际发挥的作用还主要是促进了我国优势要素的充分使用。未来"引进来"需要适应我国加快转变经济发展方式的要求,着力提高引资的质量,注重吸收国际投资搭载的技术创新能力、先进管理经验以及高素质人才。

三、更加注重全面开放

在开放型经济发展的第一阶段,从开放区域看,东部地区的开放型经济发展水平显著高于中西部地区;从开放的部门看,开放的主要部门为一

---

① 习近平:《谋共同永续发展　做合作共赢伙伴——在联合国发展峰会上的讲话》(二〇一五年九月二十六日,纽约),人民网(http://cpc. people. com. cn/n/2015/0927/c64094 - 27638798.html),2015 年 9 月 27 日。

般制造业,服务业等部门开放度较低。"中国将继续全面对外开放,推进同世界各国的互利合作",推动全面开放首先是开放空间范围的扩大,"改变我国对外开放东快西慢、沿海强内陆弱的区域格局,逐步形成沿海内陆沿边分工协作、互动发展的全方位开放新格局"。① 其次是开放内容的扩大,"推进金融、教育、文化、医疗等服务业领域有序开放,放开育幼养老、建筑设计、会计审计、商贸物流、电子商务等服务业领域外资准入限制,进一步放开一般制造业"②。最后,全面开放还需要开放平台和载体的多样化,加快实施自由贸易区战略,稳步推进"一带一路"建设以及亚洲基础设施投资银行建设等。

四、提高我国在全球经济治理中的制度性话语权

目前,全球经济治理已经难以适应经济全球化发展的需要。中国经济的崛起使得中国在世界经济中具备了越来越大的影响力,一方面使得中国成为世界经济增长的重要贡献者,另一方面美国和西方国家也把中国的崛起看作是对现行国际经济秩序的最大挑战。开放发展新理念为中国参与全球经济治理确立了基本方向。第一,中国深入参与经济全球化的方向不会变,这使得中国将成为经济全球化发展的支持者,中国对全球经济治理的态度将是完善而非否定,因此中国将成为全球经济规则的支持者而非破坏者。第二,随着世界经济格局的改变以及中国经济发展阶段的改变,中国对全球经济秩序存在完善的需求。这一方面是实现开放发展新理念所确立的"合作共赢"的国际经济合作的基本方向,不仅符合广大发展中国家的诉求,而且符合全球经济可持续发展的需要,另一方面也为中国未来开放型经济的发展提供良好的国际经济环境。第三,提高我国在全球经济治理中的制度性话语权是中国承担大国责任,提供国际社会所需要的公共产品的重要举措,也是实现中国与世界共赢的重要方

---

① 任理轩:《坚持开放发展——"五大发展理念"解读之四》,人民网(http://theory.people.com.cn/n1/2015/1223/c40531-27963697.html),2015 年 12 月 23 日。

② 参见《中共中央关于全面深化改革若干重大问题的决定》,新华网(http://news.xinhuanet.com/politics/2013-11/15/c_118164235.htm),2013 年 11 月 15 日。

式。党的十八届五中全会公报提出"积极参与全球经济治理和公共产品供给,提高我国在全球经济治理中的制度性话语权,构建广泛的利益共同体",指出了提升中国在全球经济治理中的制度性话语权的需求,也说明了中国的目标是实现全球经济治理的合作共赢。但是,也应该清醒地认识到,这一过程不会是一帆风顺的,"我国在世界经济和全球治理中的分量迅速上升,但经济大而不强的问题依然突出,我国经济实力转化为国际制度性权力依然需要付出艰苦努力"①。

第三节　中国发展更高层次开放型
经济的战略选择

改革开放以来,积极融入全球要素分工体系,参与全球竞争与合作,是中国产业获得巨大发展及其转型升级的经验所在。而在全球要素分工已经成为当前国际分工主导形式的大背景下,其深入演进的当代趋势特征以及中国产业发展的现实阶段决定了,中国产业的进一步发展和转型升级,需要更加深入全面地融入全球要素分工体系。当然,顺应经济全球化发展大势,在进一步深度融入全球要素分工中促进中国产业转型升级,并非意味着我们要固守传统发展道路不变,也并非意味着我们只需"顺其自然"便能"万事大吉"。尤其是当传统发展道路的弊端和局限性日益凸显时,积极主动地及时调整参与全球竞争与合作的开放战略,不仅是当务之急,也是明智之举。目前面临国内国际环境的深刻变化,中国简单纳入全球分工体系以扩大出口的传统"血拼"式发展道路已渐近尽头,参与全球分工的战略也需相应作出适时调整。因此,我们目前所面临的问题根本不是要不要进一步融入全球要素分工体系,而是如何进一步融入全球要素分工,才能更好地促进中国产业转型升级。为此,我们需要统筹国内国际两个方面的因素,注意以下几个方面的问题。

---

① 中共中央宣传部:《习近平总书记系列重要讲话读本(2016年版)》,学习出版社、人民出版社2016年版,第135页。

一、继续发挥比较优势，以优势要素深度融入全球分工体系

一些代表性的观点认为，开放条件下中国开放型经济转型升级的方向，就是要实现"中国加工"和"中国制造"向"中国创造"和"中国品牌"方向的全面升级，向技术研发和营销品牌等所谓"微笑曲线"的两端攀升。从长远发展思路来看，这是有一定道理的，也是中国开放型经济发展的根本方向。但是不能操之过急，唯有脚踏实地才有可能扎扎实实地推进中国开放型经济不断地向全球要素分工的高端攀升。开放型经济的转型升级不可能一蹴而就，更不能脱离目前中国比较优势的现实以及全球要素分工的发展大势。因此，脚踏实地的含义就在于我们要以现实比较优势为基础，尊重循序渐进的原则和经济发展的客观规律。开放型经济转型升级，从产业层面看，豪斯曼等（2007）对出口产品空间结构动态转换的研究发现，一国比较优势的动态变迁与当前比较优势密切相关，换言之，产业结构的调整和升级，会沿着与当前比较优势产业更为"接近"或相关度更高的未来产业方向发展，而难以向远离现有比较优势的产业方向发展。这一研究结论实际上意味着，除非发生产业革命或重大技术变革等，一国比较优势的演进基本上会遵循渐进缓慢的变化过程。目前，相对廉价和更为优质的劳动力仍然是我们最大的比较优势，也是我们融入全球要素分工体系最主要的依赖。而且实践证明，以劳动禀赋优势融入全球要素分工，不仅能够解决中国目前劳动力就业这一最大问题，使广大劳动者能够分享经济发展的成果，同样也会因为资本和技术的"溢出效应"以及本土企业的"学习效应"而促进产业结构的升级，以及新兴产业的发展，并形成产业链的延伸发展。而进一步融入全球要素分工则是前提。从上述意义来说，中国开放型经济发展和转型升级步入更需耐心的时代，这种耐心不仅仅体现在要踏踏实实地从事实业生产和技术创新，还体现在扎扎实实地用好现实比较优势、遵循循序渐进的规律。

二、打造综合竞争性环境优势,提升融入全球要素分工的能力

任何事物都有两面性,全球要素分工的发展也不例外。全球要素分工在为发展中经济体带来发展和产业转型升级机遇的同时,也带来一定的风险。例如,许多专家学者经常所担心的所谓"低端锁定",或者说被跨国公司"俘获"而置于产业链低端的风险。事实上,在我们看来,全球要素分工所带来的最大风险并非是所谓"低端锁定"或者说"俘获"的风险,而是被"开除球籍"的风险。因为被跨国公司"锁定"或者"俘获",至少说明一国或地区还具有融入全球要素分工、参与全球生产的能力,还有利用国际国内两种资源进行发展的机会,至少是"跟随模仿"发展的机会。但是一旦被"开除球籍",其他一切便无从谈起。由于在全球要素分工体系下,跨国公司借助全球生产网络进行价值增值环节的区位配置时,成本因素是其考虑的主要变量,因此,一国或地区是否能够或者说被纳入全球生产网络,主要取决于其是否具有成本优势(此处的成本概念是一个综合性概念,既包括要素成本,也包括商务成本,比如运输、投资和税收激励、基础设施、基础服务、行政管理负担、契约履行成本、制度质量、进口便利程度等等)。一些国家或地区由于缺乏成本优势而难以加入全球生产网络,被排除在要素分工之外,这是一种被"开除球籍"的表现。而被"开除球籍"的另外一种表现就是,伴随各国或地区成本的相对变化,跨国公司全球生产网络的区位配置会因此而产生"空间漂移",即原先已经加入全球要素分工的国家和地区由于丧失成本优势,或者由于无法满足跨国公司的"升级"需要,其承接的生产环节和阶段会随着转移到其他更具成本优势的国家和地区。改革开放以来,中国已顺利且非常成功地加入全球要素分工体系,因而并不面临第一种意义上的被"开除球籍",而伴随中国开放型经济所依托的人口红利、土地红利等传统低成本优势逐步丧失,以及其他更多发展中经济体参与全球经济竞争,则有可能面临第二层意义上的被"开除球籍"。因此,中国已经完成了顺利加入全球要素分工的第一个阶段后,所面临的第二阶段就是要"扎根"其中。这就要求

我们在继续发挥传统比较优势的同时,在完善市场机制、提高制度质量、完善产业配套环境、提高政府效率、降低税费、进一步完善基础设施以及提高法制化水平等方面,做足做够功课,据此打造出更具竞争性的综合成本优势,为"扎根"全球产业链奠定基础。

三、将市场规模优势转化为融入全球要素分工体系的新优势

正如前文所述,财富和经济权力向新兴市场经济体"东移"成为当下经济全球化的重要特征之一,而中国经济的快速发展则是加速世界经济重心东移的巨大引擎。目前,中国已经成为全球第二大经济体,巨大的潜在市场需求,理应成为吸引全球先进生产要素的可依托优势。价值链上具有不同要素密集度特征的环节和阶段,其生产成本不仅取决于一国或地区所拥有的要素禀赋特征,还取决于该生产阶段和环节与最终消费市场的"接近程度"。相对而言,组装、加工环节对消费市场的接近要求并不高,而诸如研发、设计、营销、售后等高端环节则对"接近"消费者有着特殊要求,因而具有"接近"市场的先天需求。这或许正是现有案例研究所表明的,为什么发达国家跨国公司已开始基于新兴经济体进行"逆向创新"的根本原因。因此,在全球要素分工条件下,要素尤其是高端要素流向何地或者说在何地进行生产配置,不仅取决于当地要素成本,同时还取决于当地市场规模。应该看到,前一轮的对外开放中,中国融入要素分工主要依托的还是要素成本优势,而不是倚重国内需求市场规模优势(这当然也是由于发展相对落后情况下市场规模优势还没有凸显的原因),包括外资向中国的大量集聚,主要看重的还是我们前述低成本要素优势。而伴随传统低成本要素优势的逐渐减弱,以及国内需求市场规模优势逐渐凸显,依托国内市场规模优势集聚全球先进生产要素,是我们重要的战略选择。如果说之前以低成本要素优势还只能"吸引"国际相对低端的要素向中国集聚的话,那么利用潜在的巨大市场规模优势则更能"吸引"国际高端要素向中国集聚,因为以贴近发展中经济体的市场需求为基础,进行研发创新并以此辐射全球,将成为跨国公司未来发展战略调

整的重要方向。因此,在新一轮开放发展中,中国应准备把握跨国公司战略调整的动向并及时抓住机遇,努力将可依托的经济规模优势转化为对外经济合作的新优势,提高先进要素的"引进来"能力。这就需要进一步扩大国内市场的开放,充分发挥中国经济规模总量优势所形成的巨大国内市场虹吸效应。如此,就一定会有一大批研发中心和营销中心乃至跨国公司总部转移到中国来,由此带动中国开放型经济的转型升级。

四、加快构建开放型经济新体制,迎合高标准的全球经济新规则

如前所述,当前全球经济规则正向高标准、高质量方向发展。显然,在高标准已成全球经济规则重要发展趋势下,唯有达到高标准的要求,才能够进一步融入全球生产分工体系之中,而"不达标"的则极有可能被边缘化。为此,必须要加快构建开放型经济新体制,从以往的"边境开放"措施加快向"境内开放"层面深度拓展,建立更加规范、更加透明、更加成熟、更加公平、更加法制化、更加完善的市场经济体制。唯有如此,才能为中国在更高层次上融入国际生产分工体系,更确切地说,为中国在全球价值链中"专业化于"更高端的环节和阶段以及更加顺利地嵌入全球创新链,提供必要的制度保障。当然,构建开放型经济新体制并非"被动"迎合国际经济环境变化的外部需要,其更重要的意义在于"以开放倒逼改革",从而内生地培育出中国开放型经济发展新优势,掌握全球经济未来发展的主动权。这是因为,无论是从攀升全球价值链高端角度还是从嵌入全球创新链角度看,培育中国开放型经济发展竞争新优势,依托科技创新是重中之重。而科技创新的关键不仅在于是否拥有创新要素,更取决于能否激发创新微观经济主体即企业的积极能动性。显然,唯有通过进一步深化改革,进一步简政放权和减少政府干预,破除开放型经济发展进程中的体制机制障碍和思想观念束缚等,才能将企业真正置于一个有利于释放创新动力和活力的公平、有序、统一市场环境中。这也是中国开放型经济发展从要素驱动向创新驱动转变的根本所在,也是为提高我国在全球经济治理中的制度性话语权奠定基础的关键所在。

五、"虹吸"国际先进生产要素,提升创新驱动的发展能力

中国开放型经济发展从要素驱动向创新驱动转变,其创新的内涵和实质绝不是封闭式而是开放式,其中,"虹吸"国际先进生产要素积聚到国内进行创新活动,就是开放式创新的重要内容和途径之一。如何才能有效"虹吸"包括先进技术、先进管理经验、高级管理人才、研发结构等国际先进生产要素,可以考虑从如下两个方面着手:一是将国内巨大的潜在市场规模优势,转化为吸引发达国家跨国公司将创新要素向中国国内集聚,在中国进行"逆向创新"的新优势。这不仅要求一方面进一步理顺商品和要素价格体系,加快完善资本、劳动力、土地乃至企业家等生产要素的市场价格形成机制,充分发挥价格对市场的调节作用;另一方面还要加快形成全国统一市场,消除商品和要素跨区域跨行业的流动壁垒。正如有些学者所指出,目前国内市场环境还不够健全和完善,国内统一市场还没有完全形成(余淼杰,2014①)。二是加快培育本土高级要素。实际上,在以要素流动和国际碎片化生产为主导的国际分工模式下,通过要素跨国流动实现资源优化配置,虽是"不同类别"生产要素在全球范围内的重新组合,但这种组合同样也存在着质量方面的配比问题。换言之,一国能吸引何种层次的要素,往往取决于其自身所拥有的要素质量和层次。这就需要我们在进一步加大教育投入、大力发展职业教育和培训、努力促进"官、产、学、研、媒"的有效结合、着力打造"招才引智"的优良环境等,借此"虹吸"国际先进生产要素以服务于中国开放型经济创新驱动发展的需要。

六、加快"走出去"步伐,提升整合全球优势资源能力

改革开放以来的很长一段时间内,中国主要依托引进外国直接投资,

---

① 余淼杰、王宾骆:《对外改革,对内开放,促进产业升级》,《国际经济评论》2014年第3期。

在为外资企业进行配套发展中,或者通过承接发达国家跨国公司的国际订单而融入全球生产分工体系。这种发展模式虽然也是利用全球"资源"的一种方式,但是相对而言,更多的是发达国家跨国公司主导下的一种"被动式"发展,在全球生产分工体系中处于"被整合者"的地位。中国开放型经济进入新的发展阶段,提高国际分工地位不能继续扮演"被整合者"的角色,而应该逐步转变为全球资源的"整合者",通过不断提升布局构建贸易、投资和价值链条的能力,从被动参与全球价值链到主动构建自己的全球价值链。这就需要在继续大力引进国际先进生产要素的同时,以更大步伐"走出去"整合和利用全球资源。如此整合和利用全球资源的方式,不论是体现在将已经丧失比较优势的环节和阶段转移至更具成本优势的国家和地区,还是体现在主动获取和整合国外先进技术等要素等,实质都是拓展和构建自己的全球生产分工体系。这一方面的努力目前已出现一些可喜变化,突出表现为中国对外直接投资已经超过了利用外资水平:商务部公布的统计数据显示,2014 年中国对外投资规模约为 1400 亿美元,超过利用外资规模约 200 亿美元,从而跃升为"净资本输出国"。显然,这种变化显示的是不仅中国企业通过"走出去"参与全球生产分工体系、参与重塑全球价值链乃至构建自己的全球价值链的节奏加快,而且也显示出开放型经济发展的一种新面目。

第九章　要素分工与中国外贸发展

　　2016年政府工作报告将"推进新一轮高水平对外开放"作为"十三五"期间的重点工作之一,这是因为发展根本上要靠改革开放,这也是国家繁荣发展的必由之路。其中,作为开放型经济发展重要内容之一、同时也是融入当前以全球价值链为主导的国际分工体系重要表现和结果的外贸发展,显然具有重要的决定性意义。改革开放以来,尤其是自浦东开发和中国加入WTO以来,中国抓住了全球要素分工的重要机遇,在融入全球价值链中实现了对外贸易的快速发展。客观而论,在前一轮的开放型经济发展过程中,从对外贸易角度看,已经取得了辉煌成就,但同时也存在一些问题,特别是面临当前国内国际环境的深刻变化,诸如不协调、不平衡和不可持续等问题愈发突出,进而引发了有关我国外贸发展的许多讨论。其中,形成了一些错误认识,需要进一步澄清。我国对外贸易发展在新形势下和进入新阶段后,的确面临着诸多挑战,但同时也面临着转型发展的重要机遇。在此背景下,唯有将开放发展新理念贯彻到对外贸易领域,顺应全球要素分工演进的大趋势,及时作出发展思路上的战略调整,才能克服困难,把握机遇,再创外贸发展新辉煌。

第一节　要素分工与我国对外
贸易发展的基本成就

　　改革开放以来,在全球要素分工演进的大背景下,中国抓住了国际产业结构调整和转移所带来的历史性机遇,以其丰富廉价的劳动力要素禀赋优势融入经济全球化进程,通过大量引进外资,积极参与以发达国家跨国公司为主导的全球要素分工,使得中国对外贸易得到快速发展。中国在对外贸易增长方面所取得的举世瞩目成绩曾被国内外学术界称为"中国贸易量增长之谜"。与此同时,与中国快速增长的贸易总量相伴随的一个重要经济现象是,中国出口商品结构同时经历了外延型增长(extensive growth)和内延型增长(intensive growth)的双重变化,以及出口市场多元化的逐步实现。即,从商品结构上看,一方面,中国出口贸易的多元化得到较快发展,制成品出口几乎遍布从低技术密集度的纺织品到高科技的电子和计算机产品等所有贸易部门;另一方面,中国出口商品也经历了一个由初级产品向制成品快速转换、主导出口产品从单一的资源性和轻纺产品逐渐向机电和高新技术等出口产品多样化发展趋势的转变。从市场结构上看,在继续保持传统出口市场优势的同时,对其他新兴市场经济体出口也持续增长。

一、对外贸易规模迅速扩大

1981 年中国实现的进出口总额仅为 440.22 亿美元,其中出口220.07 亿美元,进口 220.15 亿美元。而到了 2014 年,中国进出口总额已经突破 4 万亿美元,达到 43030 亿美元,年均增长率为 14.42%,其中,出口贸易额达到了 23427 亿美元,年均增长率为 14.72%;进口贸易额达到了 19602 亿美元,年均增长率为 14.11%。2015 年进出口出现双双回落,但就规模而言,仍然较为庞大。1981 年至 2015 年中国进出口贸易额变化情况见表 9-1。

表 9-1　1981—2015 年中国进、出口额及增长率

(单位:亿美元;%)

年份	出口额	出口增长率	进口额	进口增长率	进出口总额	总额增长率
1981	220.07	—	220.15	—	440.22	—
1982	223.21	1.43	192.85	-12.40	416.06	-5.49
1983	222.26	-0.43	213.9	10.92	436.16	4.83
1984	261.39	17.61	274.1	28.14	535.49	22.77
1985	273.5	4.63	422.52	54.15	696.02	29.98

续表

年份	出口额	出口增长率	进口额	进口增长率	进出口总额	总额增长率
1986	309.42	13.13	429.04	1.54	738.46	6.10
1987	394.37	27.45	432.16	0.73	826.53	11.93
1988	475.16	20.49	552.68	27.89	1027.84	24.36
1989	525.38	10.57	591.4	7.01	1116.78	8.65
1990	620.91	18.18	533.45	−9.80	1154.36	3.37
1991	719.1	15.81	637.91	19.58	1357.01	17.56
1992	849.4	18.12	805.85	26.33	1655.25	21.98
1993	917.44	8.01	1039.59	29.01	1957.03	18.23
1994	1210.06	31.90	1156.14	11.21	2366.2	20.91
1995	1487.80	22.95	1320.84	14.24	2808.64	18.70
1996	1510.48	1.52	1388.33	5.11	2898.81	3.21
1997	1827.92	21.02	1423.70	2.55	3251.62	12.17
1998	1837.12	0.50	1402.37	−1.50	3239.49	−0.37
1999	1949.31	6.11	1656.99	18.16	3606.3	11.32
2000	2492.03	27.84	2250.94	35.85	4742.97	31.52
2001	2660.98	6.78	2435.53	8.20	5096.51	7.45
2002	3255.96	22.36	2951.70	21.19	6207.66	21.80
2003	4382.28	34.59	4127.60	39.84	8509.88	37.09
2004	5933.26	35.39	5612.29	35.97	11545.55	35.67
2005	7619.53	28.42	6599.53	17.59	14219.06	23.16
2006	9689.36	27.16	7914.61	19.93	17603.97	23.81
2007	12179.40	25.70	9558.45	20.77	21737.85	23.48
2008	14285.50	17.29	11330.80	18.54	25616.3	17.84
2009	12016.7	−16.00	10056	−11.20	22072.7	−13.83
2010	15736.86	30.96	13934.21	38.57	29671.07	34.42
2011	18986	20.65	17434.6	25.12	36420.6	22.75
2012	20489	7.92	18178	4.3	38668	6.19
2013	22096	7.82	19054	7.3	41150	7.55
2014	23427	6.1	19602	0.4	43030	3.4
2015	22765.74	−2.8	16820.70	−14.1	39586.44	−8.0

资料来源:根据联合国贸发议统计数据库整理而得(http://unctad.org/en/Pages/Statistics.aspx)。

从表9-1报告的数据可以发现,1981年至2015年间,除个别因特殊影响的年份外,中国进出口额增长率尤其是出口额增长率基本保持在两位数。特别是中国加入WTO以来至全球金融危机爆发之前的这段时间,即2002年至2007年实现了年增长率均在20%以上的良好成绩。正是在此高速增长的推动下,中国从以往的贸易"小国"在短短几十年内转变为贸易"大国":2009年中国超过德国成为全球第一大货物出口国;2013年中国首次超过美国成为全球第一大货物贸易国。由于对外贸易通常被认为是"经济增长的发动机",因此,中国外贸的高速增长进而所呈现出的这张漂亮的成绩单,无疑表明对经济发展作出了重要贡献,这也是开放发展在实践中的具体体现。

二、国际市场份额不断提高

一国对外贸易地位的变化及其发展状况,不能只从该国自身情况来看。因为对外贸易是国与国之间的贸易,因此,客观认识和准确评价一国外贸发展状况,还应置于全球贸易的整体大环境中。中国对外贸易的高速增长成就了其贸易规模的迅速扩张,那么这种规模扩张对于中国在全球贸易中相对地位的变化,其效应到底如何? 或者说自改革开放以来,中国出口增长率相对于全球货物贸易平均出口增长率而言,到底有着怎样的不同? 对此,表9-2报告的结果能够给出较为明确的答案。

表9-2　1981—2015年中国与全球货物出口比较

(单位:亿美元;%)

年份	中国		全球		中国/全球	中国—全球
	出口额	出口增长率	出口额	出口增长率	出口市场份额	增长率差异
1981	220.07	—	20273.68	—	1.09	
1982	223.21	1.43	18975.45	-6.40	1.18	7.83
1983	222.26	-0.43	18575.16	-2.11	1.20	1.68
1984	261.39	17.61	19677.72	5.94	1.33	11.67

续表

年份	中国		全球		中国/全球	中国—全球
	出口额	出口增长率	出口额	出口增长率	出口市场份额	增长率差异
1985	273.5	4.63	19653.43	-0.12	1.39	4.75
1986	309.42	13.13	21409.63	8.94	1.45	4.19
1987	394.37	27.45	25200.05	17.70	1.56	9.75
1988	475.16	20.49	28745.32	14.07	1.65	6.42
1989	525.38	10.57	31019.14	7.91	1.69	2.66
1990	620.91	18.18	34956.75	12.69	1.78	5.49
1991	719.1	15.81	35167.72	0.60	2.04	15.21
1992	849.4	18.12	37868.44	7.68	2.24	10.44
1993	917.44	8.01	37818.25	-0.13	2.43	8.14
1994	1210.06	31.90	43207.14	14.25	2.80	17.65
1995	1487.80	22.95	51762.36	19.80	2.87	3.15
1996	1510.48	1.52	54108.59	4.53	2.79	-3.01
1997	1827.92	21.02	55995.25	3.49	3.26	17.53
1998	1837.12	0.50	55096.46	-1.61	3.33	2.11
1999	1949.31	6.11	57228.20	3.87	3.41	2.24
2000	2492.03	27.84	64523.18	12.75	3.86	15.09
2001	2660.98	6.78	61950.68	-3.99	4.30	10.77
2002	3255.96	22.36	64997.86	4.92	5.01	17.44
2003	4382.28	34.59	75899.83	16.77	5.77	17.82
2004	5933.26	35.39	92237.68	21.53	6.43	13.86
2005	7619.53	28.42	105024.88	13.86	7.25	14.56
2006	9689.36	27.16	121277.71	15.48	7.99	11.68
2007	12179.40	25.70	140207.75	15.61	8.69	10.09
2008	14285.50	17.29	161488.64	15.18	8.85	2.11
2009	12016.7	-16.00	125557.78	-22.25	9.57	6.25
2010	15736.86	30.96	153021.38	21.87	10.28	9.09
2011	18986	20.65	183389.67	19.85	10.35	0.80
2012	20489	7.92	184967.27	0.86	11.08	7.06

续表

年份	中国		全球		中国/全球	中国—全球
	出口额	出口增长率	出口额	出口增长率	出口市场份额	增长率差异
2013	22096	7.82	189548.44	2.48	11.66	5.34
2014	23427	6.1	190037.32	0.26	12.33	5.84
2015	22765.74	-2.8	184640.26	-2.84	12.34	0.04

资料来源:根据联合国贸发会议统计数据库整理而得(http://unctad.org/en/Pages/Statistics.aspx)。

从表9-2报告的结果可以看出,1981年中国货物出口占全球货物出口市场份额的比重仅为1.09%,而到了加入世界贸易组织前的2000年,中国货物出口在国际市场上的份额已经上升到了3.86%。2001年中国加入WTO以后,货物出口更是以"井喷"的方式增长,从而到了2015年在国际市场份额中的占比上升至12.34%。从出口国际市场份额角度看所显示的贸易地位变化,在表9-2最后一列所呈列的中国货物出口增长率与全球货物出口增长率的差异性上得到了更为清晰的说明,即在样本期所示的大部分年份中国货物出口增长率都远远高于全球平均水平,使得中国货物出口在国际市场份额中的比重不断提高。

三、进出口商品结构不断优化

在进出口贸易规模迅速扩大的同时,中国进出口商品结构也得到持续改善,表明中国工业化水平不断提高,产业结构向高级化方向不断推进。此处,我们采取联合国的国际贸易标准分类(Standard International Trade Classification,简称SITC)法,对中国出口商品结构进行简单分析。联合国SITC把一级贸易商品划分为10个类别,商品编码为SITC0-SITC9[①]。在此分类项下,SITC0-SITC4类通常被归为初级产品,SITC5-SITC8类通

---

① 其中,SITC0指食品和活畜;SITC1指饮料和烟草;SITC2指不能食用的粗材料,以及燃料;SITC3指矿物材料、润滑剂以及相关材料;SITC4指动物和植物油,以及油脂和蜡;SITC5指化学品及有关产品;SITC6指主要以材料分类的制成品;SITC7指机械和运输设备;SITC8指杂项制品;SITC9指其他未分类商品。

常被归为工业制成品。而在工业制成品内部,SITC5 和 SITC7 类商品通常被归为资本、技术密集型产品,SITC6 和 SITC8 类商品通常被归为劳动密集型产品。按照这一方法,表 9-3 给出了中国 1992 年至 2011 年各类商品出口额变化情况。

表 9-3   1992—2011 年中国出口商品结构及其变化

(单位:亿美元)

年份	初级产品出口额	资本和技术密集型产品出口额	劳动密集型产品出口额	其他未分类
1992	170.04	175.67	503.69	0.08
1993	166.66	199.05	551.73	0.09
1994	197.08	281.31	731.55	0.12
1995	214.85	405.01	867.88	0.06
1996	219.25	441.89	849.22	0.12
1997	239.53	539.36	1048.99	0.04
1998	204.89	605.38	1026.77	0.05
1999	199.41	692.09	1057.72	0.09
2000	254.60	946.98	1288.24	2.21
2001	263.38	1082.53	1309.23	5.84
2002	285.40	1423.01	1541.08	6.48
2003	348.12	2073.54	1951.06	9.56
2004	405.49	2946.20	2570.44	11.12
2005	490.37	3880.06	3233.04	16.06
2006	529.19	5008.73	4128.30	23.15
2007	615.09	6373.69	5167.21	21.76
2008	779.57	7526.75	5983.50	17.10
2009	631.12	6522.91	4845.63	16.29
2010	816.90	8678.40	6267.60	14.70
2011	1005.50	10167.00	7790.10	23.40
2012	1005.58	10779.27	8688.13	14.16
2013	1072.67	11581.52	9418.55	17.29
2014	1126.92	12050.48	10222.86	22.67
2015	1086.22	11513.02	10140.71	25.80

资料来源:中经网统计数据库。

由表9-3的统计数据可以看出,在初级产品出口以及劳动密集型产品出口规模快速扩张的同时,资本和技术密集型产品出口也得到了较快发展。1992年中国资本和技术密集型产品出口仅为175.67亿美元,2015年则迅速攀升至11513.02亿美元,也就是说,在出口商品结构上,我国资本和技术密集型产品得到了较快发展。为了进一步比较各类出口商品的相对变化,根据表9-3的统计数据,我们绘制了各类商品出口在总出口中所占比重的变化趋势,见图9-1。1992年以来,我国出口商品结构中初级产品和劳动密集型产品所占比重总体呈现下降的趋势,而资本和技术密集型产品出口比重则呈现快速上升趋势。1992年中国出口产品中初级产品的比重尚占20.02%左右,劳动密集型产品的出口比重更是高达59.29%,资本和技术密集型产品的出口比重仅为20.68%。通过二十多年的发展,2015年中国初级产品的出口比重已经下降到4.77%,劳动密集型产品的出口比重下降到44.54%,下降了约15个百分点。与此同时,资本和技术密集型产品的出口比重则上升为50.57%,上升了约30个百分点。由此可见,中国出口规模在迅速扩大的同时,出口商品结构也出现了快速优化的发展趋势。

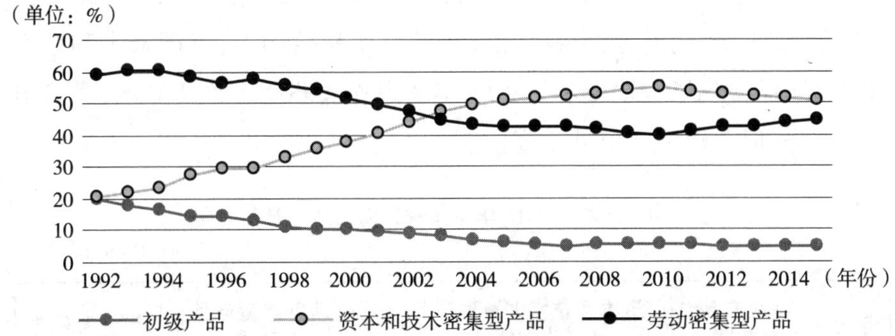

图9-1 1992—2015年中国出口商品结构及其变化

资料来源:中经网统计数据库。

如果进一步细分的话,在我国出口的资本和技术密集型产品中,机电产品出口的增长尤为迅速。机电产品自1995年起已连续16年成为中国第一大出口商品,目前已占全部外贸出口的半壁江山,其中超过四成是高新技术产品。有关统计数据表明:2015年,我国出口机电产品8.15万亿元,增长1.2%,占出口总值的57.7%,较2014年提升1.7个百分点。同期,纺织品、服装、箱包、鞋类、玩具、家具、塑料制品等7大类劳动密集型产品出口总值2.93万亿元人民币,下降1.7%,占出口总值的20.7%。这表明中国制造业在经济全球化的过程中成功地承接了国际制造业的转移,参与经济全球化的程度在不断加深。随着中国产业结构和出口商品结构的不断优化,包括高新技术产品在内的机电产品等出口比重日益提升,我国传统出口优势的劳动密集型产品出口比重在日益下降。

在进口方面,中国进口商品结构基本出现了与出口商品结构相对应的变化趋势。此处,我们仍然采用联合国的国际贸易标准分类(SITC)法,对中国进口商品结构进行简单分析。表9-4给出了1992年至2015年中国进口商品结构及其变化情况。由表9-4的统计数据可以看出,在初级产品进口以及劳动密集型产品进口的绝对规模快速扩张的同时,资本和技术密集型产品出口也得到了较快发展。1992年中国初级产品进口额为132.55亿美元,2014年则攀升至6469.40亿美元;与此同时,1992年中国资本和技术密集型产品进口仅为424.69亿美元,2014年则迅速攀升至9174.53亿美元,也就是说,在进口商品结构上,我国资本和技术密集型产品得到了较快发展。2015年受到外部环境不景气影响,进口虽有所下降,但规模之大仍处于高位。

表9-4 1992—2015年中国进口商品结构及其变化

(单位:亿美元)

年份	初级产品进口额	资本和技术密集型产品进口额	劳动密集型产品进口额	其他未分类
1992	132.55	424.69	248.61	3.69
1993	142.10	547.27	350.22	4.68
1994	164.86	635.97	348.52	6.79
1995	244.17	699.41	370.33	6.93
1996	254.41	728.69	398.77	6.46

续表

年份	初级产品进口额	资本和技术密集型产品进口额	劳动密集型产品进口额	其他未分类
1997	286.20	720.71	407.70	9.09
1998	229.49	770.03	395.31	7.54
1999	268.46	934.83	440.18	13.52
2000	467.39	1221.44	545.58	16.53
2001	457.43	1391.19	570.14	16.76
2002	492.71	1760.46	682.90	15.64
2003	727.63	2418.01	969.13	12.82
2004	1172.67	3183.03	1241.29	15.29
2005	1477.14	3682.12	1420.19	20.08
2006	1871.29	4440.68	1582.35	20.30
2007	2430.85	5200.13	1903.87	24.65
2008	3623.95	5609.53	2048.06	44.09
2009	2898.04	5198.87	1929.25	33.07
2010	4338.50	6991.20	2448.40	184.40
2011	6043.80	8115.30	2780.40	495.10
2012	6349.34	8322.27	2824.71	687.72
2013	6580.81	9004.46	2867.27	1047.36
2014	6469.40	9174.53	3120.78	827.64
2015	5554.20	7876.65	2679.29	710.55

资料来源:中经网统计数据库。

为了进一步比较各类出口商品的相对变化,根据表9-4的统计数据,我们绘制了各类商品出口在总出口中所占比重的变化趋势,见图9-2。

图9-2较为直观地显示了我国出口商品结构变化情况:第一,从相对比重来看,我国劳动密集型产品进口额在我国进口总额中所占比重呈现稳步下降趋势;第二,我国资本和技术密集型产品进口额在我国进口总额中所占比重基本呈稳定状态;第三,我国初级产品进口额在我国进口总

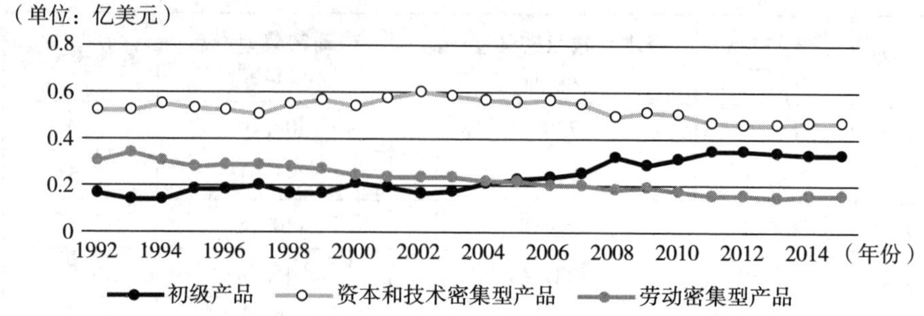

（单位：亿美元）

图 9-2　1992—2015 年中国进口商品结构及其变化

资料来源：中经网统计数据库。

额中所占比重则呈现出显著的上升态势。这种变化的原因实质上也反映出了我国外贸结构的优化：随着我国产业结构和出口商品结构的优化，我国对能源资源等初级产品的进口需求必然不断扩大。

四、市场结构呈多元化发展

自改革开放以来的很长一段时间内，我国出口市场主要集中在欧、美、日三大传统市场。然而，自"八五"计划起，我国从战略高度考虑，为减少政治和经济风险，开始实施出口市场多元化战略。伴随市场多元化战略的逐步实施，我国出口市场多元化也取得了积极成效，国际市场布局进一步优化，出口产品对已开发经济体依赖程度降低，对新兴市场依赖程度提高。例如，2002 年，我对美国、欧盟、日本、中国香港进出口占我国进出口比重为 57.2%，2005 年下降至 52.9%，2011 年进一步降至 45.1%。东盟、金砖国家等新兴市场经济体和发展中国家占我国外贸比重不断上升。2011 年，对东盟、金砖国家进出口占我国进出口比重分别升至 10.0%、7.8%，对拉丁美洲和非洲进出口比重分别升至 6.6% 和 4.6%。中国商务部统计数据显示，"十二五"期间，我国主要贸易伙伴继续呈现出多元化发展态势，对发达市场双边贸易保持增长，对新兴市场开拓卓有成效，进出口比重持续提高。2014 年我国对欧美日三大传统发达市场双边贸易进出口额合计 9.1 万亿元，占同期我国进出口总值的比重由 2010 年的 39.2% 逐年降低至 2014 年的 34.5%。与此同时，我国对东盟、印度、俄罗斯和拉丁美洲、非洲等新兴市场进出口比重持续提高,对上述市场进出口合计 6.9 万亿元,所占比重由 2010 年的 24.2%提升至 2016 年的 26.3%。尤其是伴随着"一带一路"战略的提出和实施,我国出口市场多元化也在稳步发展。中国海关总署的最新统计数据表明,从主要市场看,2015 年的市场多元化取得显著进展,突出表现为对"一带一路"相关国家出口保持增长,如 2015 年我国对印度、泰国、越南等国出口分别增长 7.4%、11.7%和 3.8%;对东盟出口增长 2.1%。对欧盟、日本等传统市场出口分别下降 4.0%、9.2%。可见,中国外贸发展在保持规模迅速扩张、国际市场份额不断提升、进出口商品结构不断优化的同时,出口市场多元化发展也取得了积极进展。

第二节 要素分工影响我国外贸发展的机制

与传统国际分工相比,要素分工对贸易发展影响的作用机制,主要体现在前文所述的比较优势激发效应和创造效应。在这两种作用机制下,中国融入全球要素分工体系,实现对外贸易的快速发展,可从如下三个方面的具体机制进行分析。

一、外资驱动作用机制

中国改革开放的伟大事业正是在全球要素分工发展背景下展开的。通过大量吸引外资的开放战略,中国经济特别是对外贸易得以快速发展。应该说,以利用外资为表现形式融入全球要素分工,是中国开放型经济的重要内容之一,并由此推动了中国对外贸易的迅猛发展。统计数据显示,1980 年我国利用外资存量仅为 10.74 亿美元,而到了 2015 年,这一数字攀升至 12209.03 亿美元,由 1980 年占全球外资存量的 0.15%比重上升到 4.88%[①]。伴随经济增长和产业结构升级的需要,自 20 世纪 90 年代以来,中国就开始对利用 FDI 的政策逐渐进行调整,有意识地引导 FDI 向

---

① 数据来源于联合国贸发会议统计数据库统计数据(http://unctadstat.unctad.org/)。

汽车制造业、通信设备业等资本和技术密集型行业流动,力图提升外资利用质量,很多学者就此问题也提出了很多有益的对策建议。例如,裴长洪(2006)提倡实行促进结构优化升级的差别化优惠制政策,引导外资并购助推中国产业结构升级;江小涓(2006)强调外资政策导向作用,认为通过有效的引导,FDI 能够在经济增长模式转型中发挥作用;隆国强(2007)和韩彩珍(2007)认为中国经济增长方式的转变需要外资政策进行相应调整,过去吸引外来资本为主的政策目标应转变,应更加注重引进外资的质量;余永定(2007)主张取消 FDI 优惠制政策,对内、外资实行国民待遇,取消政府官员政绩考核中的 FDI 指标,以避免"数量拼杀式"的"引资绩效"竞争。经过不断的努力,我国提升外资利用质量取得了一些成绩,并由此推动了外贸结构的优化升级。

如前所述,20 世纪 80 年代中后期以来,国际分工的主导形式从产品分工向要素分工发展。众所周知,在跨国公司主导下的全球要素分工,实质上就是同一产品价值链的不同生产环节或工序按照其要素密集度特征被配置到具有不同要素禀赋的国家和地区,从而跨国公司通过将各国的比较优势转化成为公司内部优势,在全球范围内进行资源整合,以提升其全球竞争力。其中一个较为重要的方式就是通过 FDI 的形式,与东道国优势要素相结合。通常而言,从产品价值链的构成来看,可分为三大环节,即以研究开发和设计为主要内容的技术环节,以生产和加工为主要内容的生产环节,以及以广告、销售和售后服务等为主要内容的营销环节。就增值能力而言,以上三个环节呈现出由高向低再转向高的"U 型",因此产品价值链曲线也通常被形象地称为微笑曲线。从产品生产环节的要素密集度特征来看,与微笑曲线的两端即技术环节和营销环节相对应的,通常是资本和技术要素密集型的,而与微笑曲线的低端即生产环节相对应的,通常是劳动密集型的。中国通过利用 FDI 承接国际产业转移所形成的"出口效应"自 1994 年开始显现,中国对外贸易"井喷式"增长的实践基础由此奠定。

在外资大量涌入的同时,中国的对外贸易额由 1992 年的 206.4 亿美元迅速攀升到 2015 年的 3.95 万亿美元,年均增长率高达 25.66%,其中出口额由 99.55 亿美元上升到 2.27 万亿美元,年均增长率高达 26.63%,进口由 106.85 亿美元上升到 1.68 万亿美元,年均增长率高达 24.59%,而在中国的对外贸易中,外商直接投资企业进、出口额占有相当高的比重。也就是说,外商直接投资在中国设立工厂,与中国丰富廉价的劳动力等要素进行结合,主要从事的业务就是全球生产。这是全球要素分工的显著表现。因此,中国发挥其特有的劳动要素禀赋优势,通过大量利用外资,快速融入到跨国公司主导的全球要素分工体系,成为全球生产网络中的"价值增值地"和"出口平台"。可以说,经过三十多年的改革开放,中国经济实现了由封闭经济向开放型经济的成功转变,目前已经成为出口全球第一、引进外资一直名列全球前茅的开放型经济特征非常显著的大国,由此驱动了对外贸易的快速发展。表 9-5 给出了 1995 年至 2015 年外商投资企业出口额占全国出口总额比重的情况。

表 9-5　1995—2015 年外商投资企业出口额占全国出口总额比重

(单位:亿美元)

年份	1995	1996	1997	1998	1999	2000	2001
全国出口总额	1487.8	1510.48	1827.92	1837.12	1949.31	2492.03	2660.98
FDI 企业出口总额	468.7587	615.0636	748.9986	809.6189	886.2766	1194.412	1332.351
FDI 出口占比	31.51%	40.72%	40.98%	44.07%	45.47%	47.93%	50.07%
年份	2002	2003	2004	2005	2006	2007	2008
全国出口总额	3255.96	4382.28	5933.26	7619.53	9689.36	12179.4	14285.5
FDI 企业出口总额	1699.851	2403.06	3385.918	4441.825	5637.791	6953.708	7904.927
FDI 出口占比	52.21%	54.84%	57.07%	58.30%	58.19%	57.09%	55.34%
年份	2009	2010	2011	2012	2013	2014	2015
全国出口总额	12016.7	15777.54	18983.81	20487.14	22090.04	23422.92	22731.15
FDI 企业出口总额	6720.741	8622.28	10133.56	10688.14	11241.62	11624.80	11095.07
FDI 出口占比	55.93%	54.65%	53.38%	52.17%	50.89%	49.63%	48.81%

资料来源:根据国家统计局网站公布数据计算而得(http://www.stats.gov.cn/tjsj/ndsj/)。

从表9-5给出的统计数据可以看出，FDI企业出口在我国出口总额中所占比重一直较高，或者说在我国出口贸易发展中，外资企业一直扮演着重要角色，外资企业的资本流入与我国丰富廉价的劳动力要素禀赋相结合，形成了庞大的生产能力和出口能力，驱动着出口贸易的快速发展。当然，从进口角度分析也是如此，在此不拟赘述。

二、规模经济作用机制

自20世纪80年代以来，以克鲁格曼为代表的新贸易理论将研究的侧重点由产业间切换到产业内。其主要观点为：规模收益递增为国际贸易直接提供了基础，当某一产品的生产发生规模收益递增时，随着生产规模的扩大，单位产品成本递减而取得成本优势，由此导致专业化生产并出口这一产品。所谓规模经济(Economies of Scale)，可分为外部规模经济和内部规模经济。外部规模经济来源于产业内企业数量的增加所引起的产业规模的扩大。由于同一产业内企业的增加和相对集中，从使得企业在信息收集、产品销售等方面的成本降低。外部规模经济一般出现在竞争性很强的同质产品行业中。例如在美国的"硅谷"有成百上千家电脑公司每家都不是很大但集中在一起形成了外部规模经济。内部规模经济主要是指企业在生产扩张的开始阶段，因扩大生产规模而使经济效益得到提高。即由于生产规模扩大和产量的增加，分摊到每个产品上的固定成本、管理成本、信息成本、设计成本、科研与发展成本等会越来越少，从而使产品的平均成本下降。由于企业的长期平均成本随着产量增加而下降，企业面对的是市场需求曲线，市场需求量会随着价格的下跌而增加。在参与国际贸易以前，企业所面向的只是国内的需求。由于国内市场需求有限，企业不能生产太多，从而使生产成本和产品价格不得不保持在较高的水平上。如果企业参与国际贸易，产品所面临的市场就会扩大，国内需求加上国外需求，企业生产就可以增加。由于生产处于规模经济阶段，产量的增加反而使产品的平均成本降低，从而在国际市场上增加了竞争能力。规模经济效应使资源禀赋即使无差异的国家之间也能凭生产规模大的优势形成竞争力，取得贸易利益。

全球要素分工的一个重要表现,就是具有不同生产要素密集度特征的环节和阶段在空间上的分离性,以及具有相似要素密集度特征的生产环节和阶段在统一区位空间的集聚性。后者的发展通常就会形成规模经济效应。需要说明的是,在全球要素分工体系下,生产要素的跨境流动实质上是在全球范围内寻求资源的优化配置,并且呈现生产要素非对称地或者非均衡地在世界各国之间进行配置,这是因为不同生产要素的跨国流动性存在显著差异,而不同国家和地区拥有的优势要素又各不相同,因此要素流动往往会导致生产要素在某些国家和地区的集聚。也就是说,一些国家的资本、技术、标准、品牌、优秀人才、跨国经营网络等要素会集聚到另一些国家或地区,使得这些国家和地区成为某种产业的集聚地。实际上,从要素分工带来的产业集聚效应看,不仅是因为某些特定的类似生产环节和阶段在地理位置上的集中和集聚,与此同时,还因为要素流动使得不同国家和地区的生产要素得以组合从而扩大了生产规模,形成了内在的规模经济效应。

全球要素分工使得要素分工的参与国,尤其是以不流动生产要素吸引流动生产要素的所谓生产要素流入国而言,其相关产业得以不断集聚,提高了生产效率,规模经济效应显现,出口竞争能力不断提升。改革开放三十多年以来,随着外资的大量流入与中国本土的生产要素相结合,使得中国迅速在一些资本密集型的产业形成了规模经济,从而获取了出口竞争力。在 2011 年,中国彩电、手机、计算机等主要电子产品占全球出货量的比重分别达到 48.8%、70.6% 和 90.6%,均名列世界第一。2011 年,电子信息产品全年进出口总额达到 11292.3 亿美元,占据中国外贸总额的31%。出口额前三位的产品为:笔记本电脑 1058.8 亿美元、手机 627.6亿美元、集成电路 325.7 亿美元①。其中,江苏省作为中国开放型经济的大省,多年来利用外资一直走在全国前列,统计数据显示,自 2003 年始,江苏省实际利用外资连续 12 年保持全国领先。由此不仅产生了显著的产业集聚效应,形成了一些产业集群,同时也成就了江苏外贸大省的地

---

① 资料来源:《2011 年电子信息产业统计公报》,http://www.mitt.gov.cn。

位。应该说,外资经济已成为江苏开放型经济的主要推动力,是江苏省经济的重要组成部分,在全省经济社会发展中具有举足轻重的地位和作用。由于改革开放以来,江苏省始终坚定不移地走开放之路,坚持把利用外资作为开放型经济的龙头,尤其是在政府推动、市场引导、外资积累以及本地配套企业参与等发展思路下,经过多年的努力,以利用外资的形式参与全球要素分工,使得江苏形成了较大规模和一定数量的产业集群。在规模上,有的产业集群已经达到了年销售额 200 亿元以上的规模;在行业上涵盖了纺织、服装、金属制品、建材、电器、轻工等传统行业,同时也有环保、软件研发、动漫、创意、医药研发、工业设计、供应链管理和金融服务等新型行业的产业集群。江苏省对外贸易抓住了全球经济一体化、国际产业加速转移、实施经济国际化战略以及中国加入 WTO 等重大历史性机遇,在融入全球要素分工中实现了产业集聚及由此推动的对外贸易跨越式发展。2015 年江苏省货物贸易总额 5456.1 亿美元,其中,出口总额3386.7 亿美元,进口总额 2069.5 亿美元,规模连续 13 年位居全国第二位,外贸大省的地位日趋巩固。全省对外贸易形成了以机电和高新技术产品为主要产品、以外商投资企业为主力军、以加工贸易为主要方式、以开发区(也即各种产业集聚区)为主要载体的基本格局。

三、生产分割作用机制

20 世纪 80 年代中后期以来,全球分工和贸易形式发生了深刻变化,全球要素分工的一个突出表现是产品的价值增值环节被不断分解,并按照其要素密集度特征配置到具有不同要素禀赋优势的国家和地区,从而使得国与国之间的分工和专业化优势,更多体现在价值链上某一或某些特定环节和阶段上。这一分工模式的变化对全球贸易发展带来了深刻影响,包括贸易增速。相应地,中国外贸发展及其增速的阶段性变化,同样可以置于全球价值链与贸易增速关系这一大逻辑下进行认识(具体可参见第五章第一节有关要素分工的贸易创造统计层面意义的分析)。

这也是为什么当前有关贸易附加值问题成为研究热潮的原因所在。

正如有关研究总结指出(戴翔和张二震,2015①),中间产品出口占比快速提升进而可视为价值链分工快速演进阶段,对应的是全球贸易快速增长阶段。

此外,当国际分工演变为全球价值链分工为主导时,无论是 FDI 推动的产品价值环节和阶段的国际梯度转移,还是跨国公司以国际大买家的身份下订单方式推动的产品价值环节和阶段的国际梯度转移,从单个国家,尤其是从作为承接产品价值环节和阶段的国际梯度转移的国家角度看,其贸易增速的变化不仅与融入全球价值链密切相关,而且与嵌入全球价值链的位置相关。关于这一点,我们可以继续沿用前文采用的"蛇形模式"分析方法,剖析一国在嵌入全球价值链过程中,贸易增速的变化逻辑。

在"蛇形模式"的全球价值链分工格局下,由于以往产品价值增值环节的国际梯度转移主要表现在制造环节,因此我们可以将分析主要集中于制造环节价值链分解上。基于传统微笑曲线的分析框架,不妨将最终产品 X 的 n 个价值增值环节 $X_1, X_2, \cdots, X_n$,视为高端至低端进行的依次排列,比如从材料设计、母板生产、核心部件、一般部件、一般加工制造再到终端加工组装等等。显然,如果 A 国嵌入跨国公司主导的全球价值链,承接的是生产环节 X_k,即前 $K-1$ 个增值环节在其他国家和地区完成后进口到本国,作为中间投入,进入到第 K 个生产环节完成后继续出口,那么 A 国在统计层面上的出口贸易额因此为 $V_{X1}+V_{X2}+, \cdots, +V_{Xk}$。这就是 A 国融入全球价值链分工体系所带来的贸易增长效应。显然这一效应与 K 的大小有关,即 K 值越大,也就意味着 A 国融入全球价值链分工体系中越低端的位置,那么 A 国由此表现出来的出口贸易增长效应就越明显,反之,如果 K 值越小,也就意味着 A 国融入全球价值链分工体系中越高端的位置,那么 A 国由此表现出来的出口贸易增长效应也就相对较弱。当然,其内在的理论逻辑其实很简单,因为越是价值链下游的生产环节和阶

---

① 戴翔、张二震:《全球价值链分工演进与中国外贸失速之"谜"》,《经济学家》2016 年第 1 期。

段,其生产阶段的完成及其出口,所内含的进口中间环节和阶段也就越多,从而在统计意义层面上的"出口"规模也就越大。上述逻辑也可以理解为,越是处于全球价值链下游和低端,贸易统计结果越会被"虚高",而越是处于全球价值链上游和高端,贸易统计结果被"虚高"的程度相应就越低。由此可见,一方面融入全球价值链分工体系带来了贸易增长效应,另一方面嵌入全球价值链的位置不同所带来的贸易增长效应也各异。

一个不容争辩的事实是,中国外贸发展正是融入全球价值链分工体系的结果,而且受制于改革开放初期要素禀赋的现实约束,中国只能以"低端嵌入"的方式融入全球价值链分工体系,走出的是一条"血拼式"竞争道路。换言之,中国融入全球价值链分工体系,凭借低端要素所形成的低成本竞争优势,专业化的主要是价值链条中最低端的诸如组装加工等环节。基于前述逻辑的分析,那么由此所带来的贸易高速增长也就是一种必然,这种"必然"一方面内含了前文所述的"虚高"特征,另一方面还具有"被增长"的味道。也就是说,以往中国融入全球价值链分工体系,主要是以"被整合者"的身份嵌入其中,由于发达国家跨国公司在布局全球价值链分工中将中国定位于"世界工厂"和"出口平台",因此贸易的高速增长在一定程度上是一种"被增长",尤其是出口贸易长期以来的高速增长,通常被理解为是中国实施"出口导向"的结果,实际上从全球价值链分工演进的特定视角以及中国在其中所处特定位置看,实质上是一种"被出口导向",这是过去一段时期中国外贸增长的本质所在,即生产分割所推动的外贸高速发展的理论逻辑。

第三节　要素分工演进下我国
外贸发展战略的调整

近年来,我国对外开放的基础和条件发生深刻变化,对外开放面临新的国际国内形势。从国际层面看,全球经济新形势至少发生了或正在发生着下述五个方面的重要变化:第一,全球主要经济体的增速明显放缓;第二,全球经济危机后"重振制造业"愈发受到发达经济体重视;第三,更多具有低成本优势的发展中经济体参与全球竞争;第四,全球各国攀升产业"高地"步入白热化竞争阶段;第五,国际经贸格局出现重大调整以及全球经济新规则正在形成。从国内层面看,目前国内经济基本面因素发生了三个重要变化:第一,国内各类生产要素价格进入集中上升期,支撑低成本的低端要素基础正在弱化;第二,新的竞争优势尚未建立,比较优势产业面临"断档"风险,导致外贸增长的动力衰减;第三,我国经济发展进入新常态。因此,新形势下对外贸易的进一步发展,的确面临着巨大挑战,不能是对过去做法的简单重复,而是要以新思路、新举措发展更高水平、更高层次的外贸,要通过巩固传统优势和打造竞争新优势,推进外贸转型发展。正如习近平在 2015 年的中央经济工作会议上强调指出:"要加快从贸易大国走向贸易强国,巩固外贸传统优势,培育竞争新优势,拓展外贸发展空间。"实现这一点,必须抓住全球要素分工演进新趋势所带来的新机遇。有关全球要素分工演进新趋势,在第七章中已经进行了较为详尽的分析,此处不再赘述。需要简要说明的是,全球要素分工演进新趋势的确为中国外贸进一步发展乃至转型升级提供了重要机遇,比如,制造业价值链向创新链转变,无疑为中国在加入制造业全球价值链基础之上,逐步全面地转向融入全球创新链,进而实现外贸发展由以往的要素驱动和投资驱动,向创新驱动的轨道发展提供了重要战略机遇;全球价值链从制造业向服务业拓展延伸,无疑为中国抓住全球服务贸易发展的重要契机,扩大服务业对外开放,借助"外力"来突破服务尤其是高端生产者服务供给不足约束,帮助制造业摆脱缺乏技术创新能力、自主知识产权等被动局面,进而促进制造业发展方式转变的重要途径,最终实现外贸转型发展提供重要机会等;全球经济规则从第一代向第二代深度演变,无疑会在"倒逼"国内改革方面发挥重要推动作用,促使中国外贸发展尽早走上"释放改革红利"的道路;全球经济新格局下跨国公司"逆向创新"战略调整,为中国攀升全球产业链和价值链高端,进而实现外贸的转型发展提供了重要机遇;全球价值链发展进入重塑阶段,无疑为中国构建自己的全球价值链、推进外贸转型发展提供了重要契机。顺应全球要素分工演进新趋势,抓住新机遇从而实现外贸的高水平发展,需要努力做好以下几点。

一、打造综合性竞争环境优势

"扎根"全球价值链是稳定外贸发展的前提。由于跨国公司在全球布局生产体系过程中,价值增值环节和阶段的区位配置与各国的比较成本密切相关,从而具有了动态特征,即布局策略会随着各国比较优势的变化而进行不断调整。这一现象在学术界通常也被称为"浮萍经济"效应,其言外之意在于,如果一国比较成本优势的变化未能迎合跨国公司全球战略的需要,或者说原有成本优势丧失并未伴随新的成本优势出现,那么即便在初期顺利地加入了价值链分工体系,也有可能面临被"开除球籍"的风险。UNCTAD 关于全球价值链的研究报告中指出,现实中一些国家和地区由于缺乏成本优势而未能融入全球分工体系的例子并不少见①。改革开放以来,中国依托初级要素等形成的低成本优势,顺利地加入全球价值链分工体系,但近年来伴随国内各种生产要素价格集中进入上升期,以及其他更多发展中国家参与全球竞争,中国外贸发展的确面临着潜在的"浮萍经济"风险。通常而言,成本不仅包括要素成本,比如劳动力成本、土地成本、各种资源成本等,也包括商务成本,比如投资和税收激励、基础设施、行政服务、行政管理负担、制度质量、契约履行成本等。当前,中国面临要素成本的挑战,但同时在降低商务成本方面大有潜力可挖,更何况,从不同价值增值环节对要素成本变化的敏感程度来看,中低端的制造环节往往对要素成本变化较为敏感,而高端环节乃至创新环节则对商务成本较为敏感。因此,迎接要素成本上升的挑战并力图"扎根"全球生产分工体系,需要我们在继续发挥传统比较优势的同时,更加注重在进一步完善基础设施、完善产业配套环境、降低税费、提高制度质量、完善市场机制、提高政府效率以及提高法制化水平等方面努力,从而为外贸发展打造更具竞争力的综合成本优势。

---

① United Nations Conference on Trade and Development,"Global Value Chains and Development:Investment and Value Added Trade in the Global Economy",UNCTAD,2013.

二、加快构建开放型经济新体制

如前所述,当前全球经济规则正向高标准、高质量方向发展。显然,在高标准已成全球经济规则重要发展趋势下,唯有达到高标准的要求,才能够进一步融入全球生产分工体系之中,而"不达标"的则极有可能被边缘化。为此,必须要加快构建开放型经济新体制,从以往的"边境开放"措施加快向"境内开放"层面深度拓展,建立更加规范、更加透明、更加成熟、更加公平、更加法制化、更加完善的市场经济体制。唯有如此,才能为中国在更高层次上融入国际生产分工体系,更确切地说,为中国在全球价值链中"专业化于"更高端的环节和阶段以及更加顺利地嵌入全球创新链,提供必要的制度保障。当然,构建开放型经济新体制并非"被动"迎合国际经济环境变化的外部需要,其更重要的意义在于"以开放倒逼改革",从而内生地培育出中国外贸发展新优势,掌握全球经济未来发展主动权。这是因为,无论是从攀升全球价值链高端角度还是从嵌入全球创新链角度看,培育中国外贸发展竞争新优势,依托科技创新是重中之重。而科技创新的关键不仅在于是否拥有创新要素,更取决于能否激发创新微观经济主体即企业的积极能动性。显然,唯有通过进一步深化改革,进一步简政放权和减少政府干预,破除开放型经济发展进程中的体制机制障碍和思想观念束缚等,才能将企业真正置于一个有利于释放创新动力和活力的公平、有序、统一市场环境中。这也是中国外贸发展实现从要素驱动向创新驱动转变的根本所在。

三、"虹吸"国际先进生产要素

中国外贸发展从要素驱动向创新驱动转变,其创新的内涵和实质绝不是封闭式而是开放式,其中,"虹吸"国际先进生产要素积聚到国内进行创新活动,就是开放式创新的重要内容和途径之一。如何才能有效"虹吸"包括先进技术、先进管理经验、高级管理人才、研发机构等国际先进生产要素,可以考虑从如下两个方面着手:一是将国内巨大的潜在市场规模优势,转化为吸引发达国家跨国公司将创新要素向中国国内集聚,在中国进行"逆向创新"的新优势。这不仅要求一方面进一步理顺商品和要素价格体系,加快完善资本、劳动力、土地乃至企业家等生产要素的市场价格形成机制,充分发挥价格对市场的调节作用;另一方面还要加快形成全国统一市场,消除商品和要素跨区域跨行业的流动壁垒。正如有些学者所指出,目前国内市场环境还不够健全和完善,国内统一市场还没有完全形成(余淼杰,2014①)。二是加快培育本土高级要素。实际上,在以要素流动和国际碎片化生产为主导的国际分工模式下,要素跨国流动以实现资源的优化配置,虽是"不同类别"生产要素在全球范围内的重新组合,但这种组合同样也存在着质量方面的配比问题。换言之,一国能吸引何种层次的要素,往往取决于其自身所拥有的要素质量和层次。这就需要我们进一步加大教育投入、大力发展职业教育和培训、努力促进"官、产、学、研、媒"的有效结合、着力打造"招才引智"的优良环境等,借此"虹吸"国际先进生产要素以服务于中国外贸创新驱动发展的需要。

四、加快"走出去"步伐

改革开放以来的很长一段时间内,中国主要依托引进外国直接投资,在为外资企业进行配套发展中,或者通过承接发达国家跨国公司的国际订单而融入全球生产分工体系。这种发展模式虽然也是利用全球资源的一种方式,但是相对而言,更多的是发达国家跨国公司主导下的一种"被动式"发展,在全球生产分工体系中处于"被整合者"的地位。中国外贸进入新的发展阶段,提高国际分工地位不能继续扮演"被整合者"的角色,而应该逐步转变为全球资源的"整合者",通过不断提升布局构建贸易、投资和价值链条的能力,从被动参与全球价值链到主动构建自己的全球价值链。这就需要在继续大力引进国际先进生产要素的同时,以更大步伐"走出去"整合和利用全球资源。如此整合和利用全球资源的方式,不论是体现在将已经丧失比较优势的环节和阶段转移至更具成本优势的

---

① 余淼杰、王宾骆:《对外改革,对内开放,促进产业升级》,《国际经济评论》2014 年第 3 期。

国家和地区,还是体现在主动获取和整合国外先进技术等要素等,实质都是拓展和构建自己的全球生产分工体系。这一方面的努力目前已出现一些可喜变化,突出表现为中国对外直接投资已经超过了利用外资水平:商务部公布的最新数据显示,2014年中国对外投资规模超过利用外资规模约200亿美元,从而跃升为"净资本输出国"。2015年,我国对外非金融类直接投资创下1180.2亿美元的历史最高值,同比增长14.7%,实现中国对外直接投资连续13年增长,年均增幅高达33.6%。显然,这种变化显示的是中国企业通过"走出去"参与全球生产分工体系、参与重塑全球价值链乃至构建自己的全球价值链的节奏加快,显示的是"大外贸"发展的一种新面目。可以预期,不再单纯以要素优势,而是以具有整合全球资源能力的企业"走出去"参与和主导全球生产分工体系之时,就是中国外贸发展"新图谱"展现之时。

第十章 要素分工与中国利用外资

改革开放以来,在全球要素分工背景下,利用外资是中国融入国际分工体系的重要途径和方式之一。因此,中国在全球要素中的分工地位与利用外资质量之间密切相关。不可否认,以往利用外资具有显著的"低端"特征。然而,面临国内外环境的深刻变化,提高利用外资质量已经成为我国开放型经济发展方式转型的重要内容。为此,需要从全球要素分工演进以及南北发展严重不平衡的视角,理解中国利用外资形成低端现象的客观必然性,以及剖析提升利用外资质量面临的可能障碍。基于上述分析,进一步提升中国利用外资质量,必须将全球要素分工体系的演进与国内实情结合起来,必须将对外开放与国内改革结合起来,根据全球要素分工的演进规律做到"顺势而为"以及适当地"造势而为"。采取通过培育和提升国内要素质量、通过进一步推进国内市场改革实现国内经济一体化、通过改革现行绩效考核机制以转变引资观念、通过不断扩大开放领域实现被动跟随转向主动引领等措施,切实推进存量及增量 FDI 向高端领域攀升,进而提升中国在全球要素分工中的地位。

第一节 要素分工与中国利用
外资低端现象形成

改革开放以来,中国利用经济全球化的发展机遇,积极参与全球要素分工和国际竞争,大力发展开放型经济,其中主要方式之一就是大量引进外商直接投资,从而使得中国融入国际生产分工体系具有典型的"外资嵌入型"特征。中国是发展中国家中利用外资最多的国家,也是全世界吸引外资最多的国家之一。不可否认,外资的大量引进和利用,在提升中国制造业竞争能力、增加就业、推动中国经济增长乃至产业结构升级等方面,无疑起到了一定的积极作用。但与此同时,改革开放以来的很长一段时期内,由于进入中国的外资主要是资源导向和成本导向型的,其目的是利用中国丰富廉价的劳动力要素禀赋优势、优惠的土地政策以及较低的环境规制成本,投资领域主要集中在劳动密集型等低附加值产业,即便是高端产业,从事的也主要是低端生产环节。这种"低端"投资特征,对中国经济社会发展作出一定贡献的同时,也产生了一些诸如污染转移、本土企业发展受压制、技术溢出效应弱等负面影响。而伴随国内外环境的深刻变化,低端外资的利用方式,不仅不符合我国以转变经济发展方式为主线的经济发展要求,同时也不利于进一步提升我国在国际分工中的地位和竞争力,更为重要的是,随着我国劳动力成本的不断上升、土地资源的极度短缺、环境承载力的不断下降以及原料价格的持续上涨,至少在我国东部沿海地区,以成本优势吸引外资,实行粗放式发展的模式已经显现出不可持续性。因此,提升外资利用质量,优化外资结构,发挥利用外资在推动自主创新、产业升级、区域协调发展等方面的积极作用,做到与跨国公司"互利共赢",是中国进一步提升开放型经济发展水平和质量所面临的紧要课题。这已经成为理论和实践部门的"共识"。

一、全球要素分工下外资利用与分工定位

近年来,也有学者探讨了中国经济可持续发展目标下的外资模式和政策调整问题。有些学者认为中国经济增长方式的转变需要外资政策进行相应调整,过去吸引外来资本为主的政策目标应转变,应更加注重引进外资的质量。也有观点主张取消 FDI 优惠制政策,对内、外资实行国民待遇,取消政府官员政绩考核中的 FDI 指标,以避免"数量拼杀式"的"引资绩效"竞争。还有观点认为提倡实行促进结构优化升级的差别化优惠制政策,引导外资并购助推中国产业结构升级。部分学者强调外资政策导向作用,认为通过有效的引导,FDI 能够在经济增长模式的转型中发挥作用。实际上,伴随着发展中国家经济增长和产业结构升级的需要,自 20

世纪 90 年代以来,包括中国在内的一些发展中国家对利用 FDI 的政策就开始逐渐进行了调整,从过去单纯利用外资的数量变为更重视外资的质量,有意识地引导 FDI 向微电子业、汽车制造业、通信设备业等资本和技术密集型行业流动,以推动产业结构升级和提升出口商品竞争力,更好地实现外向型经济发展战略。这种转变无疑带来了一定成效,比如中国、印度、泰国等发展中国家不仅仅出口劳动密集型的纺织服装或食品等,同时也出口"外资主导型"的资本密集型电子类产品等,就是很好的例证。

然而,值得我们注意的是,以出口商品为表象的结构升级,其实掩盖了我国在国际分工中的真实地位,正如现有研究指出的那样,在产品内国际分工(International Fragmentation of Production)快速发展的背景下,发达国家进口自发展中国家的资本及技术密集型产品(包括外资企业出口的产品),貌似由发展中国家所生产,但实质上其中主要的高附加值部分却产自发达国家自身。上述论断意味着对于包括中国这样的发展中国家来说,从出口商品本身的角度来看,FDI 利用的质量似乎正在走向高端,而实质上却是高端产品的低端环节。换言之,我们利用外资面临的低端问题其实并未得到本质改变。况且,即便在政策导向以及经济环境变化的驱动下,新增外资流量会部分流向高端,但是我国改革开放三十多年来积累了巨额的存量外资,这些外资项目大多属于劳动密集型加工企业或者高端产业的低端环节,存量外资的转型升级也是事关全局。总之,理论和实际工作部门对外资利用质量的高度重视及其相应的政策调整,虽然取得了一些成绩,但与我们的预期及经济社会发展的需要还有相当的差距,低端困境仍然是我国利用外资所面临的现实问题。那么,突破利用外资低端困境的症结究竟在什么地方?唯有从理论上首先厘清包括中国在内的发展中国家利用 FDI 低端困境的形成原因,才有可能找到解决这一问题的突破口,并采取有针对性的应对措施,切实提升我国利用外资质量和水平。这是理论和实践部门面临的一个重大课题。

二、全球要素分工下外资质量促进价值链攀升的机制

当前,面临国内国际环境的深刻变化,中国产业发展正处于转型升级

以及向全球价值链高端不断攀升的紧要任务。而利用外资作为中国融入全球要素分工体系的一种重要方式，显然对中国产业的发展实现上述目标具有极为关键的意义，也正是在此背景下，目前学术界高声呼吁要提升利用外资的质量。现在的问题是，提升利用外资质量，如何促进中国产业发展向全球产业链高端攀升？或者说提升利用外资质量促进中国产业向全球产业链高端攀升的可能机制是什么？本节力图对此给予可能的理论探讨。我们认为，提升利用外资质量，至少可以从以下几个方面促进中国产业发展不断向全球产业链高端攀升。

第一，提升利用外资质量的技术进步效应，是促进中国产业沿着全球产业链不断攀升的重要作用机制之一。毋庸置疑，产业转型升级以及实现全球价值链的攀升，需要技术进步的支持，而提升利用外资质量的一个重要目标或者说重要内容，就是引进更具技术内涵的外资企业。从开放经济体条件下来看，外资企业本身就是东道国经济的重要组成部分，因此，更高质量的外资企业进入中国或者说具有更高技术水平的外资企业进入中国，带来了直接技术进步效应，从而使得本国产业发展在全球价值链中的定位得以提高。这是提升外资利用质量的直接技术进步效应使然。此外，具有更高技术水平的外资企业还会通过技术转让和技术外溢效应，促进本土企业实现技术进步和生产率的不断提升，比如通过技术示范效应、技术模仿效应、竞争效应以及人力资本的流动效应等，促进本土企业的技术水平不断提高，从而在整体上进一步提升中国产业发展的技术水平，提升攀升全球价值链的能力。正如前文分析指出，在当前全球要素分工体系下，跨国公司将中国作为"出口平台"和"价值增值地"，因此，进入中国的跨国公司往往都是着眼于世界市场，为了保持产品的全球竞争优势，在投资过程中会带来先进的生产技术，换言之，外资企业的平均技术水平和生产率水平会高于本土企业，这一点已经被已有研究文献所证实。因此，伴随着外资企业进入中国以及在中国的不断发展，其所带来的先进技术，以及先进技术不断产生的外溢效应，就会缩小中国产业发展与世界同类产业发展之间的差距，促使中国产品不断向全球产业链的更高端环节攀升。

第二,提升利用外资质量的资源优化重组效应,是促进中国产业沿着全球产业链不断攀升的重要作用机制之二。外资企业的进入,从来就不单纯是资金的问题,而是一揽子生产要素的流动问题。换言之,FDI 的进入会带动资金、技术、管理、信息、营销等一系列高端生产要素的流入。不容否认,通过这些更为先进的要素注入和组合,会改善资源配置,产生资源的优化重组效应,从而可能对中国的传统产业注入新的"血液",在要素重组和资源优化配置中,对传统产业进行技术改造,使得传统产业进行转型升级。此外,FDI 的进入不完全是劳动密集型等低端环节,也有部分外资会进入相对高端的产业领域或产品生产环节,这不仅在产业层面上直接引领着中国产业向全球产业链高端攀升,与此同时,还会吸引国内生产要素向更为高端的产业领域和生产环节攀升,因为 FDI 的进入,在中国并非形成的是封闭的生产网络,而是开放的生产网络,其在中国的发展会不断与本土企业建立起相应的业务关系,形成上下游的配套关系。而与作为高手的外资企业配套,必须要求本土企业不断提升自身的技术水平和管理水平等,换言之,会要求本土企业在要素配置和使用上相应地也要有更高的组织能力。这种引领式发展会促使国内生产要素不断向更为高端的领域集聚,形成资源的优化配置,这种优化配置实际上不仅在于更高质量的要素之间的配置,还在于"引领"过程中不断督促本土要素升级,从而使得配置质量向高端攀升。而这种效应显然会随着外资质量的提升而不断升级。这就是提升利用外资质量的资源优化重组效应,是促进中国产业沿着全球产业链不断攀升的重要作用机制之二。

此外,外资流入的资本供给效应、就业效应乃至人力资本培训效应、产业关联效应等等,均能够在一定程度上促进产业向全球价值链高端攀升。

三、全球要素分工下我国利用外资质量的基本现状

针对外资利用质量问题,到目前为止,学术界尚未给出具体的测度指标。实际上,外资利用质量是一个相对综合的概念,既包含有外资企业的技术水平因素,也包含外资企业在行业领域的分布因素,同时还可能包含外资企业的规模因素等等。为此,我们尝试着从四个层面来粗略分析我

国利用外资质量的变迁情况及其现状。

　　第一个层面的粗略分析是考察外资企业投资项目的规模因素。一国经济发展或者说人均收入水平的提高往往伴随经济结构的转型,这一点基本上已经成为理论和实践部门的共识。而伴随着产业结构的调整和转型,制造业乃至服务业越来越成为经济发展的引擎,而相比于农业驱动的经济增长模式中,在制造业和服务业驱动的经济发展模式下,规模经济特征越发突出。因此,通常而言,FDI 企业的规模越大,就越容易形成规模经济,其内含的技术水平、管理水平等也就相应地越高,企业拥有的员工数量也就越多,其人力资本的培育效应进而通过人力资本的流动所产生的技术外溢效应就会越强。因此,外资企业投资项目的规模变量,在一定程度上能够体现外资利用的质量水平。表 10-1 给出了 1985 年至 2011 年间中国利用外资项目的规模情况。

表 10-1　1985—2011 年中国利用外资项目规模

（单位:个;亿美元）

年度	项目数	实际利用外资金额	项目平均利用外资额	年度	项目数	实际利用外资金额	项目平均利用外资额
1985	3073	19.56	0.0064	2000	22347	407.15	0.0182
1986	1498	22.44	0.0150	2001	26140	468.78	0.0179
1987	2233	23.14	0.0104	2002	34171	527.43	0.0154
1988	5945	31.94	0.0054	2003	41081	535.05	0.0130
1989	5779	33.92	0.0059	2004	43664	606.3	0.0139
1990	7273	34.87	0.0048	2005	44001	603.25	0.0137
1991	12978	43.66	0.0034	2006	41473	630.21	0.0152
1992	48764	110.08	0.0023	2007	37871	747.68	0.0197
1993	83437	275.15	0.0033	2008	27514	923.95	0.0336
1994	47549	337.67	0.0071	2009	23435	900.33	0.0384
1995	37011	375.21	0.0101	2010	27406	1057.35	0.0386
1996	24556	417.26	0.0170	2011	27712	1160.11	0.0419
1997	21001	452.57	0.0215	2012	24925	1132.94	0.0455
1998	19799	454.63	0.0230	2013	22773	1187.21	0.0521
1999	16918	403.19	0.0238	2014	23778	1197.05	0.0503

资料来源:根据国家统计局网站公布数据计算而得。

从表 10-1 的统计数据可以看出,从 1985 年至 2011 年间,中国利用外资项目的平均额在波动中大体呈现出不断扩大的发展趋势。其中,1985 年至 1992 年是一个相对平稳的发展阶段,1993 年至 1998 年出现了较为快速的增长趋势,而从 1999 年开始至 2007 年又出现了一个下降趋势,之后出现反弹,平均项目规模不断扩大。虽然总体而言,项目的平均额在波动中有不断上升的趋势,但仍然偏小。例如,1985 年利用外资额的项目平均额仅为 64 万美元,而到了 2014 年,项目平均额虽然有了较大幅度上升,但仍然仅为 503 万美元。因此,从外资企业投资项目的规模来看,中国利用外资质量的总体水平仍然不高,具有低端的特点和重要特征。

第二个层面的粗略分析是考察外资企业投资的行业分布。由于不同行业在国民经济中占据的位置和重要性不同,因此,外资企业投资的行业领域大体能够反映出利用外资的质量水平。目前,引导外资流向服务业领域是提升利用外资的重要目标和方向。因此,我们可以考察服务业利用外资额在利用外资总额中的比重。表 10-2 给出了 2006 年至 2014 年我国利用外商直接投资的行业分布情况。从中不难看出,我国利用外资的行业领域主要集中于制造业领域,直到 2014 年,服务业领域利用外资的比重才首次超过制造业,达到 52.05%。因此,总体而言,从利用外资的行业分布来看,我国利用外资的质量不算太高,具有低端的特点和重要特征。

表 10-2 2006—2014 年我国利用外商直接投资行业分布

(单位:万美元)

行业	2005	2006	2007	2008	2009	2010	2011	2012	2013	2014
实际利用外资金额	6032500	6302100	7476800	9239500	9003300	10573500	11601100	11171600	11758600	11956200
农、林、牧、渔	71826	59945	92407	119102	142873	191195	200888	206220	180003	152227
采矿业	35495	46052	48944	57283	50059	68440	61279	77046	36495	56222
制造业	4245291	4007671	4086482	4989483	4677146	4959058	5210054	4886649	4555498	3993872
电力、燃气等	139437	128136	107255	169602	211206	212477	211843	163897	242910	220290
建筑业	49020	68801	43424	109256	69171	146062	91694	118176	121983	123949

续表

行业	2005	2006	2007	2008	2009	2010	2011	2012	2013	2014
交通运输、仓储和邮政业	181230	198485	200676	285131	252728	224373	319079	347376	421738	445559
信息传输、计算机服务和软件业	101454	107049	148524	277479	224694	248667	269918	335809	288056	275511
批发和零售业	103854	178941	267652	443297	538980	659566	842455	946187	1151099	946340
住宿和餐饮业	56017	82764	104165	93851	84412	93494	84289	70157	77181	65021
金融业	21969	29369	25729	57255	45617	112347	190970	211945	233046	418216
房地产业	541807	822950	1708873	1858995	1679619	2398556	2688152	2412487	2879807	3462611
租赁和商务服务业	374507	422266	401881	505884	607806	713023	838247	821105	1036158	1248588
科学研究、技术服务和地质勘查业	34041	50413	91668	150555	167363	196692	245781	309554	275026	325466
水利、环境和公共设施管理业	13906	19517	27283	34027	55613	90859	86427	85028	103586	57349
居民服务和其他服务业	26001	50402	72270	56992	158596	205268	188357	116451	65693	71813
教育	1775	2940	3246	3641	1349	818	395	3437	1822	2097
卫生、社会保障和社会福利实	3926	1517	1157	1887	4283	9017	7751	6430	6435	7757
文化、体育和娱乐业实际利用外资	30543	24136	45109	25818	31756	43612	63455	53655	82079	82338

资料来源:根据国家统计局网站公布数据计算而得。

　　第三个层面的粗略分析是考察外资企业出口占全国总出口中的比重。虽然经典的异质性企业贸易理论已经揭示,出口企业往往比非出口企业表现出更高的生产率,并且这一理论假说也得到了大量实证研究的支撑。但是针对中国经验的许多实证研究却发现,出口企业存在着"生产率悖论",即我国出口企业的生产率均值与非出口企业的差异并不显著甚至低于非出口企业(李春顶和尹翔硕,2009;马述忠和郑博文,2010;汤二子、李影和张海英,2011)。因此,如果中国出口贸易的发展真的存在"生产率悖论"的话,那么也就意味着出口所占比重越高,总体生产率水平相对也就越低,利用外资质量的总体水平相应地也就越低。表10-3给出了1995年至2015年外商投资企业出口占全国出口总额比重情况。从中不难看出,外商直接投资企业的出口,在全国出口中所占比重一直较高,这在很大程度上与外资企业在中国从事加工贸易是分不开的。因此,从这一点来看,我国利用外资的总体质量水平不算太高,具有低端利用外资的特点和特征。

表 10-3 1995—2015 年外商投资企业出口额占全国出口总额比重

(单位:亿美元)

年份	1995	1996	1997	1998	1999	2000	2001
全国出口总额	1487.8	1510.48	1827.92	1837.12	1949.31	2492.03	2660.98
FDI 企业出口总额	468.7587	615.0636	748.9986	809.6189	886.2766	1194.412	1332.351
FDI 出口占比	31.51%	40.72%	40.98%	44.07%	45.47%	47.93%	50.07%
年份	2002	2003	2004	2005	2006	2007	2008
全国出口总额	3255.96	4382.28	5933.26	7619.53	9689.36	12179.4	14285.5
FDI 企业出口总额	1699.851	2403.06	3385.918	4441.825	5637.791	6953.708	7904.927
FDI 出口占比	52.21%	54.84%	57.07%	58.30%	58.19%	57.09%	55.34%
年份	2009	2010	2011	2012	2013	2014	2015
全国出口总额	12016.7	15777.54	18983.81	20487.14	22090.04	23422.92	22731.15
FDI 企业出口总额	6720.741	8622.28	10133.56	10688.14	11241.62	11624.80	11095.07
FDI 出口占比	55.93%	54.65%	53.38%	52.17%	50.89%	49.63%	48.81%

资料来源:根据国家统计局网站公布数据计算而得。

第四个层面的粗略分析是考察外资企业来源国(地区)的分布比重。正如前文所述,外资企业促进我国产业攀升全球价值链的一个重要作用机制就是技术进步效应以及技术外溢效应。而两种效应的大小显然取决于外资企业自身技术水平的高低,而外资企业自身技术水平的高低,与外资企业的来源国(地区)又密切相关,换言之,不同来源国(地区)的外资企业所承载的技术水平往往不同。这是因为,一国(地区)企业的发展或者说技术水平能力的高低,往往与本国(地区)的经济发展水平是相联系的,经济越是发达的国家(地区),其企业的平均技术水平相比较而言也就会更高,反之,经济越是欠发达的国家(地区),其企业的平均技术水平相比较而言也就会更低。因此,从外资企业来源国(地区)的分布比重考察我国利用外资质量,具体而言,就是要看是来自发达国家(地区)的外资所占比重更高,还是来自发展中国家(地区)的外资所占比重更高。

表 10-4 给出了 2002 年至 2011 年中国利用外资的主要来源地区及其所占比重。从中我们不难发现,在中国利用的外资中,来自亚洲地区的外资企业投资比重一直占据了 50% 以上,而来自北美以及大洋洲等发达地区的外商投资企业所占比重则相对较低,这两个地区的累计外商直接投资所占比重不足 10%。因此,从这一意义上判断,我国利用外资质量的总体水平也不高,仍然表现出低端的特点和重要特征。

表 10-4　2002—2011 年中国利用外资的来源地区及占比

(单位:万美元)

年份	2002	2003	2004	2005	2006	2007	2008	2009	2010	2011
合计	5274286	5350467	6062998	6032459	6302053	7476789	5590717	5652899	6881131	7465404
亚洲	3256997	3410169	3761986	3571889	3508487	4211735	4354750	4040759	4489046	4549445
占比	61.752%	63.736%	62.048%	59.211%	55.672%	56.331%	77.893%	71.481%	65.237%	60.940%
非洲	56462	61776	77568	107086	121735	148683	549055	143887	211199	317314
占比	1.071%	1.155%	1.279%	1.775%	1.932%	1.989%	9.821%	2.545%	3.069%	4.250%
欧洲	404891	427197	479830	564310	571156	436511	87579	335272	676019	825108
占比	7.677%	7.984%	7.914%	9.355%	9.063%	5.838%	1.567%	5.931%	9.824%	11.052%
拉丁美洲	754979	690657	904353	1129333	1416262	2011799	367725	732790	1053827	1193582
占比	14.314%	12.908%	14.916%	18.721%	22.473%	26.907%	6.577%	12.963%	15.315%	15.988%
北美洲	649032	516135	497759	372996	368699	339027	36421	152193	262144	248132
占比	12.306%	9.647%	8.210%	6.183%	5.850%	4.534%	0.651%	2.692%	3.810%	3.324%
大洋洲	141722	173119	197437	199898	226024	274290	195187	247998	188896	331823
占比	2.687%	3.236%	3.256%	3.314%	3.587%	3.669%	3.491%	4.387%	2.745%	4.445%

资料来源:根据国家统计局网站公布数据计算而得。

四、全球要素分工与我国利用外资低端现象的形成

20世纪90年代以来,随着科学技术的迅速发展和全球市场经济体制的逐步建立,商品和生产要素全球流动的技术障碍和制度障碍大大降低,经济全球化程度不断加深,这突出表现为要素尤其是资本要素的跨国流动不断增强,以及全球中间产品贸易的迅猛发展。要素的全球流动以及全球中间品贸易的迅猛发展,使得当代国际经济贸易的特点发生了重要变化,其中最重要的变化就是:最终产品的生产通常不再由任何一个国家独立完成,或者说,最终产品的全部价值不再完全由任何一个国家的本土要素所独自创造,而是由多国要素共同参与生产的结果。因此,上述变化意味着各国参与国际分工,不再以"产品"为界限,而是以"要素"为界限了。总之,一件最终产品的生产经常需要由若干国家共同完成,或者说各国以"优势要素"参与国际分工,已经成为当前经济全球化的普遍现象和主流趋势。因此,从本质上看,这种新的国际分工形式可称之为"全球要素分工"。

(一)全球要素分工背景下生产环节的区位配置

在全球要素分工深入发展的大背景下,企业的经济资源,包括资本、原材料、劳动力、技术、知识、管理等等,已经不再局限于某一国家和地区,其他国家和地区的企业同样可以使用;社会分工也不再局限于地区和国家内部,价值链的分解和整合超越了国界,出现了国际性的劳动分工和生产协作。于是,在以贸易和投资自由化为主要内容的经济全球化深入发展的背景下,企业之间的竞争真正具有全球性的意义。为此,跨国公司开始进行战略调整,完善其国际生产体系,以全球市场为依托,实现研究与开发、生产制造、采购与销售、服务等各个环节的全球网络一体化分布和全球优化配置,不但要从各国生产要素(如劳动力、自然资源、资本)的成本和质量差异中获得好处,而且要通过培育全球范围的协同优势,提升对全球不同市场需求变化的响应和控制能力,全面提高公司竞争优势。在跨国公司的主导下,同一产品价值链的不同生产环节或工序按照其要素密集度特征被配置到具有不同要素禀赋的国家和地区,国与国之间的比

较优势更多地体现在价值链上某一特定环节的优势,或者说跨国公司通过将各国的比较优势转化成为公司内部优势,在全球范围内进行资源整合,以提升其全球竞争力,而其中一个较为重要的方式就是通过 FDI 的形式,与东道国优势要素相结合。

现在的问题是,跨国公司在哪里生产以及生产什么? 为了回答这一问题,我们首先必须明晰下述两个问题:第一,产品不同生产环节的要素密集度特征及其对商务成本各构成部分的敏感程度;第二,生产的最终产品的销售目标市场在哪里。通常而言,从产品价值链的构成来看,可分为三大环节,即以研究开发和设计为主要内容的技术环节,以生产和加工为主要内容的生产环节,以及以广告、销售和售后服务等为主要内容的营销环节。就增值能力而言,以上三个环节呈现出由高向低再转向高的"U型"状,因此产品价值链曲线也通常被形象地称为微笑曲线。从产品生产环节的要素密集度特征来看,与微笑曲线的两端即技术环节和营销环节相对应的,通常是资本和技术要素密集型的,而与微笑曲线的低端即生产环节相对应的,通常是劳动密集型的。三大生产环节由于要素密集度特征不一样,对商务成本的各构成部分的敏感度也大不一样。所谓的商务成本,是指企业在生产经营期间所支出的各种费用的总和,一般可分为要素成本和交易成本两大类。而所谓的要素成本,主要是指劳动力、土地和资源等要素的价格水平;交易成本主要是和制度相关的成本,与市场化程度、产业配套环境、基础设施、法制化水平等密切相关。三个生产环节与两类成本之间的敏感度关系可用图 10-1 简单地描述。

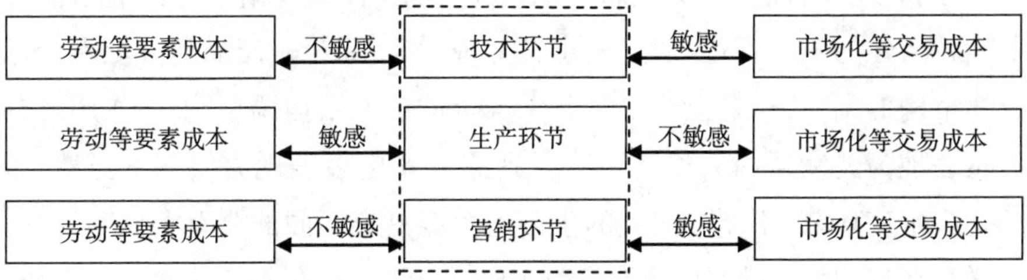

图 10-1　三大生产环节与两类成本的敏感度关系

　　一般而言,处于微笑曲线或者说价值链低端的生产、加工组装等环节,基本上属于劳动密集型环节,劳动力等成本的上升会导致企业成本的显著增加。换言之,主要靠利用廉价和丰富的低端要素(如劳动力、土地和自然资源)而获得竞争力的生产环节,显然对要素成本的变化较为敏感,而由于这一阶段的生产较少涉及交易尤其是与知识和技术等密切相关的交易过程,因而其对交易成本变化的敏感度不高。但处于微笑曲线或者说价值链高端的技术环节和营销环节则不同,由于这两个环节具有资本、技术和知识要素密集型特征,它们对要素成本的变动不是太敏感,而对市场的完善程度、政府的行政效率以及法律法规的完善程度具有较高要求,即对交易成本的变化较为敏感。从动态的角度来看,商务成本中的要素成本和交易成本存在相对变化。一般而言,随着经济的发展,要素成本会逐渐上升而交易成本则会逐渐下降。或者说,经济越是发达的地区,要素成本越高,而交易成本则相对较低,反之,经济越是欠发达的地区,要素成本就越低,而交易成本就越高。因此,跨国公司基于全球战略和整合全球资源优势,在成本最小化的驱动下,必然将劳动力等初级要素密集型的产品生产环节配置到经济欠发达的国家和地区,而将知识、资本和技术等高级要素密集型的生产环节配置到经济发达国家和地区。由此,在全球对外直接投资方面,便自然表现为欠发达国家和地区面临的所谓低端困境。全球价值链的分解如此,产业间乃至产业内的分工同样也是如此,全球产业结构调整和转移的实践正是上述作用机制的结果:发达国家的产业结构日趋软化,更多地表现为技术、知识等要素密集型,而转移出去的行业则大多为劳动密集型产业。实际上,当某一增值环节在技术属性和制度属性上均从产品价值链中独立出来后,相应的价值增值环节也就演化为一个行业,从这一意义上说,其实无论是产品间分工下全球产业结构的调整,还是全球要素分工下全球产业结构调整,上述作用机制必然表现为欠发达国家和地区吸引到的 FDI 更多表现为低端。当然,即便是在生产环节,不同中间品的生产也可能具有不同的要素密集度特征,同样存在着技术密集型和劳动密集型之分,同样存在着高端和低端之分,而高端或者说先进制造业环节仍未呈现向欠发达国家和地区大规模转移的根本原因,我们认为仍然与上述的成本作用机制有关。因为生产成本除了包括各种单个要素价格之外,还存在着要素组合成本问题。正如经济学理论所揭示的,在经济活动中,各种生产要素之间的组合都有一个最优比例问题,任何偏离最优比例的要素组合都会导致生产效率下降或者成本上升,与之类似,从要素异质性角度看,不同要素之间的组合其实同样存在着最优质量配比问题,例如高技术密集型产品往往需要与技能型劳动力相匹配,而一旦发生"质量错配",同样会导致生产效率下降或者说成本上升。因此,虽然劳动力丰富是大部分欠发达地区的显著要素优势,但这种优势更多地体现在普通劳动者或者说低素质劳动力上,承接低端 FDI 带动的全球产业结构调整和转移其实是市场规律使然。

同一产品不同生产环节被配置到不同地区,除了受到上述作用机制影响外,另外一个重要因素就是最终产品的目标销售市场。尤其是在全球竞争日益激烈的当代,产品生命周期和技术生命周期都在不断缩短,不断进行产品创新和满足消费者日益苛刻的消费需求,已经成为企业在市场竞争中生存的必备条件。而正如林德在需求偏好相似理论中所指出的,企业接近销售市场,更有利于获得消费者反馈信息,从而进行产品改进和技术创新。魏德米勒等(Zweimuller 等,2005)的研究早已指出:对于一个高速增长的市场需求空间经济体来说,通过巨大市场需求容量所内含的对创新动力引致功能的发挥,内在地培育出其自主创新的发展能力,即所谓的"需求所引致的创新",而这种"需求引致创新"的根源就在于贴近消费者需求。因此,从企业战略需求的角度出发,同一产品的不同生产环节由于其功能地位不一样,对于贴近目标市场的必要性也是互不相同的。具体而言,了解消费者的需求偏好、跟踪消费者的需求动态变化、获取消费者的需求反馈信息、设计更符合消费者需求的产品、提供更为周到的销售及售后服务等,更需要与消费者或者说目标市场接近,因此,诸如研究开发等技术环节以及营销环节,需要更接近市场。而至于生产环节,是否需要与目标市场更为贴近,则完全取决于不同区域生产成本的差异与运输成本大小的比较,与需求因素自身则无太大关系。因此,从上述意义来说,跨国公司基于全球战略,将不同经营活动环节配置于不同区域,与目标市场的锁定也有着极为重要的关系。不容否认的是,尽管经济全球化的发展给包括发展中国家在内的世界各国都带来了发展机遇,但并非意味着每个国家或地区都能同等地享有这种发展机遇,或者说能够将这种机遇转化为真正的发展黄金期。经济全球化发展的实践表明,南北差距并没有因为经济全球化深入发展而缩小,相反,还有进一步扩大之势。据世界银行发布的 2010 年世界发展报告的统计数据显示,目前全球尚有 14 亿人生活在每天 1.25 美元的国际贫困线以下;2005 年,生活在中国以外地区的贫困人口较之 1981 年时至少增加了 1 亿;而且,目前全球有超过八成的人口居住在收入差距正在不断拉大的国家和地区。这种全球收入分配严重不平等的状况,或者说南北国家贫富差距的巨大悬殊决定全球消费密集度较高的地区必然是发达经济体。甚至还可以说,当全球财富主要集中于发达经济体的时候,全球经济增长其实就不得不倚重于来自发达经济体的消费。犹如需求偏好相似理论所揭示的那样,一国或地区的厂商总是追随该国或地区具有代表性的消费需求,显然,如果从全球化的角度来看待上述判断的话,我们同样可以这样理解:基于全球战略的跨国公司,自然更是倾向于追随消费密度更高的发达经济体的消费需求。因此,从上述意义来说,在全球要素分工环境中,跨国公司通过FDI 的形式将加工生产等低端环节置于欠发达地区,而将技术和营销等高端环节置于发达地区,同样是跨国公司全球战略的市场规律使然。

(二)全球要素分工背景下中国利用 FDI 低端困境的形成

就全球要素分工背景下跨国公司主导的全球价值链分布和配置角度来看,中国利用 FDI 的低端具有客观必然性。

首先,从中国的要素禀赋优势来看。作为全球最大的发展中国家,中国最为显著的要素禀赋优势就在于接近于无限的劳动力供给。正如前文所述,在全球要素分工背景下,各国参与国际分工和贸易的比较优势相应地也从"产品"向"要素"转变,即,各国以自己的优势要素参与国际分工。而从中国发展开放型经济的实践经验来看,实质上也正是依托我们最大的优势——丰富而廉价的劳动力,融入了发达国家跨国公司主导的全球生产分工体系。中国人口的绝对数大,人口抚育比低,劳动力资源丰富。

据国务院发展研究中心信息网的统计数据显示,1982年我国人口年龄结构中15至64岁之间的人口所占比重为61.5%,1990年这一比重上升至66.74%,2000年继续上升至70.15%,而到2009年这一比重又进一步上升至72.95%。十分庞大的人口基数以及较低的人口抚养比,意味着中国在劳动力供给上具有显著的优势。特别是在改革开放之初,我国农村劳动力市场中附着了大量的剩余劳动力,而随着改革开放的不断推进,国家在有关人口流动的政策层面出现逆转,由严格控制转向允许适度的自由流动,这一变化既迎合了跨国公司主导下的国际产业转移和产品增值环节的梯度转移要求,同时也有助于扩大国内劳动者的就业机会,有助于农村剩余劳动力的转移。与人口规模相比,我国改革开放以来的很长一段时间内,资本较为稀缺是经济发展的一大瓶颈。按照要素丰裕度概念的界定,我们既可以通过比较各国的人均资本存量,也可以通过比较劳动力要素价格,来显示中国在劳动力要素上的丰裕度。以各国工人工资情况为例进行比较,根据国际劳工组织网站的统计数据显示,1988年至1992年期间,中国制造业工人工资仅相当于同期美国的2.33%,日本的2.11%,即便与其他发展中国家相比较,也仅相当于同期印度的48.81%和马来西亚的13.29%。虽然伴随经济增长,中国的工资水平也在不断上升,但是直到2005—2009年间,中国制造业工人工资也仅相当于同期美国工资水平的约5%。因此,在全球要素分工背景下,发达国家跨国公司基于整合全球优势资源战略,通过FDI的形式利用我国丰富廉价的劳动力要素禀赋优势,首先转移的当然是劳动密集型产业和产品增值环节,低端现象就成为一种必然。

其次,从中国发展开放型经济依托的优势要素质量来看。更为重要的是,我们虽然拥有接近于无限供给的劳动力要素禀赋优势,但就劳动力要素质量本身而言,其供给能力大多仍然停留在普通劳动力的供给上,或者说非熟练非技能型的劳动力供给上,优势更多地来自数量而非质量。就制造业的劳动生产率而言,我国分别是英国、美国、日本、韩国的1/16、1/18、1/15和1/7,造成这一结果的根本原因除了技术因素外,与劳动力素质的高低也密切相关。目前中国的劳动者70%以上没有受过高等教育,而即便大量劳动者完成了义务教育甚至高中教育阶段的学习,但是在走向社会、走向工作岗位前接受过职业技术教育的又是寥寥无几。何平(2006)的研究发现,我国就业人员受教育情况中,大专及以上教育程度的占 7.2%;高中教育水平的占 13.4%;初中教育水平的占 45.8%;小学教育水平的占 274%;小学以下教育水平的占 6.2%,这表明中国劳动力的受教育水平低于世界平均水平。我国目前的高中教育及职业培训水平仅相当于韩国 20 世纪 70 年代水平。受教育程度不高以及技能培训的缺乏,导致我国技能型人才总量严重不足,尤其是技能型人才中高级技能人才更为短缺。实际上近年来沿海地区出现的用工荒,就反映了这样一种结构性矛盾:大量高级熟练技工需求缺口与大量非熟练普通劳动者就业难问题同时存在。大量低素质劳动力的存在,从要素质量配比的角度来看,我国利用 FDI 面临的低端问题就在所难免了。正如华民(2006)的研究所指出,当东道国因为教育投入不足而造成人力资本短缺时,FDI 如果把先进技术输入到这样的东道国,就会因为技术与人力资本的不相匹配而导致投资效率低下甚至失败。

最后,从我国改革开放之初的利用外资环境来看。在 20 世纪 80 年代的改革开放中,中国推行的贸易发展战略具有出口导向型特征,而鼓励出口的政策目的,初期主要是为了解决外汇短缺问题,这是在经济建设中面临的一大瓶颈。进入 90 年代后,特别是 1992 年中国确立了社会主义市场经济体制后,中国对外开放的步伐明显加快、力度明显加大,加之 80 年代中国出口部门的优异表现,使得中国在 90 年代初期加大实施出口导向的贸易发展战略,并且把出口导向战略实施的重点放在了引进外资上,利用外资带动出口,成为中国开放政策的核心。利用外资的"出口导向型"贸易发展战略,不仅表现在对引进外资方面给予了多种优惠的"超国民"待遇,更为重要的是,在外资的产业方向和内销比例方面,实行了较为严格的控制,引导外资流向出口部门。丰富的劳动力资源、相对便宜的土地、较低的能源资源成本和社会成本,以及政府给予的各种优惠政策,在比较成本优势和利润最大化的双重驱动下,外资企业大规模进入中国,并主要投向了出口部门,带动了出口贸易的迅速发展。之后随着中国社

会主义市场经济体制的建立,尤其是中国加入 WTO 后,虽然改变了原有
"出口导向型"的发展模式而发展开放型经济,但是可能在以下三方面因
素的共同作用下,外资企业仍以出口为主:第一,已有外资存量大部分集
中在出口部门;第二,在全球要素分工背景下,FDI 企业利用中国丰富廉
价的劳动力要素禀赋优势,中国因此而被纳入国际生产网络并充当跨国
公司的价值增值地和全球出口平台;第三,中国与发达国家在发展差距方
面的巨大鸿沟使得跨国公司定位的"全球消费概念"仍然倚重于发达经
济体(虽然目前中国经济总量已跃居全球第二,但人均收入水平却仍在
百位之后,这是抑制国内需求有效扩大的根本性制约因素),这也是中国
发展开放型经济所面临的重要客观环境。长期以来,我国出口市场高度
依赖于欧、美、日三大传统市场的事实,就是明证。前一章的表 9-5 报告
的外商投资企业出口额及其在我国全球出口额中所占比重,从中可见,流
入中国的 FDI 以"出口全球"为目标的特征至今未变,而且,受到上述因
素的制约,在未来一定时期内,可能很难有实质性改变。因此,FDI 企业
目标市场特征在很大程度上决定了,我国只是承担了跨国公司全球生产
网络中的加工环节,而技术和营销环节则更多地分布于发达经济体。

第二节　要素分工条件下提升
利用外资质量的障碍

基于前一节的分析可见,中国利用外资所形成的低端现象具有客观
必然性,是在全球要素分工体系下我国以优势要素融入跨国公司主导的
全球要素分工模式的结果,是在南北发展存在巨大差距的情况下,消费市
场更多地倚重发达经济体的结果。但是,面临国内外环境的深刻变化,当
前中国开放型经济发展正处于一个重要关口,利用外资质量能否有效提
高,在很大程度上将会影响到我国开放型经济发展方式转型是否能够顺
利推进。切实提高利用外资质量,不仅要根据全球要素分工的演进规律
做到"顺势而为"以及适当地"造势而为",更要破除提高利用外资质量面
临的障碍因素,而正确认识可能面临的障碍则是前提。

一、劳动力素质普遍不高

相对而言,目前中国最大比较优势仍在于丰富廉价的劳动力供给。实际上,中国在工业化和城镇化过程中,劳动力源源不断地供给主要是来自农村人口的流动,或者说农村劳动力市场附着的大量剩余劳动力。这意味着我们在普通劳动力的供给上仍然是十分富裕的。因为据统计[①],到 2008 年年底,中国城市人口在 13 亿总人口中所占比例仅为 47.8%,这一比例仅相当于 1850 年的英国、1911 年的美国和 1950 年日本的占比水平。这意味着中国农村还有着大量剩余的劳动力需要转移。从发达国家的城市化历程经验来看,在工业化社会后期,其农业人口比重均在 10% 水平之下。因此,就中国而言,随着工业化和城镇化水平的推进,在达到中等发达国家水平时,即便农业人口占比在 25% 左右,在不考虑中国人口进一步增长的情况下,也意味着中国将有近 3.6 亿的农业人口需要向城市转移,这一庞大的数字意味着在未来 30 年的时间里,中国劳动力仍然接近于无限供给。然而,正是因为大量劳动力的供给主要来自农村人口的流动,这一特征决定了新增劳动力主体素质难以在短期内有本质上的大幅提升。在劳动力素质的现实约束下,从全球要素分工的角度来看,期望通过国际资本流入并带动更为先进、高级的诸如技术、品牌、管理、制度等一揽子生产要素流入,从而实现利用高端 FDI 的迅速攀升,将会存在着一定的困难。

二、地方政府传统引资观念

在改革开放的发展初期,由于建设资金的短缺、企业家精神的缺乏、市场经验的不足等等,利用外资成为促进经济发展的重要手段,甚至可以说,利用外资促进经济发展的重点,更多地被置于经济增速上,经济发展的质量被摆在了次要地位。这也是经济发展阶段所决定的客观需要。然而,随

---

① 此处数据转引自戴翔:《中国"出口导向型"模式的可持续性辨析》,《现代经济探讨》2010 年第 8 期。

着资源、土地、要素成本、生态、环境的约束日益加强,经济发展方式的转变需要引资观念的相应转变,招商引资应该向招商选资转变。但可惜的是,在经济绩效的考核制度下,尤其是在以较为容易量化的 GDP 增速作为政绩考核指标的指挥棒下,各省(自治区、直辖市)在利用外资方面,可能更加注重量的扩张,而忽视了质的提升。各省(自治区、直辖市)甚至开展"倾销式"利用外资优惠政策竞争,包括在税收优惠、廉价土地、宽松的环境管制等方面竞相竞争,仍然把利用外资扩大投资规模,从而促进 GDP 增长率当作重要手段。因为地方经济发展速度跟不上,政府官员的压力就会变大。因此,传统的引资观念不改变,确切地说,传统的绩效考核方式不改变,即便实施了新的外商直接投资产业指导目录,尽管从国家层面出台了提高利用外资质量的政策导向,在地方政府的具体利用外资的实践中,也很难得到彻底的贯彻和执行,提升外资质量可能更多地停留在"喊口号"的层面。

三、国内市场分割和地方保护

在分权式改革模式、分税制财政安排和中国公务员特有晋升机制等环境作用下,存在滋生地方保护主义的土壤,地方政府设置壁垒、保护本地企业的行为,无疑会造成国内市场分割。有关对长三角企业的调查研究表明,在被调查企业中,超过23.4%的企业表示遇到了地方保护主义和市场分割问题(王于渐等,2007)。国内市场分割和地方保护主义严重,一直以来是我国经济实现国内经济一体化的重要障碍因素(贾根良,2012)。也正是因为存在着严重的国内市场分割和地方保护主义,从而使得企业难以充分地利用国内总量颇大的需求市场,从而在内需不足的情况下转而出口,将最终产品的销售出口寄于国际市场。张杰等(2010)实证研究了中国省份地区间的市场分割对企业出口的影响,结果发现,市场分割确实推动了国内企业的出口,而且,市场分割程度越高的省份和地区,生产效率越低。市场有效需求规模是激励企业创新的关键因素,是在开放经济条件下影响 FDI 企业进行生产环节和区段配置的重要因素。主要的目标市场不在国内,重要的研究设计环节、营销管理环节怎能顺利地吸引到国内?过去我们一直讲"以市场换技术",但是在国内市场分割和地方保护主义的作用下,市场的功效到底能够在多大程度上发挥作用,实际上是有疑问的。而理论和实践部门对我国"市场换技术战略"失败的判断,我们认为,除了受到全球要素分工演进本身的市场规律影响外,国内市场分割可能也是其中一个重要因素。

四、跨国公司对中国的定位

跨国公司通过不同的制度安排将最终产品的不同价值增值环节配置到不同的地区,形成国际生产网络。比如,在电子信息产业中,关键技术的研发、操作系统和核心零部件以及品牌与系统集成一般在发达国家完成,一般软件和中等技术的零部件在新兴工业化国家完成,而低技术含量的零部件以及组装在诸如中国这样的发展中国家完成。举例而言,德里克等(2010)在研究苹果 iPod 播放器的全球价值链分布时指出:一款价值144 美元的苹果 iPod 播放器,其中有价值约 73 美元的硬盘驱动器(HDD)以及价值23 美元的显示器是由日本生产,价值 13 美元的处理器是由美国生产,价值 4 美元的电池是由韩国生产,其余价值共 29 美元的部件由东南亚其他国家和地区生产,最后价值 4 美元是由在中国进行加工组装所创造。不仅苹果 iPod 播放器的生产如此,其他诸如笔记本电脑、手机等产品的生产皆是如此。再以笔记本电脑为例,尽管中国在笔记本电脑零部件的全球市场上占据了非常大的份额,但是在中国国内生产的零部件仍然属于笔记本电脑中技术标准化的环节,或者说仍然处于成本竞争阶段,而不是技术和知识竞争阶段。跨国公司将一些高端产品的低端生产环节,配置到中国尤其是东部沿海地区,主要还是利用东部沿海地区的区位优势降低生产成本,是外资企业进入国内的主要诱因。因此,在国际生产网络中,跨国公司对中国的定位是标准化环节的低成本生产地,而不是新技术研发地或者核心零部件的生产地。这种定位事实上难以在短期内改变,如果出现中国低端环节制造的地位被长期锁定,不仅难以有效推动现有外资存量的转型升级,在进一步吸引外资方面,也很难切实有效地吸引到更为高端的 FDI 企业入驻。如何摆脱被锁定在"高端产品低端制造"的困境,显然是我们提升外资利用质量战略的突破点。

第三节　要素分工条件下提升利用
外资质量的战略与路径

顺应全球要素分工体系的演进规律,结合中国发展的实际国情,破除各种可能的障碍因素,探讨切实提高我国利用外资质量,推进我国开放型经济发展方式转型升级,是本章的题中之义。本章上述分析对于提升我国利用外资质量具有以下几个方面的重要启示。

一、培育和提升劳动者素质

改革开放以来虽然中国经济实现了高速增长,但是短短几十年的时间在资本积累方面与发达国家已经走过了几百年的历程是无法相比的,在技术水平和市场化运作等方面也存在着较大差距。因此在全球要素分工体系中,未来 20 年中国仍然要发挥劳动力要素禀赋优势,以吸引 FDI 引领下的国际先进要素向国内集聚。由于全球要素分工环境中,一国或地区能够吸纳什么层次的生产要素,往往取决于其经济发展的质量和自身所拥有的要素层次。因此,这就要求我们进一步在发挥"量"的优势的同时,应着重提升劳动者的"质",而主要途径一是培育二是引进。在培育方面,要进一步加大教育投入,合理分配教育资源,以及大力发展职业教育和培训。在加大城镇高质量教育资源向农民工子女开放力度的同时,要建立健全职业培训,尤其是针对农民工的职业培训体系,以破解农民工劳动质量不高的内生约束。为此,政府、培训机构和企业可以通力合作,以形成"政府推动与支持,教育机构主动培训,产业界积极参与"的合作关系(何平,2006)。在引进方面,以深化改革为动力,搭建平台、健全机制、完善政策,优化对外开放环境来加大高层次人才引进,在全球范围广泛引进高端科技人才和创新创业团队,使人才引得进、留得住、用得好。

二、打破市场分割和地方保护

虽然目前我国仍然处于发展中阶段,人均 GDP 的全球排名在百位之后,但就经济总量而言,我们已经具有在位优势。中国作为发展中大国的"大",不仅体现在人口规模和地理学意义上的人口众多和地域辽阔,更体现在经济学意义上的市场容量和有效需求规模。在下一步的对外开放中,我们应更好地打好我国国内市场规模优势这张牌,充分发挥市场规模效应对国际高端 FDI 的吸引力。扩大开放领域,不能仅仅停留在"允许进入"的层面,更应该在扩大国内市场方面做好文章,而其中一个重要问题就是要通过进一步推进我国市场化改革,破除国内市场分割和地方保护,实现国内统一市场的建设。利用国内市场规模优势诱发 FDI 企业在国内的创新能力和动力,利用国内市场规模优势吸引 FDI 企业将更为高端的诸如研发设计、营销管理等环节搬迁至中国。实际上,打破市场分割,实现国内经济一体化,对高端 FDI 的吸引还不仅仅在于市场的最终消费需求规模方面,更为重要的是,它还可以产生更多作为中间需求的生产性需求规模效应。通过进一步的市场化改革推进国内经济一体化,大量有效中间需求将会在构建国内价值链以及与外资形成完善的配套体系和配套层次上,发挥重要作用,果真能够如此,我们可能不是被跨国公司"俘获"而锁定于价值链低端,而是跨国公司被国内价值链"俘获"从而形成"外企生根、外企升级"的有利形势。

三、改革现行绩效考核机制

引进外资促进经济发展,不能再一味地强调其对 GDP 的拉动作用,而是应该根据经济发展方式转变的需要,促进产业结构升级,适时地作出调整,实现从重"量"到重"质"的真正转变。但是,从地方政府博弈的角度来看,这种转变必须以政绩考核的指挥棒转变为前提。特别是现行的干部业绩考核和晋升选拔机制,如果仍然沿袭传统的经济增长等数量指标的考核和选拔机制,不进行根本性的突破,那么提升外资利用质量,引导外资向高端领域、高端产业发展,就可能仅仅停留在文件、口号上。即便国家在 2010 年出台的《关于进一步做好利用外资工作的若干意见》中取消了外资企业的超国民待遇,但在各级政府的招商引资方面,沉疴日久的"倾销式"政策优惠大战仍会上演。应当看到,中国各级政府在经济资源的配置、在引领 FDI 企业向高端领域转变中具有主导作用,而要正确发挥这种主导作用,就必须对以往的体制机制进行突破,改变现行的干部业绩考核和晋升选拔机制。例如,从以往传统的数量型 GDP 概念和指标体系,传统的以外资引进数量的考核指标体系,向质量考核的观念和指标体系转变,构建绿色 GDP 核算和考核指标体系,及其基础之上的绿色 FDI 利用考核指标体系。

四、不断扩大开放领域

2016 年中国商务部印发了《商务发展第十三个五年规划纲要》(商综发〔2016〕224 号,以下简称《规划》),其中关于吸收外资指标的部分指出,"十三五"时期,利用外资规模不低于"十二五"时期水平,更加突出利用外资的质量和效益。通过有序扩大服务业对外开放,比如放宽银行、保险、证券、教育、文化、养老、交通、电信等领域外资准入限制,进一步放开一般制造业等来维持利用外资规模同时,着力提升利用外资的质量和效益,把利用外资同转变经济发展方式和调整经济结构紧密结合起来,着力引进先进技术、管理经验和高素质人才。鼓励外资参与"中国制造 2025""大众创业、万众创新""互联网+"行动计划等战略实施,引导外资投向现代农业、新能源、新材料、生物医药、信息通信、节能环保、智能制造、现代服务业等领域。鼓励外商投资地区性总部、研发中心等功能性机构,鼓励外资研发中心升级为全球研发中心和开放式创新平台,支持外资研发机构参与国内研发公共服务平台建设,提高外资溢出效应。实际上,要提高利用外资质量,坚持积极有效利用外资的方针,更加注重优化结构和提高质量,实施新修订的《外商投资产业指导目录》,引导外资更多投向先进制造业、高新技术产业、节能环保产业、现代服务业。实际上,长期以来,我们的招商引资工作都是以承接发达经济体的产业梯度转移为主,这是一种被动跟随的发展模式,容易被跨国公司定位在低端的困境。而通过不断扩大开放领域,基于经济发展方式转变的需要,按照产业高端化、品牌化发展的思路,主动地引导外资和鼓励现有外资企业加快技术改造、产品更新和产业升级,实现存量外资升级,以开放市场为吸引力,加大力度吸引跨国公司设立区域总部和功能性机构,实现增量高端投入,则可视为一种主动引领,这有利于逐渐改变跨国公司对我国在全球生产网络中"高端产品低端制造"的不利定位。

当然,提升外资利用质量是一个系统工程,不能就外资而谈外资,必须将全球要素分工体系的演进与国内实情结合起来,必须将对外开放与国内改革发展结合起来,必须将国内发展和外向型发展战略结合起来。实际上,更为高端的产业和生产环节,包括所谓的总部经济,到底"落户"何处,不仅要取决于成本优势和完善的硬件设施,更取决于一个国家或地区的贸易环境、投资环境、创业环境、创新环境、人居环境等综合软环境优势,取决于政府的服务效率和提供的便利化程度,等等。唯有在上述各个方面做好做足功课,才能切实提高利用外资质量,进而助推中国提升在全球要素分工中的地位。

第十一章　要素分工与中国
企业"走出去"

开放经济系统应该是一个可逆的双向循环系统,既有"引进来",又有"走出去"。中国开放型经济的发展在过去相当长一段时间是以"引进来"为主,"走出去"的企业绝大多数是"小舢板","航母"太少,难以在国际竞争的风浪中搏击。在全球要素分工背景下,"走出去"是一个国家或地区利用国际资源和市场的能力以及经济国际化水平的集中体现,是一个国家或地区整合和利用全球资源进行国际化经营的能力体现;是应对国内外环境变化、拓展发展空间、优化资源配置的必由之路。当前,全球实体经济的产能和要素重组正在加快进行,新技术变革、新产业兴起与传统产业的改造并存,中国加快"走出去"步伐,可以以更多的方式获取国际优质要素和技术,根据产业层次、技术层次、人才层次多样化的特点,进一步发挥"走出去"在提升中国参与全球要素分工的层次,构建核心竞争力中的重要作用。

第一节　要素分工条件下我国企业"走出去"
战略意义及理论依据

当前,中国开放型经济正处于一个重要发展关口,对外开放的形势发生了新的变化,开展境外投资既面临难得机遇,也遇到挑战,能否有效实施"走出去"战略,已成为影响中国经济发展的一个重要因素。

一、要素分工下我国企业"走出去"的战略意义

在全球要素分工条件下,"走出去"不仅是扩大内需,实现中国经济

可持续发展的需要,也是面对经济全球化的客观要求,不仅是应对加入全球经济危机的重要措施,也是对外开放进程进一步提升的必然选择。其战略意义在于,有利于在更广阔的空间里进行经济结构调整和资源优化配置,更好地从全球获取资金、技术、市场、战略资源,拓展经济发展空间,提升经济国际竞争力,增强经济发展的动力和后劲。"走出去"战略是适应经济全球化潮流的客观需要,对实现中国国民经济可持续发展和企业自身发展有着深远的意义。具体来说,要素分工条件下中国企业"走出去"的战略意义体现在如下几个方面。

第一,实施"走出去"战略,是增强中国经济综合实力和企业国际竞争力,推进中国经济发展迈上新层次的需要。改革开放以来,中国工业化快速推进,经济总量保持较快增长,人均 GDP 已经接近中等发达国家水平。根据国际经济发展一般规律,中国已经进入了工业化、城市化和国际化互动并进的新阶段,经济国际化正面临从"引进来"为主到"引进来"与"走出去"相结合的阶段性转化,即在对外来投资吸引力增强的同时,已具备到境外直接投资的条件,必须将发展经济和打开市场的目光扩大到世界经济大舞台,拓展中国经济发展空间。

第二,实施"走出去"战略,是缓解中国资源、能源和环境制约,实现可持续发展的需要。工业化进程的加快使得对资源、能源的需求越来越大,而中国的资源、能源都十分缺乏,"走出去"利用境外资源十分必要也大有可为。在全球要素分工条件下,加快企业"走出去"步伐,可以发挥中国的比较优势,缓解国内资源紧缺压力,防范资源紧缺带来的发展风险,逐步在全球范围内实施资源、技术、产品与生产各种要素的优化配置。

第三,经济全球化的大趋势为境外投资提供了广阔的空间。目前世界经济正在加快产业结构的调整重组,我国企业也可以在世贸组织各成员市场获得无条件、多边、稳定的最惠国待遇及国民待遇,并享受其他成员开放或扩大市场准入的便利,这些将改善我国企业在国际市场中的竞争环境,有利于充分发挥比较优势,全面参与国际分工和国际竞争,使企业获得更大的发展空间和更多的发展机会。中国经过多年外向型经济的发展,已具备了一定的资本和技术实力,相对于不少发展中国家来说具有比较优势,而目前迅速发展的民营经济实力也不断增强,日益成为境外投资最具活力的主体。

第四,实施"走出去"战略,也是中国应对经济全球化挑战,缓解贸易摩擦的有效手段。随着中国经济越来越深入地融入世界经济和出口规模的迅速扩大,我国面临的贸易摩擦频繁,国外针对中国产品的贸易壁垒越来越多。各种反倾销措施、形形色色的非关税壁垒,对中国出口产生严重冲击。由于中国的市场经济地位并未得到彻底确认,以及人民币汇率的变动等许多因素,使中国企业外贸出口潜藏着隐患。而中国目前外贸依存度较高,要应对各种贸易摩擦和风险,除了正常的应对措施外,积极实施"走出去"战略,是企业绕过贸易保护的一个重要途径,也有助于减缓各种不确定因素和外贸风险对中国经济的冲击。

二、要素分工下我国企业"走出去"的理论依据

在要素分工条件下,虽然"走出去"的战略意义已不言自明,但能否"走出去",推动什么样的企业"走出去"以及以何种方式"走出去",首先要在理论上予以明晰。

"走出去"战略的理论基础来源于传统的国际直接投资理论,主要是从发达国家的角度阐释一国对外直接投资的动因与条件,如海默的垄断优势理论、巴克利的内部化理论、弗农的国际产品生命周期理论、邓宁的国际生产折中理论以及小岛清的比较优势理论等。关于发展中国家对外投资的代表性理论主要是美国经济学家威尔斯的小规模技术理论,他把发展中国家自身竞争优势的产生与这些国家的市场特征结合起来一起考察,对发展中国家的企业进行跨国经营活动具有重要的启示。

实际上,理论的发展正是源于对实践发展解释的需要,不同国际直接投资理论的诞生,恰好说明经济实践是丰富多样的,不同的实践现象可能需要不同的理论阐释。国际经济现象中不同的国家发展情况不一,面临的环境各异,企业"走出去"所依托的优势同样也存在着差别,因此,试图用单一的理论解释所有国家或同一国家不同经济发展阶段下的企业"走出去"现象,显然是不可行的,至少可以说是不全面的。国际投资理论的

大量丰富研究成果以及仍在不断发展的事实,就是明证。我们认为,对于不同国家和同一国家的不同发展阶段是如此,而对于同一国家同一时期的不同企业,情况亦是如此。应当看到,企业的生态环境是复杂的,其生存取向也是多元的。不可否认,在同一国家(地区)的市场环境中,即便是同一行业中的企业,也有"高端"和"低端"之分,"高端"企业和"低端"企业共同存在、共生发展的现象,足以说明它们都有存在的意义,既然能够存在,都是在经过市场经济的激烈竞争、在"适者生存"的法则下生存下来的企业,表明企业都有各自的优势。同一行业的不同企业如此,不同行业的不同企业更是如此。企业的发展所依托的正是其自身具有的"与众不同"的优势。而这种"与众不同"的优势,不仅是其赖以在本土市场生存和发展的基础,也是开展对外直接投资或者说"走出去"可依托的重要可能优势。上述分析的意义在于,具体到中国企业"走出去"而言,其战略理论依据并非要固守于某一特定的国际直接投资理论,或者说用某种单一的国际直接投资理论进行指导,而是应该根据中国企业发展的实际情况以及实际发展环境,探寻不同行业不同企业"走出去"可能已具备的优势。

首先,从企业的垄断优势角度看,中国企业"走出去"所依托的优势已日益显著。美国学者海默在其博士论文《国内企业的国际经营:关于对外直接投资的研究》中首次将国际直接投资理论从国际贸易和资本流动理论中独立出来,提出了所谓垄断优势论。基本论点是:在市场不完全的情况下,任何关于对外直接投资和企业国际化经营的考察都要涉及垄断问题。进行海外直接投资的企业就是一个垄断者,它所拥有的垄断优势就是企业对外直接投资的根本原因。近年来,中国自主创新能力显著提升,全社会创新氛围日益浓厚,创新活力竞相迸发,创新成果大量涌现,创新能力的不断提高,意味着拥有垄断优势的企业在不断增多,能够开展对外投资和经济合作的潜力型企业在不断增多。以中国开放型经济大省江苏为例①,2010 年全省研发投入占 GDP 比重达 2.1%,科技进步贡献率

---

① 此处数据来源于历年《江苏省国民经济和社会发展统计公报》。

达54%,高新技术产业占规模以上工业比重达33%,高新技术产品出口占全省的45%以上,专利申请与授权、发明专利申请均保持全国第一。2010年,江苏高新技术产业保持强劲发展势头,全省国家和省级高新技术产业开发区实现技工贸总收入29522亿元,比2009年增长21.9%。高新技术产业产值占比从2000年的21%上升到2009年的63.81%,其中新材料占比16.33%。参考世界竞争力指数、科学技术和工业记分牌以及美国麻省创新型经济指数等,江苏创新主要指标与韩国、芬兰等创新型国家20世纪90年代中后期相当,科技发展正处于快速上升时期,为实施创新驱动战略奠定了坚实基础。在创新驱动的发展模式下,江苏已出现一批具有国际化发展视野、拥有自主知识产权和自主品牌、主业突出、核心竞争力强的实力型企业,企业的垄断优势已日益凸显。全国工商联发布的"2010中国民营企业500家"中,江苏有129家企业,占全国1/4强。沙钢集团、苏宁电器等10家企业位列前30强,18家企业居前50强,35家企业入围100强,其中,沙钢集团位居榜首,苏宁电器位列第二。

其次,从约翰·邓宁的投资发展阶段理论来看,中国企业已经进入加快"走出去"的发展阶段。20世纪80年代初,英国经济学家邓宁在一篇论文中,研究了以人均GDP为标志的经济发展阶段,与一个国家的外国直接投资(外资流入)以及一个国家对外直接投资(资本流出),进而与一国净的对外直接投资之间的关系。同时也对对外直接投资阶段的划分、各阶段国际直接投资的特征和国际直接投资发展阶段顺序推移的内在机制,进行了较为全面的解释。第一阶段(人均GDP低于400美元或等于400美元)。不会产生直接投资净流出的现象,这是由于一个国家的企业还没有产生所有权优势。同时在这一阶段外资总的流入量不大,也是由于东道国各种条件的制约。第二阶段(人均GDP在400—2500美元)。在这一时期内,外资流入量增加,但主要是利用东道国原材料及劳动力成本低廉的优势,进行一些技术水平较低的生产性投资。在对外投资方面,东道国的投资流出仍停留在很低的水平上,只是在邻近国家进行了一些直接投资活动,并通过引进技术及进入国际市场等形式,来实现进口替代投资的经济发展战略。第三阶段(人均 GDP 在 2500—4000 美元)。由于东道国企业所有权优势和内部化优势大大增强,外资流入开始下降,对外直接投资流出增加。标志着一个国家的国际直接投资已经发生了质的变化,即专业化国际直接投资过程的开始。第四阶段(人均 GDP 在 4000 美元以上)。这一时期是国际直接投资净流出的时期。随着该国经济发展水平的提高,这些国家的企业开始具有较强的所有权优势和内部化优势,并具备发现和利用外国区位优势的能力。国家统计局统计数据显示,2006 年,中国人均 GDP 突破 3500 美元,顺利完成了第二阶段向第三阶段的过渡。之后,中国人均 GDP 由 2007 年的 4000 美元跃升到 2010 年的7700 美元,2011 年更是达到了 9545 美元。可见,根据约翰·邓宁的国际直接投资发展阶段理论,中国企业"走出去"的发展已经具备了第四阶段的发展基础,即,不仅对外净投资应呈现不断上升,而且还会由负转正。但从现实情况来看,这一情况恰恰说明中国企业"走出去"仍然面临着巨大的发展空间,"走出去"的步伐还不够快,加快中国企业"走出去",不仅必要,而且可行。

再次,从边际产业扩张理论的角度来看,中国企业具有"走出去"的比较优势。20 世纪 60 年代,随着日本经济的高速发展,其国际地位日益提高,与美国、西欧共同构成国际直接投资的"大三角"格局。然而,日本对外直接投资较欧美国家不同,这不仅表现在美国的海外企业大多分布在制造业部门,从事海外投资的企业多处于国内具有比较优势的行业或部门,而日本对外直接投资主要分布在自然资源开发和劳动密集型行业,这些行业是日本已失去或即将失去比较优势的行业,同时还表现在美国从事对外直接投资的多是拥有先进技术的大型企业,而日本的对外直接投资以中小企业为主,所转让的技术也多为适用技术。对于上述差异,日本学者小岛清根据日本国情,结合本国特色发展了国际直接投资理论。日本经济学家小岛清 1978 年在代表作《对外直接投资》一书中系统地阐述了他的对外直接投资理论——边际产业扩张论。所谓边际产业扩张论,是指对外直接投资应该从本国已经或即将处于比较劣势的产业,即边际产业开始,并依次进行。边际产业扩张论被理论界认为是一种符合发展中国家和地区对外直接投资的理论典范。改革开放以来经过多年的发展,中国某些行业,比如家电、纺织、重化工和轻工等行业,已普遍出现了生产能力过剩、产品积压、技术设备闲置等问题,这些行业要获得进一步的发展,就必须寻找新的市场通过对外投资,变商品输出为资本输出,在国外投资建厂,建立销售网络和售后服务网点,就可以带动国产设备、原材料以及半成品的出口,有效地拓展国际市场。因此,应该根据中国产业发展的现实情况,中国有些中小企业跨国经营的产业选择,应该按照边际产业扩张理论的内涵,主要发展那些在省内乃至在国内处于边际产业位置的公司。制造业目前仍是国际直接投资中机会最多的热点行业,也是中国产业结构中行业门类最多、规模最大的部门。中国在机械加工、纺织、轻工、化工业已具有一定优势,产品和技术的国际竞争力比较强。通过对外直接投资,中国企业的一些实用性中间技术和传统技术可以在发展中国家的制造业发挥优势。不仅如此,中国制造业的一些技术也具有相对优势,可以在发达国家产品周期变化和产业结构调整转移中发挥其优势。

最后,从外部来源优势的角度来看,中国企业"走出去"具有重要的外部可依托优势。理论研究和实践现象表明,一国或地区的企业,可以依托行业优势、规模优势、组织优势等,实施"走出去"战略,因为上述优势可以构成企业优势的重要外部来源。裴长洪等(2011)的研究就上述外部来源优势对企业"走出去"的影响进行了较为详尽的分析。中国八大类重点行业出口占全国的七成以上,以各种开发区为载体的产业集聚快速发展,这些事实均已说明处于此类行业的企业,至少已经初步具备外部"行业优势"。中国的行业规模优势,还突出表现在产业的集群式发展上。在政府推动、市场引导、外资积累以及本地配套企业参与等发展思路下,经过多年的努力,中国已经形成了较大规模和一定数量的产业集群。有的产业集群已经达到了年销售额200亿元以上的规模,产业集群在行业上涵盖了纺织、服装、金属制品、建材、电器、轻工等传统行业,同时也有环保、软件研发、动漫、创意、医药研发、工业设计、供应链管理和金融服务等新型行业的产业集群。从规模优势来看,就一般规律而言,大国具有市场、人力、资本等众多规模优势,经济回旋余地大,抗风险能力强,而目前中国已经成为全球第二大经济体,中国企业已经初步具有外部"规模优势";从组织优势来看,中国开放型经济发展所取得的显著成就,在一定程度上可以说离不开政府的有效组织和规划。这种组织优势,或者说由此所形成的宝贵实践经验不应该仅停留在"引进来",同样应该运用于"走出去"。对特定产业进行规划、引导、组织、扶持,可以提升企业竞争力和培育对外投资优势,构建专门对外投资促进体系,可以提升企业对外投资实力。因此,从外部来源优势的角度来看,中国企业"走出去"具有重要的外部可依托优势。

总之,现有各种理论研究为中国企业加快实施"走出去"战略提供了重要的理论依据,更为重要的是,就现有的解释企业"走出去"的理论而言,对于目前中国经济的发展阶段来说,在一定程度上均具有指导意义。换言之,加快中国企业"走出去",并非要固守于某一特定的国际直接投资理论,或者说用某种单一的国际直接投资理论进行指导,而是应该根据中国企业发展的实际情况以及实际发展环境,根据不同行业不同企业"走出去"可能已具备的优势,加速实施"走出去"战略。

第二节　我国企业"走出去"的基本现状[①]

我国"走出去"战略思想形成于 20 世纪 90 年代中期,90 年代后期进一步明确,并在 2000 年 3 月召开的九届人大三次会议上将企业"走出去"作为国家战略正式提出,2001 年《国民经济和社会发展第十个五年计划纲要》明确提出实施"走出去"战略。2002 年,党的十六大报告中将"走出去"战略作为提高我国对外开放水平的重大举措。2007 年,党的十七大报告对"走出去"战略作出了全面部署,明确提出支持企业在研发、生产、销售等方面开展国际化经营。作为参与全球要素分工的一种重要形式和表现,我国企业开展对外直接投资虽然起步较晚,但近年来发展较快。

---

① 　如无特别指出,本节数据均来自历年《中国对外直接投资统计公报》。

一、我国企业"走出去"的总体状况

中国商务部 2016 年发布的对外投资数据显示,2015 年,我国对外非金融类直接投资创下 1180.2 亿美元的历史最高值,同比增长 14.7%,实现中国对外直接投资连续 13 年增长,年均增幅高达 33.6%。"十二五"期间,我国对外直接投资规模是"十一五"的 2.3 倍。2015 年年末,中国对外直接投资存量首次超过万亿美元大关。据初步统计,2015 年中国企业共实施的海外并购项目 593 个,累计交易金额 401 亿美元(包括境外融资),几乎涉及国民经济的所有行业。

图 11-1 给出了我国 1997 年至 2015 年对外直接投资流量额和存量额变化趋势。由图 11-1 可以看出,中国企业"走出去"的发展,主要还是近几年的事,在 2004 年之前,对外直接投资的年度流量都不大,而自 2004 年之后,中国企业开展对外直接投资的力度在不断加强,投资流量在不断增多。当然,这既源于我国企业"走出去"的现实需要,也源于我国整体经济实力的现实基础,同时也有"走出去"战略的推动作用。

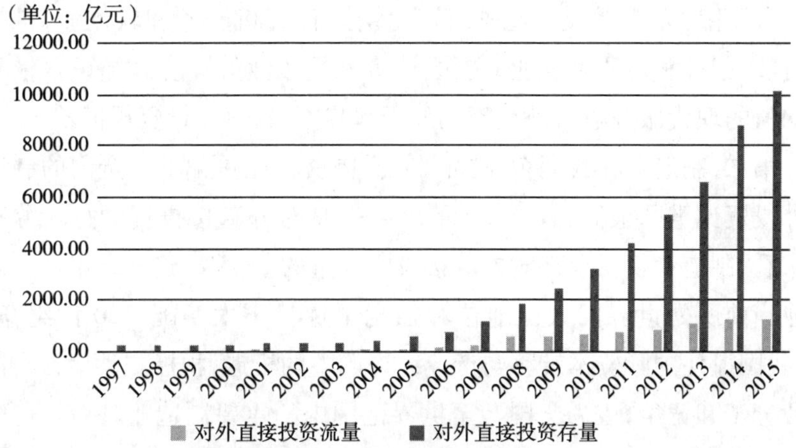

（单位：亿元）

图 11-1　1997—2015 年我国企业对外直接投资流量和存量变化

资料来源:历年《中国对外直接投资统计公报》。

二、我国企业"走出去"的产业分布及其特点

我国企业在对外投资的产业选择上具有明显的渐进性,全国对外投

资产业领域由初期的贸易、餐饮业逐步拓展到生产制造、资源开发、批发零售、商务服务和研发等领域,实现了由商品输出向产业输出转变,由引进形成主导产业向输出转移比较优势产业的转变。从具体行业分布来看,我国企业"走出去"呈现出以下特征:

第一,租赁和商务服务业是我国企业"走出去"的主导产业。租赁和商务服务业、金融业、批发零售业以及交通运输及其仓储业等是生产性服务业的重要组成部分,其对外投资的增长与其基础产业(第三产业)的迅速发展紧密相关。2015 年我国第三产业增加值 344075.0 亿元,增长11.69%,增加值比重为 50.2%。随着服务经济在国民经济中比重的不断上升,服务业的发展程度日益提高,在此基础上租赁和商务服务业投资将逐渐成为我国对外投资的重要行业。但是需要指出的是,我国传统商贸服务业"走出去"过程中,投资方向分散、产业层次不高,产品也大多进入低端市场,缺乏核心产品、核心技术和自有品牌,在信息获取、国际化运作、弥合文化差异等诸多方面都缺乏经验,导致投资效益不明显。加上国有体制障碍,与类似日韩综合商社这样具备全球资源整合能力的"产业组织者"相比差距明显。此外,信息传输、计算机服务和软件业,科学研究、技术服务和地质勘查业,文化、体育和娱乐业等具有高知识含量和高附加值的现代服务业对外投资仍处于起步阶段,对外投资规模较小。

第二,制造业在我国企业"走出去"中所占比重偏低。全国的制造业对外投资比重则很低,截至 2015 年年底,从对外直接投资的行业分布状况来看,制造业仅占全部对外直接投资存量的 7.15%,这一结果和我国制造业当前所处世界的大国地位和强竞争优势不太匹配。20 世纪 90 年代,我国抓住国际资本转移与产业结构调整的机遇,积极主动地参与国际产业分工和竞争,成为全国乃至世界范围内的重要制造业基地。传统的对外投资理论认为一国或一地区具有较强竞争优势的行业一般会成为该国或地区率先开展并集中投资的行业。据此可以认为,我国制造业对外投资还需要进一步加大力度,"走出去"的步伐还应该加快。

第三,采矿业对外直接投资在我国企业"走出去"中占有重要地位。截至 2015 年全国采矿业对外投资存量达 1423.8 亿美元,占投资总量的

12.97%,居所有行业第三位。"资源导向型"的对外投资符合国家的整体利益,不仅有利于战略安全,也有利于企业赢利。鼓励企业以对外直接投资的形式建立海外资源供应基地,获取短缺资源,可以降低单纯依赖资源产品进口的不确定性。我国矿产资源种类较多,但人均储量较少、矿床规模较小。根据中国矿业联合会对国内现有45种矿产资源在2020年对经济建设保障程度论证结果的研究表明,石油、铀、铁、锰、铝、锡、铅等10种矿产资源属不能保障,铬、铜、锌、钴等9种矿产资源属资源短缺。目前,国内铁、铜、铝等重要矿产资源矿的对外依存度已高达55%、75%、45%。国家陆续出台一系列指导境外投资的政策措施,其中境外投资矿产资源是其中的重要组成部分。2006年,国家发展改革委等7部委联合发布了《境外投资产业指导政策》和《境外投资产业指导目录》,明确将采矿业(共9条)列为鼓励类条目。2007年,商务部、外交部、国家发展改革委公布了《对外投资国别产业导向目录(三)》,在目录所列的32个国家(地区)中,科威特、卡塔尔、阿曼、摩洛哥、利比亚等12个国家的石油、天然气、铁矿、铜矿、铬矿、铜镍矿、铅锌矿投资被重点提到。在矿产种类的选择上,应根据我国产业结构特点,重点开发富铁矿石、铜、铝等大宗支持性稀缺矿产和金、锌、钴、铀等高赢利性矿产。

三、我国企业"走出去"的区位分布及其特点

对外直接投资区位决定因素的理论研究正式形成于邓宁的国际生产折中理论,即其中的区位优势理论。而所谓区位优势,主要是指投资的国家或地区对投资者来说在投资环境方面所具有的优势,它包括东道国的有利因素和不利因素。通常而言,形成区位优势的四个条件主要包括:劳动力成本、市场潜力、贸易壁垒以及政府政策。不同企业"走出去"的动机不同,在考虑区位选择的影响因素时所关注的侧重点自然也不尽相同。日本经济学家小岛清曾经基于宏观经济的考虑,从企业对外直接投资动机的角度将其划分为以下三种:劳动力导向型、自然资源导向型和市场导向型。我们认为,除此之外,由于我国现阶段对外直接投资的显著特征是国内产业不具有结构高级化的先决条件或优势,对外直接投资的一个重

要战略目标是通过借助外部市场与国际生产要素进行国内产业结构调整,进而实现产业升级。因而技术导向型可能也是我国企业"走出去"的重要动机之一。

《2015 年度中国对外直接投资统计公报》表明,我国企业"走出去"从具体区位分布来看呈现出以下特征:

第一,对外直接投资多集中于亚洲地区,尤其是我国的香港地区。截至 2015 年年底,我国对外直接投资存量中,流向亚洲地区的对外直接投资存量高达 70.65%,其中,流向中国香港地区的对外直接投资存量高达 59.83%。我国企业"走出去"的区位选择,主要集中在亚洲尤其是我国香港地区,实际上与我国开放型经济发展实践是相吻合的。虽然我国开放型经济发展较为迅速,但时间毕竟不长,尤其是在市场经济的发展经验方面仍然不足,开展对外投资的企业对国际市场操作的熟悉程度还不够、经验还比较缺乏。此外,我国某些产业发展目前面临国外需求减弱,国内成本上升的双向压力。因此,以周边国家和地区为主要投资地,可以在尽可能降低风险的条件下,实现国际市场操作经验的逐步积累、转移某些劳动力成本较为敏感的产业以缓解成本压力等,具有重要意义。这既是企业发展的实践需要,也符合国家利益。此外,我国企业"走出去"大多集中在我国香港地区,另外一个重要原因可能在于,选择"返程投资"享受外商投资优惠政策是这类企业首选离岸地投资的主要动机。

第二,对外直接投资流向开曼群岛和英属维尔京群岛的比重相对较高。截至 2015 年年底,我国对外直接投资存量中,流向开曼群岛和英属维尔京群岛的占总存量的 10.39%。此类地区也是我国对外投资最为集中的地区之一。对于这一类投资而言,"绕道而行"减少投资阻碍,将对外直接投资集中于"避税地"以作为经济活动的"中转站",是这类企业首选离岸地投资的主要动机。

第三,对发达经济体的对外投资步伐明显加快。我国企业"走出去"的区位选择在以亚洲地区为主的同时,对发达经济体的对外投资步伐也明显加快。表 11-1 给出了 2007 年至 2015 年间我国对部分发达经济体的年度投资额流量情况。

表 11-1　2007—2015 年我国对部分发达经济体投资额流量

(单位:万美元)

年份 国别	2007	2008	2009	2010	2011	2012	2013	2014	2015
日本	3903	5862	8410	33799	14942	21065	43405	39445	24042
英国	56654	1671	19217	33033	141970	277473	141958	149890	184816
德国	23866	18341	17921	41235	51238	79933	91081	143892	40963
法国	962	3105	4519	2641	348232	15393	26044	40554	32788
加拿大	103257	703	61313	114229	55407	79516	100865	90384	156283
美国	19573	46203	90874	130829	181142	404785	387343	759613	802867
澳大利亚	53159	189215	243643	170170	316529	217298	345798	404911	340131

资料来源:根据历年《中国统计年鉴》整理计算而得。

从表 11-1 的结果可以看出,我国企业在"走出去"的发展过程中,近年来对发达经济体的投资逐步增多。例如,对日本的投资在 2007 年仅为 3039 万美元,2015 年的投资流量已经上升到 24042 万美元;再比如对美国的投资,2007 年为 19573 万美元,而 2015 年的投资流量已经上升到 802867 万美元。对其他经济体诸如德国、澳大利亚等均呈现出快速增长的变化趋势。对发达经济体投资的增多,可能来自两个方面的动机驱使:一是市场导向;二是技术导向。由于发达经济的经济发展水平较高,相应地消费需求规模大。可以说,在当前南北发展存在巨大差距的情况下,全球消费的主体仍然是发达经济体。中国出口市场长期以来主要依赖并集中于发达经济体的事实,就是明证。因此,增加对发达经济体的投资,有利于巩固并扩大传统出口市场。从技术导向型角度看,由于发达经济体通常拥有相对高端的技术水平,因此在技术导向型驱动下的对外直接投资,此类国家和地区自然是区位选择中的首选地区。

第四,对非洲和拉美地区的投资虽呈增长趋势,但总体增速较慢。截至 2010 年年底,我国对外直接投资存量中,流向非洲地区的对外直接投资存量仅为 21.1199 亿美元,流向拉丁美洲地区的对外直接投资存量为

105.3827亿美元,如果剔除流向避税地的开曼群岛的34.9613亿美元和英属维尔京群岛的61.1976亿美元,流向拉美其他地区的投资存量仅为9.2238亿美元。表11-2给出了2007年至2015年间我国对部分经济体的年度投资额流量情况。

表11-2 2007—2015年我国对部分经济体投资额流量

(单位:亿美元)

年份 国别(地区)	2007	2008	2009	2010	2011	2012	2013	2014	2015
苏丹	6540	−6314	1930	3096	91186	−169	14091	17407	3171
几内亚	1320	832	2698	974	2455	6444	10013	6770	−2572
马达加斯加	1324	6116	4256	3358	2310	843	1551	3676	3384
尼日利亚	39035	16256	17186	18489	19742	33305	20913	19977	5058
南非	45441	480786	4159	41117	−1417	−81491	−8919	4209	23317
墨西哥	1716	563	82	2673	4154	10042	4973	14057	−628
泰国	7641	4547	4977	69987	23011	47860	75519	83946	40724
越南	11088	11984	11239	30513	18919	34943	48050	33289	56017
印度尼西亚	9909	17398	22609	20131	59219	136129	156338	127198	145057

资料来源:根据历年《中国统计年鉴》整理计算而得。

从表11-2的结果可以看出,中国企业在"走出去"的发展过程中,近年来对非洲及拉美地区的投资虽呈逐步增多趋势,但总体而言,增速较慢,而且投资额不大。

总之,对我国对外投资区位选择的概括分析表明,其区位分布特征,大体可以从下述几个方面进行理解:对外投资主要集中在亚洲地区,可能表明我国企业在开展对外投资的发展战略上,初期主要还是以周边国家和地区作为跨国经营的重要基地,以便在对外投资方面形成足够的积累经验,并尽可能地降低风险,此外,"返程投资"享受外商投资优惠政策和"绕道而行"减少投资阻碍,也可能是这类企业首选离岸地投资的主要动机;二是直接向美国、德国和澳大利亚等发达国家投资,以便学习其先进技术和管理经验,扩大国际市场份额;三是向非洲和拉美地区投资的增多,可能源于我国资源导向型对外直接投资需求的增加。

第三节　"走出去"推动产业升级的作用机制

　　针对中国企业"走出去"问题,学术界的普遍观点认为,中国企业"走出去"是在国内产业还不具有结构高级化的先决条件下进行的,同发达国家的跨国企业相比,本土企业在"走出去"方面并不具有显著的"所有权优势"(陈漓高,2007;赵春明,2002)。因此,我们认为,中国企业"走出去"不可能遵循与发达国家完全相同的发展路径,换言之,发达国家企业"走出去"更多是以国内产业结构高度化为"因",主要依托于经典的异质性贸易理论所揭示的生产率优势开展对外直接投资,而中国企业"走出去"则更多应该考虑如何将国内产业结构高级化和技术进步变为"果",其目的可能更多地基于产业升级和技术学习的需要。王碧珺(2013)运用2003—2011年293个大型海外投资项目的详细信息,对中国企业进行海外直接投资的动机进行识别,其研究结论的确表明,中国制造业企业开展对外直接投资的主要动机就是获取技术(数量上占比35%,数额上占比45.5%)。在实践中,不乏中国企业"走出去"获取品牌、技术的生动案例,比如,联想并购IBM的PC业务从而在品牌、技术、管理、产品、战略联盟和运营等各方面得到了巨大提升;北汽成功收购瑞典萨博汽车公司相关知识产权从而得到了先进的核心技术并取得了完整的质量与制造工艺体系;吉利汽车收购全球第二大自动变速器制造企业澳大利亚DSI公司以及并购沃尔沃;等等。

　　对外直接投资产业选择和区位选择是一个动态的发展过程。现阶段我国"走出去"产业选择和行业选择,既要遵循当代国际直接投资的一般规律,又必须从我国产业成长的阶段性特征以及国内经济发展的需要出发,服从于国内产业结构转型升级和攀升全球价值链的实际需要。那么,现在问题的关键在于,企业"走出去"何以能够促进国内产业结构转型升级,如果存在,其具体的作用机制是什么?针对这一问题,我们可以从对外直接投资的动机分析中给出可能的答案。

一、边际产业转移的作用机制

边际产业转移为国内产业结构转型升级腾出空间,从而促进本国产业向全球产业链高端攀升。根据日本经济学家小岛清的边际产业扩张论,一国应将本国已处于或即将处于劣势地位的产业转移至该产业正处于优势地位或具有潜在比较优势的国家,这样双方都可以获取比较利益。边际产业扩张论对我国"走出去"产业选择具有一定的指导意义。我国在纺织、食品、轻工等行业拥有过剩的加工能力和技术,这些劳动密集型行业在国内市场上已经饱和,属于"边际产业",把这些产业转移到国际分工中处于更低阶梯的国家,将有助于国内产业结构的提升。

二、产业结构高度化同质性基准作用机制

基于产业结构高度化同质性基准选择而开展对外直接投资,可以带动国内产业结构转型升级进而向全球产业链高端攀升。产业结构高度化同质性基准是指对外直接投资的产业选择,应该以促进国内产业结构高度化为目标,促进国内产业的不断升级,提高技术含量。由于与发达国家建立在国内产业结构高度化率先实现基础上开展的对外直接投资不同,我国现阶段还不具备产业结构高级化的先决条件或优势,因此,我国企业"走出去"不可能遵循与发达国家完全相同的发展路径。换言之,发达国家企业"走出去"更多是以国内产业结构高度化为"因",而我国企业"走出去"则更多应该考虑如何将国内产业结构高度化变为"果"。我国对外直接投资产业选择显然应该与国内产业高度化趋势相一致,通过对外直接投资推动国内产业高度化发展。

三、企业"走出去"产生的"技术学习"效应机制

企业"走出去"产生的"技术学习"效应机制,能够带动国内产业结构转型升级进而向全球产业链高端攀升。坎特威尔和托伦惕诺的技术创新产业升级理论是从对外直接投资的动态角度说明了发展中国家对外直接投资技术进步的原理。发展中国家可以通过国内有较强实力的产业对发达国家进行逆向投资,设立研发中心、开办科技型企业以及收购或兼并当

地科技型企业,获取最新的技术和管理经验形成自己的核心竞争力。发达国家跨国公司在华直接投资的外溢效应并不显著,研发中心规模小、层次低,并不进行基础研究和应用研究,而是只进行试验开发研究,与本土的研究机构也极少有前后关联。与引进外国直接投资相比,鼓励我国企业"走出去",发展学习型对外投资是获得国外先进技术更为有效的途径,是促进国内产业结构调整和转型升级,乃至向全球价值链高端不断攀升的重要途径。

四、企业"走出去"获取战略性资源的作用机制

企业"走出去"获取战略性资源的作用机制,能够对国内产业转型升级乃至攀升全球产业链高端提供资源供给保障。随着我国经济的持续高速成长,许多重要自然资源的短缺现象日趋严重,供求缺口不断扩大,尤其是石油、天然气等关系国计民生的战略资源,进口依存度迅速增大。为避免国内的资源枯竭和国外的进口受制于人,利用其他国家和地区的资源优势,以重要资源开发为导向的对外投资是解决我国发展资源"瓶颈"的现实需要。

总之,在全球价值链分工环境中,"走出去"是一个国家或地区利用国际资源和市场的能力以及经济国际化水平的集中体现;是直接利用海外资源、转移过剩产能、缓解贸易摩擦,实现与东道国平等合作、互利共赢的有效途径;是我们应对国内外环境变化、拓展发展空间、优化资源配置的必由之路;是促进产业结构不断转型升级和实现价值链攀升的重要途径。

第四节　要素分工下中国企业
"走出去"的战略选择

实际上,在全球要素分工背景下,决定企业"走出去"的核心因素包括如下几个方面:第一,企业自身能力是"核心",公司领导的能力、经营管理经验、技术水平和竞争力等将决定企业是否具备对外投资的条件及能否取得投资实效;第二,政府政策和服务是"关键",优惠的投资政策和

完善的服务体系将直接影响企业迈出对外投资步伐的动力和速度;第三,国内市场竞争和东道国投资环境是"动力",良性的国内市场竞争和优越的东道国投资环境将从"推动力"和"吸引力"两方面作用于企业,使得对外投资活动顺利开展并取得丰厚收益;第四,国际经济形势是"双刃剑",合理利用和善于把握能给企业对外投资创造机遇,若应对不当则可能演变成为困难和挑战。同时,对于这些外部因素,如东道国投资环境和国际经济形势,是我们主观上无法改变的,但可以进行选择和应对,它们对投资的影响必须通过企业自身的决策和行动来实现。因而,若想大力推行"走出去"战略,推动我国企业积极进行对外投资,打造本土企业的国际竞争力,实现经济的持续、快速发展,我们可以从企业和政府层面出发,构建以企业为"主体"、政府为"支撑"的对外投资促进体系,从而实现我国企业对外投资更好、更快发展。

一、加快培育"走出去"的主体

前述分析已经指出,企业自身能力是决定对外投资是否进行以及能否成功的关键因素。因此,培育"走出去"的龙头企业,打造本土的跨国公司是加快企业"走出去"的重中之重。为此,要重点扶持具有一定规模实力、品牌优势和市场基础的大型企业集团、行业骨干企业、名牌产品企业、高新技术企业、出口创汇企业,鼓励他们到境外设立贸易公司、建立生产企业和开展其他形式的国际经济技术合作,使之成为中国"走出去"的排头兵,发挥示范效应;支持有一定规模的企业积极到境外设立营销网点,建立市场营销网络,主动介入国际跨国公司产业链,提高组织化程度,推动多种所有制中小企业积极探索开展境外贸易和生产的途径与方法。为此,从加快企业"走出去"的角度,打造并提升企业跨国经营的重点,需要尽快实施可行的跨国公司培育计划,尤其注重培育民营企业,发挥其在体制、机制上的优势,加速民营经济国际化进程。在实施跨国公司培育计划的基础上,再着重通过建设"四大网络"以推动中国企业"走出去"的能力。一是研发网络。鼓励支持优势企业建立境外研发机构,尤其是要注重通过并购在发达国家建立研发中心,加强国际技术、信息和人才交流,掌握前沿技术和管理,有效利用国际人才。二是营销网络。鼓励支持企业在境外通过设立或并购建设各类营销网点、售后服务网点和境外品牌,引导中国企业建设国外销售网络,带动和促进出口品牌的发展。三是资源能源合作开发网络。鼓励支持企业积极参与境外资源项目合作开发,重点推动铁矿石、煤炭、木材、有色金属等领域的投资合作,缓解资源对我国经济发展的制约。四是生产加工网络。通过加强双边合作,引导优势产业在境外设立生产加工基地,形成若干产业集聚区或工业集中区;鼓励在土地、森林资源丰富的国家开展农林生态园区建设,开展种植、加工一条龙产业配套。

二、鼓励和扶持重点产业"走出去"

第一,完善扶持境外矿产资源开发的政策体系。加快实施境外资源开发战略。在投资战略地区的选择上,应重点放在与我国政治友好、经济联系密切,目标矿产资源丰富、勘探开发潜力大,投资环境良好的国家或地区。当前,应重点推进在澳大利亚、俄罗斯、加拿大、纳米比亚、蒙古以及非洲等国家和地区的矿产资源开发,逐步建立在境外稳定的资源基地。在"走出去"的组织形式上,应不断提高"走出去"的组织化、集约化程度。尝试筹组境外矿产资源投资联合体,按照政府引导、企业运作、市场化经营的原则,联合有关政府部门、金融机构、需求企业和技术支持单位筹组成立境外矿产资源投资联合体,实施重点突破。鼓励具有资产经营能力、实业投资能力、勘探开发能力、工程承包能力的省内企业组建境外投资联合体,实施集成"走出去"。鼓励、支持实力较强的股份制企业和民营企业联合国内大型资源型企业实施有利于资源行业健康发展的境外项目。鼓励和支持有条件的国内企业赴境外投资建设境外经贸合作区和生产基地,充分利用国外能源矿产资源,减轻国内能源资源和环保压力。在境外投资矿产资源的方式上,支持和鼓励企业开展矿产资源勘探与矿山开发、收购矿权、收购拥有矿权的境外上市公司、参股矿业公司等项目。

进一步完善扶持境外矿产资源开发的政策体系。一是在融资方面,加大对境外投资矿产资源的企业的信贷支持。由国家进出口银行、国家开发银行等政策性金融机构提供优惠的资金支持,专门提供给到境外勘探开发国内短缺性和大宗支柱性矿产的企业。根据境外矿产勘探开发的矿产资源种类和资源稀缺程度,在贷款比例、贷款利率、还款期限等方面给予不同程度的优惠,特别是加大对民营企业的支持力度。二是在财税方面,建立境外投资矿产资源开发项目的配套扶持政策。一方面对企业提供境外矿产资源开发的前期费用补贴,建立境外矿产资源勘探开发投资风险基金,通过财政支持整合行业资源推动跨行业、跨地区的企业联合,提高境外开发竞争力。另一方面,借鉴日本的海外探矿备用金制度(将海外与矿产销售收入有关的 50% 开采所得作为公积金使用,3 年用完,无须纳税),对企业投资境外矿产资源勘探开发的资金,以及企业从境外矿产资源勘探开发投资中获得的利润给予一定的所得税优惠。建立对企业海外勘探开发发生费用的特别扣除制度、海外投资等的亏损准备金制度等。

第二,完善境外经贸合作区(工业园)建设的服务配套体系。充分发挥工业门类齐全的优势,在东盟、非洲等国家的适当区位设立专属经济园区或工业园,建立冶金、机械、电子、家电、纺织、机械、设备等零配件组装、农副产品加工、来料加工、加工转口贸易等合作基地。发挥企业组团优势,整合资源和技术,发展面向东道国的外向型经济,形成产业对接走廊。建立过剩产能境外转移补偿基金,用于补足过剩产能转移东盟的企业风险补偿,或者用于激励金融机构扩大优惠贷款和贷款贴息的规模与范围,对境外资源开发性投资、可带动省内产业升级的资产性投资的企业给以特殊补贴或奖励。扩大税收支持力度。对鼓励性转移投资的行业、企业和项目给予一定年限的税收减免;对作为实物投资的出境物资和通过境外投资带动的机器设备、中间产品的出口给予税收补贴;完善地方税收抵免制度和间接抵免的具体操作方法,建立加速折旧、延期纳税、设立亏损准备金等间接鼓励措施用于补偿过剩产能转移境外的企业。

大力宣传推广,营造企业集群式"走出去"发展氛围。通过投资贸易洽谈会等各种平台和各种媒体多形式、多途径加大境外商城、贸易中心、境外经贸合作区(工业园)等的宣传和推广,重点推介境外商城、境外园区的区位、政策、环境和服务优势,加快招商进程。广泛发动,引导企业结合自身过去的出口市场范围和产品特性,密切关注境外商城、境外经贸合作区建设取得的进展和开发企业的招商活动,并有针对性地选择部分有实力、有意向的企业上门辅导。不断激发企业抱团出击海外市场的热情,营造集群式"走出去"的发展氛围。

建立双边工作机制,建立稳定、安全和优惠的投资环境。坚持互利共赢发展原则,与境外园区所在国当地政府建立双边经贸合作机制或者建立外交友好关系。针对境外经贸合作区(工业园)多集中于发展中国家的实际,可通过在发展中国家举办开发区(园区)建设的援外培训班或在有经济条件的国家举办专题研讨会,解决观念问题,传播开发区(园区)建设的成功经验,致力于形成双方共同发展的愿景,争取东道国政府在土地使用、税收优惠、审批等多方面的支持,不断加大协调解决问题的力度,使中国境外园区发展有一个更为稳定、安全和优惠的政治和经济环境。

第三,完善高科技产业跨境并购服务体系。针对高科技产业在跨境并购中具有即时性的特点,尝试在对外投资专门管理机构下设立主管部门,统一审批项目,简化程序,方便高科技企业对外投资。成立专门针对高科技产业的海外并购领导协调小组,明确"走出去"工作的统筹协调机构,成立类似日本国家海外投资委员会的机构,对高技术产业内的具有实力的跨国公司发展进行宏观管理和统一规划。研究制定有关海外投资的法律规范和政策,总结海外投资和跨国经营的经验和问题等。针对高科技企业跨境并购中由于信息不对称所造成的高风险性,建议政府在高科技企业跨境并购的信息服务体系方面,设立相关的海外投资信息服务机构。成立专门针对高科技行业的海外并购信息咨询服务机构,建立权威的信息情报中心,完善信息情报网络,强化信息情报搜集工作,形成高效、灵敏的信息情报机制,为高科技企业开展海外并购提供各种信息和咨询服务,提高企业海外并购的应变能力和决策能力。

加强对高科技企业海外投资的金融信贷支持,制定专门针对高科技企业的海外投资金融政策,鼓励各种金融机构参与其中,提供各种服务。一是设立专门针对高科技企业海外并购的"海外并购基金",加大融资支持力度。基金可通过社会募集、政府相关部门出资等方式设立,委托专业投资机构管理,对"走出去"并购的高科技企业给予相应的资金支持,使产融结合有一个稳定的支点。二是银行要加大对高科技企业跨国投资并购的资金支持。商业银行可以在银监会关于并购贷款风险指引的原则下,发放海外并购贷款,鼓励更多有条件的企业加入到"走出去"的行列中。要为高科技企业跨境并购提供保险支持,如借鉴日本等发达国家的经验,建立海外投资保险制度,扩大国家双边投资保护协定的覆盖面,促进对外投资企业加强与风险投资公司、保险公司的联系,进一步完善相关的风险评估与保障体系,鼓励相关保险机构加大对海外并购的高技术企业提供风险保障的力度。建立风险共担机制,帮助高技术企业防范和化解跨境并购风险。

加快建立和完善海外并购的中介服务体系,为企业"走出去"做好智囊与参谋。目前我国企业海外并购多依赖于收费高昂的国外中介服务机构,这大大增加了企业海外并购的成本。为此,在构建跨境并购服务体系中,要着重培育大型投资银行,扩大涉外律师队伍。对已具投资银行雏形的规模较大的证券公司予以重点扶持,鼓励证券商之间的并购,并从政策上鼓励投资银行业务的开展,进而形成一批集团化的专业投资银行,这些投资银行应在扩大规模、积累经验的基础上不失时机地走出国门,有计划、有选择地在国外设立分支机构,重点开展与企业跨境并购有关的业务,真正担负起为企业跨境并购提供全方位、高质量服务的职责。应积极培育金融、法律、会计、咨询等市场中介组织,为企业的海外并购提供规范的中介服务;要在国内加速培育和建立熟悉国外相关法律、会计准则的律师、会计师及专业事务所,为我国企业的海外并购提供全方位的帮助。另一方面要吸引在国外获得法律学位的留学人员回国,组建专门服务机构,提高跨境并购法律服务的质量。积极引导中介组织参与到高科技产业跨境并购中来,努力打造法律咨询、信息情报咨询、会计服务、项目评估、人才培养、企业管理培训等"一条龙"中介服务支持体系,形成合力。

第四,完善服务企业国际化经营的政策支持体系。各有关部门要研究采取具体措施,为服务企业"走出去"和服务出口创造良好环境。对软件和服务外包等出口开辟进出境通关"绿色通道",对中医药、中餐、汉语教育、文化、体育、对外承包工程等领域企业和专业人才"走出去"提供帮助,简化出入境手续,并纳入国家有关专项资金扶持范围。在严格控制风险的基础上,积极支持国内有条件的金融企业开展跨国经营,为企业参与国际市场竞争提供金融服务。同时,要鼓励贸易、咨询、法律服务、知识产权服务、人力资源等企业积极为服务业"走出去"提供服务。

大力支持服务企业"走出去",适应国际市场竞争新形势,积极支持服务贸易发展。完善服务贸易外汇管理政策,健全服务贸易非现场监管体系,简化境内服务贸易企业对外支付手续,满足服务贸易企业合理用汇需求。对"走出去"服务企业的后续用汇及境外融资提供便利,支持有实力的中资服务企业开展境外投资和跨国经营。支持符合条件的服务外包企业境内外上市。完善服务企业出口信贷、服务产品买方信贷政策措施,对服务贸易给予与货物贸易同等的便利和支持。鼓励政策性金融机构对列入《文化产品和服务出口指导目录》的出口项目或企业,按规定给予贷款支持,推动文化产品和服务出口。适应国际产业转移新趋势,重点支持服务外包发展,鼓励政策性金融机构在自身业务范围内积极支持服务外包发展;鼓励出口信用保险机构积极开发新型险种支持服务外包产业发展;对服务外包企业办理外汇收支提供便利,大力支持服务企业对外承揽服务外包业务。

三、鼓励和支持企业"走出去"重点区位选择

鼓励企业"走出去"重点区位选择,除了要在创新管理体制、优化财政政策、提供税收优惠以及提高便利化程度等方面给予政策支持以外,更为重要的是要为"走出去"的企业,提供重点投资选择区位的信息服务支持和海外服务支持,并尽可能地构建起海外风险防范体系。提供信息服务支持,就是要建立以政府服务为基础,中介机构和企业充分参与的对外投资和经济合作门户网站、对外投资和经济合作项目信息库,加强对重点国家和地区市场环境、投资环境的分析研究,为企业提供准确、及时的投资环境和市场信息服务。扶持培育本土跨国咨询机构,为企业对外投资

和经济合作提供法律、财会税收、竞职调查等方面的技术援助。提供海外服务支持,就是要加强投资服务中心建设,加强与我驻外经商处和境外投资促进机构沟通和联系,强化驻海外经贸代表处服务境外投资的职责,推动建立海外企业商协会,为对外投资和经济合作企业提供帮助。从而让具有不同对外直接投资动机的企业,在"走出去"的区位选择上,能够基于尽可能的充分信息和有效的海外服务支持,作出正确的决策。

东道国(地区)的风险是影响企业"走出去"的重要因素。因此,努力构建完善的风险防范体系,对于鼓励和加快企业"走出去"具有重要的推进作用。构建完善的风险防范体系,可以着重做好以下几个方面的工作:一是探索建立对外投资保险制度。鼓励政策性保险机构(中信保公司)为企业在对外投资和经济合作中遇到政治风险提供保险服务,鼓励商业保险公司参与对外投资合作的商业保险服务。推动扩大中长期出口信用承保规模,调整和扩大发展中国家出口信用保险国别额度,合理降低保险费率。二是建立风险防范预警平台。开展境外投资国别风险评价和境外合作伙伴资信评估,定期发布投资国别地区风险水平报告,加强外派劳务人员管理培训,建立完善境外投资风险预警体系。三是建立风险应对处置机制。对由于不可抗力引发的境外投资事件,要建立境外投资风险预案,健全覆盖全国、分级负责的应急机制。力争做到快速反应和果断处置。四是指导企业树立"以人为本"观念,强化对派往境外人员的安全防范和自主救助的风险培训,建立健全派往境外人员保险制度和突发性事件的应急处理体系,及时有效实施境外保护和救助工作。

四、创新"走出去"的路径和形式

20 世纪 90 年代以来,国际资本流动中呈现出直接投资和间接投资日益接近、交叉和融合的发展趋势,直接投资越来越多地通过资本市场来进行。一方面,除了"绿地"投资外,跨国并购一直是国际投资的主要方式,这表明直接投资越来越多地通过资本市场来进行,采用间接投资的活动方式,另一方面,大量的国际资本通过私募股权基金投资、风险投资方式控制了企业后,经由资本市场运作,进行出售股权、出售资产的活动方式。国际投资的方式呈现日益丰富化和多样化的发展趋势。我们的调研结果表明,虽然我国企业在对外投资的方式上呈现一定的多样性特征,但是仍然以"新建设厂"为主导,选择兼并、收购方式的比例较低。为了适应国际投资方式的发展变化趋势,我国企业在"走出去"的路径和形式方面,应突破以绿地投资为单一主导的对外投资方式,丰富"走出去"的路径和形式。具体而言,就是要求企业在继续进行"绿地"式国际直接投资的同时,加大间接对外投资的力度,更多地通过私募股权基金、风险投资基金的方式进行国际投资,鼓励中国企业以参股、并购等方式参与国外企业改组改造和兼并重组,等等。

例如,就资源开发的投资路径而言,我们应重点鼓励农业、矿产资源等开发类企业通过与国内外有实力和经验的企业建立战略联盟的方式,共同开展当地或第三国企业收购,支持企业加入全球供应链,以此创新资源开发投资路径。就制造加工的投资路径而言,应着重以国家级境外经贸合作区和省级境外产业集聚区为平台,鼓励具有比较优势、产业成熟度高、国际竞争力强的制造业抱团入区发展,构建境外适宜企业发展的经济生态环境,以此创新制造加工投资路径。就市场开拓和技术获取的投资路径而言,应鼓励企业选择当地成长型中小企业,通过并购、参股、境外上市等方式获取人才技术和销售渠道,走出一条并购—消化—吸收—再创新的国际化发展之路,以此创新市场开拓和技术获取投资路径。就对外劳务合作的路径而言,应着力推动中国对外劳务合作服务平台与央企等优质企业建立长期战略合作关系,以此创新对外劳务合作路径。

五、优化其他方面的相关政策支持体系

第一,简化项目审批和经贸人员出入境手续。逐步实现对外投资审批制度向登记备案制过渡、事前审批为主向加强事后监管转变,在为企业海外投资提供服务的过程中,探索企业海外投资经营的过程监控,保证对外投资资金的安全性。对重点企业、重点项目的经贸人员出国(境),采取一次审批、多次有效或企业直接报批的方法。对中小企业人员出国(境)经商投资,提供各种便利。

第二,加大财政扶持力度。设立"走出去"战略专项资金,重点支持国际营销网络建设、资源开发、高新技术合作、境外研发中心建设,重点支持境外合作区、外派劳务管理、境外投资信息咨询等公共服务平台建设。对重点投资项目提供优惠贷款贴息资助或给予融资担保。对对外承包工程项目提供保函担保和垫支赔付,对因地震、战争等不可抗力造成的企业人员财产及损失给予救助。

第三,提高金融服务水平。加快建立政策性银行为主、商业性银行分工协作的对外投资和经济合作融资支持体系,给予银行在对外流动性贷款、资本金贷款等方面更大自主权。拓宽并创新对外投资和经济合作企业融资渠道,鼓励银行提供银团贷款、混合贷款、项目融资。引导鼓励金融机构对实力强、信誉好的企业开展境外承包工程项目,给予提供人民币中长期贷款和外汇周转贷款。推动银行等金融机构在对外投资比较集中的地区设立分支机构。对重点企业支持发行中长期企业债券,短期融资券,鼓励有条件的企业境外直接融资。将对外承包工程业务纳入出口信用保险范围,积极鼓励企业投保出口信用保险,降低出口收汇风险,对外承包工程企业投保出口信用保险给予一定的补贴。

第四,实行税收优惠政策。在避免双重纳税的前提下,区别投资国别、投资行业等,按规定采取税收相抵免、延期纳税、减税、免税和出口返税等不同的政策,对重大项目给予特殊的政策优惠。对境外承包工程项目企业所得税回注册地缴纳且较上年度有增长的,将增长部分的50%补贴给企业。

第五,加快公共服务体系建设。建立人才国际化交流平台,吸引海外人才加入企业国际化行列。加快发展为企业提供境外投资信息的中介机构和信息网络,向境外投资企业提供投资所在国(地区)的政治社会法律环境、产业政策、市场信息等方面的咨询服务;代办有关境外投资手续和涉外法律服务;帮助企业进行项目可行性研究与评估。建立完善全国境外投资风险预警体系,定期发布投资国别地区风险级别报告,加强与国外已建立友好关系地区的经贸联系,鼓励各省市与对外投资相对集聚的国外地方政府建立友好关系。

第十二章　要素分工、长三角开放发展与全面小康建设

　　在全面建成小康社会中,经济建设处于核心和关键地位。改革开放以来,长三角地区作为我国改革开放的先行地区之一,通过发挥比较优势、完善的基础设施和廉价优质的劳动力优势,抓住了全球要素分工带来的战略机遇,大力发展开放型经济,引进国外先进生产要素,初步建成了国际性的先进制造业基地,经济发展取得了巨大成就,在全面建成小康社会中走在了全国前列。"十三五"期间,长三角地区也面临着稳增长、调结构、转动力的艰巨任务,担负着借助扩大开放建设更高水平的全面小康社会的使命。因此,研究长三角全面小康社会建设中的开放发展问题不仅对长三角开放型经济的进一步发展和全面小康建设具有指导作用,而且对全国其他地区具有重要的借鉴意义。尤其是在经济全球化趋势不断深入发展的背景下,如何抓住新的发展机遇,不断提升区域对外开放的层次和水平,推动经济结构的升级和转型,从而在全国经济发展中发挥更大的带动作用,是长三角所必须面对的重大课题。因此,系统总结长三角对外开放的成就和经验,深入分析当代国际分工、国际竞争的新特点,适时调整长三角地区对外开放战略,对于抓住今后 20 年战略机遇期,实现长三角地区由全面小康到基本现代化的宏伟目标,具有极其重要的意义。

第一节　全面建成小康的现代内涵

一、"小康"的传统内涵

　　"小康"一词最早出现在我国最古老的诗歌典籍《诗经·大雅·民

劳》的"民亦劳止,汔可小康"。意思是,百姓终日劳作不止,最大的希望就是过上小康的生活。这里的"小康"主要代表了普通百姓的一种生活理想,是指一种介于温饱与富裕之间的生活状态。鲁迅在《呐喊·自序》中说:"有谁从小康人家而坠入困顿的么?"所讲的小康也是这样一种生活理想。中国"小康"的另一层古典含义反映的是一种理想的社会模式,是一种仅次于大同社会的理想社会模式。① 如《礼记·礼运》中记录的孔子关于"小康"作为一种社会模式的论述:"今大道既隐,天下为家,各亲其亲,各子其子,货力为己,大人世及以为礼……如有不由此者,在执者去,众以为殃,是谓小康。"这里的"天下为家"的"小康"社会被描述为比"天下为公"的"大同"社会低一个层次的理想社会,但它反映了人类社会由原始社会后期松散的部落结构向私有制产生后的国家体制转变的过程,指的是人类社会进入私有制阶段所追求的一种自我祥和安定的状态。"小康"思想对宋明时期的一些思想家也产生过一定的影响。宋代散文家苏辙提出:"善为国者,藏之于民。"②明末清初著名的思想家、史学家顾炎武,昆山人,也提倡"利国富民"的思想,他在《郡县论》中探讨地方政府的职责权能中提到:"何谓称职? 曰:土地辟,树木蕃,沟洫修,城郭固,仓廪实,学校兴,盗贼屏,戎器完,而其大者则人民乐业而已。"③在中国百姓心目中始终对"小康"这一理想的社会愿景有着深厚的历史情结。

二、"小康"的现代意义

现代意义上的"小康"首先是邓小平在1979年会见日本首相大平正芳时用来诠释"中国式的现代化"的。1982年党的十二大首次使用"小康"概念,把实现"小康"作为主要奋斗目标和我国国民经济和社会发展的阶段性标志。1987年党的十三大把邓小平提出的"实现小康"的战略设想正式列为社会主义现代化"三步走"战略部署的第二步目标。关于"小康"的含义,邓小平后来有过多次阐述,最概括的解释是"不穷不富,

---

① 熊云:《解读全面建设小康社会的科学内涵和战略部署》,《首都经济》2003年第8期。
② 苏辙:《栾城集·栾城后集》卷十二,上海古籍出版社1987年版。
③ 王家范:《顾炎武的"天下观"》,《文汇报》2005年4月3日"学林"版。

日子比较好过"，实际上就是从温饱到现代化的中间阶段。1990年党的十三届七中全会对小康蓝图作了更加详细的描述："所谓'小康水平'，是指在温饱的基础上，生活质量进一步提高，达到丰衣足食。这个要求既包括物质生活的改善，也包括精神生活的充实；既包括居民个人消费水平的提高，也包括社会福利和劳动环境的改善。"随着第二步战略目标的逐步实现，江泽民1997年在党的十五大上指出"要建设更加宽裕的小康生活"。2000年10月，党的十五届五中全会提出，从新世纪开始，我国进入了全面建设小康社会，加快推进社会主义现代化新的发展阶段。2002年党的十六大确立了今后20年全面建设小康社会的奋斗目标，从经济、政治、文化、可持续发展的四个方面界定了全面建设小康社会的具体内容。在2007年10月党的十七大中，胡锦涛提出加快推进以改善民生为重点的社会建设的六大任务，其中"实施扩大就业的发展战略，促进以创业带动就业；深化收入分配制度改革，增加城乡居民收入；加快建立覆盖城乡居民的社会保障体系，保障人民基本生活"等三大任务是对富民战略具体要求的进一步细化。习近平总书记在党的十八大提出了到2020年全面建成小康社会的奋斗目标，其中一个重要的衡量指标就是要在提高发展平衡性、包容性、可持续性基础上，到2020年国内生产总值和城乡居民人均收入比2010年翻一番，主要经济指标平衡协调，发展质量和效益明显提高。

我国幅员广阔，生产力发展不平衡，二元结构的特征极为突出，城乡之间、区域之间、贫富之间、经济社会发展之间的不协调状况成为社会经济转型时期极为敏感的社会问题和政治问题。在现阶段，增加居民收入、优化居民生活质量、实现共同致富是代表最广大人民群众根本利益的具体体现，是以人为本、协调发展、统筹兼顾的重大社会性课题。其中经济发展、收入水平的提高等具有决定性作用和主要衡量指标，也是建成全面小康社会的基本内涵之一。

第二节　开放发展推进全面建成小康的理论基础

从全面建成小康的基本内涵和主要衡量指标看，开放战略在推进一国或地区全面建成小康过程中发挥着非常重要的作用。从经济学的角度分析,发展中国家和地区全面建设小康社会的过程,其实质就是扩大对外开放和对外交流的过程。通过扩大对外开放和对外交流,有助于本地区吸引和聚集国际资金、技术、人才、信息等要素,促进该国或地区全面参与国际经济大循环,进而提升区域经济发展水平,推进全面小康社会建设。

一、对外开放与经济发展

开放型经济发展实践提供了这样一个经验性结论:开放不一定发展,但封闭一定落后。换言之,一个不开放、封闭型的国家,将出现低水平结构的超稳定性,封闭系统的自我均衡导致低水平发展。对外开放是打破这种封闭状态下的自我均衡以实现面对外部发达经济系统交换的共享均衡,这种新的共享均衡有着特定的实现条件,只要能够准确把握,就能够促进经济发展。从经济发展的角度来看,开放主要通过促进经济增长来推动全面小康建设进程。一般认为,对外开放可以从以下几个方面来推动经济增长从而推动一个国家或地区的全面小康建设进程:一是通过对外贸易促进贸易双方经济增长;二是通过外商直接投资(FDI)促进东道国经济增长;三是通过对外直接投资(OFDI)促进母国经济增长;四是通过加快推进工业化进程促进经济增长;五是通过加快技术转移促进经济增长。

(一)对外贸易促进经济增长

对外贸易能够促进一国的经济增长,其作用机理在于:一方面,因为各国按比较成本规律进行国际贸易,通过两优取其更优、两劣取其次劣的办法进行专业化分工,使资源得到更有效的配置,增加了产量。通过交换,各国都得到了多于自己生产的消费量。这是对外贸易的直接利益。另一方面,也是最重要的方面,就是对外贸易产生间接的动态利益,即随着对外贸易的发展,通过一系列的动态转换过程,把经济增长传递到国内各个经济部门,从而带动国民经济的全面增长。更为重要的是,知识、技术和信息等高端要素能够通过国际贸易而产生强烈的外溢性,通过国际贸易,一国研发部门能够获取国外的外溢效应,从而有助于培养本国的消化吸收再创新能力以及在此基础上形成自主创新能力,最终提高本国的全要素生产率①。关于对外贸易能够促进经济增长的研究,代表性理论有:(1)马克思主义经典作家的生产与交换理论。这一方面的代表性观点认为,对外贸易与经济发展的关系,归根到底是生产和交换的关系。虽然生产决定着交换,但是如果从再生产过程看,作为再生产过程的一个阶段的交换不仅仅是一个消极的被决定的东西,交换在一定条件下也能够对生产发生作用,有时能够对生产的发展产生巨大的推动作用。(2)亚当·斯密的分工理论。该理论将交易费用理论引入分工理论范畴内,认为经济增长源自不断细化的劳动分工,而分工深度与交易成本大小成反比,因此可以用交易效率来解释贸易与增长之间的关系。(3)规模经济及不完全竞争理论。按照这一理论,国际贸易有利于规模经济的形成,规模经济本身将导致经济效率的提升,因而有利于经济增长。(4)贸易的知识(或技术)外溢。该理论认为,国际贸易具有知识与技术传播功能,由此可提高全要素生产率,进而提高经济运行的效率。该理论根植于内生增长理论,由格罗斯曼和赫尔普曼予以模型化,即 G-H 模型。按照该模型推论,进出口都会促进知识的国际流动,其中中间产品进口在知识扩散中发挥着核心作用。

(二)外商直接投资(FDI)促进东道国经济增长

FDI 能够促进东道国经济增长,主流经济学围绕这个论题的逻辑推论主要有两个视角:一个是将 FDI 视为单纯的生产要素,认为 FDI 的流入无疑会改变一国或地区的要素禀赋结构和要素存量水平,确切地说,会提高资本存量水平和提高资本/劳动比率,从而引起经济增长;另一个是强调 FDI 的知识溢出效应,认为 FDI 不仅仅是单纯的生产要素,而且 FDI 的流动还会带动从技术到管理等宽泛的技术知识的一揽子生产要素的流动,从而改变 FDI 流入国和地区的要素存量水平,而这些高端生产要素的流入会带来显著的溢出效应,从而促进经济增长。学术界大部分观点认

---

① 陈继勇、梁柱:《贸易开放与经济增长的内生性研究新进展》,《经济评论》2011 年第6 期。

为,外商直接投资是通过引进国外先进生产技术,基于学习效应外溢到国内产业,从而对东道国利用外资实现制造业全要素生产率提高仍可能存在影响。但由于这种作用受到样本个体差异的影响,仅对于学习效应良好的国家和产业有显著作用,因此,通过全要素生产率提高而作用于经济增长,也是其重要的作用机制之一。除了这两个主流经济学逻辑外,新制度经济学也提供了一些新的分析视角,比如新制度经济学将 FDI 及与之俱来的外资企业视为一种改进的制度安排,可以视为经济增长的制度因素。

(三)对外直接投资(OFDI)促进母国经济增长

关于 OFDI 与母国经济增长的关系,尤其是对于发展中国家而言,已有的观点主要梳理了如下几个方面的作用机制和渠道。一是技术学习效应。坎特威尔和托伦惕诺的技术创新产业升级理论是从对外直接投资的动态角度说明了发展中国家对外直接投资技术进步的原理。发展中国家可以通过国内有较强实力的产业对发达国家进行逆向投资,设立研发中心、开办科技型企业以及收购或兼并当地科技型企业,获取最新的技术和管理经验形成自己的核心竞争力。发达国家跨国公司在华直接投资的外溢效应并不显著,研发中心规模小、层次低,并不进行基础研究和应用研究,而是只进行试验开发研究,与本土的研究机构也极少有前后关联。二是资源获取机制。随着一国经济的持续高速成长,许多重要自然资源的短缺现象日趋严重,供求缺口不断扩大,尤其是石油、天然气等关系国计民生的战略资源,进口依存度迅速增大(关于这一点可参见第十一章第三节针对企业"走出去"获取战略性资源的作用机制的分析)。相关实证研究结果表明,OFDI 通过"R&D 费用分摊机制""研发成果反馈机制""逆向技术转移机制"和"外围研发剥离机制"等机理①可以给母国带来技术进步效应、技术外溢效应以及产业升级效应等多重效应,进而可以促进母国经济增长。

---

① 赵伟、古广东、何元庆:《外向 FDI 与中国技术进步:机理分析与尝试性实证》,《管理世界》2006 年第 7 期。

（四）对外开放促进工业化进程

不管是老牌工业化国家还是新兴工业化国家,一般而言,工业化发展进程都与对外开放密切联系在一起。第二次世界大战结束后初期,虽然有很多发展中国家的经济学者普遍认为,由于发展中国家处于工业化初期阶段,即工业产业属于"幼稚产业",如果在开放条件下与发达国家的成熟工业相竞争,会面临夭折的风险和挑战。因此大多数发展中国家经济学者建议实施贸易保护和进口替代战略,通过保护本国的"幼稚工业"以及"边干边学"来推动发展中国家的工业化进程。然而实践证明这一战略并没有起到应有的作用,反而阻碍了工业化的发展,比如所谓的"拉美病"就是这一失败战略的典型案例。20世纪90年代末以后,经济学家开始注意到对外开放对促进发展中国家经济发展的重要作用。他们认为,经济发展不仅伴随着"边干边学"的过程,同时也伴随着"学习效应"。这种学习效应不仅来自国内以往生产产品经验的积累,而且也可以来自于从国外进口的工业品。

产业经济学的经典理论认为,对外开放能够促进本国或本地区工业化进程,必须基于以下两个前提:(1)国内日用品的产值大于工业品的产值;(2)进口品的学习效应系数应大于国内生产产品的学习效应系数。当然,对于发展中国家而言,过早地全面实行对外开放也不利于工业化进程,因为那样将导致发展中国家集中于初级产品的出口。历史事实表明,只有当工业部门达到一定的成熟水平之后,政府才应逐步加快对外开放。历史上那些在殖民阶段就被迫实行对外开放的国家,其工业化进程都受到阻碍;而当这些国家开始实行自治政策以后,工业化进程才开始起步。既有的历史经验表明,近几十年实行对外开放的国家中,只有东亚和东南亚部分国家和地区由于政府实行了较为有效的开放战略,推动了这些国家和地区走上了快速的工业化发展道路。而在那些过早实行对外开放的大部分拉美和非洲国家,其工业部门并没有得到长足的发展,一些国家的工业化甚至出现了倒退。[①]

---

① 马颖、余官胜:《对外开放与经济发展关系研究新进展》,《经济学动态》2010年第4期。

（五）对外开放加快国际技术转移

技术转移概念是 1964 年在第一届联合国贸易发展会议上首次提出的。该会议把国家之间的技术输入与输出统称为技术转移。通过技术引进,有利于缩短技术开发周期、节约技术开发资金、降低使用新技术的风险、增强本国经济和技术的竞争力,加速本国或本地区的现代化进程。具体来说,技术的国际转移对技术引进国家或地区有以下积极作用:(1)促进东道国企业的技术竞争。跨国公司作为技术创新的推动者和拥有者,当本土企业面临跨国公司的技术竞争时,原先处于国内领先地位的企业为了保持市场竞争力,就会加速技术开发的速度。(2)推动东道国相关企业技术进步。跨国公司通过对上下游的当地企业提供产品演示培训以及使用方面的指导与帮助,使本土企业提高产品质量和生产效率,从而对提高本土企业的技术水平产生积极影响。(3)促进东道国人才的培养。人力资源"本土化"战略是跨国公司的一个重要战略。从跨国公司对雇员的培训来看,在跨国公司雇员中存在着人力资本技能的积累。通过学习跨国公司的先进技术和先进的知识管理、创新管理方法,可以大大缩短东道国与母国在管理水平上的差距。

由于大多数新技术来自发达国家,因此借助对外开放来吸纳新技术是发展中国家赶超发达国家的一条快捷途径。一般认为,对外开放条件下国际技术转移的机制主要有直接和间接两大类:(1)直接学习国外先进技术主要通过与国外技术交流或者向国外购买技术来实现。实现直接技术转移的主要渠道是外商直接投资。(2)采用国外已经发明的专门化投入品或者高级的中间投入品。这是间接获得国外先进技术的重要方式。而实现间接技术转移的主要渠道是国际贸易。

二、开放战略选择与全面建成小康的路径差异

从各国发展开放型经济的实践来看,大致可以采取以下三种开放模式,以带动经济发展,奠定全面建成小康社会的经济基础:(1)进口替代型贸易发展模式;(2)出口导向型贸易发展模式;(3)双向开放的开放型经济发展模式。

"进口替代"实质上是一种回归封闭;而单纯"出口导向"局限性,必然引起新的不均衡即"贫困化增长"。只有全面实施双向循环的开放型经济发展战略才有可能实现均衡的双向开放。我们的分析试图证明三种不同的开放模式将引致全面小康社会建设的路径差异。

(一)进口替代的贸易战略

所谓进口替代战略,是指以国内生产的产品来替代进口产品,其实质是属于一种保护贸易政策。[①] 进口替代战略是 20 世纪五六十年代由两位来自发展中国家的经济学家普雷维什和辛格提出来的,之后亚非拉许多发展中国家都在不同程度上实行了进口替代战略。进口替代战略的基本考虑是为了减少进口和依赖、节约外汇、平衡国际收支、保护幼稚工业;其目标是为了改变发展中国家和发达国家之间的不平等竞争关系,改善贸易条件,改变二元经济结构,建立初步的工业经济体系,进而实现工业化。60 年代以来,绝大多数发展中国家都不同程度地把经济发展与工业化等同起来,将进口替代作为占据主导地位的发展战略。这是因为,主张进口替代战略的经济学家认为,在国际市场上,少数发达国家依靠自身的优势在国际分工体系中占据主导地位,享受国际分工带来的绝大部分好处,而广大发展中国家只能依靠出口农产品和矿产品等低附加值产品进行国际贸易,从而在国际贸易中处于劣势地位。随着发展中国家生产的农、矿初级产品价格不断下跌而发达国家生产的消费品价格不断上升,不平等贸易关系日益突出。因此,发展中国家为了打破这一局面,必须努力发展一些原来依靠进口的货物的生产以替代进口品,以实现本国民族工业的发展。

一般而言,进口替代经过两个阶段:

第一个阶段是发展加工业、一般消费品工业为主的发展阶段,目标是建立初步的工业体系。在这一阶段,由于发展中国家缺乏必要的资本、机器设备、中间产品和技术等,需要从国外引进这些投入,加上缺乏熟练劳

---

① 高怀民:《进口替代战略和出口导向战略之比较》,《科技情报开发与经济》2006 年第14 期。

动力即管理经验,缺少规模效益,产品价格高于同类进口产品价格等原因,总体上难以和国外厂商竞争,因此往往采取进口替代战略。发展中国家为了扶持替代工业需要采取贸易保护措施。保护措施通常有如下几种:第一,实行保护关税,对国内生产必需的资本品、中间产品等投入的进口征收低税或者减税、免税,以降低进口替代品的生产成本。第二,实行进口配额、许可证制度等手段,限制非必需消费品,特别是奢侈品的进口。第三,实行本币升值,以减轻必需品进口造成的外汇压力。第四,对进口替代工业在资本、劳动力、技术、价格、收益等多方面给予优惠,使它们不被外国产品挤垮。通过这些保护措施扶持幼稚的进口替代工业逐步成长、成熟。按照这一发展模式,发展中国家会逐步建立和发展一批最终消费品工业,如食品、服装、家电制造业以及相关的纺织、皮革、木材工业等,以求用国内生产的消费品替代进口品。当国内生产的消费品能够替代进口商品并满足国内市场需求时就进入第二阶段。

第二个阶段是发展耐用消费品阶段、资本品和中间产品为主的进口替代阶段。这个阶段需要花费大量投资于机器制造、机床生产、炼钢、轧钢、石化等工业,在生产中尽量多地使用原料和其他投入,目标是建立全面的工业体系,以工业化带动整个经济发展。当代许多发展中国家已经建立起完整的工业体系,中间产品、零部件的替代成为主要目标。通过这种替代可以带动国内相关产业发展,如机器制造、石油加工、钢铁工业等资本密集型工业。

如果运用得当,进口替代贸易战略可以对发展中国家的工业化进程和经济发展起到积极的推动作用:第一,进口替代对扶植、培育发展中国家的幼稚产业和新型产业的成长是必要的。对于有些产业,发展中国家具有潜在的比较优势,经过适当保护就有可能变为现实比较优势。在国际市场竞争空前激烈的情况下,贸易保护措施对于发展中国家幼稚产业的成长更加重要。第二,进口替代是一国工业品走向国际市场的第一步。在初级产品出口阶段,发展中国家用大量初级产品交换发达国家的工业制成品,就证明工业化的国内市场已经存在。对某些产品征收高额关税,需求仍然旺盛,说明有较大的潜在需求。这就给进口替代工业提供了国内市场基础,于是本国工业生产就有可能在贸易保护政策下发展起来。先是进口,然后是进口替代,发展到一定阶段,如果政策得当,就可能出口。这就是20世纪六七十年代日本经历过的产业发展道路。第三,进口替代工业的发展,还有利于促进培养本国的管理技术人员,带动教育、文化事业的发展,获得工业化带来的动态利益。第四,进口替代的贸易保护政策,可能促使发达国家增加对发展中国家的直接投资,以绕过发展中国家的贸易壁垒。外资的流入对经济发展无疑有积极作用。此外,由国内生产来替代进口,也可明显减少外汇开支,减轻国际收支压力。

(二)出口导向的贸易战略

所谓出口导向战略也称为出口替代战略,是指通过扩大出口来带动本国的工业化和经济的持续增长。对原来主要出口初级产品的发展中国家或者地区来说,就称作出口替代,即用加工的初级产品、半制成品和制成品来代替传统的初级产品出口,并以此来推动本国的工业化。这种工业化战略一般与出口鼓励政策相结合。出口导向的贸易政策比起进口替代政策,保护的范围要小一些,保护措施也相对宽松,但是也不是没有保护的"自由贸易"政策。出口导向政策并不是一味放宽或者废除进口替代工业化政策所采取的诸如关税、数量限制等限制措施,而是把放宽这些限制于出口鼓励政策结合起来,通过扩大出口来带动经济发展。比起进口替代,出口导向政策的开放度要大一些。严格说来,出口导向型经济才是外向型经济,而进口替代只是走外向型经济的一个阶段。

出口导向战略一般也经历两个阶段:

第一个阶段,以劳动密集型工业制成品替代初级产品出口,主要发展加工工业,以生产一般消费品为主,如食品、服装、家用电器、玩具等。这些产品的生产方法比较简单,技术较易掌握,投入要素较易获得,而且国际市场需求较大,需求弹性也不小,进入门槛低。随着劳动密集型工业生产规模的扩大和国际市场环境的变化,出口导向就进入了第二个阶段。

第二个阶段,当第一阶段出口商品发展到一定程度、已积累一定的资本和技术要素,加之其中某些产品的市场容量已渐趋饱和或生产与贸易条件已经变得不利时,就转向以机器设备、机床、电子仪器等资本、技术密集型工业制成品生产为主的出口工业。

出口导向的工业化战略和贸易政策具有如下优点:第一,由于面向国际市场生产,刺激了整个工业经济效率的提高。为了打进国际市场,企业就必须按照市场需要提供高质量、低成本的产品,这无疑会给本国企业带来竞争的压力和提高效率的刺激。同时,由于相对放松了进口限制,使面向国内市场的本国企业也面临日益增大的国际竞争压力。这种开放带来的竞争刺激是出口导向型经济的最大优点。第二,出口导向型经济由于开放度高,参加到世界经济的循环中去,竞争激烈,风险大,但信息灵通、反馈快,容易抓住发展机遇。随着全球产业结构的不断调整,各国都在寻找最能发挥本国优势的国际分工参与形式。发展中国家劳动力相对便宜、资源相对丰富等比较优势再加上优惠政策,就可能利用发达国家产业结构调整的机会,引进外资,生产产品生命周期处于成熟期的工业产品,打入国际市场,增加外汇收入,由此带动本国的工业化。第三,出口导向的工业化能够克服发展中国家市场狭小的限制,获得规模经济效益,这一点对于那些发展中小国来说尤为重要。第四,在第一阶段,出口替代部分较多地集中在劳动密集型产业,且有比较广阔的市场,因此能够吸引较多的劳动力,缓解发展中国家的就业压力。而且由于出口的增加带来外汇状况的改善,使发展中国家的进口能力增强。根据刘易斯的经济发展理论,就可以使实际工资水平保持在较低水平上,从而有利于工业部门利润增长和积累的增加,提高工业部门对劳动力的吸收能力。

(三)双向循环的开放型经济发展战略

无论是进口替代还是出口导向,其实都只是开放发展的部分内容,还不是完整意义上的开放型经济。开放型经济系统应该是一个可逆的双向循环系统,既有"引进来",又有"走出去"。关于引进来对经济发展的影响,前文已有述及,此处需要进一步补充说明的是,开放条件下"走出去"对经济发展同样重要。

"走出去"是一个国家或地区利用国际资源和市场的能力以及经济国际化水平的集中体现;是直接利用海外资源、转移过剩产能、缓解贸易摩擦,实现与东道国平等合作、互利共赢的有效途径;是一国应对国内外环境变化、拓展发展空间、优化资源配置的必由之路。尤其是在当前全球要素分工体系下,全球实体经济的产能和要素重组正在加快进行,新技术变革、新产业兴起与传统产业的改造并存,加快企业"走出去"步伐,可以以更多的方式获取国际优质要素和技术,根据产业层次、技术层次、人才层次多样化的特点,进一步发挥"走出去"在一国产业结构调整和升级中的积极作用,促进开放型经济发展方式转型,实现开放型经济更好更快地发展。

需要进一步指出的是,上述任何一种开放战略的选择,其在全面建成小康社会中促进经济发展的效应,不仅取决于一国社会经济发展的阶段,而且与全球分工形态的演进也密切相关。即开放战略的经济发展绩效不仅受到一国经济发展水平、经济发展规模等国内因素影响,还会受到全球分工的性质影响。就前者而论是不言而喻的,至于后者,在本书第四章第二节中已进行较为详尽的阐述,即相比传统国际分工模式,开放发展在要素分工条件下对经济发展的促进作用将会更为明显,从而对全面建设小康社会的作用和意义更大。

第三节　要素分工、长三角开放发展与全面小康建设基本经验

从长三角开放发展历程来看,1990 年开始的浦东开发开放是长三角地区历史上的一个重要转折点。浦东的开发,给浦东、上海带来了新的发展机遇,浦东的开放,给浦东、上海带来了新的发展空间,上海地区的蓬勃发展也给其近邻江苏省和浙江省带来了新的发展机遇,三地的合作日益紧密,日益形成以上海为龙头,以苏浙为两翼的城市群发展态势,成为中国经济最具活力的地区,被公认为是全球第六大都市群。目前,长三角地区是我国人口最稠密、经济最发达、人民生活最富裕的经济区域。总之,以浦东开发开放为起点的长三角开放型经济发展战略,取得了巨大的成功,在一定程度上可以说是取得了"奇迹"。而"奇迹"的取得,也

正是在全球要素分工演进背景下,长三角实施开放发展战略抓住机遇的结果。

一、要素分工与长三角开放发展的基本路径

全球要素分工与传统国际分工相比,除了包括传统意义上的对外贸易外,更具备两个较为突出的特点:一是要素跨国流动性不断增强,尤其是以 FDI 为载体的一揽子生产要素的跨国流动,带动了产业和产品生产环节的国际梯度转移;二是产品的国际生产分割,即产品生产环节和阶段的全球配置。上述两个特点为发展中国家和地区融入全球分工带来了重要战略机遇,而长三角的开放发展战略正是抓住了这一宝贵机遇,通过承接国际产业转移、专业化产品价值链链条的专业化生产等基本路径,实现了开放型经济发展的巨大成功。

(一)承接产业转移实现先进制造业发展

国际产业资本转移的最直接方式是制造业的国际间转移,是指发达工业国家或地区将某些制造业、产品或部件、生产加工环节转移到不发达国家和地区。在制造业国际转移过程中一般要经过三个阶段,第一阶段是在发展中国家和地区设立加工基地,输出装配技术设备和中间产品,在发展中国家和地区开始发展加工装配业。第二阶段是随着发达国家资本、技术、管理等优势要素与发展中国家低成本要素的结合,发展中国家由加工装配过渡到最终产品生产和出口,发达国家对发展中国家的最终产品出口减少。第三阶段是随着发展中国家和地区生产技术提高,中间产品生产配套能力加强,零部件和原材料当地采购率增加,发达国家减少对发展中国家的零部件和中间产品出口,直到中间产品大部分在当地采购,最终实现发展中国家向发达国家反出口最终产品①。

伴随制造业国际转移三个阶段,其转移的内容也不断发生变化,首先是发达国家或地区将自己不具有竞争和比较优势的产业向发展中国家转移。如由于发达国家劳动力成本的提高,劳动密集型产业失去比较优势,

---

① 杜晓君:《制造业的国际转移规律和趋势》,《经济理论与经济管理》2003 年第 6 期。

所以首先是将劳动密集型产业、产品、零部件生产或产品的生产过程向发展中国家转移,以利用发展中国家的劳动力和资源优势。轻纺、食品加工、电子产品装配业等都是首先被转移的对象。对于发展中国家来说为了适应和迎接制造业的国际转移便建立了"出口加工区"和实行"三来一补"的加工贸易发展模式,仅获得加工费用收益,但发展中国家产品生产和出口结构却由资源密集的初级产品提高到以劳动密集型产品为主的工业制成品。随后,由于发达国家对本国生存和发展环境质量要求的提高,和为国内更具竞争优势的产业留出发展空间,便将耗费资源、污染严重的一些资源密和资本密集型重工业转移出去。而此时发展中国家经过一段时间以加工贸易为主的参与国际经济分工,积累了一定的生产、管理技术和国内工业配套生产能力,客观上要求对国内工业结构进行调整和升级,同时也具备了迎接发达国家更高级制造业转移的物质条件,所以当然地,发展中国家便成为发达国家资源、资本密集型重工业转移的目的地。

(二)承接生产环节国际梯度转移实现先进制造业发展

上述讨论的是整个产业或产品国际转移的情形,但在国际经济分工不断细化的新形势下,产品生产加工过程逐步从整个产品制造的研发设计、生产加工和销售服务系统独立分化出来,可以游离于整个系统之外,独立地转移到具有生产加工条件的国家和地区,但生产加工仍受上游的设计研发和下游营销控制,出现了制造业生产过程国际间转移的新情况。对于发达国家来说,其在产品的研发、设计、生产和销售等环节中,生产环节最没有比较优势,所以随着发达国家将资本和技术投入到其更具备竞争优势的产品的研究、设计和营销过程,便将生产过程全部或部分转移到发展中国家,实现发达国家与发展中国家在产品生产不同过程的分工。与产业间分工一样,产品生产环节的分工转移也是以比较优势原则为基础的。中国改革开放三十多年的加工贸易实践和亚洲、拉丁美洲等新兴工业国家经济发展实践都是国际产业转移和国际经济分工由产业间分工向产品分工、要素分工和生产过程分工不断深化的具体体现。

伴随着国际产业转移阶段的变化,转移的产业结构也不断升级,对产业转移目标地的要求也不同,表现为在产业转移第一阶段以劳动力和资源密集型产品生产环节和阶段为主,目标国要具有资源和劳动力比较优势,在第二阶段,以转移资本和劳动密集型产品生产环节和阶段为主,要求目标国具有劳动力比较优势和市场优势,第三阶段以转移资本密集和技术标准化型产品生产环节和阶段为主,要求目标国具有劳动力比较优势和一定的技术水平。

无论是产业国际梯度转移,还是产品生产环节和阶段的国际梯度转移,实质都是国际产业资本的转移。受此驱动,世界制造业的生产加工能力也从发达国家向发展中国家和地区转移、扩散,最后在具有制造业生产加工优势的发展中国家和地区集聚,形成新一代世界制造业的生产加工中心,所以以跨国公司为载体的国际产业资本转移加快了发展中国家和地区工业制造业生产加工能力的提高和新一代世界制造中心的形成。这正是长三角以开放发展带动先进制造业发展的经验所在。

(三)在参与要素分工中提升自主创新能力

20 世纪 90 年代以来,随着贸易投资一体化的发展,跨国公司主导的国际分工形式发生了重大变化,国际分工从产业间分工发展到产业内分工和产品内分工。不仅在制造领域,而且在研发领域,跨国公司都实行了分工的全球化。国际分工的新变化使发展中经济体自主创新战略的实施面临着新的环境和机遇。

20 世纪 90 年代以前,国际分工格局主要以比较优势(包括规模经济、产品差别之类的动态比较优势)为基础、以产品为界限的产业间或产业内分工为主。20 世纪 90 年代以来,科学技术和生产全球化的发展使得商品与生产要素国际间流动的技术与制度障碍不断减少,从而极大改变了国际贸易分工格局:一方面,科学技术的发展使得一个完整产品的生产过程不断细化为众多的生产环节,产品生产的迂回环节增多、过程延长,而国际间交易成本的降低使得迂回生产环节的全球部署成为可能;另一方面,生产全球化的发展使得国际竞争特别是跨国公司之间的竞争日趋激烈,为了在竞争中获胜,跨国公司纷纷实行了全球复合一体化战略,借助信息技术在全球范围内布置价值链中的各个环节,以充分利用各个国家和地区在各个环节上的要素优势,从而以要素为界限的产业内或产品内的环节、工序分工成为当今国际分工的重要形式。在要素分工格局下,跨国公司普遍采用垂直一体化方式,自身专注于核心的品牌运作、产品研发与销售服务环节,并从事部分关键零部件的生产,而把非核心的生产加工环节采用虚拟一体化的方式外包给其他生产厂商或实行全球采购(有的甚至只从事品牌运作)。

要素分工的发展表现为资本、技术等流动要素对劳动力、自然资源等非流动要素的追逐,这为发展中经济体利用自身比较优势集聚跨国公司先进的资本、技术等流动要素,重点发展与跨国公司配套的加工装配制造业、将自己建成先进的制造业基地提供了机遇。通过参与跨国公司全球产业分工、融入国际分工体系,发展中经济体可以将本土的制造技术与跨国公司的资本和先进技术相对接,在与跨国公司的竞争与合作中提升自己的自主创新能力,在所处配套环节从事"环节创新"或"配套创新",在提高配套产品的质量、满足跨国公司质量控制要求的同时,也可以从生产成本的降低中获取更高的收益。在要素分工格局下,一个国家或地区的国际分工地位主要决定于它在产业链条或工序所处地位及增值能力的强弱。通过环节创新、配套创新,发展中经济体可以不断提升自己所处的环节和价值增值能力,逐步摆脱"高端产业低端制造"的陷阱。这正是长三角以开放发展提升创新能力的关键所在。

二、要素分工下长三角开放发展的实际效益

在中国改革开放的宏观环境下,浦东开发开放战略的实施,促使上海、江苏和浙江在改革、开放、开发的过程中,充分发挥各自的比较优势,充分利用国内外两种资源、两个市场,日益形成具有特色的开放型经济发展战略,这种发展战略给长三角地区以及全国都带来了巨大的效益。

(一)经济持续增长,经济总量增加,对全国经济的贡献度日益提高

自从长三角地区实施开放型经济发展战略以来,长三角地区两省一

市都一直保持持续、稳定、高速的发展,发展速度基本高于同期全国的总体发展速度。从表12-1可以看出,在1997—2015年期间,从总体来看,大部分年份长三角地区经济增长率(名义GDP)都在10%以上,且表现为逐年升高的趋势,2004年增长率为历年最大,为20.4%。从两省一市的地区数据来看,两省一市大部分年份的增长率均在10%以上,并且在2008年全球金融危机爆发前,表现为逐年升高的态势。与全国名义GDP增长率相比,表12-1所示的样本期间内,长三角地区整体以及各地区的发展速度基本都要高于同期全国经济增长率。

表12-1　1997—2015年长三角与全国名义GDP增长率

(单位:%)

	上海市	江苏省	浙江省	长三角	全国	差额
1997	16.27	11.26	11.88	12.58	11.00	1.58
1998	10.54	7.78	7.82	8.43	6.88	1.56
1999	10.20	6.91	7.74	7.95	6.30	1.65
2000	13.90	11.12	12.81	12.32	10.73	1.59
2001	9.20	10.56	12.33	10.79	10.55	0.23
2002	10.19	12.16	16.02	12.92	9.79	3.13
2003	16.60	17.31	21.26	18.44	12.90	5.54
2004	20.59	20.58	20.03	20.40	17.77	2.63
2005	14.55	23.96	15.19	18.83	15.74	3.09
2006	14.32	16.90	17.15	16.40	16.12	0.28
2007	18.18	19.67	19.31	19.22	13.15	6.07
2008	12.61	19.08	14.44	16.15	16.24	−0.09
2009	6.94	11.22	7.12	8.99	9.25	−0.26
2010	14.09	20.22	20.58	19.06	18.32	0.74
2011	11.82	18.55	16.58	16.58	16.38	0.20
2012	5.14	10.08	7.26	8.23	9.12	−0.89
2013	8.11	10.54	8.92	9.57	9.15	0.42
2014	8.02	8.93	6.40	7.96	7.76	0.20
2015	6.60	7.72	6.75	7.22	7.00	0.22

资料来源:根据历年《中国统计年鉴》统计数据整理而得。

高速发展的结果就是长三角地区的国内生产总值日益增加。从表12-2可以看出,在1996—2015年期间,长三角地区整体的GDP以及两省一市的GDP都在成倍地增加:(1)长三角整体的GDP。1996年长三角整体的GDP为13150亿元,2003年增加到28842亿元,2005年增加到首次突破30000亿元,达到33963亿元,2007年达到57266亿元;2011年首次突破10万亿元大关,达到了100624亿元。在1996—2015年期间增加了大概10.5倍。(2)由于长三角经济的高速增长,整个地区GDP在全国GDP中的占比也是一路攀升,其中在全球金融危机爆发前的2007年达到了23.06%的峰值。由于长三角地区是我国开放型经济较为发达地区,因此全球金融危机的爆发对该地区带来了显著冲击,在经济增长方面表现为自2008年开始整个地区的GDP占全国GDP比重有所下降。这一变化也进一步说明了开放发展对长三角地区经济增长的影响。

表12-2 1996—2015年长三角GDP及其全国占比

(单位:万亿元;%)

	上海市	江苏省	浙江省	长三角	全国	长三角占比
1996	2957.55	6004.21	4188.53	13150.29	71813.60	18.31
1997	3438.79	6680.34	4686.11	14805.24	79715.00	18.57
1998	3801.09	7199.95	5052.62	16053.66	85195.50	18.84
1999	4188.73	7697.82	5443.92	17330.47	90564.40	19.14
2000	4771.17	8553.69	6141.03	19465.89	100280.10	19.41
2001	5210.12	9456.84	6898.34	21565.3	110863.10	19.45
2002	5741.03	10606.85	8003.67	24351.55	121717.40	20.01
2003	6694.23	12442.87	9705.02	28842.12	137422.00	20.99
2004	8072.83	15003.6	11648.7	34725.13	161840.20	21.46
2005	9247.66	18598.69	13417.68	41264.03	187318.90	22.03
2006	10572.24	21742.05	15718.47	48032.76	217514.71	22.08
2007	12494.01	26018.48	18753.73	57266.22	248294.66	23.06
2008	14069.86	30981.98	21462.69	66514.53	314118.03	21.18
2009	15046.45	34457.3	22990.35	72494.1	349081.40	20.77
2010	17165.98	41425.48	27722.31	86313.77	413030.30	20.90

	上海市	江苏省	浙江省	长三角	全国	长三角占比
2011	19195.69	49110.27	32318.85	100624.81	480684.66	20.93
2012	20181.72	54058.22	34665.33	108905.27	533924.81	20.40
2013	21818.15	59753.37	37756.58	119328.1	589811.02	20.23
2014	23567.7	65088.32	40173.03	128829.05	641435.37	20.08
2015	25123.45	70116.38	42886.49	138126.32	689052.10	20.05

资料来源:根据历年《中国统计年鉴》统计数据整理而得。

目前,长三角地区在全国经济中具有举足轻重的地位。表12-2的数据表明:从总量来看,继2001年突破20000亿元后,2004年长三角地区生产总值再迈上新的台阶,突破30000亿元大关,达到34725亿元。(2)从占全国的份额来看,所占份额日益增加,1996年所占份额为18.31%,2002年增加到20.01%,2007年进一步增加到23.06%。也就是说,占全国土地1.1%、全国人口6.3%的长三角地区创造了全国超过五分之一的经济总量。这正是开放发展"奇迹"的典型表现。关于这一点,我们可以进一步从利用外资等"开放型"指标加以观察说明。

(二)利用外资的数量不断增加、质量日益提升

自从实施开放型经济发展战略以来,长三角地区在不放弃自主发展的同时,大力吸引外资,特别是自从21世纪以来,上海和江苏加大了利用外资的力度,浙江也开始重视并加快利用外资的步伐。到目前为止,长三角地区利用外资的数量不断地增加,利用外资的质量日益提升,最终使地区的技术水平和竞争力都大大地提升。具体分析如下:

利用外资的数量不断增加。在2000—2015年期间,表12-3的数据显示:从整体来看,2000年长三角地区实际利用外资111.96亿美元,2003年突破200亿美元达到212.52亿美元;2007年突破400亿美元达到了401.78亿美元;2012年突破600亿美元达到了640.14亿美元,2015年累计利用外商直接投资额为6525.66亿美元。其中江苏省利用外商直接投资额规模最大、增幅最快。从长三角利用外商直接投资占全国利用外商直接投资的比重来看,2002年为25.65%,之后一路上升,其中2003年至

2007 年的占比分别为 39.72%、41.83%、46.01%、53.04%、53.74%，即 2006 年和 2007 年流入长三角地区的外商直接投资超过了全国一半。由此可见长三角地区参与全球要素分工确实走在了全国前列。

表 12-3 2000—2015 年长三角实际利用外商直接投资额

(单位:亿美元)

	江苏	累计	浙江	累计	上海	累计	长三角	累计
2000	64.24	—	16.13	—	31.60	—	111.96	—
2001	87.36	173.92	22.12	51.36	43.21	95.18	152.69	320.46
2002	103.66	277.58	31.60	82.96	50.30	145.48	135.26	506.02
2003	158.02	435.60	54.49	137.45	58.50	203.98	212.52	777.04
2004	121.38	556.98	66.81	204.27	65.41	269.39	253.60	1030.64
2005	131.83	688.82	77.23	281.49	68.50	337.89	277.56	1308.20
2006	174.31	863.13	88.89	370.39	71.07	408.96	334.28	1642.48
2007	218.92	1082.05	103.66	474.04	79.20	488.16	401.78	2044.25
2008	251.20	1333.25	100.73	574.77	100.84	589.00	452.77	2497.02
2009	253.23	1586.48	99.40	674.17	105.38	694.38	458.01	2955.03
2010	284.98	1871.46	110.02	784.19	111.21	805.59	506.21	3461.24
2011	321.32	2192.77	116.66	900.85	126.01	931.60	563.99	4025.22
2012	357.60	2550.37	130.69	1031.54	151.85	1083.45	640.14	4665.36
2013	332.59	2882.96	141.59	1173.13	167.80	1251.25	641.98	5307.34
2014	281.74	3164.70	157.97	1331.10	181.66	1432.91	621.37	5928.72
2015	242.75	3407.45	169.60	1500.71	184.59	1617.50	596.94	6525.66

资料来源:两省一市历年统计年鉴和国家统计局。

在利用外资规模日益增长的同时,外资利用质量也在日益提升。长三角地区利用外资质量的提升,表现在:(1)在长三角地区投资的跨国公司总部以及研发中心越来越多。《中国总部经济发展报告》日前披露,世界 500 强企业中已有 400 多家在长三角落户,长三角已成为中国跨国公司最集中的地区。长三角地区还初步形成了"一个中心上海—两个副中心南京、杭州"的总部经济发展模式。(2)跨国公司投资的效益越来越好。这突出表现在利用外商直接投资的项目额越来越大。以上海为例，2011 年上海利用外商直接投资额为 126.01 亿美元，合同项目数为 4329 个，项目平均投资额为 291 万美元；而 2013 年上海利用外商直接投资额为 167.8 亿美元，合同项目数为 3842 个，项目平均投资额为 436 万美元。规模效应日益显著。

毫无疑问，外资利用规模的增加，极大地促进了长三角地区的经济发展，无论是对资本形成、技术进步和管理效率，还是对产业竞争力的提高，都起到了积极的作用。外资质量不断提高，外商在长三角地区的投资越来越多地投向了技术密集度高的高新技术产业，极大地促进了长三角地区高新产业的发展，提高了当地的技术水平。目前，外资在电子信息、光机电一体化、生物医药高新技术产业的投资力度明显加大，已使长三角地区成为先进制造业的重要生产基地之一。长三角地区占全国经济的比重迅速提高，对全国经济增长的贡献迅速增大，国际制造业基地的地位日益凸现，区域竞争力日益提高，在国内和国际都日益受到关注。开放发展在全面建设小康中发挥了重要作用。

（三）对外贸易一直保持高速发展，进出口商品结构不断优化

长三角地区对外贸易一直保持高速发展态势。从表 12-4 的数据来看，在 1996—2015 年期间，长三角两省一市的贸易额都表现为增加的态势。其中，在进出口总额方面，1996 年江苏、上海和浙江的进出口总额分别为 206.98 亿、271.39 亿和 125.29 亿美元，到了 2015 年，江苏的进出口总额达到了 5455.60 亿美元，上海的进出口总额为 4492.41 亿美元，浙江的进出口总额为 3467.84 亿美元，江苏省增加的绝对金额最大。1996 年至 2015 年三者进出口总额增长分别约为 26.35、16.55 以及 27.68 倍。在出口总额方面，同样是江苏省增加的绝对金额最大，1996 年的出口总额为 115.99 亿美元，2015 年达到了 3386.45 亿美元，增加了 3270.46 亿美元，增长了 29.20 倍；1996 年上海的出口总额为 130.29 亿美元，2015 年达到了 1959.13 亿美元，增长了 15.04 倍；1996 年浙江的出口总额为 80.39 亿美元，2015 年达到了 2763.32 亿美元，增长了 34.37 倍。

表 12-4　1996—2015 年长三角地区进出口额　（单位：亿美元）

	进出口			出口			进口		
	上海市	江苏省	浙江省	上海市	江苏省	浙江省	上海市	江苏省	浙江省
1996	271.39	206.98	125.29	130.29	115.99	80.39	141.10	90.99	44.89
1997	298.00	236.29	142.42	150.69	140.96	100.85	147.31	95.33	41.57
1998	313.76	263.42	148.51	159.47	156.20	108.63	154.29	107.22	39.88
1999	386.18	312.57	183.06	188.00	183.06	128.71	198.19	129.52	54.34
2000	547.08	456.36	278.33	253.52	257.67	194.43	293.56	198.70	83.90
2001	608.93	513.51	327.99	276.24	288.74	229.76	332.69	224.77	98.22
2002	726.27	702.89	419.56	320.37	384.65	294.11	405.90	318.23	125.45
2003	1123.40	1136.17	614.11	484.53	591.13	415.95	638.87	545.04	198.16
2004	1600.10	1708.49	852.05	735.05	874.94	581.39	865.05	833.55	270.66
2005	1863.37	2279.23	1073.90	907.18	1229.67	768.02	956.19	1049.56	305.87
2006	2275.24	2839.78	1391.42	1135.89	1604.10	1008.91	1139.35	1235.69	382.51
2007	2828.54	3494.72	1768.47	1438.46	2036.10	1282.64	1390.08	1458.62	485.83
2008	3220.55	3922.72	2111.34	1691.45	2380.29	1542.96	1529.10	1542.43	568.38
2009	2777.14	3387.40	1877.31	1417.96	1991.99	1330.13	1359.18	1395.41	547.18
2010	3689.51	4657.99	2535.35	1807.14	2705.39	1804.65	1882.37	1952.60	730.70
2011	4375.49	5395.81	3093.78	2096.74	3125.90	2163.49	2278.75	2269.91	930.28
2012	4365.87	5479.61	3124.01	2067.30	3285.24	2245.17	2298.57	2194.38	878.84
2013	4412.68	5508.02	3357.89	2041.80	3288.02	2487.46	2370.88	2220.01	870.42
2014	4664.00	5635.53	3550.40	2101.34	3418.33	2733.27	2562.66	2217.21	817.13
2015	4492.41	5455.60	3467.84	1959.13	3386.45	2763.32	2533.28	2069.16	704.52

资料来源：两省一市历年统计年鉴和国家统计局。

长三角地区对外贸易一直保持高速发展态势,使其在全国对外贸易中的地位不断提升。从图 12-1 所显示的变化趋势来看,长三角地区进出口总额占全国进出口总额的比重,自 1996—2008 年全球金融危机爆发的这段期间,一直处于不断提高的发展态势。比如,1996 年长三角地区进出口总额占全国进出口总额的比重就已经达到了 20.82%,也就是占全国土地 1.1%、全国人口 6.3% 的长三角地区,在 1996 年就创造了全国超过五分之一的对外贸易总量。之后,这一比重一路攀升,2007 年达到了

37.18%,创造了全国超过三分之一的对外贸易总量。由此可见,长三角地区的进出口贸易在全国确实具有十分重要的地位,从对外贸易方面看,也是走在了中国对外开放的前列。当然,对外贸易实质上是融入全球要素分工体系的结果。从这一点看,长三角对外贸易的迅猛发展,其实就是抓住了全球要素分工的机遇而实现了巨大发展。

(单位:亿美元)

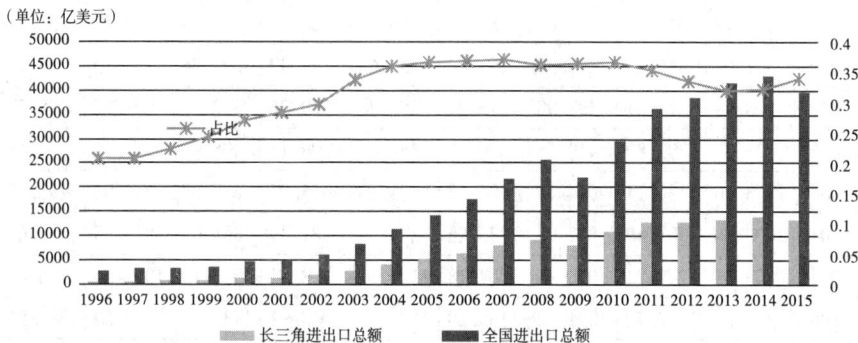

图12-1　1996—2015年长三角进出口总额与全国进出口总额及占比

其实,在对外贸易规模日益增加的同时,长三角地区的对外贸易商品结构也在不断地优化。这里仅以江苏省为例,进行具体分析。最新统计数据表明,受外需和内在转型升级需求影响,2016年江苏省前三个季度部分高新技术产品进出口增长较快:生命科学技术、计算机集成制造技术、材料技术、航空航天技术产品出口290.1亿元、130.5亿元、99.4亿元、53.5亿元,同比增长7.5%、10.3%、2.3%和22.9%。生命科学技术、计算机与通信技术、航空航天技术产品进口165.7亿元、595.4亿元、39.4亿元,同比增长19%、6.4%和15.3%。在全国和全省外贸增长乏力的背景下,高新技术产品进出口增长较快的事实,说明了出口商品结构的优化升级。

融入全球要素分工体系,不论是从对外贸易的快速发展看,还是利用外商直接投资的规模和增速角度看,长三角地区实施的开放发展战略的确走在了全国前列,引领着全国开放型经济发展,由此也实现了长三角地区经济的快速发展,奠定了实现全面小康社会建设的经济基础。其实,无论是对外贸易的快速增长,还是外资的大量利用,抑或是经济的快速发展,其成果均将惠及人民大众,突出表现为就业增加、工资水平提高、人民生活水平提高、政府财政收入增加等等一系列好的表现。对此不再一一分析。总而言之,长三角地区由于抓住了全球要素分工演进的战略机遇,通过实施开放发展战略,带动了经济社会的快速发展和巨大进步,在全球建设小康社会中作出了巨大贡献。

第四节　长三角高水平开放与全面小康建设:挑战、机遇及对策

开放型经济是长三角地区的特色和优势,也正是在开放型经济发展战略的带动下,长三角地区经历了多年高速经济增长,奠定了全面建成小康的经济基础和条件。但总体而言,长三角地区前一轮开放主要侧重于制造业领域,虽然制造业获得了长足发展,也具备了一定的国际竞争优势,但从全球要素分工的现实格局看,长三角地区仍然处于全球产业链的中低端。本轮全球金融危机后,面临国内国际环境的深刻变化,长三角地区开放型经济正面临极其严峻的挑战,近年来长三角地区开放型经济发展表现出的"乏力"现象就是明证。因此,站在新起点上的长三角地区开放型经济,面临攀升全球产业链、提升国际分工地位的迫切需求。从全球要素分工演进的新趋势看,同时也为长三角地区提升区域对外开放的层次和水平,推动经济结构的升级和转型,带来了新的战略机遇。为此,长三角应适时调整发展战略,迎接挑战,抓住机遇,在提高开放发展水平和推动经济结构转型升级中继续走在全国前列,从而在全国经济发展中发挥更大的带动作用,实现长三角地区由全面小康到基本现代化的宏伟目标。

一、长三角开放发展面临的问题和挑战

长期以来,外商直接投资的大量利用、劳动密集型产品的大量出口是支撑长三角开放型经济发展的主要动力。长三角开放型经济发展模式具有外向型和粗放型的双重特点,其突出表征就是:生产高度依赖外商直接

投资企业,市场高度依赖出口,产业高度集中制造业,增长依靠大规模的劳动力和资本投入。在这一独特的经济增长模式下,长三角发展成为世界工厂的集聚地,长三角的国际竞争力也因此而提高。然而,伴随长三角资源禀赋条件、经济发展水平、国内政策和全球竞争环境的变化,以不断增加投入要素为特征的粗放型经济增长方式的固有缺陷和脆弱性日益显现,长三角面临着前所未有的资源短缺和环境恶化难题,产业结构不合理、创新能力不足、产品附加价值偏低、区域内缺乏有效的协调机制等因素阻碍长三角整体竞争力的提高。伴随国内国际环境的深刻变化,目前长三角开放发展面临的问题和挑战突出表现为如下几个方面。

第一,长三角制造业发展正面临着大而不强的困境和挑战。众所周知,我国仍处于工业化进程中,与先进国家相比还有较大差距,这突出表现在:制造业大而不强,自主创新能力弱,关键核心技术与高端装备对外依存度高,以企业为主体的制造业创新体系不完善;产品档次不高,缺乏世界知名品牌;资源能源利用效率低,环境污染问题较为突出;制造业行业结构不合理,高端装备制造业和生产性服务业发展滞后;信息化水平不高,与工业化融合深度不够;产业国际化程度不高,企业全球化经营能力不足等问题。这些"大而不强"的表现在面临下述国际、国内环境深刻变化条件下,亟待改变。

第二,全球金融危机后,攀升制造业"高地"正面临全球白热化竞争。当前,全球正处于金融危机后的经济深度调整期,作为应对危机实现经济复苏根本之道的技术创新和产业创新,各国在新兴产业领域展开竞争,力图抢占全球经济增长制高点并主导新一轮经济全球化,将会使得中国制造业攀升"高地"面临白热化竞争。因为国际经济发展的经验表明,每一次重大经济危机都孕育着一次新兴产业发展浪潮,本轮全球金融危机冲击之后,各国基本上都将技术密集型等新兴产业作为未来发展的重点领域,试图在新一轮经济全球化发展中占领"制高点"。新一轮产业革命和技术革命正在引发影响深远的产业变革,形成新的生产方式、产业形态、商业模式和经济增长点。各国都在加大科技创新力度,这对中国制造业发展而言既有机遇又有挑战。

　　第三，全球产业竞争格局正在发生重大调整，我国在新一轮发展中面临巨大挑战。国际金融危机发生后，发达国家纷纷实施"再工业化"战略，重塑制造业竞争新优势，加速推进新一轮全球贸易投资新格局。这一点不论是从美国实施的"先进制造业"发展战略，以推动制造业回流和升级来看，还是德国大力推进的"工业4.0"战略来看；不论是英国实施的"高价值制造"战略来看，还是法国实施的"新工业法国"战略来看，本质上都是科技革命和产业革命的竞赛，意在培育先进制造业重塑国际竞争新优势。当然，除了发达国家外，一些发展中国家也在加快谋划和布局，积极参与全球产业再分工，承接产业及资本转移，拓展国际市场空间。我国制造业面临发达国家和其他发展中国家"双向挤压"的严峻挑战。在此背景下，中国制造业发展必须放眼全球，加紧战略部署，着眼建设制造强国，固本培元，化挑战为机遇，抢占制造业新一轮竞争制高点。

　　第四，生产要素价格进入集中上升期，制造业发展面临挑战。统计数据分析发现，无论是从劳动力成本上升的角度看，还是从土地使用成本角度看，抑或是从资源、能源供给和生态环境制约角度看，要素成本进入集中上升期已经成为我国经济发展进入新常态后的基本态势。因此，传统的主要依靠资源要素投入、规模扩张的粗放发展模式难以为继，调整结构、转型升级、提质增效的制造业发展新模式刻不容缓。

　　第五，国际市场环境日趋复杂，对中国制造业依赖外部市场的传统发展模式和空间拓展构成重要约束。改革开放以来中国制造业的快速发展，从生产和需求两个角度看，主要就是"用足本国低端要素"和"大力依托外部市场"。然而，本轮全球金融危机后，国际市场环境日趋复杂，这不仅表现为国际贸易保护主义逐渐升温，以及中国制成品出口遭遇的外部贸易摩擦日益加剧，还包括国际市场竞争的日益白热化等等。因此，打造更具国际竞争力的中国制造业，提升中国制造业内在素质和水平，实现制造业转型升级是必由之路。

　　总之，面临国际国内环境的深刻变化，加快推进中国制造业转型升级，提升长三角地区开放型经济发展水平，是继续发挥长三角地区引领全国开放发展转型升级的当务之急。

二、全球要素分工演进新趋势与长三角开放发展新机遇

长三角地区开放发展固然面临着一系列问题与挑战,但当前全球要素分工呈现出新的趋势特征,这些新趋势特征同样为长三角进一步深度融入全球分工体系、提升开放型经济发展水平带来了巨大机遇。

当前全球要素分工演进呈现如下五个方面的趋势特征。

第一,全球价值链正由制造业价值链向创新链发展变化。20 世纪 80 年代中期以来,以产品价值增值环节和阶段国际梯度转移为主要特征的全球分工和生产体系的构建,主要发生在制造业领域,或者说是制造业价值链条在全球拓展和分布的过程。而当前全球分工演进的一个重要发展趋势就是技术创新越来越具有全球性特征,即一方面包括研发在内的技术创新出现国际梯度转移,另一方面技术创新的全球“协作性”越来越明显。这一深度拓展的实质,就是企业在全球范围内搜索可利用的知识资源、关注资源使用权并且具备高度开放性的价值网络创新模式。当然,出现这种变化的主要原因在于:一方面技术创新产品越来越复杂,从而成为单个企业的“不能承受之重”;另一方面通信和信息等技术突飞猛进为越来越多的企业突破地域和国家界限,从而为在全球范围内积极寻求资源“为我所用”提供了支持。

第二,全球价值链出现了跨国公司“逆向创新”战略调整的发展变化。20 世纪后半叶尤其是进入 21 世纪以来,世界经济格局发生了“东升西降”的巨大变化,即世界经济增长的重心从发达经济体转移到新兴经济体和发展中经济体。全球经济格局的巨大变化引起了跨国公司全球竞争战略布局的相应调整。这是因为,发达国家在布局全球价值链过程中,不仅与各国的要素禀赋结构所形成的比较优势有关,也与最终消费市场的区位有关。具体而言,诸如研发、设计、营销和售后等更倾向于“接近”消费市场,而具体的组装、加工和普通制造环节则对是否“接近”消费市场不太敏感。因此,在全球财富和经济权力主要集中于发达经济体的背景下,全球主导性消费也主要集中于发达经济体,这必然促使跨国公司的全球战略主要“定位”于发达经济体市场。换言之,在全球价值链的布局

过程中,跨国公司更倾向于将产品研发创新的经济活动置于发达经济体内部,以"接近"消费市场。但伴随新兴经济体和发展中经济体的迅速崛起以及全球经济重心的逐渐"东移",由此必然推动全球消费市场布局的重新调整。为了适应这一变化,跨国公司会将更多的研发创新活动置于新兴市场经济体,并以此为基础将创新产品销往包括发达经济体在内的全球市场。这就是所谓的"逆向创新"。

第三,全球价值链出现了从制造业向服务业的拓展延伸。服务业对外直接投资,作为服务业跨国转移的重要方式和内容之一,近年来发展迅猛,并已成为全球对外直接投资的重点领域。全球对外直接投资加快向服务业聚集的事实,昭示着全球产业转移从结构上看,正从以往的制造业向服务业拓展延伸。此外,全球制成品贸易中内含的服务价值,同样是全球服务价值链布局的表现。实际上,伴随着产品国际生产分割和切片化的深入演进,服务业在全球价值链中的作用也日益凸显,这不仅表现为服务成为"连接"产品生产不同环节和阶段的重要"黏合剂",发挥着协调运营、总部管理等重要作用,服务本身(比如研发、设计、营销等)也越来越成为价值链中的重要增值环节。产品生产所创造的附加值越来越向价值链低端转移,而服务则不断向价值链高端攀升。可见,服务已然成为全球价值链的重要组成部分,这既是服务业"全球化"和"碎片化"发展的表现,也是其结果。

第四,全球价值链出现了进入重塑阶段的发展变化。进入 21 世纪以来,尤其是受到 2008—2009 年全球金融危机冲击之后,各国为了能够真正摆脱冲击并进入新一轮的繁荣和增长,乃至在新一轮经济全球化中占据制高点,均将技术创新与产业创新置于重要战略地位并视为根本之道。目前,不论是美国实施的"先进制造业"发展战略,以推动制造业回流和升级,还是德国大力推进的"工业 4.0"战略;不论是英国实施的"高价值制造"战略,还是法国实施的"新工业法国"战略,本质上都是科技革命和产业革命的竞赛,同时也说明了各国愈发重视以技术创新拉动经济发展。显然,酝酿新的产业革命和技术革命,必然改变全球产业链格局,从而使得全球价值链进入新一轮的调整期和重塑期。当然,科技革命和产业革命推动下的全球价值链重塑和调整,既包括全球价值链自身的变动,比如传统"微笑曲线"的整体移动、与"微笑曲线"相伴随的可能还会出现新式的所谓"沉默曲线"乃至"悲伤曲线",以及不同国家在全球产业链中地位重构。与此同时,寻求劳动力等成本"洼地效应"的低端产业向其他发展中国家及低收入国家转移,也是当前全球价值链重构的重要表现和趋势。

第五,全球价值链正内生地要求全球经济规则从第一代向第二代发展变化。全球价值链分工能够得以迅猛发展,除了与产品生产国际分割技术的突飞猛进有关外,更重的还在于以边境壁垒降低为主要内容的第一代全球经济规则为其提供了制度保障。生产的国际碎片化会带来中间品的多次跨境流动,因此即便是"不起眼"的关境壁垒亦能在整个价值链上形成累积效应。因此,以"边境开放"措施为主要内容的第一代经济全球化规则,为全球价值链深度演进提供了重要制度保障,从而促成了其迅猛发展。实现产品生产不同环节和阶段的无缝对接、降低交易成本,是价值链分工的内生需求,这不仅需要通过"边境开放"以降低产品跨境流动壁垒,还需要各国市场规则的一致性乃至各国间标准的兼容性。只不过全球价值链的前一轮发展主要表现在制造业环节,这一阶段相对而言对第一代经济全球化规则要求较高,而对第二代经济全球化规则要求还并不太高。然而,全球价值链的进一步发展尤其是基于制造业价值链向全球创新链的深度演进,会对与之相应的后者制度保障提出更高要求,内生需求催生了"新一轮区域贸易自由化浪潮的兴起",就是明证。

全球价值链分工深入演进呈现上述五个方面的趋势特征,为中国进一步深度融入全球分工体系实施开放发展战略带来了重要机遇。

一是创新驱动发展的机遇。全球价值链呈现的上述变化,特别是从制造业价值链向创新链拓展变化,以及发达国家跨国公司实施的"逆向创新"战略,无疑为中国融入其中,从而实施创新驱动发展战略提供了重要机遇。一方面,全球价值链从制造业价值链向全球创新链发展演变,为我国在加入制造业全球价值链基础之上,逐步全面地转向融入全球创新链,可以更加便捷地、充分地利用全球创新要素,进而向创新驱动的轨道发展提供了重要战略机遇。另一方面,发达国家跨国公司实施的"逆向创新"战略,直接为我国集聚了更多的创新要素,为推动开放发展转型提供了重要机遇。

二是制造业服务化发展机遇。全球价值链从制造业向服务拓展延伸,不仅为我国融入全球服务产业链,从而促进服务贸易和服务业尤其是现代高端服务业发展提供了重要机遇,而且对于制造业转型升级从而提升其国际分工地位也可能发挥着重要引领作用。这是因为,一方面,伴随服务产业链的国际梯度转移,可以借鉴制造业开放的成功经验和做法,通过扩大服务业开放来拉动服务业发展乃至服务业产业结构升级,提升服务出口价值链;另一方面,从产业结构演进角度看,制造业的高端化发展有赖于服务业尤其是高级生产者服务业支撑和引领,而抓住全球服务贸易发展的重要契机,通过扩大服务业对外开放,借助"外力"来突破服务尤其是高端生产者服务供给不足的约束,从而为加快制造业服务化发展提供了极为重要的战略机遇。

三是重构全球价值链的发展机遇。全球价值链调整和重塑的发展变化,意味着可以通过诸如开展对外投资参与全球价值链重塑等,实现产业升级和技术进步,乃至构建自己的全球价值链提供了重要契机。比如,当前实施的"一带一路"的开放战略,实质上就是参与构建全球价值链的重要举措之一。因为在"一带一路"战略中,我国企业"走出去",就是要向世界输出我们的资本和产能,同时引进世界的能源和资源,通过资本流动和贸易构建起我国自己的全球价值链;就是要通过加大技术研发和市场网络营销的投入,来转移富余资本和产能,从而在积极参与全球价值链重塑中实现制造业向产业链中高端迈进。

四是开放倒逼改革的"制度红利"机遇。高质量和高标准已是当前全球经济规则发展的重要趋势,而只有达到标准要求的国家和地区,才能够进一步融入经济全球化之中,才有可能掌握全球经济未来发展主动权,而"不达标"则会面临被边缘化的风险。为此,必然形成一种"以开放倒逼改革"的效应。"以开放倒逼改革"所能产生的经济竞争优势,中国加入 WTO 的生动实践已经给予了很好的说明。显然,新一轮高标准全球经济规则无疑会在"倒逼"中国进一步改革方面发挥重要推动作用,促使我国开放发展尽早走上"释放改革红利"的道路。

三、对策建议

全球要素分工演进新趋势为长三角转变开放型经济发展方式、发展更高层次和水平的开放型经济带来重要战略机遇,但机遇仍不等于现实,能否将战略机遇期转化为真实的发展黄金期,还需要采取有效的对策。为此,迎合新趋势,把握新机遇,在进一步融入、扎根乃至主导全球价值链和创新链,利用全球资源和全球智慧,推动长三角地区开放型经济发展方式转型,要采取四个方面的对策。

第一,努力营造有利于创新驱动的发展环境。大力实施外贸发展的创新驱动发展战略,不能仅仅理解为技术进步或者技术创新,还应包括商业模式等创新。但不管是哪一种,都需要营造有利于创新的发展环境。实际上,在全球创新链和全球"逆向创新"的发展趋势下,长三角能否融入其中并抓住创新驱动发展的机遇,很大程度上取决于有没有营造出有利于创新的发展环境。如果有,便能够吸引到、集聚到足够的创新要素到地区内来,从而服务于长三角地区开放创新驱动的发展需要;如果有,才能够有利于培养起具有创新能力和潜力的企业,从而才能更好地、更有能力融入全球创新链,利用创新要素推动开放向创新驱动方向发展。否则,不仅会丧失全球价值链分工演进所带来的创新驱动发展机遇,还有可能在新一轮国际分工演进中被边缘化,使得开放发展的"根基"不稳。总之,营造有利于创新驱动的发展环境,是激发和增强企业创新能力、提升融入全球创新链能力、集聚全球创新要素、促进企业与新型商业模式和贸易业态相融合,从而增强开放发展内生动力,加快培育开放竞争新优势的关键所在。

第二,扩大长三角地区服务业对外开放。抓住制造业价值链向服务业价值链拓展变化的战略机遇,前提是扩大服务业对外开放,唯有如此,才有可能吸引到更高技术水平、更大增值含量的生产服务环节转移到长三角地区,比如可以鼓励发达国家跨国公司在长三角地区设立采购中心、分拨中心和结算中心以及发展总部经济,等等;对于本土企业,则可以鼓励承接研发设计、检测维修、物流配送、财务结算、分销仓储等服务外包业务。这不仅能够在长三角地区开放型经济结构上从以往以生产制造为主,向制造与服务并行发展的方向转变,而且还有利于向生产制造与服务贸易融合发展方向转变,推动制造业由生产型向生产服务型转变。

第三,加快长三角地区企业"走出去"步伐。在全球价值链重构的大趋势下,长三角地区应依托企业"走出去",构建自己的全球价值链,从而推动开放发展方式从以往简单融入全球价值链的开放跟随式甚至是被动式发展,转向构建价值链的主动开放式发展,从低端嵌入式发展向高端引领式发展方向转变。特别是在"一带一路"战略背景下,要支持传统优势产业到劳动力和能源资源丰富的国家建立生产基地,要做好境外合作重点国家和重点行业布局,一方面要引导建材、化工、有色、轻工、纺织、食品等产业开展境外合作,支持企业依托境外经贸合作区、工业园区、经济特区等合作园区,实现链条式转移、集群式发展;另一方面要支持企业扩大对外投资,推动装备、技术、标准、服务"走出去",深度融入乃至构建全球产业链、价值链、物流链,为长三角地区开放发展奠定更为高级、根深的国际分工基础。

第四,加快完善开放型经济管理体制。完善开放型经济管理体制是开放型经济新体制构建的重要内容之一,也是通过进一步改革迎合高标准全球经济规则的需要。为此,一方面应通过优化管理方式,为外向型企业提供便利化。比如,加快推进区域通关一体化、通关作业无纸化、加快推进商务、海关、质检、税务、外汇等部门与外向型企业多方联网等改革,实现部门联动,进一步提高通关便利化水平。其次,通过监管方式的改进鼓励、引导企业创新。通过监管方式的改进督促企业强化安全生产、节能低碳、环境保护等社会责任,营造有利于外向型企业创新发展的长期、稳定和可持续的政策环境,鼓励和保护创新,尊重和发扬企业家精神,支持企业做专、做精,争创百年企业。

第五,加快推进加工贸易转型升级。加工贸易作为融入全球价值链最为典型和直接的表现形式,在长三角对外贸易中一直占有举足轻重的地位。以江苏省为例,2015年江苏一般贸易进出口降幅,要深于总降幅

0.7个百分点,这一点也就意味着加工贸易在稳定外贸增长方面仍然发挥着重要作用。但不可否认的是,作为融入全球价值链最典型表现形式的加工贸易,更应抓住分工演进新机遇而加速转型升级。为此,需要依托改革创新管理体制、优化发展环境、加强组织保障等具体政策举措,推动加工贸易企业以更加开放的姿态,积极融入全球产业分工合作,更好地利用国际国内两个市场两种资源,由单纯的贴牌生产(OEM)向委托设计(ODM)、自有品牌(OBM)方式发展,探索通过全产业链代工提升综合竞争力,鼓励加大研发投入和技术改造力度,加强与高等院校、科研机构协同创新,提高生产自动化、智能化水平,在增强创新能力过程中努力提升加工贸易在全球价值链中的地位。

参考文献

［德］弗里德里希·李斯特：《政治经济学的国民体系》，商务印书馆1961年版。

［美］彼得·德鲁克：《九十年代的管理》，东方编译所，上海译文出版社1999年版。

［美］G.M.格鲁斯曼、E.赫尔普曼：《全球经济中的创新与增长》，中国人民大学出版社2003年版。

［美］迈克尔·波特：《国家竞争优势》，李明轩、邱如美译，华夏出版社2002年版。

［美］斯塔夫里阿诺斯：《全球通史：1500年以后的世界》，吴象婴、梁赤民译，上海社会科学院出版社1992年版。

［瑞典］伯尔蒂尔·俄林：《地区间贸易和国际贸易》，王继祖等译，商务印书馆1986年版。

［英］大卫·李嘉图：《政治经济学及赋税原理》，郭大力、王亚南译，译林出版社2014年版。

［英］亚当·斯密：《国民财富的性质和原因的研究》，郭大力、王亚南译，商务印书馆2010年版。

［美］彼特·凯恩：《国际经济》，周伯琦译，北京经济学院出版社1989年版。

《马克思恩格斯选集》第1卷，人民出版社1995年版。

曹亮、艳乐、贺光：《产品内分工理论研究新进展》，《经济学动态》2009年第4期。

陈继勇、梁柱：《贸易开放与经济增长的内生性研究新进展》，《经济评论》2011年第6期。

戴翔、张雨、郑江淮：《外向型发展如何提升我国本土企业生产率》，《统计研究》2014年第3期。

戴翔、张二震：《全球价值链分工演进与中国外贸失速之"谜"》，《经济学家》2016年第1期。

杜晓君：《制造业的国际转移规律和趋势》，《经济理论与经济管理》2003年第6期。

樊纲等:《国际贸易结构分析:贸易品的技术分布》,《经济研究》2006 年第 8 期。

方勇、戴翔、张二震:《要素分工论》,《江海学刊》2012 年第 4 期。

方勇:《分工演进与贸易投资一体化》,社会科学文献出版社 2011 年版。

高怀民:《进口替代战略和出口导向战略之比较》,《科技情报开发与经济》2006 年第 14 期。

关志雄:《从美国市场看"中国制造"的实力》,《国际经济评论》2002 年第 8 期。

哈维:《现代经济学》,沈志彦译,上海译文出版社 1985 年版。

海闻、P.林德特、王新奎:《国际贸易》,上海人民出版社 2003 年版。

胡锦涛:《深化交流合作,实现包容性增长——在第五届亚太经合组织人力资源开发部长级会议上的致辞》,《人民日报》2010 年 9 月 16 日。

华民:《我们究竟应当怎样来看待中国对外开放的效应》,《国际经济评论》2006 年第 1 期。

黄群慧、贺俊:《"第三次工业革命"与中国经济发展战略调整——技术经济范式转变的视角》,《中国工业经济》2013 年第 1 期。

金碚:《论经济全球化 3.0 时代——兼论"一带一路"的互通观念》,《中国工业经济》2016 年第 1 期。

金碚:《全球竞争新格局与中国产业发展趋势》,《中国工业经济》2012 年第 5 期。

李坤望:《国际经济学》,高等教育出版社 2010 年版。

李晓华:《垂直解体和网络范式下的企业成长》,《南开管理评论》2006 年第 9 期。

刘志彪、吴福象:《贸易一体化与生产非一体化:基于经济全球化两个重要假说的实证研究》,《中国社会科学》2006 年第 2 期。

卢锋:《产品内分工》,《经济学季刊》2004 年第 4 期。

罗长远、张军:《附加值贸易:基于中国的实证分析》,《经济研究》2014 年第 6 期。

马克思:《资本论》第 1 卷,人民出版社 2004 年版。

马琳、吴金希:《全球创新网络相关理论回顾及研究前瞻》,《自然辩证法研究》2011 年第 1 期。

马歇尔:《经济学原理》,朱治泰译,商务印书馆 1981 年版。

马颖、余官胜:《对外开放与经济发展关系研究新进展》,《经济学动态》2010 年第 4 期。

麦金农:《经济自由化的顺序》,中国金融出版社 1993 年版。

裴长洪:《经济新常态下中国扩大开放的绩效评价》,《经济研究》2015 年第 4 期。

普雷维什:《外围资本主义》,苏振兴等译,商务印书馆 1990 年版。

任若恩:《净出口促 2010 年中国经济增长高于 2009 年》,《中国社会科学报》2011 年第 1 期。

盛斌:《迎接国际贸易与投资新规则的机遇与挑战》,《国际贸易》2014 年第 2 期。

苏辙:《栾城集·栾城后集》卷十二,上海古籍出版社 1987 年版。

王家范:《顾炎武的"天下观"》,《文汇报》2005 年 4 月 3 日"学林"版。

王新奎:《国际贸易和国际投资中的利益分配》,上海三联书店 1989 年版。

王子先:《研发全球化趋势下自主创新与对外开放关系的思考》,《国际贸易》2013 年第 6 期。

巫强、刘志彪:《中国沿海地区出口奇迹的发生机制分析》,《经济研究》2009 年第 6 期。

习近平:《在省部级主要领导干部学习贯彻党的十八届五中全会精神专题研讨班上的讲话》(2016 年 1 月 18 日),《人民日报》2016 年 5 月 10 日。

谢建国、周昭露:《进口贸易、吸收能力与国际 R&D 技术溢出:中国区面板数据的研究》,《世界经济》2009 年第 9 期。

熊彼特:《经济分析史》第二卷,杨敬年译,商务印书馆 1992 年版。

熊云:《解读全面建设小康社会的科学内涵和战略部署》,《首都经济》2003 年第 8 期。

亚当·斯密:《道德情操论》,谢宗林译,中央编译出版社 2010 年版。

余淼杰、王宾骆:《对外改革,对内开放,促进产业升级》,《国际经济评论》2014 年第 3 期。

约翰·穆勒:《政治经济学原理》,赵荣潜译,商务印书馆 1991 年版。

张二震、方勇:《经济全球化与中国对外开放的基本经验》,《南京大学学报》2008 年第 4 期。

张二震、方勇:《贸易投资一体化与中国对外开放战略》,《江苏行政学院学报》2004 年第 3 期。

张二震、马野青:《贸易投资一体化与当代国际贸易理论的创新》,《福建论坛》(人文社会科学版)2002 年第 1 期。

张二震、马野青主编:《投资一体化与长三角开放战略的调整》,人民出版社 2008 年版。

张二震、马野青、方勇等:《贸易投资一体化与中国的战略》,人民出版社 2004 年版。

张杰、陈志远、刘元春:《中国出口国内附加值的测算与变化机制》,《经济研究》2013 年第 10 期。

张幼文:《要素流动——全球化经济学原理》,人民出版社 2013 年版。

张幼文等:《要素收益与贸易强国道路》,人民出版社 2016 年版。

赵伟、古广东、何元庆:《外向 FDI 与中国技术进步:机理分析与尝试性实证》,《管理世界》2006 年第 7 期。

中共中央宣传部:《习近平总书记系列重要讲话读本(2016 年版)》,学习出版社、人民出版社 2016 年版。

朱民:《世界经济结构的深刻变化和新兴经济的新挑战》,《国际金融研究》2011年第 10 期。

Amiti, M. and Konings, J., "Trade Liberalization, Intermediate Inputs, and Productivity: Evidence from Indonesia", *American Economic Review*, 2007, 97(5).

Antweiler, Werner and Daniel Trefler, "Increasing Returns and all that: A View from Trade", *American Economic Review*, 2002, 92(1).

Baldwin R. and A. Venables, "Relocating the Value Chain: Offshoring and Agglomeration in the Global Economy", NBER Working Paper, 16611。

Baldwin R. and A. Venables, "Relocating the Value Chain: Offshoring and Agglomeration in the Global Economy", NBER Working Paper, No.16611, 2010.

Bas, Maria, "Input – trade Liberalization and Firm Export Decisions: Evidence from Argentina", *Journal of Development Economics*, 2012, 12(6).

Bernard and Jensen, "Exporter s, Jobs and Wages in US Manufacturing: 1976–1987", *Brookings Papers on Economic Activity: Microeconomics*, 1995, 21(3).

Bernard, Andrew B., J.Bradford Jensen, Stephen J.Redding, and Peter K.Schott, "The Margins of US Trade", *American Economic Review: Papers & Proceedings*, 2009, 99(2).

Chad P.Bown, "Taking Stock of Antidumping, Safeguards, and Countervailing Duties, 1990–2009", The World Bank Policy Research Working Paper, No.5436, 2010.

Coe D.and E.Helpman, "International R&D Spillover", *European Economics Review*, 1995, (359).

David Bevan, "Fiscal Implications of Trade Liberalization", IMF Working Paper No. 95/50, 1995.

Deardorff, A, "Fragmentation in Simple Trade Models", Research Seminar in International Economics Working Paper, No.422, January 1998.

Dedrick, J., K.L.Kraemer and G.Linden, "Who Profits from Innovation in Global Value Chains?: A Study of the iPod And Notebook PCs", *Industrial and Corporate Change*, 2010, 19(1).

E.Learner, "In Search of Stolper – Samulson Effect on U.S.Wages", NBER working paper No.5427, January, 1996.

Eaton, Jonathan, Sam Kortum, Brent Neiman, and John Romalis, "Trade and the Global Recession", NBER Working Paper No.16666, January, 2011.

Feenstra, Robert CC. And Gordon H., "Ownership and Control in Outsourcing to China: Estimating the Property – right Theory of the Firm", *The Quarterly Journal of Economics*, 2005, 120(2).

Galina Hale and Cheryl Long, "What Determines Technological Spillovers of Foreign Direct Investment: Evidence from China", Working Paper Series 2006−13, Federal Reserve Bank of San Francisco, 2006.

Gereffi, G., "International Trade and Industrial Upgrading in the Apparel Commodity Chain", *Journal of International Economics*, 1999, 48(1).

Helpman, Elhanan, "A Simple Theory of International Trade with Multinational Corporations", *The Journal of Political Economy*, 1984, 92(3).

Hummels, David, Jun Ishii, and Kei − Mu Yi, "The Nature and Growth of Vertical Specialization in World Trade", *Journal of International Economics*, June, 54, 2001.

Johnson, Robert C. and Guillermo Noguera, "Accounting for Intermediates: Production Sharing and Trade in Value−Added", Manuscript. Dartmouth College, 2009.

Jones, C., "Intermediate Goods and Weak Links in the Theory of Economic Development", *American Economic Journal*, 2011, 3(4).

Kishore Gawande, Bernard Hoekman, Yue Cui, "Determinants of Trade Policy Responses to the 2008 Financial Crisis", The World Bank Policy Research Working Paper, No.5862, 2011.

Koopman, Robert; Wang, Zhi; and Wei, Shang−Jin, "Tracing Value−Added and Double Counting in Gross Exports", *American Economic Review*, 2014, 104(2).

Markusen, James R. And Venables, Anthony J., "Multinational Firms and the New Trade Theory", *Journal of International Economics*, 1998, 46(1).

P. Krugman, "Growing World Trade: Causes and Consequences", *Brookings Papers on Economic Activity*, 1995, 12(1).

Pavcnik, N., "Trade Liberalization, Exit, and Productivity Improvements: Evidence from Chilean Plants", *Review of Economic Studies*, 2002, 25(69).

R. Hausmann, Y. Huang, and D. Rodrik, "What You Export Matters", NBER Working Paper, No.11905, 2005.

R. Baldwin, 2012, "WTO 2. 0: Thinking ahead on Global Trade Governance", http://www.voxeu.org/article/wto−20−thinking−ahead−global−trade−governance.

Rodrik, Dani, 2006, "What's so Special about China's Exports?" NBER Working Paper 11947.

Sturgeon, T., "Modular Production Networks: A New American Model of Industrial Organization", *Industrial and Corporate Change*, 2002, 11(3).

Theodore H. Moran, "Foreign Manufacturing Multinationals and the Transformation of the Chinese Economy: New Measurements, New Perspectives", Peterson Institute for International Economics Working Paper Series WP11−11, April 2011.

Varamaki, Elina and Vesalainen, Jukka, "Modelling Different Types of Multilateral Co-operation between SMEs", *Entrepreneurship and Regional Development*, 2003, 15(1).

Young, Alwyn, "The Razor's Edge: Distortions and Incremental Reform in the People's Republic of China", *The Quarterly Journal of Economics*, 2000, 155(3).

后　记

　　本书为教育部人文社会科学重点研究基地"南京大学长江三角洲经济社会发展研究中心"重大项目"长江三角洲全面建设小康社会中的开放发展研究"（项目批准号：16JJD790025）的阶段性成果。

　　本课题立项时，评审专家特别提出，要加强开放发展的理论研究。改革开放以来，长三角地区作为我国改革开放的先行地区之一，通过发挥比较优势，依托完善的基础设施和廉价优质的劳动力优势，抓住了全球要素分工带来的战略机遇，大力发展开放型经济，引进国外先进生产要素，建成了国际性的先进制造业基地，经济发展取得了巨大成就，在全面建成小康社会中走在了全国前列。因此，对全球要素分工这一新的国际分工现象在理论上进行探讨，对于推进国际贸易理论的创新，具有重要意义。本书就是试图对包括长三角地区的我国全面小康社会建设中的开放发展实践进行理论上的概括和探讨的成果。

　　实际上，关于"要素分工"与当代国际贸易理论创新的研究，从十几年前就开始了。2001 年，我承担了国家哲学社会科学基金的项目"贸易投资一体化与中国开放型经济发展战略的调整"。《福建论坛》杂志 2002 年第 1 期刊载了张二震、马野青合作的论文《贸易投资一体化与当代国际贸易理论的创新》，第一次提出了"要素分工"的概念。《经济理论与经济管理》杂志 2002 年第 12 期刊载了张二震和安礼伟合作撰写的论文《国际分工新特点与我国参与国际分工的新思路》，对"要素分工"的形成和发展做了进一步的阐释。"贸易投资一体化与中国开放型经济发展战略调整"课题的最终成果为张二震、马野青、方勇等撰写的《贸易投资一体化与中国的战略》一书，2004 年由人民出版社出版。该书较为系统地阐述了"要素分工"的实质,荣获安子介国际贸易研究奖优秀著作三等奖和江苏省哲学社会科学优秀成果二等奖。"要素分工"的概念也开始受到学术界关注。2005年第22期《新华文摘》全文转载了我发表在《经济界》杂志上的短文《全球化、要素分工与中国的战略》。几乎是同时,上海社会科学院张幼文教授提出"要素流动是经济全球化的本质"的观点,强调要"以要素流动理论作为全球化经济的基础理论",并提出了"要素合作型专业化国际分工"是当代国际分工本质的思想。这无疑是对长江三角洲地区等开放型经济发展的模式和成就的理论概括。当时,我经常和南京大学国际经济贸易系的老师和研究生在"苏锡常"特别是昆山地区调研,还特别与张幼文教授率领的科研团队一起实地考察和调研苏南地区的开放型经济,共同探讨经济全球化背景下长三角对外开放对长三角地区经济发展的重要作用。

2005年,我申请的教育部人文社会科学重点研究基地"南京大学长江三角洲经济社会发展研究中心"重大项目"贸易投资一体化与长江三角洲开放型经济发展战略的调整"(项目批准号:05JJD790012)获得立项,课题组以长三角为研究对象,在深入分析当代国际分工贸易新特点的基础上,系统总结了长三角对外开放的成就和经验,提出了长三角开放型经济发展战略的调整的对策思路。最终成果为张二震、马野青主编的《贸易投资一体化与长三角开放战略的调整》一书,2008年由人民出版社出版。课题成果认为,长三角之所以取得辉煌的发展成就,其关键就是适应贸易投资一体化的趋势,融入了全球"要素分工"体系。该成果获得江苏省哲学社会科学优秀成果一等奖。

按照马克思主义政治经济学的基本原理,国际分工是国际贸易的基础。"要素分工"的兴起,对国际贸易的基础、国际贸易格局以及国际贸易的利益分配等诸多问题都产生了深远的影响,传统的国际贸易理论亟待创新。我总觉得以前的研究还不够系统,不够深入,所以一直没有中断对这一问题的探讨。2012年第4期《江海学刊》杂志,刊载了方勇、戴翔和我合作的论文《要素分工论》,算是对"要素分工"做了理论上的系统阐释。

　　近年来,戴翔在南京大学攻读博士学位期间乃至毕业以后,结合当前尤其是金融危机以来"要素分工"的新发展和新现象,一直进行跟踪研究,出了很多新成果。比如,2013年第10期《中国工业经济》杂志发表了他主笔的《全球要素分工背景下的中国产业转型升级》一文,对要素分工背景下中国产业结构的演进、要素分工促进产业转型升级的机制等,做了很有新意的分析。我一直想把已有的研究好好总结一下,把对要素分工条件下国际贸易理论所聚焦的几个基本理论问题进行拓展性的系统分析。戴翔在我们已有研究的基础上,做了很好的梳理、"集成"和富有新意的深度拓展。本书主要由戴翔执笔完成,我做了一些修改和润色。在这里,要特别感谢马野青博士、方勇博士、安礼伟博士、张为付博士、章江益博士等,本书写作参考和引用了他们的研究成果。本书研究过程中还参考了其他研究文献,尤其是张幼文教授的系列论著。文中标注和文后参考文献难免挂一漏万。借此机会,向本书参阅文献的所有作者表示衷心感谢。

　　由于水平所限,本书难免存在不足和错误,欢迎学术界同行批评指教。

张二震

2017年5月1日于南京大学

策划编辑:郑海燕

封面设计:姚　菲

责任校对:吕　飞

图书在版编目(CIP)数据

要素分工与国际贸易理论新发展/戴翔,张二震 著. —北京:人民出版社,2017.7

ISBN 978－7－01－017893－6

I. ①要… Ⅱ. ①戴… ②张… Ⅲ. ①国际贸易-国际分工-研究　Ⅳ. ①F74

中国版本图书馆 CIP 数据核字(2017)第 146868 号

要素分工与国际贸易理论新发展

YAOSU FENGONG YU GUOJI MAOYI LILUN XIN FAZHAN

戴　翔　张二震　著

人民出版社 出版发行

(100706　北京市东城区隆福寺街 99 号)

北京汇林印务有限公司印刷　新华书店经销

2017 年 7 月第 1 版　2017 年 7 月北京第 1 次印刷

开本:710 毫米×1000 毫米 1/16　印张:23.25

字数:345 千字

ISBN 978－7－01－017893－6　定价:72.00 元

邮购地址 100706　北京市东城区隆福寺街 99 号

人民东方图书销售中心　电话 (010)65250042　65289539